心

坐标

荆其诚 傅小兰 主编

当代心理学大家

北京大学出版社
PEKING UNIVERSITY PRESS

图书在版编目(CIP)数据

心·坐标:当代心理学大家/荆其诚,傅小兰主编.—北京:北京大学出版社,2008.8
ISBN 978-7-301-14008-6

Ⅰ.心… Ⅱ.①荆…②傅… Ⅲ.心理学家-生平事迹-世界-通俗读物
Ⅳ.K815.1-49

中国版本图书馆 CIP 数据核字(2008)第 096380 号

书　　　　名:	心·坐标——当代心理学大家
著作责任者:	荆其诚　傅小兰　主编
责 任 编 辑:	陈小红
封 面 设 计:	林胜利
标 准 书 号:	ISBN 978-7-301-14008-6/B·0739
出 版 发 行:	北京大学出版社
地　　　址:	北京市海淀区成府路 205 号　100871
网　　　址:	http://www.pup.cn
电　　　话:	邮购部 62752015　发行部 62750672　编辑部 62752021
	出版部 62754962
电 子 邮 箱:	zpup@pup.pku.edu.cn
印 刷 者:	北京大学印刷厂
经 销 者:	新华书店
	787mm×1092mm　16 开本　21.75 印张　339 千字
	2008 年 8 月第 1 版　2011 年 12 月第 2 次印刷
定　　　价:	39.00 元

未经许可,不得以任何方式复制或抄袭本书之部分或全部内容。
版权所有,侵权必究
举报电话:010-62752024　电子邮箱:fd@pup.pku.edu.cn

编 写 者

主　编　荆其诚　傅小兰
编写者　万璐璐（撰写"冯特"一章）
　　　　周昊天（撰写"弗洛伊德"一章）
　　　　李慧洋（撰写"华生"一章）
　　　　王思睿（撰写"郭任远"一章）
　　　　邱香、牛勇（撰写"斯金纳"一章）
　　　　王颖（撰写"伯特"一章）
　　　　张亮（撰写"陈立"一章）
　　　　郑秀丽（撰写"西蒙"一章）

前　言

　　本书介绍当代最具影响力的心理学大家，叙说心理学历史上一些重要人物的命运和贡献，阐述他们的主要研究发现与学术理论观点，旨在展示心理学大家的风范，反映心理学发展的历程。

　　时代造就人物，人物改变历史。在人类社会发展进步的历史长河中，每个时代都会产生一些才华出众的人物，他们或在政治舞台上叱咤风云，或在文学艺术上流芳百世，或在学科阵地上开拓创新，以其卓越贡献为世人书写下不朽篇章，成为后继者学习的榜样和参照的标杆。在心理学历史上也有一批这样的人物，我们称之为心理学大家。他们生活在不同的年代和国家，有着不同的经历和体验，但对心理学的发展都产生过重要的推动作用，是心理学发展历程中的闪亮坐标。一旦我们认识了这些心理学大家，也就粗略地领会了心理学发展的进程。

　　历史像面镜子，可兹后人借鉴。心理学大家充分发挥自己的潜能，善于抓住那些稍纵即逝的机会，勇于克服现实环境中的障碍，攀登上了科学高峰，成为心理学发展史上的传奇人物。本书试图通过述说这些心理学大家的生平，向读者展示其名家风范。书中不仅会论及他们生活的时代背景、个人经历、挫折、发明和贡献，也会论及他们与同行之间的合作与竞争，以及由此产生的恩恩怨怨，使心理学历史成为可感知体验的真实故事。这些心理学大家曾身处不同的境遇，或家境贫寒，或身体欠佳，或饱受争议，等等。阅读本书，读者或许可以从中看到自己或身边其他人成长的身影。

　　历史是门艺术，可供后人鉴赏。这些心理学大家为什么从事心理学研究？答案迥然各异，既可能是出于好奇心，也可能是为了在同行之间弄清问题的是与非。本书试图从这些大家的生动的人生经历、突出的人格特性、活跃的思想历程，刻画出一个个栩栩如生的人物形象、精彩的人生故事，供读者去观赏和评说。

一门科学的进步既有赖于科学实验研究的新发现,也离不开理论上的创新。17世纪,英国哲学家弗朗西斯·培根(Francis Bacon)提出"知识就是力量"、"我们唯有尊崇自然,才能驾驭自然。"培根认为,科学的最终权威是经验观察,科学研究要建立在观察和科学实验的基础之上,观察是真知的基础。20世纪,卡儿·波普尔(Karl Popper)又提出,科学家不可能没有先入为主的理论,在进行科学实验之前科学家必定有一定的想法、提出了某种假设,这样才知道要去观察什么、证明什么。区分科学理论和非科学理论的标准是"可证伪"原则,即科学理论必须是可反驳的、能够被检验的。现在看来,无论培根还是波普尔都是对的,我们要从不同的方面去检验科学真理。科学研究就是从某一学术观点出发,进行科学实验,取得重要发现,并提出科学理论的过程。读者通过了解不同时代、不同文化背景的心理学大家的这种科学实践,能更全面地感受心理学研究的意义,领悟心理科学的真谛。

当然,我们都十分清楚,虽然这些心理学大家在心理学历史上功不可没,但与其他学科一样,心理学也是在经济的、社会的、科学的各类历史事件交融的背景下逐步发展起来的。一个时代的物质生产、科学发现、文化思潮和价值取向,都直接影响着世人对心理学的看法,影响着心理学研究者的热情,影响着心理学概念框架和方法论原则的形成,由此决定了心理学的理论形式和内容,推进或阻碍了心理学的发展。因此,本书力图联系具体的社会环境、文化背景来展示心理学家的个人发展历程。

我们相信,科学家的多面形象能给读者以真实的启迪。科学家是活生生的人,有立场和观点,有成功和失败,甚至有不轨行为的记录。科学家在政治上、科研上、生活上犯些小错误也许在所难免,但一旦出现了重大的失误,后果就很严重且难以挽回了。历史的经验教训值得我们借鉴,那些不懂历史的人很可能会重蹈前人的覆辙。本书力求客观地介绍心理学大家的事迹,避免有意拔高一些人的长处,或掩盖某些人的缺点或错误,而是留其功过由读者自己去判断。

艾宾浩斯曾经说过:"心理学有很长的过去,但只有很短的历史。"本书编者精选了一些最具影响力的心理学家,以其个人的生命历程为主线,较为详细地讲述他们的学术经历及其在心理学发展史上所起的作用。我们在这本书中先介绍8位心理学大家。对冯特和弗洛伊德等国内读者早已熟知的心理学大家,本书的介绍力求详尽系统。华生和斯金纳是两位国际著名的行为主义大师,但对他们的事迹进行系统介绍的文章国内并不多见,本书进行了重点介绍。西蒙是国际著名的认知心理学家,但国外心理学界对他在中国的交往与研究也知之甚少,本书首次披露了很多有价值的内容。本书不仅详细介绍了我国著名心理学家陈立的生平事迹,还在国内首次介绍了激进行为主义者郭任远,后者曾是风靡一时的人物,但不无缺点和问题。伯特是首位被英王封爵的心理学家,在去世后其成果被质疑,对他的评价今天在国际上仍备受关注,而在国内却鲜为人知。

本书是集体创作。我们编者制定出详细的写作计划,明确写作宗旨,物色各章作者,并协助作者多方收集资料,对框架结构和文字表达都严格要求。各章作者在写作过程中,与编者进行了反复沟通与交流,作者之间也相互借鉴。作者精心收集心理学大家的第一手资料,着力描写出其独具特色的个人世界。本书的叙述力求平妥准确,不仅科学性较强,而且资料新颖有趣,文字生动流畅。每篇文章插入了专栏,供读者了解相关的内容。对于需要解释的术语、典章、地名,则统一采用了页下注方式提供注释或参考文献,帮助读者理解,也使文章内容更畅达易懂。本书的确是一本可读性高的心理学史读物,但本书编者和作者的观点难免有某些偏颇之处,还请读者指正。

本书的出版,我们十分感谢北京大学出版社,特别是陈小红编辑的指导和帮助。她对每章都提出具体意见,与编者和作者磋商交流。在本书版式设计、书稿审阅、图片选择等各个方面,陈小红编辑都付出了巨大的努力,保证了本书的顺利出版。

荆其诚　傅小兰
中国科学院心理研究所
2008 年 5 月 12 日

目 录
CONTENTS

威廉·冯特
WILHELM MAXIMILIAN WUNDT
/ 1

西格蒙德·弗洛伊德
SIGMUND FREUD
/ 49

约翰·华生
JOHN BROADUS WATSON
/ 107

郭任远
ZING-YANG KUO
/ 151

B. F. 斯金纳
BURRHUS FREDERIC SKINNER
/ 183

西瑞尔·伯特
CYRIL LODOWIC BURT
/ 231

陈 立
CHEN LI
/ 261

赫伯特·西蒙
HERBERT ALEXANDER SIMON
/ 297

细 目 录

威廉·冯特 / 1
 一、生平经历 / 4
 二、实验心理学产生的时代背景 / 8
 三、冯特的心理学体系 / 11
 四、冯特在莱比锡实验室的研究工作 / 16
 五、冯特莱比锡实验室的学生们 / 21
 六、社会心理学的前身——民族心理学 / 33
 七、冯特心理学的深远影响 / 40
 八、新心理学派的诞生——机能主义、行为主义与格式塔心理学 / 42
 九、结束语 / 45

西格蒙德·弗洛伊德 / 49
 一、成长岁月 / 52
 二、踏上征程 / 55
 三、精神分析的建立 / 62
 四、精神分析的推广 / 71
 五、精神分析学说的深入与拓展 / 81
 六、精神分析之第二次革命 / 88
 七、垂暮之年 / 95
 八、心理学之外的弗洛伊德 / 98
 九、结束语 / 104

约翰·华生 / 107
 一、生平经历 / 110

二、学术思想背景 / 119

三、华生的行为主义心理学 / 122

四、离开学术界、转战广告业 / 134

五、不懈的研究工作 / 142

六、田园生活与最后的岁月 / 146

郭任远 / 151

一、生平经历 / 154

二、郭任远行为主义心理学体系 / 155

三、"超华生"的学术之路 / 159

四、行为主义斗士的失败"转型" / 170

五、在美国的行为研究 / 172

六、文化交流,不成功的使者 / 174

七、旅居香港,不辍科研 / 177

八、结束语 / 181

B. F. 斯金纳 / 183

一、生平 / 186

二、学术思想背景 / 194

三、操作行为主义心理学 / 197

四、实践推广与应用 / 211

五、新行为主义与社会改造 / 219

六、将行为主义进行到底 / 227

西瑞尔·伯特 / 231

一、心理学入门之路——始于牛津 / 234

二、心理学成就之旅——始于智力 / 238

三、心理学续航之行——老有所为 / 248

四、心理学争议之实——孰是孰非 / 250

五、取舍之间——世人评说 / 258

陈　立 / 261
　　一、世纪老人 / 264
　　二、工业心理学 / 275
　　三、普通心理学 / 283
　　四、科学方法论 / 288
　　五、科普与教育 / 291
　　六、百年辉煌 / 294

赫伯特·西蒙 / 297
　　一、西蒙的成长模式——生平之美 / 300
　　二、科学研究的探索模式——交叉之美 / 309
　　三、认知科学的开创模式——奠基之美 / 317
　　四、文化交流的种种模式——交汇之美 / 326
　　五、缅怀的模式——回顾之美 / 334

威廉·冯特

威廉·冯特年表图

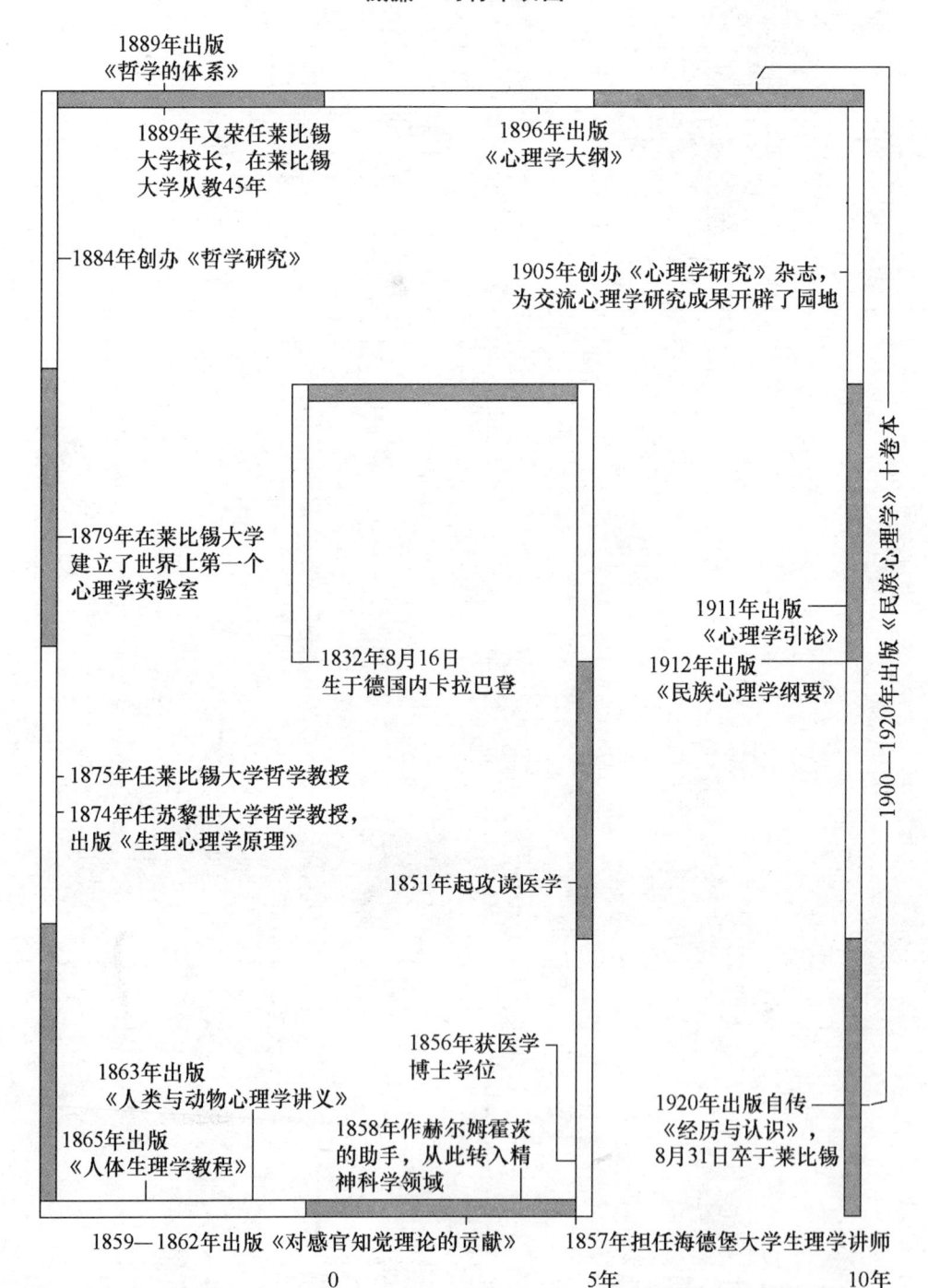

- 1889年出版《哲学的体系》
- 1889年又荣任莱比锡大学校长，在莱比锡大学从教45年
- 1896年出版《心理学大纲》
- 1884年创办《哲学研究》
- 1905年创办《心理学研究》杂志，为交流心理学研究成果开辟了园地
- 1879年在莱比锡大学建立了世界上第一个心理学实验室
- 1832年8月16日生于德国内卡拉巴登
- 1911年出版《心理学引论》
- 1912年出版《民族心理学纲要》
- 1900—1920年出版《民族心理学》十卷本
- 1875年任莱比锡大学哲学教授
- 1874年任苏黎世大学哲学教授，出版《生理心理学原理》
- 1851年起攻读医学
- 1863年出版《人类与动物心理学讲义》
- 1856年获医学博士学位
- 1858年作赫尔姆霍茨的助手，从此转入精神科学领域
- 1920年出版自传《经历与认识》，8月31日卒于莱比锡
- 1865年出版《人体生理学教程》
- 1859—1862年出版《对感官知觉理论的贡献》
- 1857年担任海德堡大学生理学讲师

0　　　　　5年　　　　　10年

心理学有一个长久的过去,却只有一段短暂的历史。在这段短暂的历史中,我们首先要提到一位心理学家——威廉·马克斯麦廉·冯特(Wilhelm Maximilian Wundt,1832—1920),他无可争议地被称为"现代心理学之父"。在《实验心理学史》这本书中,波林曾断言:"在冯特之前有心理学,但没有心理学家。"

冯特之所以被后人称为"现代心理学之父",主要缘于他促成心理学成为独立学科的伟大建树:1862年首创"实验心理学"这个名称;1879年建立了世界上第一个心理学实验室;1884年主编了第一本心理学期刊《哲学研究》;他所开创的心理学研究发展成为心理学的第一个学派——构造主义。他确定直接经验为心理学的研究对象,自我观察法为心理学的研究方法,并提出了情感三维理论和统觉学说。他收集、整理过去的与心理学有关的实验结果,组织成体系,使心理学成为一门系统的科学。时至今日,冯特确立的感觉、知觉、注意、情感、反应和联想等研究领域仍是实验心理学教科书中的重要内容。他用毕生的精力将心理学从哲学中独立出来,开创了心理科学的里程碑。尽管此后有很多人反对冯特的心理学观点,但无人能抹杀冯特的伟大成就和创建心理学的卓越贡献。

一、生平经历

1832年8月16日,威廉·冯特出生于德国曼海姆市郊内卡拉巴登(Baden, Neckarau, Mannheim)。他的双亲的家族均具有优良的学术传统,且人才辈出,既有科学家、教授、医生,也有政府官员,他的父亲就是一位牧师。冯特小学时与牧师兼辅导老师弗里德里希·米勒(Friedrich Müller)同住,关系甚好。他13岁进入寄宿学校,19岁进入图宾根大学,第二年转入海德堡大学,在那里仅学习了三年半就完成了学业,并在1855年的全国医学会考中获得了第一名,但冯特并没有因此走上医学的道路,而是更热衷于学习理科课程。

1856年春天,冯特赴柏林大学跟随约翰内斯·缪勒(Johannes Müller, 1801—1858)学习生理学,同年他返回海德堡大学并获得了医学博士学位。1857年,冯特成为海德堡大学的生理学讲师①。1858年,著名的科学家赫尔姆霍茨(Hermann von Helmholtz, 1821—1894)在海德堡大学建立了生理学研究院,冯特担当他的实验室助手,帮助训练学生做有关肌肉痉挛及神经冲动传导的实验。这项工作进一步激发了冯特对生理心理学的兴趣。

在海德堡期间,冯特主要完成了三部心理学著作。1858至1862年,他的《对感官知觉理论的贡献》(Beiträge zur Theorie der Sinneswahrnehmung)②问世。1863年,他完成了《人类与动物心理学讲义》(Vorlesungen über die Menschen und Thierseele)③。这是一部极其重要的心理学著作,于1892年出版了修订版,截至1911年共再版6次,每次再版均有修订(以第二版的修订量最大),冯特去世后该书还在重印发行。这本著作也被称做"生理学家的朴素心理学",它记录

---

① "讲师"的德文词为"Dozent"。"Privat Dozent"是德国大学的一个职务名称,相当于英文中的"Private Dozent",即私营讲师。德国大学新任讲师的工资是靠学生的学费来支付的。一门新课程的开设,取决于选择该课程的学生数量,如果选课的人数太少,学校将取消这门课程。换句话说,只有受欢迎的课程才允许开设;选择该课程的学生越多,讲师的工资也就越高。

② 波林在《实验心理学史》中提到,《对感官知觉理论的贡献》是一部促进实验心理学诞生的书,一方面因为其内容是关于实验心理学的;另一方面,它正式提出了"实验心理学"的名称。这部著作是冯特关于实验心理学的第一部著作。

③ 1861年在施佩耶尔博物学会上,冯特提出对天文学组演讲的人差方程(personal equation)的心理物理学解释。1862年在海德堡,冯特讲演了"自然科学的心理学"。经过对这些演讲稿进行整理和加工,冯特完成了《人类与动物心理学讲义》这部著作。

了冯特心理学思想的形成，以及他从哲学向心理学的思想演变历程。该书囊括了实验心理学多年来讨论的诸多重要问题，例如，人差方程式和反应时实验、空间知觉以及当时问世不久的心理物理学方法等，书中甚至还提到了19世纪后半叶才兴起的催眠术和暗示研究。事实上，书中的许多内容还成为他后来著述《生理心理学原理》的素材。1864年，冯特被提升为副教授[①]，开始专心从事科研工作，并花了很长的时间撰写《生理心理学原理》(Grundzüge der Physiologischen Psychologie)[②]。该书于1873至1874年出版发行。冯特曾毫不含蓄地说："本人在此奉献给公众的作品，是想划出一门科学的界线。"[③]也正是因为出版了这部著作，1874年他提升为苏黎世大学的哲学教授。

<<< 专栏一

催眠术和暗示

催眠的征候可以根据条件达到的阶段以及被试的易感性(susceptibility)而发生改变。我们可以根据催眠状态与正常睡眠的相似性，区分出三种程度的催眠状态，即瞌睡、浅睡眠和深睡眠。然而，这种相似性受限于外部特征，尤其是从被试的外表和行为中获得的特征，即在允许对他发生明确的影响并假设对他的知觉和意志进行控制之前所获得的特征。正如我们称呼的那样，确实把它区分成了两种状态。甚至在浅睡眠中——来自外部的观念和意志影响——开始发挥部分作用。接受催眠的被试不能主动地睁开眼睛，不能从事任何主动的运动，然而，尽管通过催眠师的一个指令词向他暗示此刻他已经恢复了这种力量。皮肤处于麻木状态，而在睡眠状态是不会发生这种情况的，所以，皮肤对针刺也是根本感觉不到的，或者如果针刺能被皮肤感觉到，也仅仅是像来自钝点的压力。我们发现与麻木状态结合在一起的是"对命令自动反应"的各种现象。被试执行暗示给他的运动，把他的四肢放在最不舒服的位置上，并且保持这种状态，直到有

[①] "副教授"的德文是"ausserordinalische Professor"，是德国大学的一个职务名称，相当于英文中的"not ordinary professor"或"extra ordinary professor"，即非正规教授，也称为副教授。

[②] 《生理心理学原理》内容丰富，颇受欢迎，在37年间重印了6次。1880年第2版到1911年第6版，每版都有很大的修订。第1版仅一卷，第2、3、4版增加为两卷，第5、6版已变成三卷本。

[③] 转引自：杜·舒尔茨(1981). 现代心理学史. 第2版. 杨立能等译. 北京：人民教育出版社，57.

另外一个命令暗示他放松为止。在很多人中,一种僵硬的或强直的肌肉状态甚至在没有暗示的情况下也会出现。在清醒时,催眠可以通过一个催眠操作者发出的一个指令而迅速消失——被试一般保留了对他在睡眠期间所发生的事情的模糊回忆。

（摘自：冯特（2003）．人类与动物心理学讲义．叶浩生等译．西安：陕西人民出版社．）

>>>

1875年冯特来到莱比锡大学担任哲学教授,在莱比锡开始了他最漫长、也是最重要的45年学术生涯。1879年他在莱比锡大学建立了世界上第一个心理学实验室[1]。1881年他创办了《哲学研究》(Philosophische Studien)杂志,这是新实验室和新学科的正式刊物。后来,这个刊物改名为《心理学研究》(Psychologische Studien)。1883年,冯特首次开设了实验心理学课程;1889年,他被任命为莱比锡大学的校长。

冯特一向沉默古板,生活十分有规律。他上午撰写书稿,阅读论文,审阅杂志稿件;下午通常给学生授课,他习惯于在下午4点钟开始上课;而晚上的时间则用来欣赏音乐和阅读。冯特在莱比锡大学教授的课程很受学生欢迎,也颇受关注。铁钦纳曾这样描述冯特的上课风格：

> 冯特准时走进讲堂（严守时间是他的原则之一）,一席黑衣,带着笔记和讲义。他以一种笨拙的脚步"噔噔噔"地从旁边的走廊走上讲台,……开始时他的声音低弱,然后则变得铿锵有力。……他的头和身体比较刻板,只是手来回舞动。他几乎不看他的笔记。……只要下课铃一响,他便停止讲课,略弯一下腰,又像进来时那样'噔噔噔'地出去。(Miller & Buckout, 1973, 29)[2]

冯特从来都是直接给学生指定研究课题。在冯特面前,学生永远只能站着,

---

[1] 1875年,机能主义的创始人威廉·詹姆斯在美国的哈佛大学就已经建立了一个小型的实验室,该实验室只是用来做教学演示,而非用于实验研究。因此,冯特的莱比锡实验室才被公认为是世界上第一个实验室,是真正意义上用于开展心理学实验研究的实验室。

[2] 转引自：杜·舒尔茨（1981）．现代心理学史．第2版．杨立能等译．北京：人民教育出版社,62.

他按学生站立的顺序给他们指定研究课题。他对学生的指导相当严谨,对学生论文的评判具有绝对的权威。德国人对科学研究严谨独断的作风在此展露无疑。

冯特晚年致力于民族心理学研究,在1900至1920年间出版了十卷本的《民族心理学》(Völkerpsychologie)。该书第一卷于1900年出版并进行了修订,第二次修订增为两卷本(1904年)。第二卷出版于1905至1906年间,后也增订为两卷本。1914至1920年,依次出版了第五卷到第十卷。民族心理学充分展现了冯特卓越才能的另一个侧面。在《民族心理学》一书中,冯特提出研究高级心理活动(如思维、语言、风俗习惯等),必须用民族心理学方法,即社会科学方法。本章第六节将对冯特的民族心理学作较详细的介绍。

1920年,冯特完成了自传《经历与认识》(Erlebtes und Erkanntes),书中回忆了他在心理学领域艰苦奋斗的一生。该书出版后不久,冯特于1920年8月31日在莱比锡与世长辞,享年88岁。

晚年的冯特
资料来源:Rieber, R. W. (1980). Psychology, Theoretical Historical Perspetives. New York: Academic Press, vi.

在冯特逝世70年后,一次对49位美国心理学史家进行调查的结果表明,冯特仍被认为是最重要的心理学家之一。这对于一位已谢世数十载的心理学家来说,是一份非常难得的殊荣(Korn, Davis & Davis, 1991)[①]。波林(1950)曾指出,冯特一生总共写了53735页文章,在1853至1920年间,每天写作或校订212页,相当于在整整68年中,他要日夜不息地每两分钟写一个字。而几乎没有人

---

① 转引自:杜·舒尔兹(2005). 现代心理学史. 第8版. 叶浩生译. 南京:江苏教育出版社, 83.

能在这样短的时间内,以这么高水平地完成如此浩繁的工作。[①] 冯特对心理学的执著和孜孜不倦的学术精神,实在令人敬佩不已。

二、实验心理学产生的时代背景

19世纪70年代实验心理学产生于德国绝非偶然,它是社会发展的需要和科学进步的产物。19世纪是资本主义的黄金时代,也是科学发展的全盛时期。19世纪中叶诞生了科学上的三大发现:能量转换与守恒定律、细胞学说、达尔文的进化论。在此之前,1789年拉瓦锡(A. L. Lavoisier, 1743—1794)提出了化学元素说,道尔顿(J. Dalton, 1766—1844)、门捷列夫(Д. И. Менделеев, 1834—1907)等人进行了化学元素分析方面的研究,1869年,门捷列夫发表了化学元素周期律,轰动了整个科学界。魏尔肖(R. Virchow, 1821—1902)的细胞学说和化学分析的思想相呼应,推动了复杂对象可以分解为少数单元的观点。由于科学的三大发现和这一时代其他科学的成就,使得自然科学开始挣脱陈旧的把科学对象视为固定的、一成不变的形而上学方法论的束缚[②],揭开了心理学蓬勃发展的序幕。

1862年冯特第一次提出"实验心理学"一词,正式宣布心理学是一门实验科学,并于1879年在莱比锡建立了世界上第一个心理学实验室。此后,心理学界开始用与自然科学相同的科学方法开展研究工作。虽然实验心理学的建立与上述三大科学发现没有直接联系,但它无疑是整个时代科学精神的产物[③]。早在19世纪上半叶,其他学科的科学研究就已经开始为心理学的独立开辟道路。当时德国的自然科学空前繁荣,19世纪后期已经占领了科学的最高峰。在哲学方面,倡导用科学的方法对人进行研究以揭示人的本性。这一时代的经验主义哲学主要探讨感觉和经验的来源问题,以康德和黑格尔为代表的德国古典哲学更加关心精神世界和物质世界之间关系的问题。要解决这些问题就必须用科学的方法来研究人的心理活动。此外,天文学和物理学也已经发展到一个新的阶段,

---

① E. G. 波林(1981). 实验心理学史. 第2版. 高觉敷译. 北京:商务印书馆, 388.
② 荆其诚(1990). 现代心理学发展趋势. 北京:人民教育出版社, 228—229.
③ 同上, 230.

制造光学仪器和其他精密仪器,制定度量衡单位,提出考查物理刺激与感觉关系的可能性和必要性,这些都对心理学家探索有关感知觉科学问题产生了积极的影响。

更重要的是,生理学的发展为心理学的成长奠定了坚实的基础。生理学关于人体构造和机能的研究,激发了科学家对人的心理和行为进行解释的兴趣。19世纪初,贝尔(C. Bell, 1774—1842)进行了神经冲动和传导的研究,弗卢朗(P. Flourens, 1794—1867)开展了脑生理的研究,他们的工作为解释人的感受过程和运动过程提供了重要的依据。19世纪中叶,生理学界的权威学者约翰内斯·缪勒出版了系统著作《人类生理学纲要》(1833—1840),这是一部系统的生理学著作,书中有超过一半的内容是讨论感觉的,其中对视觉和听觉的介绍最为详细。缪勒在第五卷中专门介绍了五种感觉,其中以听觉的篇幅最长。他还提出了"感官特殊能量学说"(theory of specific energy of the senses),该学说对当时和此后感官生理学的发展产生了深远的影响[1]。

在缪勒感觉生理学研究的影响下,赫尔姆霍茨扩展了他的感官特殊能量学说,提出了"色觉三色说"和"听觉共鸣说",出版了具有历史意义的著作《生理光学手册》(Handbuch der physiologischen Optik)。虽然有关视觉和听觉的研究是当时感官生理学的主流,但生理学家韦伯(E. H. Weber, 1795—1878)却对触觉情有独钟,并提出了著名的"韦伯定律"。韦伯关于两点阈限和最小觉差的触觉实验,使心理学在研究对象上发生了质的转变。随后,费希纳(Gustav Theodor Fechner, 1803—1887)进一步拓展了韦伯的工作,提出了韦伯-费希纳定律。韦伯和费希纳集合了哲学、生理学和物理学三门学科的知识,创立了对于心理学的发展具有重大意义的方法学——心理物理法。他们的功绩在于引进了物理学的数量化测量方法,为日后进行心理学实验研究提供了科学工具。心理物理法是考查身心之间或外界刺激和心理现象之间依存关系的缜密科学,是一门界于心理学和物理学之间的独立科学,它是开启心理学成为独立学科大门的钥匙[2]。正如冯特所说,这是"自然科学和精神科学联结在一起的道路上的巨大里

---

[1] 荆其诚(1962). 自然科学与心理学理论. 新建设,第12期:31—46.
[2] 值得一提的是,韦伯曾经是费希纳解剖学和生理学的主讲老师,这为日后费希纳研究物理和心理经验之间的关系奠定了基础。

程碑"(Wundt, 1888)[①]。

虽然韦伯、费希纳时代还没有"实验心理学"这个名称，但实际上他们的工作却是现代实验心理学的先导。缪勒、赫尔姆霍茨和韦伯在感官生理心理学方面取得了重大成果，费希纳采用实验法在心理物理学方面取得了突破性进展，这些对冯特建立实验心理学是极为重要的启迪、激励和推动。我们不得不承认，实验心理学之所以诞生于德国，离不开缪勒、赫尔姆霍茨、韦伯和费希纳在生理学和物理学研究中做出的重大贡献。

至此我们不难发现，这些对实验心理学的独立做出杰出贡献的科学家们都曾与莱比锡大学有过不解之缘。1815年韦伯在莱比锡大学获得了博士学位；1817年费希纳考入莱比锡大学的医科并在莱比锡度过了漫长的70年，直至1887年逝世；1875年冯特到莱比锡大学任教授，在此后的45年间为心理学的创立和发展做出了不可磨灭的贡献。莱比锡大学无愧为"新科学追随者的圣地"(Jaroschewski, 1975)。

莱比锡实验室
资料来源：Lück, H. E. (1984). Geschichte der Psychologie: Ein Handbuch in Schlüsselbegriffen. München: Urban & Schwarzenberg, 66.

综上所述，19世纪中叶一些自然科学的研究纷纷交叉汇聚到心理学，心理学独立为一门科学的条件已经相当成熟。虽然冯特是无可争议的实验心理学奠基人，但并不等于说实验心理学完全出自他一人之手。冯特是幸运的，他有幸站在了巨人的肩膀上，承担起历史赋予他的重任，创建了一门独立的新兴学科——心理学，从而使19世纪自然科学的蓬勃发展得以充分体现。

---

① 荆其诚(1990). 现代心理学发展趋势. 北京：人民教育出版社, 231.

三、冯特的心理学体系

1862年，冯特率先提出"实验心理学"（Experimentelle Psychologie）的名称。他认为心理学应该以直接经验为研究对象，坚决主张用客观的方法来研究心理问题。冯特提出了心理学的三个问题：把意识过程分析为它的基本要素；发现这些要素如何进行联系；确定它们的联系规律。他认为心理过程可分成两类：一类是感觉和意象；另一类是情感。情感包括愉快-不愉快、兴奋-沉静、紧张-松弛三个维度。在此基础上，冯特创立了情感三维学说。他尤其重视统觉，认为统觉能够表现心理的意志性、主动性和统一性。

1. 心理学的研究对象——直接经验

冯特宣称心理学是研究经验的科学（Erfahrungswissenschaft）。心理学应该研究直接经验（unmittelbaren Erfahrung），即经验的本身，也就是我们心灵或意识的主观内容。研究直接经验的方法是在严格控制的实验条件下进行自我观察。与之相反的是，物理科学研究间接经验（mittelbaren Erfahrung），间接经验是根据科学分析得到的关于外界事物的知识。在进行物理科学研究时，必须排除个人主观因素的影响，根据物体的外在客观规律开展研究。在冯特看来"一块石头、一棵植物、一个声音、一道光线，被当做自然现象来对待时，便成为矿物学、植物学、物理学等学科的研究对象；然而，这些自然现象同时又是观念，所以也是心理学的对象"。

冯特在《生理心理学原理》中这样写道："在心理学里我们将发现，只有那些能感受到的心理现象才能被当做实验的对象。我们不能对心理的本身进行实验，但可以通过心理的表现形式（如感觉与动作）来进行实验。"例如，我们看到一朵花，这意味着我们关心的是这朵花。关于花的知识经验，如花的生长周期、结构特点等是根据科学实验得到的间接经验，是植物学的研究对象；心理学的研究对象是看花时的直接经验，看到花时对红色的体验，它的饱和度、形状等，而不是花的本身。因此，直接经验是我们主观经验本身，正是这些基本经验，如红的颜色等，各种体验形成了意识的基本状态。因此，心理学研究直接经验，包括被试的主观体验,其研究对象与人的心理状态有关。

冯特认为复杂的意识经验可以分解为基本的成分,即简单的心理元素。正如前面提到的复杂的物质和身体结构能够被分解为化学元素和细胞,心理经验也可以分解为元素或单元。例如,对一个物体的知觉可以分解为不同的感觉,我们对花瓶的知觉可以分解成长圆的形状、蓝的颜色、冰冷的皮肤觉等。心理学史学家曾经这样评价冯特:冯特一直在努力寻找构成心灵的元素,最后找到了像元素周期表一样的心理构架。这与自然科学家分解它们的研究对象——物理宇宙是一致的[1]。

2. 心理学的研究方法——自我观察法

1862年冯特提出,自我观察法是研究心理现象的唯一方法[2],后来在《逻辑学》一书中他这样写道:"一切心理学都是基于自我观察。"[3]1908年冯特在《生理心理学原理》(第六版)中指出:"只有借助于自我观察法,心理学才有可能发展。自我观察法只有越深入到单纯的过程中,才越适宜心理学的解释。"[4]

冯特所指的"自我观察"、"内部知觉"都是内省的同义词。内省法的提出可以追溯到古希腊的苏格拉底。而冯特的创新之处在于,他要求被试在严格控制的实验条件下进行内省。在莱比锡实验室,冯特为正确使用内省法提出了十分明确的要求:① 被试必须能确定内省过程从什么时候开始;② 被试必须做好准备,集中注意力;③ 被试必须重复内省多次;④ 当被试在控制刺激及改变实验条件时,实验者(主试)要记录下被试报告的变化[5]。这些内省的规则揭示了冯特自我观察法的本质,至今仍然保留在实验心理学教材中,是基本的实验操作规定。

值得一提的是,冯特的自我观察法与韦伯、费希纳的心理物理学方法有相似之处。例如,为获得关于感官的信息,实验者在严格的实验室控制条件下给被试施予一个刺激,然后请被试报告所引起的感觉。当被试报告两个物体哪个更重或者是否相等时,被试报告的就是自己的意识经验。这也说明冯特心理学的研究

---

[1] 杜·舒尔兹(2005).现代心理学史. 第8版. 叶浩生译. 南京:江苏教育出版社,77.
[2] W. Wundt: Beiträge zur Theorie der Sinneswahrnehmung. 1862.
[3] W. Wundt: Logik ii, 2, 1895, 170.
[4] W. Wundt: Grundzüge der Psyologischen Psychologie. I, 6. Aufl. , 1908, 25—26.
[5] 同[1], 79.

方法实际上是受到了早期生理学,特别是感官生理学及心理物理学的深刻影响。

后来兴起的行为主义以内省法为靶子,强烈反对采用内省法,大力倡导对行为进行直接观察[①]。实际上冯特的著作均用德文撰写,冯特的"内省"德文原词是"selbstbeobachtung",强调的是利用客观技术,如反应的测量、词语的联想等对心理过程进行科学的研究。英文的"内省"(instrospection)对应的是德文的"内在知觉"(innere Wahrnehmung),并非冯特所提出的"Selbstbeobachtung"。"innere Wahrnehmung"强调的是对个人经验进行主观的描述和解释,这与冯特所倡导的"Selbstbeobachtung"是根本对立的[②]。因此,冯特的著作在被翻译为英文出版之时,将"自我观察"译为"内省"实际上是一种曲解。在这里我们有必要正本溯源,为冯特平反。

3. 情感三维学说

冯特认为简单的心理过程可分为两类:一类是感觉和表象;另一类是情感。情感包括愉快和不愉快、兴奋和沉静、紧张和松弛。冯特最初在《生理心理学原理》中提出,情感有两种性质:愉快和不愉快,它们是相对的两个极点,每种情感都在两个极点之间的某个位置上。在1893年的《生理心理学原理》第四版中,冯特又增加了紧张-松弛、兴奋-沉静两个维度,形成了情感三维说(tri-dimensional theory of feeling)。他用三条在零点相互交叉的直线图示了三对情感的性质。

冯特用一个简单的实验对情感

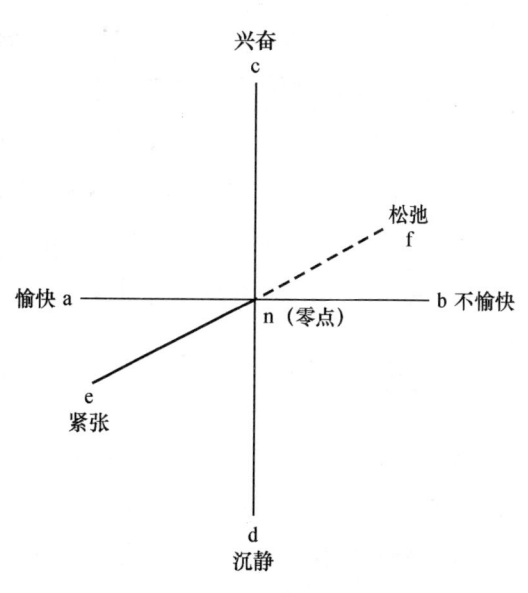

冯特的感情三维度说

资料来源:杨鑫辉 主编(2000). 心理学通史·第四卷. 济南:山东教育出版社.

[①] 行为主义所反对的"内省法",实际上并非冯特所指的"自我观察法"。
[②] 高觉敷(1995). 西方心理学史论. 合肥:安徽教育出版社,131.

三维说进行了解释。他让节拍器（metronome）发出不同节律的滴答声，当某一节律的滴答声结束时，被试需要报告这一节律的声音是否比前一节律的声音更悦耳，是否感到愉快。根据被试的口头报告，他得出结论，对任何声音的经验都是一种愉快或不愉快的主观体验，这种主观体验是与滴答声相联系的物理感觉同时产生的。所以冯特认为，这种情感状态可以在从强烈的愉快到强烈的不愉快这一连续的维度上进行评定。

随着实验的进行，当继续听节拍器的滴答声时，冯特注意到第二种情感体验，即在期待相继出现的滴答声时，被试会有轻微的紧张感，而在滴答声响过以后，紧张感消失，出现松弛感。由此，他得出结论，除了愉快和不愉快这一连续的维度之外，情感中还存在着紧张和松弛的维度。此外，当增加滴答声的频率时，被试会觉得有些兴奋；而当滴答声的频率降低时，被试则会觉得比较沉静。

因此，通过不断改变节拍器的速率，基于内省和报告的直接意识体验（被试的感觉和感受），冯特得到了情感的三个维度：愉快-不愉快、紧张-松弛、兴奋-沉静。冯特认为，每一种基本情感都可以通过在一个三维空间中定位的方式而得到恰当的解释，而情绪是这些基本情感的复合体，所以每一种情感都可以在三个维度上找到自己的位置。因此，情绪也被归结为心理的意识内容[①]。

当时，莱比锡实验室和其他实验室的大量研究都是基于冯特的情感三维说开展的，不过该学说最终未能经受住时间的考验。但是，有一点不可否认，冯特的情感三维学说为后继情绪领域的研究起到了抛砖引玉的作用。

4. 统觉

冯特从莱布尼兹（Gottfried Wilhelm von Leibniz，1646—1716）和赫尔巴特（Johann Friedrich Herbart，1776—1841）的理论遗产中借用了统觉（Apperzeption）的概念来解释统一的意识经验。冯特认为，"统觉的内容也就是我们能清晰地觉察到的内容"。例如，我们在现实世界所看到的是知觉单元，并非观察者在实验室里报告的亮度、色调、形状等各种各样的感觉。他将各种要素综合为一个单元的过程称为创造性综合原则或心理合成律。这种创造性综合的过程把许

[①] 杜·舒尔茨(1981). 现代心理学史. 第 2 版. 杨立能等译. 北京：人民教育出版社，65—66.

多基本的经验组合成一个整体，要素结合后产生了大于各要素之和的新特征，即"每一个心理复合体的特征绝不是这些要素特征的简单相加"[1]。后来的格式塔学派反复提到整体大于部分之和的观点，在一定程度上也是对冯特统觉学说的肯定和延续。其实，在化学和细胞学中很容易找到冯特关于"创造性综合"的对应物：由化学元素构成的化合物包含了各元素本身所不具备的新特征，同样的，由细胞组成的身体器官具备细胞自身并不具备的功能。显然，统觉不仅受到经验要素的影响，反过来构成整体的创造性综合也影响着各个经验要素。

复杂的对象可以分解为少数单元，而各种单元又组成具有新质的复合体。这种观点符合19世纪的科学信条。冯特在当时对自然科学已有相当的造诣，并专门研究过化学和生理学。因此，冯特从研究心理学起，就规定对心理现象的分析是心理学的全部任务，主张把复杂的心理活动分解为较为简单的心理学元素——感觉、表象和情感，认为各种复杂的心理过程都是由简单的心理元素构成的，所以他的心理学体系也被称为构造心理学或"心理化学"[2]。

冯特指出："统觉的组合牵涉到大量的心理过程，这些心理过程通常与思维、反省、想象的活动和理解的活动这一类普遍的心理学名词来加以区分。……为了要说明统觉组合的本质特性，冯特把心理过程分为简单的统觉功能和复杂的统觉功能，前者对应关联和比较的功能，而后者对应的是综合和分析的功能。"此外，在分别论述统觉的各种具体功能时，还把想象、理解、判断、归纳和演绎等也都归结为统觉的功能。他认为："想象活动和理解活动是相互联系的，这两种功能最后都归结于同一的基本功能，即统觉的综合和分析"，"判断发生于统觉的分析过程，在语言学方面，判断是用句子来表达的"，"撇开等级上的一般差异不谈，想象活动可进一步分为归纳的理解和演绎的理解两大类，归纳的理解偏重于个别的逻辑关系和组合，而演绎的理解则更多的涉及一般概念及其分析"。正因为冯特把想象、理解、判断、归纳和演绎等都归结为统觉的作用，所以他认为想象的意象、思想、概念等也都是统觉功能相应的产物。他甚至把人的"天资"(das Talent)也归结为"他的想象资质和理解资质的特殊倾向所组成的总倾向"。可

---

[1] 杜·舒尔茨(1981). 现代心理学史. 第2版. 杨立能等译. 北京：人民教育出版社，66.
[2] 荆其诚(1990). 现代心理学发展趋势. 北京：人民教育出版社，40.

是在冯特眼中,想象和理解都是统觉的特殊功能,这就等于说人的天资,实质上是他的某些统觉功能的特殊倾向所组成的总倾向。由此可见,冯特所谓的统觉,实际上是一种包罗万象的神秘力量[①]。

四、冯特在莱比锡实验室的研究工作

心理学史大家 G. 墨菲(Gandner Murphy)曾这样写道:"在冯特创立他的实验室之前,心理学就像个流浪儿,一会儿敲敲生理学的门,一会儿敲敲伦理学的门,一会儿敲敲认识论的门。直到1879年,心理学才有了自己的安身之处,成为一门独立的学科。"[②]1879年是心理学发展史上具有转折意义的一年,在这一年冯特建立了世界上第一个心理学实验室——莱比锡实验室[③]。冯特指导这个实验室直到1917年。从1918年起,维尔特(Wilhelm Wirth,1876—1952)和他一起共担此任。1920年冯特去世,但莱比锡实验室并未因此而没落,以后仍不断有优秀的研究成果产出。

自1879年建立到1881年期间,莱比锡实验室的一切开销均由冯特自掏腰包支付。直到1885年,莱比锡实验室才得到学校的正式承认,并列入了学校的相关目录。莱比锡实验室起初十分简陋,整个实验室不过是一间很大的办公室,里面摆放着几台简单的实验仪器。1897年实验室迁入新的办公大楼,此后实验室条件才有了明显改善,实验设备也相对比较完备了。

1909年,莱比锡大学庆祝建校五百周年,冯特发表了题为"莱比锡实验心理学研究所"(Das Institut für experimentelle Psychologie zu Leipzig)的演讲,介绍了莱比锡实验室的建立和发展历程。该文章收录在《庆祝莱比锡大学成立五百周年纪念日演讲集》(Festschrift zur Feier des 500-jährigen Bestehens der Universität Leipzig, 1909, 4, pt, 1, 118—133.)中[④]。此时,安置于铁日耳曼(Trierianum)大楼里的莱比锡实验室已成为当时心理学研究的中心。就当

---

① 关于统觉的资料参考:荆其诚(1958). 冯特和铁钦纳的构造心理学派的理论基础. 北京:科学出版社.
② 杜·舒尔茨(1981). 现代心理学史. 第2版. 杨立能等译. 北京:人民教育出版社, 70.
③ 在德国,实验室通常被称为研究所。
④ Boring, E. G. (1957). A History of Experimental Psychology. 2nd ed. New York: Appleton-Century-Crofts, 347.

时科学发展的水平而言,莱比锡实验室设备精良,有许多心理学仪器[①],还有生理学仪器(如记纹鼓,kymograph)、物理学仪器(如音叉)以及音乐专用的节拍器等。在这些仪器中,最贵重和最精确的当属 Hipp 计时器(Hipp chronoscope)了,它是 19 世纪中叶德国精密机械工程师霍布(Matthaus Hipp)发明的精密钟表计时装置,通过悬挂在末端的重量砝码驱动,精度高达 0.001 秒。该仪器由两个钟表盘组成,其中一个表盘的指针精度为 0.1 秒到 0.01 秒,另一表盘的指针的精度为 0.001 秒。赫尔姆霍茨著名的神经传导速度实验就是使用这台仪器完成的,莱比锡实验室有关反应时的研究也基本上都是使用该仪器完成的。

记纹鼓
资料来源:Lück, H. E. (1984). Geschichte der Psychologie: Ein Handbuch in Schlüsselbegriffen. München: Urban & Schwarzenberg, 43.

Hipp 计时器
资料来源:Lück, H. E. (1984). Geschichte der Psychologie: Ein Handbuch in Schlüsselbegriffen. München: Urban & Schwarzenberg, 43.

[①] 由于实验心理学在当时已经成为一门热门科学,1887 年在莱比锡由工程师艾米奥·兹摩曼(Emil Zimmermann)专门建立了"心理学仪器工厂"——兹摩曼心理学仪器公司。美国也相继成立了专门制造销售心理学仪器的斯特尔灵(Stoelting)公司。20 世纪上半叶,世界各国的心理学实验室仪器一般都是从这两家公司订购的,所有仪器加起来约有 100 余件,都是心理学实验室的标准化仪器。当时,中国的辅仁大学、清华大学及其他大学的心理学实验室使用的心理学仪器也大都来自这两家公司。这些仪器有的至今仍保存在我国的一些大学里。现代心理学研究的一些实验仪器也是从这些仪器发展而来的。实验仪器是进行实验心理学研究的重要工具,所以心理学仪器公司的成立和发展也算是实验心理学史上的大事件。

在莱比锡实验室成立之初,冯特亲自确定实验室的研究问题。他注重主观观察,并注重方法学上的准确性。他认为莱比锡实验室应该继承和发展前人的研究,如赫尔霍姆茨、费希纳、韦伯、高尔顿等人的研究,并坚持认为实验室应该致力于扩大现有的研究课题并进一步发展壮大。

1. 反应时研究

在莱比锡实验室里完成的第一篇研究报告——《论混合反应的统觉时间》,是马克斯·弗里德里希(M. Friedrich)在冯特指导下完成的。莱比锡实验室继承了赫尔霍姆茨关于生理光学的工作,开展了大量关于反应时的研究(该实验室有六分之一的工作是关于反应时的),这与冯特当年在海德堡大学任赫尔姆霍茨的实验室助手,从事有关神经冲动传导的实验有着不可分割的联系。

莱比锡实验室研究肌肉反应的速度和心理反应的速度,创立了"心理时间测量学"(mental chronometry),提出了反应时的"减法"(subtractive procedure)。例如,如果仅要求被试对感官刺激做肌肉反应,那么可以测量得到肌肉反应时间;但如果还要求被试对感官刺激做选择性反应,那么测量得到的反应时间就比肌肉反应时间更长,其差值就是选择反应的时间。如果感觉反应比肌肉反应迟0.1秒,那么感觉反应的时间就是0.1秒。用这种"减法"反应时方法可以研究许多心理过程的反应时间,如知觉、分辨、联想、判断等,而且心理过程的单元可以进行叠加研究。1894年,冯特在谈到反应时实验时,明确指出"这些实验研究……的主要价值在于……它可以使心理过程处于精确控制的条件下,以便对自我观察的现象进行更精细的分析"。

1881至1895年期间,反应时研究是莱比锡实验室最突出的研究课题。但是,随着反应时研究的不断发展和完善,研究发现用心理时间测量学得到的结果并不稳定,而且对复杂心理过程反应时的解释也遇到了困难,所以莱比锡实验室逐渐放弃了该领域的研究,取而代之的是注意和情感研究。但毋庸置疑,莱比锡实验室开创了反应时研究,而且反应时至今仍是实验心理学研究的关键性指标。

2. 注意研究

冯特的第一个助手卡特尔在莱比锡实验室率先开展了注意广度的经典研究,且发现被试在短暂地呈现时间内只能知觉到四个、五个或六个单元。冯特基于迪茨(G. Dietze)的研究提出了"注意二维说",提出注意不仅包括同时性事件,还包括先后发生的事件。冯特还指出,被试在任一时刻只能知觉到整个意识中的一小部分(即注意的中心),对位于注意中心的刺激的知觉是最清晰的,而且这种清晰感明显不同于对视野中其他刺激的清晰感。例如,当人们看到夜间广告牌闪现的瞬间,有些字母看得特别清楚,而且能记住它们,可其他的字母就显得很模糊。冯特基于其元素主义观点,对此现象提出的解释是,注意使意识将许多小元素统合成大元素;意识如同一个集中了许多观念的大区域,其中一小部分是注意集中的区域,只有这个区域内的观念清晰可见,而区域之外的观念就模糊不清了。

3. 感知觉研究

在莱比锡实验室,感知觉研究的数量位居第一,占整个实验室研究的一半以上,涉及视觉、听觉、时间知觉、触觉和味觉等心理现象。

从牛顿到赫尔姆霍茨再到费希纳,视知觉一直都是他们关心的领域。视知觉研究几乎占冯特学派前二十年所有研究的四分之一,涉及外周视觉、视觉对比、色觉与色盲、浦肯野现象(Purkinje phenomenon)、正负后像、双眼视觉、形状知觉、可见运动以及视错觉等[①]。

在听觉方面,冯特的学生们先后发表了关于听觉心理物理学的论文(1883—1891),研究了音拍、组合音(1892—1901)以及和谐音的混合和分析等。其中,洛伦茨(C. Lorenz)关于音程的论文(1890)曾引起过争论,但他也因此闻名于世。

触觉是位居视觉和听觉之后第三重要的感觉研究对象。韦伯的《触觉和一般感觉》一书对莱比锡实验室的触觉研究产生了很大影响。当时,实验室关于触觉定位的研究及两点阈的研究大多发表在《哲学研究》上。基苏(F. Kiesow)对

---

① E. G. 波林(1981). 实验心理学史. 第2版. 高觉敷译. 北京:商务印书馆,383.

味觉的著名研究也始于莱比锡,尽管他在莱比锡时尚未对嗅觉问题进行直接的研究。此外,莱比锡实验室还进行过时间知觉和时距知觉的研究。

4. 感情研究

随着冯特提出情感三维学说,对感情的实验研究成为莱比锡实验室19世纪90年代的主要工作。这在一定程度上也反映了冯特要求其学生的研究工作与自己的研究课题保持一致的作风。莱比锡实验室开展的感情研究使情感三维学说很快得到了界内人士的认可。

与情感相关的内省研究以科恩(J. Cohn)的工作最为重要。他发展了费希纳的印象法,创造了对偶比较法(method of paired comparisons)(1894),这种方法要求在激发主观情感的条件下对刺激进行比较。莱比锡实验室后来还开展关于六种表情指标的研究,如脉搏、呼吸、肌肉强度等,以及相关的感情关系的研究[①]。

5. 联想研究

冯特关心的联想过程包括:① 混合(Verschmelzungen),如空间和时间观念的混合;② 同化(Assimilationen),即现在的印象和过去的印象之间的比较;③ 复合(Komplikationen),即不同种类感觉的联合,如"柠檬"的视觉印象和"酸"的味觉印象的联系;④ 相继联合(sukzessiven Associationen),其可进一步分为:A. 再认和认知;B. 回忆。所有这些联想过程都不受意志活动的直接支配,均缺乏一种积极、紧张的元素,所以它们都是被动的经验。

莱比锡实验室对联想的研究主要限于分析言词联想。言词联想的研究始于英国人高尔顿(Francis Galton, 1822—1911),他要求被试用一个单一的词对呈现的刺激词做出反应。为了确定言词联想的性质,冯特要求被试对所呈现单词刺激产生的联想词进行分类。与其他研究领域相比,莱比锡实验室的联想研究稍显逊色,对实验心理学发展的影响也不大。这主要是因为在同一时期,艾宾浩斯(Hermann Ebbinghaus, 1850—1909)通过联想实验发现了遗忘曲线(它至今

---

① Boring, E. G. (1957). A History of Experimental Psychology. 2nd ed. New York: Appleton-Century-Crofts, 343.

仍是记忆心理学中不可或缺的经典研究成果），产生了巨大影响；而缪勒（G. E. Müller）在记忆方面的研究也颇有成就。

　　1980年7月6—12日，第22届国际心理学大会在莱比锡的卡尔·马克思大学①召开，大会主题是纪念冯特建立心理学实验室一百周年。卡尔·马克思大学设有冯特纪念馆，馆中的冯特档案室陈设着冯特时期使用过的实验仪器，冯特的手稿、信件、出版物、个人纪念物品等。该纪念馆在第22届国际心理学大会期间作为重要项目对与会者开放，颇受欢迎和重视。在此次大会上，国际心理科学联合会（International Union of Psychological Science；简称国际心联，IUPsyS）主席萨默弗里德（A. Summerfield）肯定了冯特在莱比锡大学建立第一个心理学实验室100年后在莱比锡召开大会的特殊意义。我国心理学家陈立率领中国代表团出席了这次大会，并在会上做了关于《威廉·冯特与中国心理学》的报告。更重要的是，在此次大会上，国际心联还讨论并一致通过接受中国心理学会的申请，中国心理学会成为国际心联的第44个会员国，这标志着中国心理学从此开始踏出国门走向世界，并在国际心理学界占有一席之地。②

　　值得一提的是，冯特曾是第一届国际心理学大会（1889）的发起人之一③。当年大会的发起委员会包括了来自13个不同国家的著名心理学家和相关学科的成员，其中有著名的赫尔霍姆茨、威廉·詹姆斯、高尔顿、埃瓦尔德·海林（Ewald Hering，1834—1918）等人。他们聚集在一起为心理学的未来出谋划策，对心理学的发展起到了不可磨灭的促进作用。

五、冯特莱比锡实验室的学生们

　　冯特在莱比锡实验室培养了一大批来自世界各地的学生，他们在莱比锡学成归国后致力于发展本国的心理学，大多成为世界心理学历史上的重要人物。

---

　　① 卡尔·马克思大学实际上就是原来的莱比锡大学。第二次世界大战后德国分为联邦德国和民主德国，莱比锡大学位于民主德国，后更名为卡尔·马克思大学。1990年德国统一后，卡尔·马克思大学又改用原来的校名——莱比锡大学。
　　② 徐联仓，荆其诚（2006）. 记陈立先生率团出席第22届国际心理学大会. 见 陈立先生纪念文集编辑小组编. 陈立先生纪念文集. 杭州：浙江大学出版社，12—14.
　　③ 参见：Roesnzweig, M. R.（2004）. 国际心理科学联合会历史. 张厚粲译. 北京：中国轻工业出版社，25—26.

其中包括德国的第一代心理学家克雷丕林(Emil Kraepelin)、屈尔佩(Oswald Külpe)、墨伊曼(Ernst Meumann)和闽斯特伯格(Hugo Munsterberg),美国心理学界的第一代领导人霍尔(G. Stanley Hall)、卡特尔(James McKeen Cattell)、莱德(George Ladd)、安吉尔(Frank Angell),英国的第一代心理学家斯皮尔曼(Charles E. Spearman),赴美国并在美国将冯特心理学发扬光大的英国人铁钦纳(E. B. Titchener),俄国心理学的奠基人契尔潘诺夫(Georgy I. Chelpanov)、贝赫铁列夫(Vladimir M. Bekhterev)和朗格(Nikolay N. Lange),还有格鲁吉亚的乌兹纳杰(Dimitry N. Uznadze),意大利的齐梭(Friedrich Kiesow),瑞士的都尔(Ernst Dürr),日本的松本亦太郎(Matataro Matsumoto),丹麦的莱曼(Alfred Lehman),以及中国的蔡元培。蔡元培是冯特唯一的中国学生,也是中国心理学的先驱者[①]。

冯特和他的学生们[②]

资料来源:Gerrig, R. J. & Zimbardo, P. G. (2005). 心理学与生活. 第 17 版. 影印版. 北京:北京大学出版社, 9.

1. 冯特唯一的中国学生——蔡元培[③]

蔡元培(1868—1940)留学德国期间跟随冯特学习实验心理学,归国后任北

[①] 傅小兰(2006). 荆其诚心理学文选. 北京:人民教育出版社. 166—195.

[②] 在图中可以看到冯特坐在仪器台前,他的助手和学生们站在周围,仪器台上右侧是 Hipp 计时器。除此之外,莱比锡实验室还有一个可以进行感知研究的暗室。不幸的是冯特莱比锡实验室在第二次世界大战中未能幸免于难,现在莱比锡大学的冯特展室陈列的只是当时的部分复原物。我们提供仅存的几张发黄的照片以示纪念。

[③] 张兴明. 蔡元培(2005). 留学德国的北大校长. 北京大学校报·奔驰副刊.

京大学校长。在他的支持下,北京大学建立了中国第一个心理学实验室①。在他任中央研究院院长期间,中央研究院心理研究所也宣告成立。蔡元培先生堪称是中国心理学的开拓者。

蔡元培曾两次留学德国。第一次是在 1907 年,他在柏林先学了一年德语,1908 年 10 月 15 日来到莱比锡,在莱比锡大学注册成为正式留学生,开始了为期三年的学习生活。1911 年正值国内政治形势复杂,清王朝覆灭,辛亥革命爆发,蔡元培在莱比锡的学习因此而中断,于 1911 年 11 月返回中国,协助孙中山组建新政府,担任民国政府教育总长②。当时中华民国刚刚成立,社会动荡不安。迫于国内紧张的政治局势,蔡元培于 1912 年 11 月 1 日再次返回莱比锡大学,继续其留学生涯,直至 1913 年 4 月 17 日才又返回祖国。③

在莱比锡大学的档案资料室里,至今还保存着蔡元培当年所学课程的资料。他学习的课程多达 40 门,范围涉及哲学、文学、心理学、文明史、人类学、教育学、绘画艺术以及民族学等。他在莱比锡的第一个学期(1908—1909 年的冬季学期)就听过冯特的哲学讲座,而且此后的每个学期至少听两个心理学讲座,其中实验心理学和民族心理学是他的主要兴趣之所在。1909 年夏季学期,蔡元培在听"心理学纲要"讲座时结识了冯特。在 1910 年夏季学期,他又听了由冯特讲授的"心理实验课",这是一门研讨式的课程,冯特要求所有听课的学生登记姓名。在莱比锡大学保存的资料登记卡上,记录着蔡元培三次参加心理实验课的信息,其中 1910—1911 年和 1911 年两个学期听课登记卡上的第 9 行记录着蔡元培的亲笔登记。根据莱比锡大学的史料可知,蔡元培在莱比锡大学

蔡元培

---

① 李扬,韩布新,张侃(2001).二十世纪影响中国心理学发展的十件大事.第九届全国心理学学术会议文摘选集.
② 康拉德·雷施格(1996).蔡元培在莱比锡大学.应用心理学,2:56—60.
③ 同上。

学习期间,心理学是他的主修课程,也是他最感兴趣的学科领域之一。另外,蔡元培很有可能参加过于 1909 年举行的莱比锡大学建校五百周年庆典①。

1916 年 12 月,蔡元培担任北京大学校长。1917 年,在他的支持下,北大哲学门(系)的心理学、哲学教授陈大齐②创立了我国第一个心理学实验室。这是一个极为简单的实验室,位于北京大学图书馆前面的一个房间,门上有块标有"心理仪器标本室"的牌子。第二年陈大齐开始讲授心理学实验课,并在 1918 年出版了《心理学大纲》,这是中国第一本大学心理学教材,其重大意义在于它反映了那个时代心理学的主要内容和科学水平,也标志着中国科学心理学的诞生。

莱比锡实验室对中国心理学的影响③

1917 年	蔡元培从冯特莱比锡实验室学成归国,任北京大学校长
1917 年	陈大齐在蔡元培的支持下,在北京大学建立了第一个心理学实验室
1921 年	张耀翔创立中华心理学会

2. 冯特忠实的接班人——铁钦纳

在冯特众多的学生中,铁钦纳算得上是最忠实的追随者了。铁钦纳是英国人,他从 1890 年开始在冯特的莱比锡实验室学习④,主要兴趣是对"认识"的反应时间进行研究,还发表过相关的论文。在冯特的指导下,他完成了博士学位论文——"单眼刺激的双眼影响",于 1892 年获得博士学位。虽然,铁钦纳仅在冯特门下学习过两年,但冯特的思想却对他一生的研究工作产生了深刻的

---

① 在冯特遗物中,一本纪念册中有一张中国学生代表团参加庆典的照片。参见:康拉德·雷施格(1996). 蔡元培在莱比锡大学. 应用心理学, 2: 56—60.

② 陈大齐(1886—1983),字百年,浙江海盐人。早年留学日本东京帝国大学,专攻心理学,获文学士学位。回国后,曾任浙江高等学校校长、北京政法专门学校预科教授。1914 年起任北京大学心理学教授,曾兼任哲学系主任、心理系主任、教务长,并一度代理校长。他深受蔡元培的赏识和重用,是中国现代心理学的先驱。

③ Jing, Q. C. & Fu, X. L. (2001). Modern Chinese Psychology: Its indigenous roots and international influences. International Journal of Psychology, 36(6): 408—418.

④ 铁钦纳(Edward Bradford Titchener, 1867—1927)是英国人,但却在美国继承和发展了冯特的心理学。英国伦敦大学的第一代心理学家斯皮尔曼,也同是冯特的学生,他因创建因素分析、研究智力而闻名。本书中的伯特、陈立两章还将会提到他。

影响。

铁钦纳离开莱比锡后，先是在牛津大学任教，但后来因不满于英国同事用科学方法来研究哲学问题，转而到美国康奈尔大学讲授心理学，并指导实验室工作。此后，他一直都在康奈尔大学从事心理学研究工作，直到60岁因脑肿瘤逝世。在康奈尔的前十年，铁钦纳建立了心理学实验室，指导学生进行实验研究，并承袭了冯特一贯的权威作风——根据自己的研究兴趣给学生指定研究课题，以便更好地建立自己的心理学体系（构造主义）。此外，铁钦纳还不知疲倦地将冯特的著作从德文翻译成英文，先后完成了冯特《生理心理学原理》第三版和第四版的英译本。可冯特着实多产，当铁钦纳还在翻译他的第四版时，该书又出版了第五版。

铁钦纳
资料来源：Uiney, W. & King, D. B. (2004). 心理学史：观点与背景. 第3版. 影印版. 北京：北京大学出版社.

除了翻译冯特的著作，铁钦纳也撰写心理学教材，出版了《心理学大纲》(1896)、《心理学初级读本》和四卷本的《实验心理学：实验室实践手册》(1901—1905)等。其中的《实验心理学：实验室实践手册》十分畅销，是当时各大院校实验心理学的必读参考书，对美国实验心理学的发展也产生了深远影响。铁钦纳写作的教科书还被译成俄文、德文、法文、意大利文等流传于世，并被广泛采用。

3. 屈尔佩和符兹堡学派

屈尔佩（Oswald Külpe，1862—1915）是冯特的第二任助手。屈尔佩曾于1881年在莱比锡跟随冯特学习过一年，之后他前往哥廷根大学在 G. E. 缪勒门下开始研究感情。中间几经反复，他终于在1886年第三次重返心理学，再次师从于冯特长达8年之久。1887年，他完成了《新哲学中的意志学说》(Die Lehre vom Willen in der neueren Philosophie)，并发表在冯特创办的《哲学研究》上。当时恰逢冯特的第一任助手卡特尔要返回美国，屈尔佩就此担当起冯特第二任

屈尔佩
资料来源：http://www.whpsy.com/person/k/kueple.O.htm.

助手。

屈尔佩在莱比锡实验室期间，正当心理时间测量学及反应时减法盛行之时。他主要从事反应时的研究，并在1891年写过一篇重要的论文——《讨论双手反应时间》。另外，他还帮助冯特修改和订正教科书。1893年，他编写出版了一本简单易读的心理学教材——《心理学大纲》[①]。在这本书中，他将心理学定义为"经验事实的科学"，并指出心理学的特点在于"这些事实依存于经验着的个体"，不仅其观点与冯特的观点相一致，而且完全没有涉及思维方面的研究。

1894年，屈尔佩转任符茨堡大学教授，其学术观点也随之发生了变化。他开始关注思维研究，认为对高级的心理过程应该也可以进行实验研究。屈尔佩深信思维过程可以用实验进行研究，指导学生们开展了许多有关思维的实验研究。在屈尔佩的领导下，符茨堡学派诞生了。符茨堡学派并不排斥意识内容作为心理学的主题，但扩充了研究内容，把包括思维在内的高级心理过程纳入研究范围。显然，符茨堡学派开展的思维研究与冯特的心理学体系并不相符。屈尔佩基于在其思维实验研究中发现的定势、无意象思维等现象，逐渐从冯特式的内容心理学转向德国意动心理学，提出了二重心理学观点，认为心理学的对象是心理内容和心理机能。二重心理学可概括为4个主要特点：① 内容和机能两者在生活经验中是不同的；② 有时内容发生变化而机能不变化，有时机能变化而内容不变化；③ 从分析的角度看，内容在意识内可以进行分析，但机能不容易被分析，因为分析只可改变机能而不改变内容；④ 内容和机能各有其自己的规律。[②]

正如波林在书中所评价的，屈尔佩改变思想的能力比铁钦纳的坚持不变的一贯性对心理学有更大的价值。心理学的焦点从意识到行为的后期转变，由于

---

① 波林在《实验心理学史》中提到，屈尔佩在修订冯特所著的教科书时，备感冯特理论体系的复杂性，由此萌发了自己撰写一本新教材的想法。
② 引自：高觉敷(1982). 西方近代心理学史. 北京：人民教育出版社，172.

屈尔佩在思维中对意识地位的贬低而有很大的促进。[①]

4. 冯特的美国学生们[②]

如下表所示,冯特有多位美国学生,但限于篇幅,这里只介绍冯特门下比较著名的两位美国学生。

Table 1
American Students for Whom Wundt Was Erstgutachter

Student	Dissertation title & date	Birthplace
James Thompson Bixby (1843–1921)	Herbert Spencer's Data of Ethics and Transmutational Ethics (1885)	Barre, MA
James McKeen Cattell (1860–1944)	Psychometric Investigations (1886)	Easton, PA
Harry Kirke Wolfe (1858–1918)	Studies on the Memory of Tones (1886)	Bloomington, IL
Frank Angell (1857–1939)	Studies on the Estimation of Sound Intensity (1891)	S. Scituate, RI
William A. Hammond (1871–1938)	On the Notion of Virtue in the Dialogues of Plato, with Particular Reference to Those of the First Period and to the Third and Fourth Books of the Republic (1891)	New Athens, OH
Edward Aloyius Pace (1861–1938)	The Relativity Principle in Herbert Spencer's Psychological Theory of Evolution (1891)	Starke, FL
Edward W. Scripture (1864–1945)	Thinking and Feeling (1891)	Mason, NH
Lightner Witmer (1867–1956)	Aesthetic Values of Varying Proportions (1892)	Philadelphia, PA
Charles Hubbard Judd (1873–1946)	Perceptions of Space (1896)	Bareilly, India
George M. Stratton (1865–1957)	The Perception of Changes of Pressure at Varying Rates (1896)	Oakland, CA
Frederick D. Sherman (1864–1942)	About Purkinje's Phenomenon in the Center of the Retina (1897)	Ionia, MI
Guy Allen Tawney (1870–1947)	On the Awareness of Two Central Points in Touch Perception with Consideration of the Two-Point Illusion in Tactile Perception (1897)	Tippiecanoe City, OH
Edward Moffatt Weyer (1872–1964)	Similar Temporal Thresholds and Pressure Points (1898)	Portsmouth, OH
Walter Dill Scott (1869–1955)	The Psychology of Impulses Historically and Critically Considered (1900)	Cooksville, IL
William Harder Squires (1863–1937)	The Philosophy of Jonathan Edwards (1901)	Auburn, NY
George Frederick Arps (1874–1939)	On the Increase of the Perception of Pressure (1908)	Cary, IL

冯特美国学生列表

资料来源:Benjamin, L. T., et al(1992). Wundt's American Doctoral Students. American Psychologist, Feb:123—131.

冯特的第一位美国学生——霍尔

斯坦利·霍尔是美国人,最初的学术兴趣是哲学,后因受到冯特《生理心理学原理》的影响,转而对新心理学产生了浓厚的兴趣。霍尔一心向往有机会能留学德国跟随冯特学习心理学,但迫于经济压力,他只能先留在哈佛大学教授英文。在哈佛大学期间,他师从威廉·詹姆斯,并于1878年成为获得美国新心理

---

① 引自:E. G. 波林(1981). 实验心理学史. 高觉敷译. 北京:商务印书馆,461.
② 有关冯特的美国学生的详细内容参见:Benjamin, L. T., et al. (1992). Wundt's American doctoral students. American Psychologist. 2(47):123—131.

学哲学博士学位的第一人。[1][2]

1879 年,也正是冯特成立莱比锡实验室那一年,霍尔终于如愿以偿远赴德国留学,有幸成为冯特的第一位美国学生。1883 年,霍尔在莱比锡学成后返回美国,在约翰霍普金斯大学建立了美国的第一个心理学实验室[3];1887 年,他在美国创办第一个心理学杂志《美国心理学杂志》(American Journal of Psychology);1891 年,他又创办了《发生心理学杂志》(Journal of Genetic Psychology.);1892 年,他创建了世界上第一个心理学会——美国心理学会[4]。1888 年,他担任克拉克大学的第一任校长。1909 年,他邀请弗洛伊德和荣格(Carl Jung)等人到克拉克大学参加二十周年校庆并发表演说,这次活动为精神分析在美国的传播开辟了道路。

霍尔

资料来源:Uiney, W. & King, D. B. (2004). 心理学史:观点与背景. 第 3 版. 影印版. 北京:北京大学出版社.

冯特的第一位美国助手——卡特尔

1883 年,卡特尔(James Mckeen Cattell, 1860—1944)来到莱比锡,以美国人特有的进取精神自荐于冯特,成为了冯特的第一位助手。在冯特眼中,卡特尔是一个"典型的美国人"[5],这或许是因为卡特尔是唯一一个坚持自己选择研究方向的学生。卡特尔在莱比锡实验室的三年主要从事反应时的研究,旨在探讨个体差异,并于 1886 年获得博士学位。他先后在《哲学研究》(Philosophische Stu-

---

[1] 霍尔(Granville Stanley Hall, 1844—1924)和詹姆斯年龄相仿,虽然相互敬仰,但后来在学术观点上却背道而驰。波林曾这样描述两人的关系:"霍尔就像一颗彗星,暂时受到詹姆斯的吸引,但不久就一去不复返了。"

[2] 关于谁是冯特的第一位美国学生还颇有争议。在冯特所有的美国学生中,卡特尔是第一个完成心理学博士学位论文的学生。也有人对此质疑说,早在卡特尔之前,已有三位美国学生在冯特的指导下完成论文;所不同的是,他们的论文是哲学,而非心理学。参见:Benjamin, L. T. , et al. (1992). Wundt's American doctoral students. American Psychologist, 2(47):123—131.

[3] 如前所述,早在 1875 年詹姆斯就在哈佛大学建立了心理学实验室,但该实验室仅用于演示和教学。波林曾提到霍尔"创立"了美国的第一个实验室,表明他更为看重霍尔实验室在美国心理学史上的地位。

[4] 霍尔是美国心理学会的第一任主席,1924 年被复选为美国心理学会主席,并于同年逝世,享年 80 岁。

[5] E. G. 波林(1981). 实验心理学史. 高觉敷译. 北京:商务印书馆,366.

dien)和《心灵》(Mind)等杂志上发表过六七篇文章,其中包括他的博士学位论文《心理测量研究》(Psychometric Investigation)。卡特尔是莱比锡实验室第一个发表博士学位论文的美国学生。

后来卡特尔结识了高尔顿,两人在个体差异研究方面可谓志同道合。这也促使卡特尔决定返回美国继续开展自己的研究工作。回国后,他在哥伦比亚大学先后任心理学、人类学和哲学系主任长达 14 年之久(1891—1905)。1891 年,他还在哥伦比亚大学创立了心理学实验室,并在此后的 26 年里一直主持该实验室的工作。后来,卡特尔的学生在

卡特尔
资料来源:http://www.whpsy.com/person/c/Cattell.J.M.htm.

整理他的研究资料时发现,卡特尔在反应时间、联想、知觉和阅读、心理物理学、等级评列法等方面的研究只有一个主题——个体差异。关注个体差异,是进化论的一个自然发展结果,这与机能主义的基本观点不谋而合,由此可见卡特尔的研究具有机能主义的倾向。后来他抛弃了冯特的自我观察法,将心理测量法作为心理学的研究方法,从而为心理学研究方法的发展和完善开辟了一条新径。因此,卡特尔被公认为是第一位强调数量化、重视等级法和评定法的美国心理学家。

5. 提名冯特诺贝尔奖的闵斯特伯格

1907、1909、1916 年,冯特曾三次被提名诺贝尔生理学或医学奖。1916 年,他因为在生理心理学所做的先驱性工作而得到他的学生闵斯特伯格的提名。

闵斯特伯格(Hugo Münsterberg,1863—1916)出生于德国,但他的心理学工作主要是在美国进行的。他是工业心理学的主要创始人之一,被誉为"工业心理学之父"。1883 年,闵斯特伯格在莱比锡大学聆听了冯特的一次讲座,随后便师从于冯特门下。他于 1885 年 7 月在莱比锡大学获得心理学哲学博士

闵斯特伯格

资料来源：Uiney, W. & King, D. B. (2004). 心理学史：观点与背景. 第3版. 影印版. 北京：北京大学出版社.

学位；随后继续在海德堡大学研习医学，并于1887年获得医学博士学位。在海德堡期间，他因研究意志（will）而享有声誉，尽管这个研究方向有悖于冯特最初的意愿，但并没有因此而影响冯特和闵斯特伯格之间的师生情谊。

1889年，闵斯特伯格在巴黎召开的第一届世界心理学大会上结识了来自哈佛大学的威廉·詹姆斯，他们俩对肌肉感觉（muscular sensations）在情感和意志经验中的作用很有共识。詹姆斯盛情邀请闵斯特伯格前往哈佛大学担任客座教授历时三年。1895年，闵斯特伯格重返哈佛，接替了詹姆斯的职务。除了授课，他还接管了由詹姆斯创建的心理学实验室，成为詹姆斯机能学派的继承人。此时，闵斯特伯格的研究兴趣已经开始转向应用心理学。1898年，他当选为美国心理学会主席；1908年，任美国哲学会主席；1903年，被《美国科学家》期刊评选为仅次于詹姆斯的名人。但事实上，闵斯特伯格在美国也是一位颇有争议的心理学家。

第一次世界大战（1914—1918）爆发的第二年，因持亲善德国的态度[①]，闵斯特伯格被怀疑是间谍而备受抨击，由此陷入孤立的困境。1916年他在哈佛大学讲授心理学的课堂上，因心脏病突发逝世，年仅53岁。闵斯特伯格在逝世前四个月（1915年11月）曾经写信给诺贝尔委员会，提名冯特参与竞争诺贝尔生理学或医学奖。他在信中肯定了冯特在生理心理学方面的开创性贡献，阐明了冯特建立世界上第一个心理学实验室——莱比锡实验室、在莱比锡实验室培养了大批心理学研究的接班人、尤其是晚年致力于民族心理学研究的重大意义。

虽然闵斯特伯格和冯特在学术上各持己见，甚至在各自的论著中公然批评或反对对方的观点，但这丝毫没有损害到他们之间的深厚友谊。1896年，冯特

---

① 闵斯特伯格一直保持德国国籍并主张美德亲善避免战争。

力荐闽斯特伯格到苏黎世大学任教。1902 年,闽斯特伯格写信恭贺冯特 70 岁生日。1912 年,时逢冯特 80 岁寿诞,闽斯特伯格筹资为冯特精心准备了生日礼物。由此,我们不难看出闽斯特伯格提名冯特诺贝尔奖,不单是因为冯特学术上的造诣和影响,还缘于他们之间深厚的师生情谊。值得一提的是,冯特三次被提名诺贝尔奖,但仅在闽斯特伯格 1916 年推荐的这一次,他进入了最后一轮的评议,跻身成为六位候选者之一。为介绍冯特,诺贝尔奖评选委员会(selection committee)的副主席格狄列斯(B. Gadelius)还撰写了长达 33 页的总结报告。但遗憾的是,最终这六位候选者均未能如愿,当年无人问鼎诺贝尔奖。在诺贝尔奖结果公布 4 个月之后,闽斯特伯格逝世,4 年后冯特也与世长辞了。①

冯特 80 岁寿诞与朋友们的合影
资料来源:Rieber, R. W. (1980). Wilhelm Wundt and the Making of a Scientific Psychology. New York:Springer, 156.

6. 冯特的学生们在世界各地建立心理学科及实验室

19 世纪末至 20 世纪初,受冯特莱比锡实验室的影响,心理学研究者们在德国、美国、日本、中国、印度和世界其他地区纷纷建立心理实验室。这些实验室大多是由在莱比锡受过训练的人,按照莱比锡的模式建立的。1885 年别赫切列夫(В. М. Бехтерев)在克山建立了俄国第一个心理学实验室,1912 年切尔帕诺夫(Г. И. Челпанов)在莫斯科创办了俄国第一个心理研究所,并任第一任所长。该研究所后来成为俄罗斯教育科学院心理研究所。著名俄国心理学家维果斯基(Л. С. Выготский)、鲁利亚(А. Р. Лурия)和里昂捷夫(А. Н. Леонтьев)都在这里工作过(Brushlinskii, 1995)。1886 年,莱曼(Alfred Lehman)在哥本哈根建立了丹麦第一个心理学实验室(Koppe, 1987)。

---

① 关于冯特被提名诺贝尔奖的详细内容可参见:Benjamin, L. T. (2003). Behavioral science and the Nobel Prize: A history. American Psychologist, 58(9):731.

在冯特实验室学习过或受到冯特影响的亚洲心理学者,也各自在本国开设了实验心理学课程。日本的西多(Amane Nishi, 1829—1898)从欧洲回国后确立了"心理学"这一名称,它后来成为日文和中文的公认的科学名词。1900年,元良勇次郎(Yujiro Motora, 1859—1912)建立了日本第一个心理学实验室。元良勇次郎先是在德国学习,1885年在美国约翰霍普金斯大学师从霍尔并获得博士学位,成为日本第一位获得认证的心理学家,后在东京大学任心理学讲师。1903年,冯特的学生松本亦太郎(1865—1943)任东京帝国大学教授,1918年成为东京大学心理学系第一任主任,1927年成为日本心理学会第一任会长(Amuma & Imada, 1994;Kaneko, 1987)。1915年,辛古普塔(N. N. Sengupta)在加尔各答大学建立了印度第一个心理学实验室。1921年,中国心理学家张耀翔[①]创建了中华心理学会。

<<< 专栏二

冯特对中国前期心理学影响

1920年冯特逝世那一年,也是中国心理学现代史上一个重要的年份,在南京高等师范,由陆志韦、陈鹤琴两位教授主持开创了中国大学中第一个独立的心理系。1922年由张耀翔教授主编创办了中国第一种心理学专业期刊——《心理》杂志。1928年由蔡元培创建的前中央研究院设立了心理研究所,先后由唐钺、汪敬熙教授主持工作。20～30年代是国际心理学各派争鸣的繁荣时期,除冯特的心理学外,构造派、机能派、完形派、心理分析派都陆续被介绍到中国来,中国心理学也形成了一个初始繁荣的局面。据不完全统计,从1922至1940年,中国共出版心理学专著370种以上,其中,汉译外国心理学名家名著不下160种。除专著和译本外,仅1930年7月至1934年6月的4年间,在115种杂志期

---

① 张耀翔(1893—1964),现代中国心理学创始人之一。1915年赴美国哥伦比亚大学留学,1920年回国,任北京高等师范学校教授兼教育研究科主任,在校期间立了中国较早的心理学实验室。1921年他创办中华心理学会,任第一任会长。1922年1月创办中国最早的心理学刊物《心理》杂志并任主编。张耀翔提倡用科学和实验的方法研究心理学,对中国心理学的早期发展有很大影响。他还是最早在中国应用心理测验的人物之一。1916年,张耀翔在哥伦比亚大学学习心理学,那时候卡特尔还没有从哥伦比亚大学退休。

刊中有 314 位作者共发表心理学论文近 700 篇。

（摘自陈立(2001). 陈立心理学科学论著选(续编). 杭州：浙江大学出版社.）

六、社会心理学的前身——民族心理学

众所周知，任何学科和科学的产生、发展都不可避免地受到时代背景的影响。民族心理学也不例外。19 世纪是殖民主义的时代，欧洲列强大兴殖民扩张之风，地理地质学家、动植物学家纷纷开始对殖民地的物质资源进行探索研究。达尔文的进化论就是在这样的背景下产生的。人类学家随即加入到探险考察的队伍中，开始关注原始社会的民族、文化、宗教等问题，这无疑也影响到新兴的心理科学。冯特的巨著《民族心理学》在这样的时代背景下诞生了。

<<< 专栏三

民族心理学的发展[①]

关于民族心理学的起源，可追溯到 15 世纪末 16 世纪初欧洲的文艺复兴时期。15 世纪末，哥伦布先后 4 次出海远航，开辟了横渡大西洋到美洲的新航路。此后的几个世纪，英国、法国、荷兰等欧洲国家以不可阻挡的气势扩张海上势力，各国经济迅速发展。18、19 世纪，他们在世界各处扩张殖民地，大兴探险和考察之风。

为了顺应这股潮流，科学家们也加入到探险考察的行列中来。1831 年达尔文以"博物学家"的身份参加了英国的南美考察活动，他搭乘"贝格尔"号(Beagle)巡洋舰，历经四年时间在南美收集标本。1859 年发表了著名的《物种起源》，进化论运动由此兴起。1871 年，达尔文发表了《人类的由来和性选择》，1872 年出版了《人类和动物情感的表达》。同年，英国人类学家泰勒(E. B. Tylor, 1832—1917)出版了《原始文化》一书。这几部著作对民族心理学的诞生产生了

[①] 部分内容参考：高丙中(2006). 人类学国外民族志与中国社会科学的发展. 中山大学学报, 2: 17.

一定的影响。马克思主义学者也受到了化进化论发展观的影响，1884年，恩格斯出版马克思主义的重要著作——《家庭、私有财产和国家的起源》，在书中他论述了原始社会的产生、发展和衰落。该书也是19世纪后半叶民族学的重要书籍。

1883—1884年，人类学家博厄斯(F. Boas, 1858—1942)前往巴芬兰德考察爱斯基摩人的生活状况，1911年完成了著名的《原始人的心理》一书。1898年，心理学家理福斯(W. H. R. Rivers, 1864—1922)、麦独孤(W. William McDougall, 1871—1938)跟随英国剑桥大学的人类学探险队前往托雷斯海峡(Torres Strait, 在澳大利亚同伊里安岛之间)周围的地区进行实地考察，考察的内容涉及土著人的体质、心理、语言、艺术与工艺、宗教信仰等。1901至1935年间，理福斯参与出版了由哈登(A. C. Haddon)主编、多人撰写的六卷本《剑桥托雷斯海峡人类学探险报告》。此次考察开创了心理学家亲自进行实地调查的先河。

20世纪上半叶，民族心理学的研究开始在全世界兴起。1900—1920年间，冯特撰写了共十卷的《民族心理学》。1910年，英国著名的人类学家、民族学家弗雷泽出版了颇具权威性的图腾研究专著——《图腾崇拜与外婚制》(Totemism and Exogamy)。1913年，弗洛伊德出版了《图腾与禁忌》(Totem and Taboo)一书，扩大了性心理学范围，涉及他的人类学和社会学构思。1925至1926年间，美国人类学家、博厄斯的学生米德(Margaret Mead, 1901—1978)前往南太平洋上的萨摩亚(Samoa)群岛研究萨摩亚人的青春期问题。1928年，她根据从萨摩亚获得的研究资料，出版了《萨摩亚人的成年人——为西方文明所作的原始人类的青年心理研究》一书，轰动一时。后来，心理学家们继续对太平洋一些群岛和东非大陆的原始部族进行调查研究，特别是对萨摩亚和巴布亚新几内亚部族的调查研究，取得了引人注目的成果。不可讳言，在一些西方民族心理学的研究中，免不了掺杂着种族主义色彩。

20世纪50年代，我国民族学家费孝通等人开始在贵州进行民族识别的研究，参加少数民族社会历史的调查，开展民族学的相关研究。到了70年代，关于我国西南和西北地区少数民族的研究得以继续发展，尤其是在民族的品格、认知、社会心理、语言、团结、民族的个体社会化、心理健康等方面均取得了有价值的研究成果。

随着时代的发展和对民族心理学研究的不断深入,研究者们发现民族心理学的影响因素是多方面的,涉及文化人类学、社会学、民族学、地理学、考古学等学科的一些方法被吸收进来,使得该学科日臻完善。现在民族心理学已经是社会心理学的一个重要组成部分。

冯特晚年耗尽最后20年的时间研究民族心理学,出版了十卷本的《民族心理学》[①]。19世纪中叶以前还没有"民族心理学"这个名称。1860年,拉察鲁斯(Moritz Lazarus, 1824—1903)和史泰因塔(Heymann Steinthal, 1823—1899)主编了《民族心理学和语言学期刊》(Zeitschrift für Völkerpsychologie und Sprachwissenschaft),先后发行了20卷。由此"民族心理学"的名称才得以确定。《民族心理学》是一部多学科的著作,深受进化论的影响,书中多次提及达尔文的两部著作《人类的起源和性选择》(1871)和《人类和动物情感的表达》(1872)。书中还大量引用了英国人类学家泰勒[②]和弗雷泽[③]等人的研究,以及众多心理学著作。

民族心理学封面

资料来源:Völkerpsychologie: eine untersuchung der entwicklungsgesetze von sprache, mythus und sitte / von Wilhelm Wundt...

《民族心理学》全书有几千页的篇幅,仅前五卷就长达3000多页。第一、二卷论述语言问题,第三卷论述艺术问题,第四、五、六卷论述神话和宗教问题,第九卷论述社会组织问题,第十卷是关于文化和历史的总看法。这部鸿篇巨制涉及内容之广泛,事实

---

① 该书原名为Völkerpsychologie,即《民俗心理学》,将书中文名译为此虽不够准确,但却一直沿用至今。该书的内容虽以民俗为主,但研究的主要是民族的、部族的民俗,均属于民族心理学的范畴,故称之为《民族心理学》也不是没有根据的。但非常遗憾的是,该书至今还没有中文版本。

② 泰勒(E. B. Tylor,1832—1917),英国人类学家,进化学派人类学的代表人物之一。1871年成为英国皇家学会会员,1884年任牛津大学人类学讲师,1896—1909年任牛津大学第一位人类学教授。1912年被英王室封为爵士。

③ 弗雷泽(James George Frazer,1854—1941),著名的社会人类学家、神话学和比较宗教学的先驱,他的主要研究领域涉及神话和宗教。《图腾崇拜与外婚制》(1910)和《金枝》(The Golden Bough,1890,1915)是他的主要代表作。

材料之丰厚,史无前例,对心理学、哲学、论理学、法理学、历史学、民族学、人类学、民俗学、考古学、政治学、美学、文学、艺术等知识领域均产生了深远的影响。这里只简要介绍民族心理学的研究方法、民族心理学的三要素和民族心理学的发展阶段。

1. 民族心理学的研究方法

冯特认为心理学应该包括两个方面:第一,实验心理学,即关于个人意识的个体心理学,它必须用实验的内省观察法进行研究。实验心理学的研究对象包括比较简单的心理机能,如反应时、感知觉和联想等。第二,民族心理学,即有关人类共同生活的复杂精神过程的心理学,因受到语言习惯和人类文化的制约,它只能通过人类学和社会科学常用的非实验方法进行研究才可能得到合乎科学的解释。民族心理学研究语言、艺术、神话、宗教、社会风俗、法律与道德的表现,借此研究人类心理发展的各个阶段。冯特就这样将心理科学分成了实验的和社会的两部分。在他看来,实验心理学只能了解心理的"外表",而民族心理学却能探讨心理的"内心"[1]。而对于心理学的发展而言,冯特的这种实验的和社会的划分,使出版《民族心理学》的意义远远超越了书中具体内容的价值。

在 1908 年的《生理心理学原理》第六版中,冯特明确界定了心理学的两种研究方法:"根据近代科学心理学的特点,我们曾经提到两种方法。在解决问题时,这两种方法具有能够相互补充的性质。一种是实验法,即有意的产生和改变所研究的过程;另一种是被称为民族心理学(Völkerpschololgie)的方法,它是研究不受观察者影响而发生的普遍有效的精神产物,和对其发展的因果分析。"[2]

冯特认为,民族心理学的研究方法是对心理的和精神的文化产物进行因果分析。这与个体心理学的自我观察法有所不同。社会文化产物的历史研究方法具体分为两种——分析法和综合法。冯特主张用"分析的研究方法"来分别说明思维、语言、神话和风俗等问题,而以"综合的研究方法"来研究这些现象的整体发展。《民族心理学》第十卷对文化和历史的总看法进行了记述,采用的就是"综

---

[1] 高觉敷(1982).西方近代心理学史.北京:人民教育出版社,132—133.
[2] Wundt, W.(1908). Grundzüge der Psysiologischen Psychologie. I, 6. Aufl., 23.

合的研究方法"。

2. 民族心理学的三要素

冯特曾给《民族心理学》加注了一个副标题——"关于语言、神话和风俗发展原理的研究",将语言、神话和风俗定义为组成民族心理学的三要素,这与他在实验心理学领域中将感觉和感情规定为组成个体心理的元素相对应。这里,语言代表表象作用或思考;神话代表感情;风俗代表意志。在冯特看来,虽然艺术、法律、宗教和社会组织等也可以纳入民族心理学研究的范围,但考虑到它们的起源不同,他终究没有将它们作为民族心理学的基本要素。

语言

冯特在《民族心理学》第一、二卷中对人类语言的起源及发展进行了深刻的分析。冯特重视语言的社会意义,认为语言不仅是个体高级心理过程借以发展的工具,而且还是一种社会性活动,是社会生活的产物。由于语言是人心理发展必不可少的中介,其起源和本质都是社会性的,所以个人的心理生活与社会和群体生活密不可分,因此心理也就成为社会的产物。

神话

《民族心理学》的第四卷论述了神话的心理起源。冯特认为,与个人所具有的表象和感情一样,民族精神又是各个人具有的共同的表象。原始人所具有的统觉,被认为是"拟人的统觉"[①],即他们相信外界事物具备和自己一样的感觉、感情,并相信它们也具有意向。统觉的作用可以理解为个体心理学中"联想"的"同化"作用。神话的表象最初只是在一个人的意识中产生,但通过语言便可扩大到整个民族,变成传说,甚至流传给子孙后代。

风俗

民族心理学的第三个要素是风俗。冯特在《民族心理学》第七、八卷中对社会中的风俗习惯的起源问题进行了论述,他认为"风俗"是整个民族共同的"意志的规范"。风俗习惯的规范可分为"个人的"和"社会的"两类,前者是在个人与其他人的关系中产生的规范,后者是在个人与他人共同生活工作中产生的规范。

---

① 杨鑫辉(2000).心理学通史·第4卷.济南:山东教育出版社,53.

社会的风俗一般会受到法律、道德的制约。

3. 民族心理学的发展阶段[1]

冯特深受黑格尔的历史演化论和达尔文生物进化论的影响,将民族心理学的发展分成四个阶段:① 原始人(primitive man);② 图腾崇拜(totem);③ 英雄和神(heroes and gods);④ 人性的发展(development of humanity)。[2]

原始人阶段

冯特在《民族心理学》中介绍了原始人是如何被发现的。他介绍了德国学者、探险家乔治·施魏因福斯(G. Schweinfurth)于1870年在非洲上刚果的蒙巴塔(Monbuttus)发现了非洲矮人(Pygmy)。此外,他还介绍了菲律宾的小黑人、南非的布希曼(Bushman)人、安达曼群岛的原始居民等。这些民族都有他们自己所特有的文化特征,表现在服饰、住所、食物、自制的工具、武器、生活习俗等方面。冯特在书中还介绍了原始民族的社会结构、婚姻和家庭、语言和思维、智力、艺术萌芽、道德特征、早期的巫术和魔鬼信仰等。他认为原始文化是具有心理学性质的,并根据原始人的心理和文化特点来划分不同的阶段。

在语言和思维问题上,冯特很重视原始人的语言交往。他认为手势语言是一种原始的语言形式,这种沟通手段在文化较低的民族中就已经存在了。尤其是一些部落是由方言很不相同的民族组成的,他们使用手势来进行沟通交流。人们在使用手势语言时,面部表情不仅有情绪反应,还有思想的表露。手势语的最重要特征是:只有感知的表象,而不存在抽象概念的迹象。不过,原始人的思维从一开始就是向抽象化过度的,趋向于形成抽象的概念。例如,印第安人表示"真理"的概念,就是用食指直接从嘴唇向前移动,即直言不讳的意思。

图腾崇拜阶段

冯特认为图腾制度的一般特点包括图腾文化的不同阶段、图腾的部落组织、图腾制度的婚姻关系、图腾崇拜的发展形式、图腾时代的艺术等。图腾首先标志的是一个群体,其中的成员属于同一图腾,这个群体的一部分构成了一个部落或

---

[1] 张世富(2004). 冯特的《民族心理学》. 社会心理研究,第1期,44—53.
[2] 叶浩生(2004). 西方心理学理论与流派. 广州:广东高等教育出版社,29.

氏族。图腾群体的婚姻制度是外婚制，即一个部落的人只能与外族通婚。外婚制实际上是习俗上或法律上婚姻制度的最早形式。外婚制有两种形式：无限制的外婚制与有限制的外婚制。血缘关系较近的亲属间的婚姻厌恶是产生外婚制的主要原因，这是一种自然的优生措施。原始的婚姻可分为三个阶段，即掠夺婚姻、买卖婚姻和契约婚姻。图腾时代婚姻的形式有：单偶婚、一夫多妻婚、一妻多夫婚与一夫多妻并存（群婚）等。

英雄和神的阶段

这里主要涉及英雄时代的外部文化、家庭组织、阶级分工与职业分工、法律制度的起源与发展、神的起源、英雄时代的艺术等。冯特认为神以拟人化的形式出现，具有三个特征：特殊的居住场所、长生不老的永恒性、某种超人的特性同时还具有人的个性，所以将神看做是魔鬼和英雄两者相结合的产物。在原始人之后的三个历史时代中，图腾时代是满足欲求的时代，英雄时代是艺术的时代，而随后的人类发展是科学的时代。英雄时代包含了整个艺术史中两个最重要的时期，即真正宗教艺术的起源时期和美学的走向独立时期。

人性的发展

在古希腊语中"humanitas"与"人性"（human nature）的概念相对应。一方面，"人性"指全人类，至少是指大多数人；另一方面，"人性"具有价值属性，它涉及到人际和民族之间交往过程中所表现的伦理特性。在冯特看来，人类心理的发展并没有完成，而是一个随着时间不断发展和完善的过程。民族心理学的任务是既要研究每一阶段的心理发展特点，也要研究阶段与阶段之间过渡状态的心理特点。从这个意义上来说，民族心理学也可称为发生心理学（genetic psychology）。

为了配合《民族心理学》的出版，冯特撰写了大量辩论性和补充性的论著。1911年冯特撰写了《民族心理学的问题》（Problem der Volkerpsychologie）一书，该书是在《民族心理学的目的和方法》（The Aims and Methods of Folk Psychology）和《宗教的实用与发生心理学》（Pragmatic and Genetic Psychology of Religion）基础上进行修改和扩展而完成的。1912年《民族心理学纲要》（Elemente der Völkerpsychologie)问世①，在这本书中，冯特写道"民族心理学无疑是心理学的一个分支"，并指出"仅凭个人经验并不足以对人类集体创造的精神产物进行充分的解释，理由是集体创造的精神产物是以许多人的相互活动为先决条件的"②。

尽管在冯特之前，已有拉察鲁斯和史泰因塔主编的《民族心理学和语言学期刊》问世，但只有冯特是在努力尝试系统地建立民族心理学体系，并试图为心理学拓展一个崭新的研究领域。《民族心理学》的出版得到了许多国家心理学研究者的重视，也对推动民族心理学的发展起到了重要作用。因为当时还没有社会心理学这门学科，所以将《民族心理学》看做是现代社会心理学的基石一点都不为过。冯特的《民族心理学》对心理学产生的影响绝不亚于他建立第一个心理学实验室和他为创立实验心理学所做的贡献。

七、冯特心理学的深远影响

19 世纪 90 年代到 20 世纪的前 10 年，不断有冯特的学生从莱比锡实验室学成归国。颇具代表性的是，冯特的学生将实验心理学转移到了美国，促成了美国新心理学的产生和发展。以铁钦纳为代表的构造主义继承了冯特心理学的精髓，将冯特的心理学思想和观点进行到底。但也有一些学生公然置疑冯特的心理学思想，纷纷建立新的心理学派。

1. 构造主义——坚守冯特的心理学路线

如前所述，铁钦纳是冯特的学生，他离开莱比锡实验室之后来到美国致力于冯特心理学思想的传播和推广，并将这个心理学体系正式命名为构造主义。构造主义是继心理学宣布成为一门独立的实验科学之后，出现在欧美国家的第一个心理学派，铁钦纳是该学派的主要代表人物。

---

① 该书在 1916 年就由施奇尔伯译成英文出版。在《民族心理学》完全问世之前，这部《民族心理学纲要》已经在欧美国家，特别是英语国家颇负盛名了。
② Wundt, W. M. (1912). Elemente der Völkerpsychologie — Grundlinien einer Psychologischen Entwicklungsgeschichte der Menschheim. Leipzig: A. Kröner, 3.

1898年,铁钦纳发表了《构造心理学的基本原理》一文。在这篇文章中,他阐述了构造心理学的基本立场和主张,正式提出"构造主义"一词。构造主义深受英国经验主义和德国生理学的影响,将心理学的研究对象规定为意识经验,主张心理学应该采用实验内省法来分析意识的内容,考察意识的构成,以揭示意识的各个组成部分是怎样联结成复杂心理过程的规律。该学派强调心理学的基本任务是解释正常成人的一般心理规律,并不重视心理学的应用,也不关心个体差异、教育心理、儿童心理等应用心理学领域,以及其他不可能通过内省法研究的行为问题。

虽然铁钦纳的构造心理学与冯特的心理学思想在研究对象、方法和研究问题上基本相似,但在具体观点上却不尽相同。冯特强调统觉的概念,认为统觉是一种综合心理过程,除了具有选择性,还有创造性的建构功能;铁钦纳不讲统觉,而是用注意代替统觉。冯特把心理现象分析为感觉和感情两种元素;铁钦纳则把心理现象分析为感觉、意象和简单感情三种元素。冯特认为每种心理元素都应该有两种基本属性,即性质和强度;铁钦纳则认为心理元素的基本属性除了性质和强度之外,还应具有持久性、清晰性、广延性等。冯特认为情感是三个维度的;铁钦纳却认为情感只有"愉快"与"不愉快"一个维度[①]。

构造心理学是心理学史上第一个从哲学中独立出来的心理学派,它为新兴的心理学奠定了坚实的基础。该学派在心理学的各个领域,如实验心理学、变态心理学、动物心理学、发展心理学和民族心理学(社会心理学)等领域,都做出了卓越的贡献。但是,该学派把一切科学的研究对象都归结为经验,并坚持心身平行论的观点。由于构造心理学规定的研究对象过于狭窄而且有点脱离实际生活,同时又坚持把内省法作为心理学的主要方法,因而遭到许多欧美心理学家的反对,特别是行为主义的兴起,对构造心理学造成了很大的冲击,使其在心理学界很快失去了领导地位。但从另一个角度来看,构造心理学的衰落也在一定程度上促进了其他心理学派的兴起和发展。

1898年,铁钦纳在《哲学评论》上发表了《构造心理学的公设》。在这篇文章中,他将"构造"和"机能"两个词对立起来,指出了"构造"心理学与"机能"心理学

---

① 荆其诚(1958). 冯特和铁钦纳的构造心理学派的理论基础. 北京:科学出版社,39.

的不同,认为构造主义是唯一的心理学形式。因此,我们不妨把铁钦纳称为机能心理学的"间接建立者"。有人曾这样评价铁钦纳:"在铁钦纳给机能主义命名之前,被他所攻击的这场运动是没有名称的,是铁钦纳将'机能'规定为一个心理学的专用语,是他使机能主义的这场运动凸显出来,在这方面他的功劳比任何一个人都大。"[1]

2. 冯特对美国心理学的影响

美国心理学的兴起深受冯特的影响。根据波林的观点,1888至1895年间,虽然美国心理学稍落后于德国,但创建实验室的潮流颇为流行。美国学生热衷于远赴重洋到莱比锡实验室跟随冯特学习,学成回国后纷纷在各大学建立实验室,推广生物心理学和实验心理学并开设相关课程。关于心理学研究的杂志也陆续创刊。19世纪末美国心理学会成立,为日后心理学在美国的蓬勃发展奠定了坚实的基础。

尽管初期的美国心理学看上去都是在效仿德国,但也有相当一部分研究者并没有像铁钦纳那样坚持将冯特的心理学进行到底。冯特的许多美国学生都开始转向从事自己所擅长的研究领域,例如,卡特尔研究人的个体差异,霍尔关心智力测验和教育心理学等。究其原因,在当时的时代背景下,与德国等历史悠久的欧洲国家相比,美国是一个新开拓的国度,美国人更容易接受达尔文进化论的观点,更加倾向于实用主义,这样的时代背景为机能主义的产生和发展提供了契机。到1910年,美国心理学已经比较明确地划分为几个学派:以铁钦纳为代表的构造主义,以詹姆斯为代表的机能主义,还有相当一部分心理学家持中立态度,他们酝酿创立其他学派。此后,在华生的领导下爆发了行为主义运动,一个更激进的反对冯特的心理学派由此诞生了。

八、新心理学派的诞生——机能主义、行为主义与格式塔心理学

冯特就好比是登上心理学新大陆的第一个探险者,他仅依据局部的地貌就

---

[1] 转引自:高觉敷(1982). 西方近代心理学史. 北京:人民教育出版社,192.

勾勒出了关于整个新大陆的概况,但他的心理学体系并不是无懈可击的,还不能解决心理学的全部问题。随着研究的不断深入,冯特心理学体系的弱点逐渐显露出来。我们不得不承认,任何理论和学派的产生都是时代精神的产物,当新思想到来时,过时的思想势必会被淘汰。20世纪20年代前后,新的心理学派相继问世,向冯特的心理学思想和观点发出了挑战,迫使其退出心理学的中心舞台。

1. 机能主义

机能主义是第一个美国式的心理学体系,它的主要代表人物是威廉姆·詹姆斯。该学派反对冯特的实验心理学和铁钦纳的构造主义学派,强调心理功能的研究,十分关注心理学的潜在应用价值,认为心理学应该研究人们是怎样适应环境的。机能主义对现代心理学的发展产生了两方面的影响:一方面,从构造主义的重视结构转向重视机能;另一方面,扩展了心理学的研究对象,将动物、儿童、精神混乱者等包括进来。他们提倡采用内省之外的客观心理测量方法对行为进行客观的描述。

机能主义之所以产生于美国,正如波林所评价的那样:"它继承了德国实验主义的躯体,传承了达尔文的思想精华,致力于研究的心理学的用途。"[1]美国人讲究实际、效用和功能,比德国和英国更容易接受达尔文的进化论,因此由进化论所派生的机能主义出现在美国并不奇怪。

值得一提的是,关于美国心理学史家的一次调查表明,在心理学的重要人物中,美国机能主义者詹姆斯仅次于冯特排在第二位,被公认为美国最重要的心理学家之一(Korn, Davis & Davis, 1991)[2]。詹姆斯虽然不是冯特的学生,但1867年他在德国疗养期间读过冯特的著作,对冯特试图建立一门新的心理科学的构想非常仰慕[3]。在1875年至1876年间,詹姆斯在美国开设了第一门心理学课程——"生理学和心理学的关系"。也就是在1875年,詹姆斯在哈佛用300美

---

[1] Boring, E. G. (1957). A History of Experimental Psychology. 2nd ed. New York: Appleton-Century-Crofts, 506.
[2] 转引自:杜·舒尔兹(2005). 现代心理学史. 第8版. 叶浩生译. 南京:江苏教育出版社, 145.
[3] 1867年,詹姆斯到德国疗养,期间他开始阅读德国心理学和哲学。他虽然没有见过冯特,但是很同意冯特的观点,认为心理学成为一门科学的时机已经成熟。参考:B. R. 赫根汉(2004). 心理学史导论. 郭本禹译. 上海:华东师范大学出版社, 499.

元为心理学课程购置了实验室的演示设备,建立了一个小型的实验室进行演示和教学,虽然这发生在冯特建立莱比锡实验室之前,但人们之所以将莱比锡实验室看做是世界上第一个心理学实验室,是因为詹姆斯在哈佛的实验室并没有真正用于心理学的实验研究。

2. 行为主义

如果说从构造主义到机能主义的转变是温和的,那么从1913年开始的行为主义运动则是一场带有创伤性的、彻头彻尾的变革。行为主义不是对构造主义进行简单的修补,而是一场全面的革命。

对构造主义和机能主义的攻击始于华生在1913年发表的《行为主义者眼中的心理学》,这篇文章标志着行为主义的建立。华生所倡导的心理学是一种完全客观的心理学,即研究行为的科学。他想把心理学改革成为一门纯粹的自然科学,于是把矛头指向了冯特心理学的两个中心命题,即意识或经验是心理学的对象,内省法是心理学方法[①]。在华生看来,心理学的意识是宗教神学中灵魂的同义语。他认为,意识是看不见摸不着的,甚至不能用试管来做试验,因此不能作为科学心理学的研究对象。科学应该是客观的,只能以直接观察到的东西为对象,所以心理学只限于研究可见的行为。另外,他极端反对遗传因素,否认其作用,认为人生下来都是一样的,只要给予适当的环境和教育,就可以把一个正常的儿童训练成任何想要的样子。

在华生理论思想的推动下,美国心理学开始发展成为彻底的行为主义,而冯特所开创的构造主义就此被迫离开了心理学的主流舞台。在本书后面的章节中,还将专门介绍华生及行为主义的其他代表人物。

[①] 前文中曾提及冯特认为心理学的研究方法是"自我观察"而非"内省"。但后来他的学生——构造主义的主要代表——铁钦纳并没有完全继承冯特的研究方法,他所倡导的是"系统内省法",这与冯特的"实验内省法"是相背离的。1900年,冯特开始反对铁钦纳的内省法,并尖锐的指出"系统内省"是一种虚假的方法。所以后来的许多心理学学派(包括行为主义)反对的实际上并不是冯特的"实验内省"而是"系统内省"。参见:高觉敷(1995). 西方心理学史论. 合肥:安徽教育出版社, 133.

3. 格式塔心理学

格式塔（Gestalt）①心理学诞生于德国，但因纳粹②势力的限制而在美国得到发展。1912 年 6 月，韦特海默（M. Wertheimer，1880—1943）发表了一篇《论运动视觉》的论文，标志着格式塔心理学从此诞生。该学派反对冯特的心理学和铁钦纳的构造主义，反对将意识分析为元素。

格式塔学派以其主要观点"整体大于局部之和"而举世闻名。与冯特强调的心理元素不同，他们更加关注整体，强调经验和行为的整体性，认为各种感觉聚合在一起就会形成某种新的经验。他们提出知觉的组织原则，研究似动现象（phi-phenomenon）等知觉现象，对知觉领域的研究产生了深远的影响。格式塔心理学的很多研究课题至今仍是心理学教科书中重要的组成部分。

九、结束语

人们对冯特的评价褒贬不一。詹姆斯曾这样写道："当他们（冯特的批评者）对冯特的若干观点进行分析时，他（冯特）已经忙着写一本完全不同题材的书去了。你把他（冯特）像蚯蚓那样切碎，可每一节却仍在爬行……"也许这个比喻有点夸张，但事实上冯特的确是心理学史上一位罕见的多产的心理学家。其实"多产"二字并不足以概括他为心理学所做出的巨大贡献。冯特留给后人的著作数量之多在心理学界首屈一指。冯特培养的学生数量众多，遍及世界各地，活跃在心理学界的各个领域。冯特严谨勤奋的学术态度影响着每一个心理学工作者。纵观现代心理学的发展史，对冯特在心理学界的地位和他所做出的贡献，我们与大多数心理学史学家持有相同的观点：

第一，冯特"建立"了一个新的、独立的学科，他对设定心理学的发展方向起到了决定性作用。我们在前文中也提到过，在冯特之前有心理学但没有心理学

---

① 波林书中记载，格式塔心理学家认为 Gestalt 一词有两层含义：整体（whole）和现象（phenomena）。
② "纳粹"是希特勒领导的"德国国家社会工人党"（国社党）的简称。其德文为 Nationalsozialistische Deutsche Arbeiterpartei，纳粹的读音源自 Nationalsozialistische 中容易发音的四个字母"NAZI"。德国的德文是 Deutschland 发音为德意志，我们简称德国。现在的德国全名是"Bundersrepublik Deutschland"，即德意志联邦共和国，英文是"Federal Republic of Germany"。

家,冯特是世界上第一位心理学家。建立一门新的学科是何等的困难,除了要进行意愿明确、精心细致的工作外,还要有众多的合作者。正如波林所评价的:"只有当中心思想已经形成,某一个提倡者才有可能掌握它们、组织它们,补充那些在他看来是基本的东西,宣传和鼓吹它们,坚持它们。总而言之,就是'建立'一个学派。"[1]因此,冯特被公认为"现代心理学之父",他为"建立"心理学辛勤忙碌了一生。

第二,冯特创建了世界上第一个心理学实验室,培养了大批优秀的心理学工作者,其中有很多后来都成为了著名的心理学家。冯特的学生又培养了很多优秀的学生,这样代代相传,使得心理学在百年后还能蓬勃发展。据统计,在莱比锡建立实验室的20余年间,冯特共培养了180多位心理学家,他们学成归国,致力于发展本国的心理学。此外,冯特的心理学体系还促成了第一个心理学派——构造主义的建立,为此后兴起的各个心理学派创造了良好的发展空间。在一个世纪之后的今天,心理学实验室、心理学研究机构和大学的心理学系遍及全世界,心理学从业人员达数十万之多,心理学已发展成为一个蒸蒸日上的年轻学科。心理学借助精密的仪器和严格的实验方法开展实验研究,采用行为科学方法研究社会问题,对人类的发展起到了极大的推动作用。

第三,冯特完成了大量的心理学文章和著作,对自己的心理学思想进行了系统的整理,毕生致力于将心理学打造成一门具有完整体系的科学。他主张从事生理心理学的研究,这是一个非常有远见的想法。心理学经历了一个多世纪的风风雨雨,在信息时代、高科技蓬勃发展的今天,大量的研究成果表明现代心理学离不开生理学,尤其是神经生理学。

第四,冯特是系统研究民族心理学的第一人,是社会心理学的拓荒者。他晚年花费20年的心血撰写了著名的十卷本《民族心理学》。虽然在冯特之前已经有人在从事民族心理学的研究,但唯有冯特能够高瞻远瞩,系统地建立民族心理学体系,为心理学开辟了一个崭新的研究领域,堪称社会心理学的先驱。因此,冯特在社会科学领域建设方面的贡献,并不亚于他在实验心理学建设方面所做的贡献。

---

[1] 杜·舒尔茨(1981). 现代心理学史. 第2版. 杨立能译. 北京:人民教育出版社,56.

总之，冯特为现代心理学开创了一个良好的开端。尽管有不少人批评冯特，但都无法撼动其"现代心理学之父"的地位。我们必须认识到，任何学科的发展都必定受到时代精神和当时那个时期科学发展水平的限制。心理学得以摆脱哲学的束缚，成为一门独立的学科，在历经了 130 年的辛苦历程，仍屹立于世界科学之林，并为人类的发展做出了积极的贡献，这是多么不容易的一件事情。与冯特为心理学的建立和发展所付出的心血和做出的贡献相比，那些对他的负面评价就显得微不足道了。

西格蒙德·弗洛伊德

西格蒙德·弗洛伊德年表图

1910年
国际精神分析联合会成立；出版《莱奥纳多·达·芬奇和他对童年的回忆》

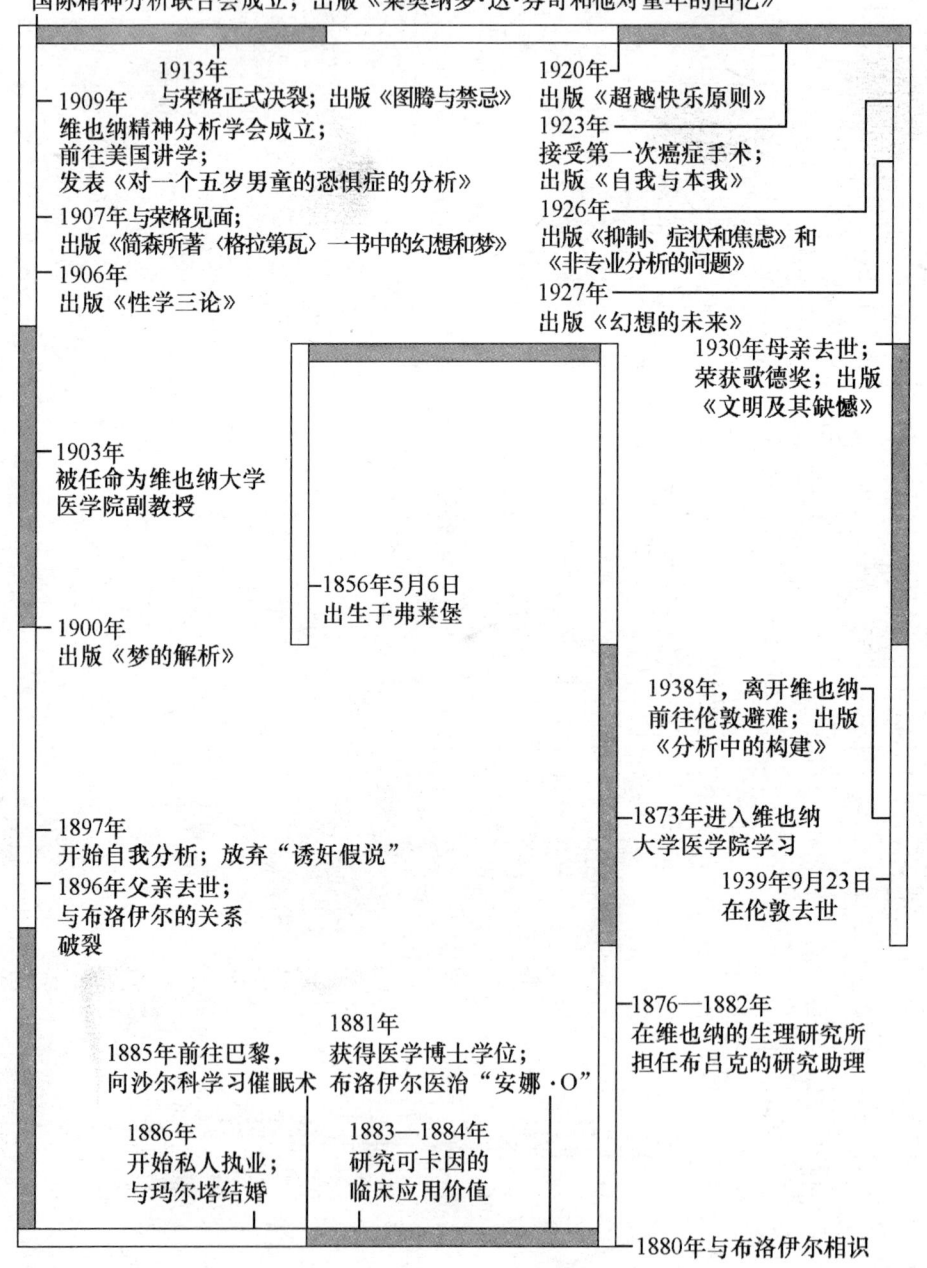

1913年
与荣格正式决裂；出版《图腾与禁忌》

1920年
出版《超越快乐原则》

1909年
维也纳精神分析学会成立；
前往美国讲学；
发表《对一个五岁男童的恐惧症的分析》

1923年
接受第一次癌症手术；
出版《自我与本我》

1907年 与荣格见面；
出版《简森所著〈格拉第瓦〉一书中的幻想和梦》

1926年
出版《抑制、症状和焦虑》和
《非专业分析的问题》

1906年
出版《性学三论》

1927年
出版《幻想的未来》

1930年 母亲去世；
荣获歌德奖；出版
《文明及其缺憾》

1903年
被任命为维也纳大学
医学院副教授

1856年5月6日
出生于弗莱堡

1900年
出版《梦的解析》

1938年，离开维也纳
前往伦敦避难；出版
《分析中的构建》

1897年
开始自我分析；放弃"诱奸假说"

1873年进入维也纳
大学医学院学习

1896年父亲去世；
与布洛伊尔的关系
破裂

1939年9月23日
在伦敦去世

1885年前往巴黎，
向沙尔科学习催眠术

1881年
获得医学博士学位；
布洛伊尔医治"安娜·O"

1876—1882年
在维也纳的生理研究所
担任布吕克的研究助理

1886年
开始私人执业；
与玛尔塔结婚

1883—1884年
研究可卡因的
临床应用价值

1880年与布洛伊尔相识

0　　　　　　　　　5年　　　　　　　　10年

对于很多人来说，西格蒙德·弗洛伊德（Sigmund Freud，1856—1938）就是心理学的代名词。尽管对于弗洛伊德究竟是不是历史上最伟大的心理学家尚存在着很多争论，但是没有人能够否定弗洛伊德对20世纪心理学的发展所作的难以估量的贡献——他的理论和思想极大地推动了精神病学、发展心理学、变态心理学、人格心理学、临床心理学和心理咨询等多门亚学科的发展。从1915年到1938年这二十余年间，由于其在潜意识以及梦方面的杰出研究工作，弗洛伊德曾先后11次被提名为诺贝尔生理学或医学奖的候选人；令人遗憾的是，由于争议过大，诺贝尔奖总是与他失之交臂。2002年，依照其著作被学术期刊引用次数，美国心理学家斯蒂文·海格布卢姆等人对心理学史上的重要学者进行了排名，结果发现排名第一者就是弗洛伊德。此外，弗洛伊德的影响还扩展到了哲学、文学、艺术以及流行文化等领域。伯纳德·科恩在《科学中的革命》一书中把弗洛伊德列为了与达尔文和马克思齐名的19世纪最重要的三位思想家。

1938年，弗洛伊德在BBC的录音室中对自己的一生作了简要的总结：

> ……我发现了一些关于心理潜意识的全新的重要事实……在这些发现的基础上，一门作为心理学一部分的全新科学，同时也是治疗神经症病人的新方法的心理分析学诞生了。……人们并不相信我的发现，而且他们还认为我的理论非常肮脏……但是我最终还是取得了成功……但是斗争依然还没有结束……

一、成长岁月

1. 金童希吉

1856 年 5 月 6 日,弗洛伊德出生于摩拉维亚(Moravia)弗莱堡镇的一个犹太人家庭。据说,村中一位老妇见到这名一头浓密黑发婴儿之后,预言其必将成为一名伟人。于是弗洛伊德的母亲便亲昵地把自己的宝贝儿子唤作"金童希吉"(Golden Sigi)[①]。弗洛伊德的父亲雅可布·弗洛伊德(Jacob Freud, 1815—1896),是一个羊毛商人;在与弗洛伊德的母亲阿马莉·内桑森(Amalie Nathanson, 1835—1930)结婚之前,雅可布已经有过两次婚姻,并育有两个儿子——艾曼纽尔和菲利普。弗洛伊德出生时,他已经 42 岁了。由于当时社会对犹太人充满了仇视情绪,雅可布很难挣到足够的钱来维持这个家庭的生活,所以全家人只能住在一家铁匠铺楼上几间拥挤的小屋子中。1858 年,雅可布和阿马莉的第二个孩子朱利叶斯出生了。不幸的是,小朱利叶斯在还不满一岁的时候就因病死去了。这件事对弗洛伊德幼小的心灵造成了很大的冲击。

"金童希吉"
资料来源:Muckenhoupt, M. (1997). Sigmund Freud: Explorer of the Unconscious. New York: Oxford University Press, 15.

在 1860 年,弗洛伊德一家发生了重大变化。艾曼纽尔和菲利普离开奥地利,搬至英国的曼彻斯特居住;而雅可布和阿马莉则带着两个幼儿——希吉和他的妹妹安娜[②],搬到了维也纳。他们把家安在了维也纳东北部的一个犹太人贫民窟中,并在那里又生下四个女儿罗莎、阿道菲娜、米策和保拉,和一个儿子亚历山大。但是,希吉始终是父母最宠爱的孩子,享受着种种特权:他是这个九口之家中唯一拥有独立房间的人;由于练琴声干扰了他的学习,妹妹安娜的钢琴被强行搬走。而弗洛伊德也没有辜负父母的期望:他的成绩在学校中总是位居第一;到 12

[①] 弗洛伊德的原名为希吉斯蒙德·什洛莫·弗洛伊德(Sigismund Schlomo Freud),但由于"希吉斯蒙德"在德语里有诋毁犹太人的意思,因此 16 岁时,弗洛伊德将自己的名字改为我们所熟悉的"西格蒙德"(Sigmund)。
[②] 弗洛伊德的女儿和妹妹同样都叫做安娜·弗洛伊德。

岁的时候他已经通读了英文原版的《莎士比亚全集》并且精通六种语言。弗洛伊德对学习的喜爱已经到了近乎痴狂的地步,他经常会把饭菜带回书房,边吃边学习以节约时间。弗洛伊德自小就有着很大的抱负,他非常仰慕拿破仑,并相信终有一天他也会像自己的偶像那样名垂千古。在十多岁的时候,弗洛伊德在给一位童年伙伴的信中写道:"保存好这些信,你永远不会知道它们在将来会变得多么重要。"①

2. 学习与爱情

1873年秋天,弗洛伊德被维也纳大学医学院录取。在校期间他曾经一度决定攻读哲学和动物学博士学位,并于1876年3月参加了比较解剖学教授卡尔·克劳斯(Carl Claus)负责的一个动物学研究项目。弗洛伊德的任务是探察雄性鳗鱼是否有睾丸——这在当时依然是一个悬而未决的科学问题。他解剖了四百多条鳗鱼,并进行了详细的观察和记录。之后,弗洛伊德来到了著名神经学家恩斯特·布吕克②的实验室,并在布吕克的指导下系统地研究了鱼类的中枢神经系统。这段经历为弗洛伊德以后的研究指出了方向。然而弗洛伊德最终放弃了成为一名科学家的愿望,而选择成为一名医生。这其中主要有两方面的原因:一是由于当时社会上反犹太主义极为盛行,这使得犹太人很难成为自然科学家③;另一方面则是经济问题。弗洛伊德发现自己越来越迫切地需要金钱,而学术岗位不仅数量少而且报酬低。

恩斯特·布吕克
资料来源: http://www.ling.su.se/fon/phoneticians/Brucke_bes.jpg.

弗洛伊德之所以突然感到来自金钱的压力,这在很大程度上要归结于他和一位名为玛尔塔·贝尔奈斯(Martha Bernays)④的年轻犹太女子间的恋爱关系。弗洛伊德和玛尔塔之间是那种典型的维多利亚式的爱情,二人之间的交往主要

---

① Freud, S. (Actor) (2004). Biography — Sigmund Freud: Analysis of a Mind [DVD]. United States: A & E Home Video.
② 布吕克(Ernst Brücke,1819—1892),德国著名生理学家,他的主要贡献是将物理与化学方法引入医学研究中。
③ 在当时的欧洲社会,自然科学家拥有极高的社会地位。
④ 玛尔塔在与弗洛伊德谈恋爱之前就与弗洛伊德一家相识了,她一直都是弗洛伊德妹妹的好友。

玛尔塔·贝尔奈斯
资料来源：http://estaticos01.cache.el-mundo.net/magazine/imagenes/2003/198/1057940357.jpg

是通过信件进行的。在四年的恋爱之中，他们总共只见过六次面，更谈不上有什么更亲密的关系了。弗洛伊德给玛尔塔写了九百多封非常浪漫的情书，他在信中常把玛尔塔称为"我亲爱的公主"或者是"我最珍贵的宝贝"。漫长的恋爱历程使弗洛伊德急于获得职业上的成功。弗洛伊德发现，如果按他在布吕克实验室担任演示员（demonstrator）所能获得的微薄收入来算的话，他需要九年才可能支付起结婚的费用；而且布吕克曾经这样忠告弗洛伊德："你作为一个犹太人，可以发展的机会实在是太渺茫了。"

1882 年，离开布吕克的实验室之后，弗洛伊德开始了在维也纳总医院的实习生生涯。他当时的导师是特奥多尔·迈纳特[①]，在其影响下，"神经疾病（nervous disease）"，如歇斯底里症等，成为了弗洛伊德的兴趣点。在梅内特的实验室，弗洛伊德解剖了大量的脑组织，研究了脑干，并且发明了一种神经纤维染色的新方法。尽管梅内特的实验室的研究工作对于弗洛伊德来说有着很强的吸引力，但是在这里他的工资仅仅和一般工人一样。

3. 可卡因风波

对金钱和地位的追逐，使弗洛伊德在 1884 年对当时的一种新药——可卡因——进行研究。他自信这个研究必然能够帮助他赢得未来。弗洛伊德之所以会对可卡因产生兴趣，是因为他看到一篇宣称可卡因有神奇的临床疗效的研究报告。于是，他开始广泛搜集和阅读相关文献，并在自己和朋友恩斯特·弗莱施尔-马科索夫[②]身上开展了一系列的实验，以证实他对可卡因的作用的看法。弗洛伊德认为，使用可卡因可以治疗神经性疲劳、神经痛、心脏病、狂犬病以及糖尿病。在 1884 年 6 月，他对自己的实验结果和前人的研究成果进行整合，写成一篇题为《论可卡》(On Coca)[③]的文章，并寄往维也纳的一本医学期刊上准备发表。这一文章主张把可卡因作为一种辅助治疗药物在病人身上使用。他把这篇

[①] 迈纳特（Theodor Meynert, 1833—1892）是当时声望极高的脑解剖专家和神经病理学家。
[②] 弗莱施尔-马科索夫（Ernst Fleischl-Marxow, 1846—1891）与弗洛伊德曾同是布吕克实验室的研究助理，马科索夫后因为研究神经电活动而小有名气。
[③] Freud, S. (1984). Uber Coca (classics revisited). Journal of Substance Abuse Treatment, 1(3).

文章作为"一曲称颂那种神奇物质的赞美诗"①献给他的未婚妻玛尔塔,并且他还时不时的给玛尔塔寄去半克可卡因并教她如何使用。在 1885 年的另一篇文章中,弗洛伊德甚至"毫无保留"②地向医学界推荐皮下注射可卡因。

不幸的是,弗洛伊德忽视了可卡因的成瘾性:虽然可卡因治好了弗莱施尔-马科索夫的吗啡成瘾,但是后者却开始强烈地依赖可卡因,而且病情持续恶化。弗洛伊德本人也成为了自己研究的受害者,开始大量服用可卡因。然而更大的打击是来自于另外一位研究可卡因的学者,同时也是自己的好友之一,卡尔·科勒(Karl Koller,1857—1944)。在弗洛伊德的研究启发之下,科勒发现可卡因可以作为一种效果极佳的局部麻醉剂在外科手术中使用。科勒凭借这个发现一夜成名,成为医学界的大腕人物。有意思的是,面对这接踵而至的不幸事件以及自己在职业圈中日益败坏的名声,弗洛伊德依然不肯承认自己的错误,一方面他坚持宣传可卡因的"神奇"疗效,另一方面他依然不断地在自己身上使用这种毒品。一直到 1887 年,他才最终在一篇文章中承认可卡因的危险性。

二、踏上征程

1. 安娜·O 案例的启示

在 1882 年,弗洛伊德的朋友约瑟夫·布洛伊尔向他讲述了自己在一名被称为"安娜·O"的歇斯底里病患者身上使用催眠术并取得成功的经历。"安娜·O"(Anna O)的本名是贝尔塔·巴本哈因姆(Bertha Pappenheim,1859—1936),她出生于一个显赫的犹太人家庭。在 1880 年,贝尔塔开始出现歇息底里症症状,包括幻觉、情绪波动和言语及视觉障碍,于是她的家人向当时著名的内科医生布洛伊尔求助,希望布洛伊尔能够治好贝尔塔的疾病。

"安娜·O"
资料来源:http://www.proex.ufes.br/arsm/ANNA_O.jpg

---

① Ferris, P. (1998). Dr. Freud: A Life. London: Sinclair-Stevenson, 57.
② 同上, 58.

>>> 专栏一

约瑟夫·布洛伊尔

约瑟夫·布洛伊尔（Josef Breuer,1842—1925）曾经一度是弗洛伊德最亲近的朋友和最主要的合作者。在成为一名职业医生之前，布洛伊尔曾经是一位颇有建树的神经学家，并做出了很多与呼吸调控机制和内耳机能相关的重要科学发现。由于为人坦诚大方并且在哲学艺术方面有着相当的造诣（布洛伊尔与当时的许多诗人、作家和音乐家都是非常要好的朋友），布洛伊尔在同事之中非常受欢迎。

布洛伊尔是在维也纳布吕克的实验室工作时与同为研究助理的弗洛伊德相识的。由于对神经学的共同兴趣，两人迅速地成为了好朋友。在弗洛伊德囊中羞涩之时，布洛伊尔常常能够慷慨解囊相助。除此之外，在科研方面，布洛伊尔也给予了弗洛伊德极大的精神鼓励。到了19世纪80年代中期，布洛伊尔与弗洛伊德一样，开始全身心地专注于临床医疗实践。不过，在医疗才华方面，布洛伊尔远远盖过了弗洛伊德，在病人中享有着极高的声望。他的病人中既有皇家贵族也有平民百姓。当然，在他所接诊的病人中，"安娜·O"无疑是最具有历史意义的一位。

在与贝尔塔频繁且长时间的交谈过程中，布洛伊尔注意到，当贝尔塔回忆起某些症状第一次出现的情景并重新体验到当时强烈的情绪感受的时候，这些症状就神奇地消失了。受到这些偶然发现的启发，布洛伊尔开始在贝尔塔身上进行较为系统的实验。他发现，每当他要求贝尔塔描述某一个特定症状首次出现的情景时，这个症状就会在贝尔塔描述的过程中消失。布洛伊尔还观察到这个现象发生时，贝尔塔总是处在一种类似于自我催眠的意识模糊状态。后来，为了缩短治疗时间，布洛伊尔决定通过使用催眠术来诱发，而不是被动地等待贝尔塔自发地进入这种状态。贝尔塔自己把这一治疗程序称为"谈话治疗法"（talking cure)①。后来,在布洛伊尔与弗洛伊德共同写作的《对歇斯底里症的研究》(Studies on Hysteria)②一书中,列举了很多通过"谈话治疗法"帮助贝尔塔成功消除身体症状的记载。例如,在疾病发作时,贝尔塔的右臂会突然瘫痪,同时她还丧失了使用除英语之外的其他语言同他人交流的能力③。通过回忆这一症状的根源,贝尔塔的右臂恢复了知觉,并且能够重新正常使用德语了。

贝尔塔后来成为了一位著名的慈善家、社会活动者和作家。她主持着一家孤儿院、创立了犹太妇女联盟(League of Jewish Women),并亲自前往近东和东欧调查当地强迫卖淫的情况。1954年,联邦德国政府发行了一枚邮票来纪念这位伟大女性④。

"安娜·O"这一案例的历史意义在于它为弗洛伊德构建精神分析理论提供了重要启示。此外,谈话治疗法"成为所有心理治疗法的基础"。

2. 巴黎之旅——沙尔科与催眠术

1885年是弗洛伊德职业生涯的转折点,他离开了维也纳总医院,准备申请成为一名神经医生(nerve doctor)。同年10月他拿着成功申请到的一笔旅游基金,怀着无比激动的心情到达了巴黎,从而迈出了开创精神分析的第一步。他在巴黎虽然只停留了四个月,但是却对他产生了终身的影响。他在巴黎认识了当时欧洲最负盛名的神经病学家让-马丁·沙尔科(Jean-Martin Charcot,1825—1893)。

对于19世纪的医学来说,精神疾病依然是一个黑匣子。医生们既不理解这类疾病的机制,更谈不上有什么行之有效的治疗方案。在维也纳,那些患有严重的精神病的病人通常是被送往位于奥地利南部的疯人院。在那里,有的病人被放在转椅上旋转直到晕厥,有的病人则被不断地泼浇冷水,还有的病人被强行戴上铁链以限制他们的活动。当时的医生们大都相信"神经疾病(nervous

---

① 谈话治疗法又被称为宣泄法(catharsis)。
② Breuer, J. & Freud, S. (1893). Studies on Hysteria. The Standard Edition of the Complete Psychological Works of Sigmund Freud. Vol. 2. London: Hogarth Press and The Institute of Psychoanalysis, 1—309.
③ 贝尔塔的母语是德语。
④ Appignanesi, R. & Zarate, O. (2007). 视读弗洛伊德. 黄珊珊译. 合肥:安徽文艺出版社,31.

disease)"的病灶是器质性的,即这些疾病是由于神经系统或大脑遭受损伤而造成的。弗洛伊德最初也是这一观点的支持者。然而沙尔科却对这种传统观点提出挑战,并成功地借助催眠术提出了自己的新观点。

催眠术

谈到催眠术(hypnotism),就不得不从一位名为弗兰兹·安登·麦斯默(Franz Anton Mesmer,1734—1815)的奥地利医生说起。早年的麦斯默接受的是正统的医学教育,然而他却形成了自己的一套"异端"的医学理念。他宣称在一切生物和非生物体中都充满了一种神秘的液体,太阳系中的行星能够与这种液体发生作用,从而对人体产生直接的影响。他把这种行星对人体产生的作用力称为"动物磁性"(animal magnetism)。在18世纪后半叶,欧洲大陆流传着很多通过磁铁将疾病治愈的故事。麦斯默对这些病例进行研究后提出,这些看似神奇的传说都可以为自己的"动物磁性"理论所解释。于是,麦斯默在行医过程中也开始使用这种怪异的治疗方法。后来,麦斯默离开维也纳来到巴黎,并很快成为当地的焦点人物,他的神奇疗法甚至得到了法国皇后玛丽的承认和支持。

事实上,麦斯默所发明的治疗技术就是现在人们所熟悉的催眠术。英文中"催眠术"一词的前身"麦斯默术"(mesmerism)就是以他的名字命名的。麦斯默在不经意间做出的最大贡献就是:他证明了病人自身的信念和治疗者提供的暗示在疾病治愈过程中发挥着不可忽视的作用。

在之后相当长的一段时期内,催眠术都被认为是与巫术一般的歪门邪道。一直到19世纪中期,科学界才重新开始对催眠术产生了兴趣。这一转折应当归功于一位名为詹姆斯·布雷德(James Braid,1795—1860)的英国医生。布雷德对人被催眠后所进入的状态产生了浓厚的兴趣。他认为催眠状态与睡眠不同,催眠状态只不过是病人的某种生理反应,而并非是什么神奇力量的结果。布雷德的两大贡献分别是:(1)他把催眠定义为一种可以进行科学考察的现象,这为后来的研究铺平了道路;(2)他以希腊神话中睡神希波诺斯(Hypnos)的名字为基础,创造了催眠术(hypnotism)[1]一词。

---

[1] hypnotism与mesmerism在英文中为同义词,都是催眠术的意思,但是前者更为常用。

神经疾病新说

沙尔科所关心的并非催眠术本身,而是催眠术的临床应用。早在19世纪60年代,沙尔科就开始对神经系统疾病进行研究,并凭借着他在多发性硬化和失语症方面的工作建立了较高的声望。到了19世纪80年代,沙尔科开始将研究兴趣转移到了歇斯底里症上。与当时多数医生的意见相左,沙尔科认为,歇斯底里症患者在生理上的病征是由患者在精神或人格方面的问题造成的。他以催眠术为主要研究工具,进行了一系列怪异但却非常有意思的实验。在将处于正常状态下的歇斯底里症患者诱导进入催眠状态之后,沙尔科发现轻触患者的手臂就可以导致患者进入恍惚状态,敲一下锣就可以让病人完全丧失运动功能,甚至对病人说一个词就可以使病人倒在地上惊叫。沙尔科的研究证明,大脑中的某些信念本身就可以成为生理上的病症出现的充分条件。这一发现对弗洛伊德之后的研究有重要的启示,它表明在人们的意识之下可能隐藏着某种强大的心智过程,沙尔科称之为"第二心智"(second mind)[1]。第二心智最终在精神分析的词汇中演变成了赫赫有名的"潜意识"(unconscious)。

伟大的法国老师

在巴黎,弗洛伊德对沙尔科的工作产生了浓厚的兴趣。初到巴黎时,弗洛伊德常常来到萨尔佩特里埃(Salpetriere)医院的讲堂观看沙尔科讲解他的催眠术,并为沙尔科的现场演示所深深震撼。他在给未婚妻玛尔塔的信中这么写道[2]:

> 我坚信自己发生了重大变化。沙尔科,一个最伟大的医生,一个天才级的人物,彻底的摧毁了我的(陈旧的)观点和目标。……我所能确定的是从来没有哪一个人能够像沙尔科这样对我产生如此深远的影响。

之后,弗洛伊德开始参与沙尔科实验室的工作,主要负责研究瘫痪儿童大脑解剖结构的变化。然而近六个星期的辛勤工作并未能帮助弗洛伊德真正进入沙尔科的核心小团体。备感失望的弗洛伊德放弃了这项研究,他决定换一种策略来打

---

[1] Freud, S. (Actor). (2004). Biography - Sigmund Freud: Analysis of a Mind [DVD]. United States: A&E Home Video.

[2] Muckenhoupt, M. (1997). Sigmund Freud: Explorer of the Unconscious. New York: Oxford University Press, 37.

沙尔科演示催眠术
资料来源：http://klevius.info/wCharcotJ.jpg.

入这个核心的内部。

弗洛伊德请朋友以自己的名义用流利的法语给沙尔科写了一封信。在信中，弗洛伊德表达了自己希望把沙尔科的法语原著翻译成德语的意向。沙尔科接受了弗洛伊德的建议。借此弗洛伊德终于得到了进一步接近沙尔科并与之进行讨论的机会。到弗洛伊德离开巴黎的时候，他已经完全融入了沙尔科的内部集团：他曾多次到沙尔科家里进行私访，并应邀参加了沙尔科组织的几次盛大舞会。在后来的写作中，弗洛伊德曾多次提及沙尔科，把他称为自己"最伟大的老师之一"。

3. 维也纳执业初期

1886年，弗洛伊德的职业生涯正式拉开了序幕。2月份，与沙尔科告别之后，弗洛伊德回到了维也纳。同年4月，弗洛伊德的私人诊所终于在距离维也纳市政大厅不远的市府大街上开业了。9月13日，弗洛伊德与恋爱多年的玛尔塔在市政大厅正式结为伉俪，这对夫妇在之后的八年时间里生下了六个孩子。

在行医初期，弗洛伊德把布洛伊尔所发明的谈话治疗法应用到一些病人身上，并取得了一定程度的成功。1892年，弗洛伊德接待了一位年轻的英国女家庭教师，她的症状包括嗅觉丧失和味觉灼烧感。在不断尝试对她进行催眠却总未能奏效之后，弗洛伊德决定放弃催眠而另辟蹊径。弗洛伊德在治疗过程中发现，如果他要求病人毫无保留地将头脑中想到的所有东西大声说出来，那么他就可以沿着病人的这种自发性思绪追溯到某些被阻挡于意识之外的记忆，而正是这些记忆导致了病症的产生。这一新的手段被称为"自由联想"(free association)①，它为构建精神分析理论奠定了基础。

病人通常进行自由联想的地方
——弗洛伊德诊所内的沙发
资料来源：Gerrig, R. J. & Zimbardo, P. G.(2005).心理学与生活.第17版.影印版.北京：北京大学出版社,515.

在这期间，弗洛伊德的另一项重要贡献就是发现了移情(transference)现象。在治疗过程中，弗洛伊德发现他的女病人们接二连三地对他产生了某种罗曼蒂克的感情。在一次治疗结束后，一个女性病人居然紧紧抱住弗洛伊德，并给了他深情的一吻。作为一名严肃的精神病医生，弗洛伊德并不认为是自己的魅力让病人爱上了自己；相反，他进行了认真思考并尝试对这谜一般的现象做出解释。他提出"移情"这一概念，认为这实际上是病人把他们在小时候与父母情感依恋转移到了治疗者身上。换言之，治疗者在病人的心目中成为其父母的替代者。在1912年的一篇名为《移情的动力学》(The Dynamics of Transference)②的文章中，弗洛伊德进一步将移情分为正移情和负移情两大类。正移情发生时，病人对咨询师十分友好、敬仰、爱慕甚至对异性咨询师表现出性爱的成分；而负移情发生时，病人把咨询师视为过去经历中某个给他带来挫折、不快、痛苦或压抑的对象，从而在行动上表现出不满、拒绝、敌对、被动、抵抗，不配合。弗洛伊德认为，在治疗过程中移情的发生是无法避免的，但是他也强调："尽管从表面上来看，移情必然会成为心理分析过程中最大的障碍；但如果能够在每次移情产生的时候都侦测到它的存在，并向病人做出解释，它就会成为心理分析最得力的帮

---

① Muckenhoupt, M. (1997). Sigmund Freud: Explorer of the Unconscious. New York: Oxford University Press, 58.

② Freud, S. (1912). Studies on Hysteria. The Standard Edition of the Complete Psychological Works of Sigmund Freud. Vol. 12. London: Hogarth Press and The Insitute of Psychoanalysis, 97—108.

手。"①事实上,移情最终成为了很多非心理分析治疗法中的一种重要工具。一位学者曾经这样总结道:"移情对于治疗师来说,已经逐渐变成了通往病人情绪和精神生活的皇家大道。"②

三、精神分析的建立

1. 揭秘歇斯底里

渴望获得成功和社会认可的弗洛伊德决定劝说布洛伊尔与其合作,将他们多年来积累的对歇斯底里症的临床观察整理成书出版。从内心来说,弗洛伊德并不十分愿意把布洛伊尔作为这本名为《对歇斯底里症的研究》(Studies on Hysteria)学术专著的合作者,因为在他看来,布洛伊尔过于谨小慎微,缺乏远见和探索精神。在给好友威尔赫姆·弗里斯③的一封信中,弗洛伊德称布洛伊尔为"阻碍我职业发展的一个障碍物"④。然而,弗洛伊德需要布洛伊尔这个在当时维也纳响亮的名字为这本书增加些分量;更重要的是,安娜·O这一经典案例的所有权是属于布洛伊尔的。

弗洛伊德与好友弗里斯
资料来源:http://www.pep-web.org/document.php? id = se. 001. 0174.jpg.

1895年,《对歇斯底里症的研究》这部凝聚了弗洛伊德和布洛伊尔15年研究心血的作品终于出版了。这部作品后来成为了精神分析学的经典著作。在这本书中,弗

---

① Freud, S. (1905). "Fragment of an Analysis of a Case of Hysteria (Dora)". The Standard Edition of the Complete Psychological Works of Sigmund Freud. Vol. 2. London: Hogarth Press and The Insitute of Psychoanalysis, 117.
② Quinodoz, J. M. (2005). Reading Freud: A Chronological Exploration of Freud's Writings (Translated by David Alcorn). New York: Routledge, 44.
③ 弗里斯(Wilhelm Fliess, 1858—1928)是当时颇有名气的鼻喉科专家。
④ Ferris, P. (1998). Dr. Freud: A Life. London : Sinclair-Stevenson, 115.

洛伊德和布洛伊尔提出了他们各自用来解释歇斯底里症及其他相关神经症的理论假说。然而更重要的是，这本书勾勒出了精神分析理论的基本原理。精神分析理论的主要概念，如潜意识（unconscious）、阻抗（resistance）、防御机制（defense mechanism）和移情（transference），都是在这本书中第一次被提及的。此外，在这本书中，弗洛伊德首次提出性经历可能在神经症的产生中扮演了重要角色。不过这一革命性的观点（即之后的"诱奸假说"的雏形）并没有在这本书中得到充分的讨论。

诱奸假说

然而在发行初期，《对歇斯底里症的研究》几乎无人问津，这令弗洛伊德大失所望。更糟糕的是，这本著作的问世也标志着弗洛伊德和布洛伊尔合作关系和友谊的终结。导致两人之间关系日渐疏远的原因之一是，布洛伊尔始终不肯接受弗洛伊德对歇斯底里症的产生原因所提出的解释，而在这本书出版后，弗洛伊德却愈加强调性创伤就是歇斯底里症的致病因素。不过即使在二人分道扬镳之后，布洛伊尔仍始终对弗洛伊德思想的发展表现出了浓厚的兴趣。

在行医过程中，弗洛伊德发现大多数歇斯底里症患者的病源都可以追溯到幼年时期所遭受的性创伤。在1895年给弗里斯的一封信中，弗洛伊德提到自己发现了歇斯底里症产生的"严格的先决条件"，即"（发生在青春期前的）一次伴随着反感和恐惧的原始性经历"。弗洛伊德对自己的这一发现做出了这样评论："它带给我某种淡淡的愉悦感——毕竟这四十多年的人生没有完全浪费。"1896年，弗洛伊德在精神病学及神经学会的会议上宣读了一篇名为《歇斯底里症的病因学》（The aetiology of hysteria）的文章。在这篇文章中，他正式提出了令世人震惊且备受争议的"诱奸假说"（seduction hypothesis）："每一例歇斯底里症病例的背后总有着一次或多次发生于童年早期的不成熟的性经历。"[1]弗洛伊德在这篇文章中写道："我们的观点是，婴儿时期的性经历是歇斯底里症的基本前提条件……正是它们导致了歇斯底里症状的产生。"[2]

当弗洛伊德宣读完这篇文章后，全场一片沉寂。之后，有朋友劝其不要发表

---

[1] Ferris, P. (1998). Dr. Freud: A Life. London: Sinclair-Stevenson, 128.

[2] Freud, S. (1896). Studies on Hysteria. The Standard Edition of the Complete Psychological Works of Sigmund Freud. Vol. 3. London: Hogarth Press and The Institute of Psychoanalysis, 187—221.

此文,以免损害其学术声望。然而,固执的弗洛伊德仍然坚持发表了这篇文章,结果他不可避免地遭遇到继可卡因事件后的又一次重大人生挫折,并再一次被学术界所孤立。弗洛伊德在给弗里斯的一封信中,表达了对自己所受到的不公待遇的愤怒和痛苦①:

> 我在精神病学会上关于歇斯底里症的病因的演讲受到那些蠢驴们的冷遇。克拉夫特-艾宾②居然做出这样奇怪的评论:"这听起来就像是一个科学童话。"这一切不公正都落到了一个解答了"尼罗河之源头"式的千年难题的人身上③。他们都应该下地狱。

不过几年之后的一项重要发现让弗洛伊德不得不承认了自己的失误并放弃了诱奸假说。在研究中,弗洛伊德注意到了婴儿期性欲(infantile sexuality)的存在:与成人类似,儿童也会有与性相关的感觉、想法和体验。弗洛伊德认为,这种存在于所有人童年早期的性冲动既可以通过真实的性行为也可以通过性幻想来得到满足,虽然大多数幼儿采用的都是后一种方式,但问题在于幼儿缺乏鉴别幻想和现实的能力。弗洛伊德逐渐开始意识到,病人们所回忆起的童年时期的性创伤,大多都是病人幼年时所编造的幻想,并不是受到成年人的"诱惑"而真实发生的事件。在1887年给弗里斯的一封著名的信中,弗洛伊德正式宣布放弃他四年来一直坚持的诱奸假说,"我不再相信我的神经质了"。他承认,那些貌似的确发生过的成人对儿童的性虐待(真实的诱奸),只不过是儿童对他们父母的某种乱伦的性幻想(幻想的诱奸)。弗洛伊德是这样表达自己对诱奸假说的强烈失望之情的:

> 对千古留名的期待是如此美丽,正如对财富、完全独立、旅行和让孩子们过上无忧无虑的生活的期望一样……现在,我又只能再次保持沉默和谦逊,继续担忧和节衣缩食。我想起一个我所收藏的小故事,(故事里这么说)"丽贝卡,请脱下你的礼服,你已经不再是新娘了。"④

---

① Sommers-Flanagan, J. & Sommers-Flanagan, R. (2004). Counseling and Psychotherapy Theories in Context and Practice: Skills, Strategies, and Techniques. Hoboken: John Wiley & Sons, 36.
② 艾宾(Kraft-Ebing)是当时维也纳大学精神病学系的主任。
③ 弗洛伊德自认为他的发现和发现尼罗河的源头一样重要。
④ Ferris, P. (1998). Dr. Freud: A Life. London : Sinclair-Stevenson, 142.

2. 自我分析与《梦的解析》

由于诱奸假说的负面影响，弗洛伊德的学术声誉急转直下，而且私人诊所也变得门可罗雀。偏偏屋漏又逢连夜雨，也就在《歇斯底里症的病因学》发表的这一年，弗洛伊德的父亲雅可布因癌症去世。尽管在父亲病危期间，弗洛伊德就已经对最坏的结果有所准备，但是父亲的死还是使他陷入了某种严重的危机——父亲的死亡和对父亲的回忆成为了他梦中不断循环出现的主题。他曾经说过，那段时间他自己的感觉就像他"被连根拔起"[①]。面对人生危机，弗洛伊德开始了孤独而痛苦的长达三年的自我分析，进行了一次深入潜意识的探索。正是在这段自我分析时期，弗洛伊德取得了一生中最具影响和洞察力的重要发现。

弗洛伊德的父亲雅可布的遗照
资料来源：http://www.pep-web.org/document.php?id=zbk.042.0194b.jpg.

早在童年时期，弗洛伊德就对梦和幻想产生了浓厚的兴趣。他有一项与众不同的爱好，就是把自己所做的梦都记录下来。在利用自由联想法治疗精神疾病患者的时候，弗洛伊德发现病人的症状、幻想和梦之间似乎存在着某种紧密的联系，而且他还注意到自己的梦和病人的梦有着很多共同点。于是他决定利用科学的方法来探索梦的奥秘。在进行自我分析的这三年当中，每晚诊所关门之后，弗洛伊德就躺在沙发上系统地通过自由联想来挖掘自己的每一个梦背后的动机和意义，试图对梦进行解释，即释梦。在1895年，弗洛伊德用自由联想法对自己的一个梦——伊莱玛的注射（Iram's injection）——进行了完整的分析。在梦中，弗洛伊德发现一个名叫伊莱玛的病人身上出现了奇怪的症状，而他在对伊莱玛仔细检查后，突然回想到几天前一个叫奥托的人曾用未消毒的注射器给伊莱玛注射了一种含有三甲胺的奇怪针剂，很有可能正是这一事件导致了伊莱玛的感染。弗洛伊德意识到，这个梦一方面与现实中弗里斯应弗洛伊德的请求给

---

① Appignanesi, R. & Zarate, O. (2007). 视读弗洛伊德. 黄珊珊译. 合肥：安徽文艺出版社, 45.

伊莱玛做的一次极不负责的手术有关,另一方面也与弗洛伊德和弗里斯之间就三甲胺在性活动中的作用的一次讨论有关。弗洛伊德认为,这个梦既表达了自己对好友弗里斯的厌恶和愤怒,又反映了自己对伊莱玛的某种性幻想。

在对其他一系列梦进行了类似分析之后,弗洛伊德开始认定,梦并非是来自某种"高级力量、魔鬼和神灵"的吉凶启示,而是做梦者自己心智的创造物。他宣称"释梦是获取关于心灵潜意识活动相关知识的皇家大道"。以这些梦和回忆为基础,弗洛伊德写作了其一生中最重要的学术专著《梦的解析》(The Interpretation of Dreams)。这本详细记录了弗洛伊德三年自我分析历程的作品本应该在1899年就可以正式出版,但是弗洛伊德坚持要求出版商把出版日期改为1900年,因为他希望以自己的这部作品来宣告20世纪的开始。令他失望的是,这部充满颠覆性和革命性观点的"世纪之书"在出版后的前六年仅仅卖出了300本。不过这本书最终还是取得了巨大成功。弗洛伊德在世期间,仅《梦的解析》的德语版就先后重印了八次;而在一个多世纪后的今天,这本书依然是精神分析领域最经典最不可或缺的著作。当代精神分析学家安德烈·格林(Andre Green)曾经说过对于梦的研究,任何一个人的贡献与弗洛伊德的这部大作相比都是微不足道的[1]。

梦的秘密

《梦的解析》的中心主题就是人为什么会做梦,以及梦的作用是什么。弗洛伊德提出,梦产生的原因是为了满足人们某些受阻的愿望。弗洛伊德在书中写道:"一个梦就是对一个被压抑的愿望的满足。"[2]但是通常情况下,梦的内容似乎总是缺乏逻辑联系且毫无意义。弗洛伊德对此的解释是:这种满足是经过了伪装之后的满足。弗洛伊德首先区分了梦的显性内容(manifest content)和潜性内容(latent content)。前者是指当事人所能记忆并报告出来的那部分内容,是梦境的表面,属于意识层面;而后者则是指当事人无法记起的那部分内容,是梦境的真面貌,属于梦的潜意识层面,其情境是当事人无法陈述清楚的。显性内容

---

[1] Quinodoz, J. M. (2005). Reading Freud: A Chronological Exploration of Freud's Writings (Translated by David Alcorn). New York: Routledge, 44.

[2] Freud, S. (1900). Interpretation of Dreams. The Standard Edition of the Complete Psychological Works of Sigmund Freud. Vol. 4. London: Hogarth Press and The Institute of Psychoanalysis, 160.

实际上是潜性内容经过了一系列改头换面的伪装之后转化而来的。弗洛伊德称这种转化过程为"梦程"(dream-work)。他认为,潜性内容中隐含更重要的意义,因此"释梦的任务就是拆散梦程所编织起来的一切"[1]。

弗洛伊德进一步讨论了梦程掩盖潜性内容的四种基本机制:简缩(condensation)、转移(displacement)、表征(representability)和再修正(secondary revision)。简缩是指显性内容中所包含的情节要比潜性内容中的情节少很多,且大为简化。因此,只凭当事人对显性内容的陈述,是不能够对梦之真实意义有所了解的。转移是指从潜性内容转化为显性内容时,梦境中一些情节的心理重要性可能发生转变。例如,当事人所陈述显性内容中的次要情节,可能恰恰是潜性内容中的重要情节。表征是指潜性内容中抽象的想法,以视觉化的形式在显性内容中出现。例如,当事人如果认为自己是某个领域中顶级的权威,那么这一想法在梦中的视觉化表现可能就是众多平房中的一幢摩天大厦。再修正则是指在陈述其显性内容时,当事人多半会有意无意地对梦中情节加以修正,甚至添枝加叶,使它显得较为合乎逻辑。

弗洛伊德认为梦程及其掩盖作用的存在,主要是和所谓的"审查制度"(censorship)有关[2]。在弗洛伊德看来,在人的潜意识中,平常存在着一些被压抑的与性有关的冲动或欲望。这些冲动或欲望由于其不道德的内容而不为"审查制度"所接受,因而处于一种被压抑的状态。在睡眠时,当"审查制度"放松之际,这些被压抑的冲动或欲望就会乘机外逸,并以梦的方式进入意识。但是即使在梦中,"审查制度"依然存在,因此这些外逸的冲动或欲望就必须经过某种形式的伪装(即梦程的掩盖)之后才表现出来,以不触犯"审查制度"。

弗洛伊德还指出,梦的形成遵守着一个基本原理——梦中的场景总是涉及到白天所发生的事件,并把这些事件称为"白昼的残余"(the day's residue)。他写道[3]:

---

[1] Freud, S. (1901). On Dreams. The Standard Edition of the Complete Psychological Works of Sigmund Freud. Vol. 5. London: Hogarth Press and The Institute of Psychoanalysis, 686.

[2] Quinodoz, J. M. (2005). Reading Freud: A Chronological Exploration of Freud's Writings (Translated by David Alcorn). New York: Routledge, 41.

[3] Freud, S. (1901). On Dreams. The Standard Edition of the Complete Psychological Works of Sigmund Freud. Vol. 5. London: Hogarth Press and The Institute of Psychoanalysis, 655.

如果我们寻求（精神）分析的帮助，我们将会发现，所有的梦毫无例外都可以追溯到过去几天，或者更准确地说，梦发生之前的那天，即"梦之日"，所留下的印象。

在《梦的解析》一书中，弗洛伊德分析了近200个梦境，并提出了各种不同的理论假说。但是这本充满了创新性想法的经典著作实在是很难被普通大众接受。因此，出版商要求弗洛伊德对《梦的解析》进行压缩和提炼，使之易于被大众所接受。尽管弗洛伊德一开始并不乐意这么做，他最终还是同意写作一本以"受过教育且充满好奇心的读者"[①]为目标名为《论梦》(On Dreams)的小册子。这本书是以对话的口吻来写作的，它就如同一本侦探小说，带领着读者去探寻梦的秘密。

"第一结构理论"——潜意识、前意识和意识

关于梦的讨论固然非常有趣，但《梦的解析》最具理论价值和历史意义的地方在于，弗洛伊德在书中第七章构建了一个心理结构的基本模型，用于说明在正常和病态两种状态下心智是如何工作的。在这章中，弗洛伊德第一次把潜意识(unconscious)、前意识(preconscious)和意识(conscious)定义为心理现象所发生的特定地点。潜意识是人类心理活动的最深层结构，它包括了人的本能和原始冲动，这些内容通常会与社会道德冲突。前意识是心理活动进入由无意识状态进入意识状态所必需经过的中间阶段。在潜意识和前意识之间存在着一种所谓的"审查制度"，它控制着本能冲动在潜意识、前意识和意识间的流动。意识则是心理结构的表层，它面向外部世界，其中所包含的大多是外在世界中的文化内容。弗洛伊德是这样描述他所提出的这个基本模型的：

> 我们可以把潜意识系统看作一个大前房，在其中，各种心理冲动如同许多个体一样相互拥挤在一起。与这个前房相连的是第二个较窄的房间——有点像接待室，意识就住在这里。但是在两个房间的门槛上站着一个看门人，他就像一个审查官一样仔细检查不同的心理冲动，他会禁止那些让他不愉快的冲动进入接待室（意识）。……但是即使那些跨过门槛的冲动也并不

---

① Quinodoz, J. M. (2005). Reading Freud: A Chronological Exploration of Freud's Writings (Translated by David Alcorn). New York: Routledge, 38.

一定就会成为意识的东西；只有能够吸引到意识的注意时，它们才能变为有意识的。因此这个接待室或许应该被称为前意识系统。①

这一模型被称为"第一结构理论"，因为它是对人类心智的第一次地形学划分。正是通过这个模型，弗洛伊德为精神分析学说各个方面（包括临床、技术和理论）的发展都奠定了基础。

俄狄浦斯情结

发现"俄狄浦斯情结"（Oedipus complex），是弗洛伊德在自我分析期间的另一重大成就。在行医过程中，他发现很多病人（甚至连他自己也不例外）在幼年时曾对母亲有过性方面的欲望，但是对父亲则充满了仇恨和嫉妒。这种婴儿期的"恋母仇父"现象激起了弗洛伊德的好奇心。他就像任何一位严谨的科学家那样对这个现象仔细地进行分析与思考，并大胆地做出这样一个推论：所有儿童在发展过程中都会不可避免地体验到这种强烈的恋母仇父的感情。弗洛伊德把这种婴儿时期的情感体验用古希腊神话中的人物俄狄浦斯来命名，称之为"俄狄浦斯情结"。他写道：

> 我在我自己身上也发现了这种恋母嫉父的现象，并且我现在认为这是童年早期的一个普遍事件。……如果情况真是这样的话，我们就能够理解俄狄浦斯王所体验的痛苦煎熬。……这个希腊神话抓住每一个人都认识的一种冲突，因为每个人都能感受到它在自身中的存在。观众中的每个人都曾是幻想世界中一个正在成长的俄狄浦斯……②

弗洛伊德认为，俄狄浦斯情结在人类的人格发展和正常的性心理形成中都扮演着非常重要的作用。他区分了正负两种俄狄浦斯情结。对于一个男孩来说，正性俄狄浦斯情结就是其杀父娶母的愿望；而在负性情结中，这个男孩则希望除去母亲从而能够与父亲结合。弗洛伊德相信，在每一个人身上这两种情结总是共存的，而一个人的性身份究竟是男性还是女性则是由二者间占主导地位

---

① Freud, S. (1915—1916). Introductory Lectures on Psychoanalysis. The Standard Edition of the Complete Psychological Works of Sigmund Freud. Vol. 16. London: Hogarth Press and The Institute of Psychoanalysis, 295.

② Ferris, P. (1998). Dr. Freud: A Life. London : Sinclair-Stevenson, 150.

的那一种所决定。以男孩为例，如果是正性情结占主导，那么他就会更认同父亲，从而形成男性的性身份；如果是负性情结占主导，他就有可能放弃对异性的欲望，从而形成女性的性身份。

≪≪ 专栏二

俄狄浦斯王的故事

俄狄浦斯是古希腊剧作家索夫克列斯（Sophocles，公元前495—公元前406）写作的著名悲剧《俄狄浦斯王》（Oedipus Rex）中的主人公。故事发生在古希腊的忒拜城，国王拉伊俄斯（Laius）和王后乔卡斯忒（Jocasta）生下一个儿子，他就是后来的俄狄浦斯。先知警告国王和王后说，这个孩子长大后将杀死拉伊俄斯，取代其位置，并将会娶乔卡斯忒为妻。国王和王后听后十分担忧，于是便命人将婴儿的双脚刺穿后扔在深山中。幸运的是，俄狄浦斯被一个牧羊人所救，并被另一个国家的国王和王后当成儿子抚养成人。长大成人后，他得知了有关自己将会杀父娶母的预言。为了防止预言中的悲剧成为现实，俄狄浦斯离开了养父养母，独自流浪。

在通往忒拜城的路上，俄狄浦斯与一个陌生人发生了争执，并在一怒之下失手打死了对方。之后俄狄浦斯继续前行，并最终来到了忒拜城。当时，这个城市正受到人面兽身的妖怪斯芬克司（Sphinx）的威胁。斯芬克司每日坐在忒拜城入口处，凡是猜不出她的谜语的人，都会被她吃掉。已经有无数人丧命。俄狄浦斯勇敢地走到斯芬克司的面前。

斯芬克司说出了自己的谜语"世上有一种动物，它早上用四只脚走路，中午用两只脚走路，晚上用三只脚走路，这是什么动物？"俄狄浦斯答道："是人。人在幼年的时候手脚并用在地上爬行；待发育成熟后就可以靠两条腿直立行走；当进入老年后，年迈体衰，就不得不靠手杖行走，这手杖就成了第三条腿了。"斯芬克司的谜语被俄狄浦斯一语道破之后，她又羞又怒，一气之下，栽到身后的万丈悬崖下，摔死了。俄狄浦斯因此被推举为王并娶了自己的生母乔卡斯忒为妻。忒拜城在俄狄浦斯王的治理下，日益繁华昌盛。

但是，多年后，一场瘟疫在忒拜城爆发。俄狄浦斯派人向先知寻求帮助。先知说，必须找到杀死前任国王拉伊俄斯的凶手，这场瘟疫才会结束。俄狄浦斯开始追查杀害前任国王的凶手。令他吃惊的是，原来自己当年打死的陌生人就是亲生父亲。真相大白后，乔卡斯忒上吊自杀，俄狄浦斯也刺瞎了自己的双眼。弗洛伊德对于这个悲剧是这样评价的：

> 他（俄狄浦斯）的命运之所以令我们感动是因为我们自己的命运也很可能如此。正是我们共同的命运让母亲成为了我们第一次性冲动的对象，而父亲则成为我们第一个仇恨和谋杀的愿望所针对的对象。

四、精神分析的推广

《梦的解析》的完成标志着弗洛伊德漫长的自我分析的结束。通过自我分析，弗洛伊德成功地治愈了自己身上的某些神经症，例如，他克服了旅游恐惧症，并于1901年在亲人的陪同下第一次游览了罗马[①]。因此，从1899到1905年这段时期内，弗洛伊德始终处于一种非常好的心理和情绪状态，并且事业上也大有起色。除了每天忙于私人行医业务之外，弗洛伊德还在大学中授课教学。

此时的弗洛伊德有着一个宏伟的目标，那就是使他一手创建的新科学——精神分析学——在全世界范围内获得接受和认可。但是他的犹太人身份在一定程度上阻碍了这一愿望的实现。在20世纪初，只有一小部分犹太人对弗洛伊德的学说产生了兴趣。到1902年，弗洛伊德已经吸引了一批忠实的跟随者。这些信徒每周三都会定期前往弗洛伊德家中举行聚会，并最终形成了所谓的"星期三学会"（Wednesday Society）。星期三学会第一次聚会的讨论主题是一个弗洛伊德最熟悉的话题——抽雪茄的重要性。弗洛伊德嗜雪茄成瘾是众所周知的，他每天要抽掉大约25支雪茄。他们讨论的另一个有趣话题是弗洛伊德的涂鸦，他们认为这些涂鸦反映了潜意识的活动。

随着自己影响的不断扩大，弗洛伊德先后结识了多位精神分析学史上的重

[①] 弗洛伊德对罗马城向往已久，但之前一直由于旅行恐惧症的困扰始终未能踏足这座文明古都。

要人物,如卡尔·荣格(Carl Jung)、阿尔弗雷德·阿德勒(Alfred Adler)和威尔海姆·斯泰克尔(Wilhelm Stekel)等。1909年,这些精神分析的先驱者们共同组织成立了维也纳精神分析学会(Vienna Psycho-Analytic Society)。然而在精神分析学国际化的过程中,最具有决定性意义的事件无疑就是弗洛伊德的美国之旅。

1909年,应美国克拉克大学校长斯坦利·霍尔的邀请,弗洛伊德偕同荣格和另一名追随者一同前往美国参加克拉克大学建校二十周年的校庆,并举行了多场关于精神分析的讲座。这次出访标志着弗洛伊德以及他的学说已经开始得到国际心理学界的认同。在克拉克大学讲堂前的合影中,我们可以清楚地看到弗洛伊德和其他几位心理学史上的巨人并肩站在了第一排,他们是爱德华·铁钦纳、威廉·詹姆斯、斯坦利·霍尔和卡尔·荣格。

在克拉克大学的合影
资料来源:Viney, W. & King, D. B.(2004).心理学史:观点与背景.第3版.影印版.北京:北京大学出版社.

弗洛伊德不但被克拉克大学授予了荣誉博士学位,更重要的是他在这片新大陆上培养了一群忠实的"皈依者"。正是由于这些"皈依者",在20世纪很长一段时期内,精神分析学派一直在美国心理学界占据着统治地位。可以说在克拉克大学,弗洛伊德感受到了一种成功复仇后的甜美。他这样写道:

在欧洲,我感觉自己就像是过街老鼠;但在那里(克拉克大学),我发现自己受到了一群重要人物的平等对待。当我踏上渥塞斯特[①]的讲台时……

[①] 渥塞斯特(Worcester)位于美国马萨诸塞州,是克拉克大学的所在地。

感觉就像一个难以置信的白日梦终于实现了。精神分析学再也不是某种幻觉的产物,它已经变成了现实的一部分。①

从美国回来之后,弗洛伊德的追随者们成立了国际精神分析联合会②,而荣格成为该协会的第一任主席。

<<< 专栏三

国际精神分析协会

国际精神分析协会正式成立于 1910 年,初衷是为了维护弗洛伊德在精神分析学领域的第一权威地位。在 1920 年,整个协会还仅仅只有 240 名成员;而如今,IPA 包括了来自全球 30 多个国家和地区的一万余名会员。IPA 的主要任务包括五个方面:(1) 建立共同遵守的分析师培训准则;(2) 组织各类国际性学术会议;(3) 推动临床实践和研究的发展;(4) 协调精神分析师之间的职业交互;(5) 监督新的职业团体的创建。

很长一段时间以来,IPA 始终在努力建立和统一衡量合格学员的标准和要求。这些要求是多年来经过 IPA 各个下属分会讨论而达成的一致意见。在每一个阶段,学员都需要接受有经验的分析师的严格评估,由其判断是否已经满足了这些要求。例如,学员所接受的个人分析的时间必须达到 4 至 5 周;学员必须在培训师的督导下成功完成至少两次分析。但是就目前情况而言,很多人都要求 IPA 放松这些最低要求,以便于更多的心理治疗师能够在临床实践中使用精神分析术。

(译自:Quinodoz, J. M. (2005). Reading Freud: A Chronological Exploration of Freud's Writings (Translated by David Acorn). New York: Routledge, 119—120.)

>>>

---

① Ferris, P. (1998). Dr. Freud: A Life. London : Sinclair-Stevenson, 260.
② 国际精神分析联合会(International Psychoanalytic Association,简称为 IPA)可以看做是维也纳精神分析学会在国际上的延展,但是两者并不存在任何从属关系,后者的成员更多的是弗洛伊德最亲近的追随者。

在《梦的解析》出版后，弗洛伊德又先后发表了三部重要著作，即《日常生活中的精神病理学》(The Psychopathology of Everyday Life)、《笑话以及它们与潜意识的关系》(Jokes and their Relation to the Unconscious)和《性学三论》(Three Essays on the Theory of Sexuality)。这三部作品在某种意义上可以看作是《梦的解析》的延伸和推广。特别是其中第一及第三部作品为弗洛伊德最终赢得国际声誉立下了汗马功劳。

弗洛伊德写作《日常生活中的精神病理学》的目的是为了帮助大众认识到潜意识的存在及其在生活中扮演的重要角色[1]。他通过描述生活中常常出现的各种"过失"(paraprax)来支持自己的学说。弗洛伊德将过失界定为那些暂时的、不重要的、在生活上没有重大意义的行为动作，包括口误、笔误、读误、错放、遗忘及误解等。弗洛伊德认为，导致过失产生的心理机制与做梦的心理机制类似，过失与梦都是被压抑于潜意识中的愿望经过扭曲掩盖后的表达。尽管这本书中所宣扬的观点受到了心理学家们的质疑，但这并不妨碍它在普通大众中引起强烈反响。这本书所取得的商业成功远远超出了弗洛伊德的预期：在1909年乘船前往美国的途中，弗洛伊德惊讶地发现一个乘务员竟然坐在甲板上，津津有味地读着自己的这本畅销书。[2]

1.《性学三论》

如果把《日常生活中的精神病理学》比做一支琅琅上口的流行金曲的话，那么1905年出版的《性学三论》无疑就是一部深刻厚重的古典交响乐。这本书被认为是弗洛伊德一生中另一部里程碑式的代表作，其重要性或许仅次于《梦的解析》。同时，这部书也被视作他在性学方面最杰出的著作。在书中，弗洛伊德大胆地挑战了当时人们所固有的一些对性的偏见。由于其中大量的"异端学说"，这本书不仅在学术界备受冷遇，而且还引发了公众的抗议，弗洛伊德与普通大众间的友好关系遭到重创。用弗洛伊德的一位追随者的话来说就是，弗洛伊德变

---

[1] Freud, S. (1901). The Psychopathology of Everyday Life. The Standard Edition of the Complete Psychological Works of Sigmund Freud. Vol. 6. London: Hogarth Press and The Institute of Psychoanalysis.

[2] Appignanesi, R. & Zarate, O. (2007). 视读弗洛伊德. 黄珊珊译. 合肥：安徽文艺出版社, 110.

得"普遍不受欢迎了"①。然而特立独行的弗洛伊德对种种批评充耳不闻,他坚信真理最终将会战胜愚昧。

《性学三论》一书实际上是由三篇相互联系的文章所组成。在第一篇《性反常》(Sexual aberrations)中,弗洛伊德批评了当时社会上对性变态的传统看法。他提出,性变态行为并不是由于某个人天生的某些特质造成的,而是源自儿童时期性发展过程中出现的异常。他写道:"每一种性生活的病态性紊乱都可以被恰当地认为是发育过程中的一种阻碍。"②换句话说,性变态并非是天生决定的,每个人都有成为性变态的可能。此外,在《性反常》中,弗洛伊德还首次将雌雄同体(bisexuality)这一生物学概念应用于心理学领域。根据自己的临床观察,弗洛伊德提出,无论是从生理还是心理意义上来说,在人类中都不可能存在有百分之百的雄性或雌性的个体。他认为,每一个人身上都兼具雌性和雄性的双重特质,而一个人最终的性取向(异性恋或同性恋)取决于究竟哪种特质占据了优势地位。

第三篇文章《青春期的变化》(The transformations of puberty)讨论的依然是性的话题。与第一篇文章不同的是,在这里弗洛伊德以"对象选择"(object choice)③为主要落足点,对婴儿期性欲和青春期性欲作了区分。弗洛伊德认为,在幼年时期儿童自己的身体往往是他们唯一的性欲对象;但是青春期后的性欲通常是指向被选择的对象,即被个体身心发育成熟后所爱恋和希望得到的那个人。此外他还提出性关系实际上可以分为两类:在婴幼儿期主要以局部对象关系为主,而进入成熟期后局部对象关系将会逐渐被完整对象关系所取代。比如说,婴儿对母亲乳房的依恋就是一种典型的局部对象关系,因为乳房只不过是母亲身体的局部,但却被婴儿当做了母亲这个整体的替代品。弗洛伊德在书中写

---

① Quinodoz, J. M. (2005). Reading Freud: A Chronological Exploration of Freud's Writings (Translated by David Alcorn). New York: Routledge, 57.
② Freud, S. (1905). Three Essays on the Theory of Sexuality. The Standard Edition of the Complete Psychological Works of Sigmund Freud. Vol. 7. London: Hogarth Press and The Institute of Psychoanalysis.
③ 在精神分析的术语中,"对象"的含义是"人"。

道,"一个婴儿吮吸母亲的乳房已经成为了所有爱欲关系的典型"①,并认为这是"所有性关系中的第一个,也是最重要的一个"②。在此后的发展过程中,儿童将会逐渐地意识到母亲是一个完整人,并将对母亲乳房的爱恋转变为对母亲的爱恋。

上述两篇文章在精神分析史上无疑都占有相当重要的地位,然而《性学三论》最让人着迷的却是第二篇文章《婴儿期性欲》(Infantile sexuality)。在这篇文章中,弗洛伊德为人们讲述了一个关于儿童性心理发展的奇妙故事。

性心理发展阶段理论

在20世纪初期,欧洲科学界普遍认为性生活起始于青春期。然而在《婴儿期性欲》这篇文章中,弗洛伊德却彻底颠覆了这一理念,明确指出性欲的开端可以追溯到出生时,吮吸指头就是婴儿期性欲的一个典型表现形式。每个人生来都具有一种基本的性驱力,弗洛伊德称之为"力比多"(libido)③。弗洛伊德认为,力比多是促使性本能发展和整体人格形成的重要心理动力。在婴幼儿早期,力比多的组织是非常松散的,以至于在这个时期刺激婴儿身体的任何一个部位都有可能给婴儿带来性愉悦感。这些被刺激后能给人带来性愉悦感的身体部位被称为性觉区(erotogenic zone)。由于婴儿身上存在多个性觉区,因此弗洛伊德把人的这一发展阶段称为"多态任性期"(polymorphously perverse)④。弗洛伊德认为,婴儿期组织松散的力比多将经过一共五个发展阶段逐渐整合组织起来,其中每一个阶段都对应着一个特定的性觉区。这就是大名鼎鼎的性心理发展阶段理论。

每个孩子经历的第一个阶段是口唇期(oral stage),对应的大约是生命的头12个月。口、唇、舌是处于这一阶段的孩子的主要性觉区。这个时期的婴儿通过吮吸乳房而获得快感,嘴巴几乎就是他们的整个世界。这一时期的创伤经历,比如吸吮或喂养不慎而造成的伤害,有可能会导致力比多的固着(fixation)⑤及

---

① Freud, S. (1905). Three Essays on the Theory of Sexuality. The Standard Edition of the Complete Psychological Works of Sigmund Freud. Vol. 7. London: Hogarth Press and The Institute of Psychoanalysis, 222.
② 同上。
③ libido一词在拉丁语中是"欲望"的意思。
④ Appignanesi, R. & Zarate, O. (2007). 视读弗洛伊德. 黄珊珊译. 合肥:安徽文艺出版社, 74.
⑤ 所谓"固着",指的是力比多停滞在人生的某一个发展阶段,而没有完全转向后一阶段。

口唇期人格的形成。具有口唇期人格的成年人往往会倾向于依赖别人,也经常表现出对口唇满足的需要,例如嗜烟酒或者经常把手放在嘴里。

第二阶段被称为肛门期(anal stage),大约从一岁开始,持续到三岁。在这一阶段,幼儿通过控制粪便的排放而获取极大的快乐。在这一阶段,父母应该通过训练幼儿按时大小便来培养其自我控制能力。如果力比多固着在这一阶段,就会造成肛门型的人格。这种人不是过于放肆、无礼,就是极度吝惜、保守。

第三阶段被称为生殖器期(phallic stage),它也是最重要的性心理发展阶段,发生于大约3～6岁。在这一时期,性器官成为了最重要的性觉区,儿童开始通过手淫来获得快感。在性器期的后段,儿童开始对异性父母产生性兴趣(即男孩爱上了母亲,而女孩则爱上了父亲),并将经历俄狄浦斯情结。弗洛伊德强调,无论男孩还是女孩,俄狄浦斯情结都将是其成长过程中的必经之路。

从大约6岁开始到青春期前,儿童的性心理进入第四阶段潜伏期(latency stage)。在这个阶段,儿童的性欲保持沉寂状态,表现为对异性漠不关心,游戏时大多寻找同性伙伴。婴儿期性欲在这一阶段随着俄狄浦斯情结被封锁在潜意识中而宣告结束,同时儿童在口唇期、肛门期和性器期所体验到的性欲望和冲动也都会统统被推入潜意识中。

弗洛伊德性心理发展理论中的最后一个阶段是生殖期(genital stage),它大约从12岁开始,并贯穿整个成人期。在这一阶段,人的性欲的对象逐渐转为同龄的异性。

2. 精神分析运动的内部争斗

也就在精神分析运动前程一片大好的情况下,弗洛伊德的一些早期的追随者,如阿德勒和荣格,开始与他在学术观点上出现分歧。1911年,阿德勒由于自己所持的理论与精神分析正统学说相冲突,不得不离开了维也纳精神分析学会。紧接着在第二年,斯泰克尔也正式退出该学会。实际上,正是弗洛伊德的武断专横直接导致了精神分析运动内部的分裂。弗洛伊德的孙子回忆说:"他(弗洛伊德)总是要求绝对的忠诚。如果得不到这种忠诚的话,他就会迅速划清界限。"①但弗洛伊德自己的看法却是:"这不是我的个性问题……而是他们不喜欢我关于性欲和潜意识的观点。"②

然而,对弗洛伊德打击最大的却是荣格的"背叛"。自从与荣格认识以后,弗洛伊德一直坚信将来有一天精神分析的大旗必然会传到荣格手中。但事与愿违,从1912年开始,弗洛伊德和荣格的关系开始迅速恶化。事实上,两人之间早期的信件来往就预示了他们的关系将以破裂而告终。荣格在1907年写信给弗洛伊德说:"我对你的崇拜像是一种'宗教的迷恋'……"③弗洛伊德的回复是"宗教的迷恋"可能会在破裂的悲剧中终止,"我会努力证明给你看,我不适合做崇拜的对象"④。两人之间的主要分歧在于荣格始终不肯接受弗洛伊德的关于力比多的理论。弗洛伊德认为,力比多就是性驱力的同义词;但是荣格却提出,力比多不应仅仅局限于性欲方面,它应该是所有与个体生存相关的驱力的集合。此外,荣格还认为弗洛伊德过分夸大了婴儿期性欲在个体发展中的重要性。在弗洛伊德看来,荣格的这种"叛逆"行为反映了压抑在其潜意识中的弑父愿望。弗洛伊德曾三次在同荣格发生争论之后晕倒。1913年,荣格在出版了《潜意识心理学》(Psychology of Unconscious)一书后永远地离开了精神分析运动的阵营。到1914年,弗洛伊德和荣格间的关系彻底破裂,二人从此之后再没有任何交往。

为了避免这样的背叛再度发生,弗洛伊德建立了一个由他最忠实的信徒们所组成的一个秘密委员会(Secret Committee)来维护自己的核心学说。这个委员会的成员通过佩戴一枚用宝石制成的戒指来表达对弗洛伊德的效忠。

---

① Freud, S. (2004). Biography — Sigmund Freud: Analysis of a Mind [DVD]. United States: A&E Home Video.
② Appignanesi, R. & Zarate, O. (2007). 视读弗洛伊德. 黄珊珊译. 合肥:安徽文艺出版社,111.
③ 同上,113.
④ 同上,114.

弗洛伊德和秘密委员会成员合影
资料来源：http://www.sulloway.org/images/committee.jpg.

<<< 专栏四

阿 德 勒

阿德勒是个体心理学的创始人、人本主义心理学的先驱、现代自我心理学之父。阿德勒出生于奥地利维也纳郊区一个富裕的谷物商人的家庭，但却有一个不幸的童年。他幼时身体虚弱，四岁才会走路，五岁患严重肺炎，这一经历与他后来学医及形成其独特的心理学思想有关。1895年阿德勒获得维也纳大学医学博士学位，先为眼科和内科医生，后转向精神病学，曾追随弗洛伊德探讨神经症问题。1902年，他参加了弗洛伊德的"星期三学会"，是当时精神分析学派的核心成员之一。1910年，阿德勒任维也纳精神分析学会主席。1911年，因阿德勒突出强调社会因素的作用并且公开反对弗洛伊德的泛性论而导致两人关系破裂。离开精神分析学派后，阿德勒创立了个体心理学（individual psychology）。他深信决定个人思想、感觉和行动的不是性冲动，而是权力欲。他认为，这种对"权力"或"支使"的需求是每个人生活中唯一重要的因素。阿德勒的理论体系对后来西方心理学研究产生了深远的影响。

<<< 专栏五

卡尔·荣格

"分析心理学之父"荣格出生于瑞士的一个新教徒家庭中。他早年在贝塞尔(Basel)学习医学。后来在苏黎世的一家精神病诊所工作期间,他开发了一种以词语联想为基础的心理测验法并将其用于精神病人身上。此外,他还将"情结"这一术语引入了心理学和精神病学。1906年荣格出版了一部被奉为经典的教科书《早发性痴呆的心理学》(The Psychology of Dementia Praecox);也是在此时,他与弗洛伊德开始互通信件,次年2月两人第一次会面。

弗洛伊德曾经的"皇太子"——荣格
资料来源:http://www.crystal-inks.com/jungwriting.jpg.

两人之间的亲密关系对弗洛伊德来说有着非常重要的意义。荣格工作的地方是当时欧洲最富名望的精神病医院,荣格成为了弗洛伊德的追随者,也就意味着弗洛伊德在那里有了一个出色的代言人。荣格的非犹太人身份也是弗洛伊德非常看重的。弗洛伊德在给自己的一位犹太人学生的信中这样写道:

> 我们中间有太多的犹太人了。直到他(荣格)的出现,精神分析才摆脱了成为一项犹太人内部事务的危险。我们的雅利安同志对于我们来说是不可或缺的。

除去这些外部因素,荣格自身过人的才华也给弗洛伊德留下了深刻的印象。弗洛伊德时常会把他亲昵地称为"儿子和显而易见的继承人"。

五、精神分析学说的深入与拓展

在发展理论的同时,弗洛伊德也非常关注如何把自己的思考产物应用到解释和治疗精神疾病的临床实践中。通过与病人的交往,弗洛伊德获取了大量宝贵的第一手资料。这些信息反过来又进一步推动了精神分析理论的发展和完善。从《性学三论》的出版到一战爆发这段时期内,对精神分析的发展产生了重要影响的三个病例分别是小汉斯(Little Hans),鼠人(Rat Man)和达·芬奇(Da Vinci)。

1. 阉割焦虑

弗洛伊德和其部分追随者的关系日益恶化,但这并没有对弗洛伊德的研究和写作造成太大的影响。在1909年,弗洛伊德发表了一篇名为《对一个五岁男童的恐惧症的分析》(Analysis of a Phobia in a Five-year-old Boy)的案例报告。这是历史上第一次在儿童身上使用精神分析的治疗方法。通过分析男孩小汉斯对马的恐惧症,弗洛伊德提出了这样的解释:在男孩幼年,母亲是其性幻想中乱伦的对象,但是他很害怕这一不道德的想法被父亲知道;因为父亲要比自己强壮很多,男孩非常担心父亲如果知道自己的这一欲望后,会把自己阉割。弗洛伊德把男孩的这种担忧称为"阉割焦虑"(castration anxiety)[1]。

后来,弗洛伊德写作了一篇题目为《两性间解剖结构差别的一些心理后果》(Some Psychical Consequences of the Anatomical Distinction between the Sexes)的文章,对阉割焦虑这一概念进行了更加详细的阐述,并探讨了阉割焦虑对男女孩各自的发展所产生的影响。弗洛伊德认为,阉割焦虑在男孩性心理发展过程中的最主要作用,就是帮助男孩成功解决俄狄浦斯情结。

女孩的情况又是怎样的呢?由于女孩没有阴茎,自然也就不可能出现阉割焦虑,那么她们该怎么解决俄狄浦斯情结呢?弗洛伊德提出在女孩会产生一种对应于阉割焦虑的"阴茎嫉妒"(penis envy)。他写道:

---

[1] Appignanesi, R. & Zarate, O. (2007). 视读弗洛伊德. 黄珊珊译. 合肥:安徽文艺出版社, 84.

注意到兄弟或者（男性）玩伴下身大而醒目的阴茎后，（女孩们）立刻就认识到那是比自己那个毫不起眼的器官（女性外生殖器）更高一等的对应物；并且从那时开始，她们就受困于对阴茎的嫉妒。……她（女孩）已经看见了它（阴茎）并且知道自己没有，就非常希望能够得到它。①

阴茎嫉妒让女孩们产生一种自卑感，阴茎的缺失是"对她的自恋的一次伤害"②。在这个时候，女孩开始对母亲产生敌意，认为自己没有阴茎完全是母亲的过错；与此同时，女孩开始把父亲作为了自己性幻想的对象。这时女孩就开始体验女性的俄狄浦斯情结。后人为区分男性和女性的俄狄浦斯情结，把女性的俄狄浦斯情结称为"厄勒克特拉（Electra）情结"③。

可以看出，男女发展有着显著的差别。在男孩身上，是先出现俄狄浦斯情结，然后阉割焦虑才随之而来并把俄狄浦斯情结"彻底摧毁"④。在女孩身上则完全不同，首先阴茎嫉妒是俄狄浦斯情结出现的必要前提；此外女孩的俄狄浦斯情结从来没有真正消失，而只是被隐藏在潜意识中。由于这一差别，弗洛伊德认为女性的正义感不强、对生活的艰辛缺乏准确的认识、不够理性等。因此，弗洛伊德始终认为女权主义者所要求的性别平等是不可接受的。

2. 强迫症与偏执狂

在1909年，弗洛伊德还发表了另一篇著名的案例报告。这个案例中的主人公是一个名为恩斯特·兰策尔（Ernst Lanzer）的律师，弗洛伊德在报告中把他称为"鼠人"。"鼠人"患有严重的强迫症：他总是害怕父亲和自己的未婚妻可能会遭遇不测，经常感到一种强迫性的冲动要用剃须刀割断自己的喉管，同时还总认为自己会成为一种酷刑的受害者。弗洛伊德使用精神分析的方法对其进行治疗，并取得良好的效果。这一成功在一定程度上支持了弗洛伊德对强迫症的机

---

① Freud, S. (1925). "Some Psychical Consequences of Anatomical Distinction between the Sexes". The Standard Edition of the Complete Psychological Works of Sigmund Freud. Vol. 19. London: Hogarth Press and The Institute of Psychoanalysis, 252.

② Quinodoz, J.M. (2005). Reading Freud: A Chronological Exploration of Freud's Writings (Translated by David Alcorn). New York: Routledge, 247.

③ 伊莱克特拉也是古希腊神话人物之一，她为了替父亲报仇而杀死了不忠的母亲。

④ Quinodoz, J.M. (2005). Reading Freud: A Chronological Exploration of Freud's Writings (Translated by David Alcorn). New York: Routledge, 247.

制的看法：与歇斯底里症一样，强迫症的根源也是心理上的，是由潜意识中某些被压抑的冲突造成的。

在这一时期，弗洛伊德还揭示了偏执狂的发病机制。偏执狂是一种罕见的精神病，其病程较长且预后不良。偏执狂病人的主要临床表现是固执己见、敏感多疑、易激动、自尊心强、自我中心、自命不凡、自我评价过高、好幻想等。在弗洛伊德看来，任何形式的偏执狂都是由于病人的某种同性恋式的性欲望被压抑所造成的。这种"我（一个男人）爱他（另一个男人）"的愿望不能得到审查机制的认可，于是就由爱转恨，变成了"我不爱他——我恨他"；然后这种难以忍受的仇恨的情感进一步投射到个体之外的另一个对象身上，因此"我恨他"变成了"他压迫我，因此我恨他"。弗洛伊德说道："临床观察无可争辩地表明，这个压迫者曾是（病人）所爱的对象。"[①]

3. 来自达·芬奇的启示

一年之后，即 1910 年，弗洛伊德写作了《莱奥纳多·达·芬奇和他对童年的回忆》(Leonardo da Vinci and a Memory of His Childhood)。在这部雄心勃勃的著作中，弗洛伊德探讨了达·芬奇的艺术追求与科学追求之间的矛盾，指出达·芬奇童年时代的某些重要经历为这些矛盾的出现打下了伏笔。在论述过程中，弗洛伊德首次提出了精神分析学的另外两个重要概念——升华（sublimation）和自恋（narcissism）。

按照弗洛伊德的说法，升华作用就是把被压抑在潜意识中的性冲动，通过某种途径或方式转变为人们可接受的或被社会所赞许的活动。弗洛伊德认为，达·芬奇的性欲在婴儿期被过度压抑，但大量"积压"的力比多后来通过升华机制转变成了对知识的探索。弗洛伊德在书中写道："因此（像达·芬奇）这样的人会对研究工作投入别人给予爱情那么多的热情；对他们而言，探索可以替代

---

① Freud, S. (1911). "Psycho-Analytic Notes on an Autobiographical Account of a Case of Paranoia". The Standard Edition of the Complete Psychological Works of Sigmund Freud. Vol. 12. London: Hogarth Press and The Institute of Psychoanalysis, 63.

爱。"①很显然,弗洛伊德在达·芬奇身上看到了自己的影子。弗洛伊德在与玛尔塔生下他们最小的女儿安娜之后,就基本上放弃了性生活。与达·芬奇一样,弗洛伊德把自己的力比多通过升华机制也转变成了对研究工作的无比热情。弗洛伊德曾经说过:"心理学就是我的独裁者。"②

在达·芬奇身上,弗洛伊德还发现了一种独特的同性恋式的对象选择:达·芬奇喜欢在自己周围聚集很多的年轻男性,并对这些男性(即对象)表现出一种母亲对孩子一般的爱恋。根据弗洛伊德的分析,达·芬奇对母亲有着强烈的认同感,他希望通过对其他年轻男性的爱来达到爱恋自己的目的。弗洛伊德把这种自爱称之为自恋(narcissism)。自恋一词来源于希腊神话中的一个名为那喀索斯(Narcissus)的人物。那喀索斯是一个年轻英俊的少年,有一次他在路过湖边时意外地看到了自己在水中的倒影,从此爱上了水中的那个美男子③。为了得到自己爱恋的对象,那喀索斯跳入了湖中,最后不幸溺水而亡。与达·芬奇相似,自恋式的行为在弗洛伊德身上表现也很明显:他也在自己周围聚集了一群才华出众的年轻追随者,并非常强调他们对自己的忠诚。

4.《图腾与禁忌》

在一战爆发之前,弗洛伊德最重要的贡献是写作了《图腾与禁忌》一书。这部大作从精神分析的角度剖析了人类原始社会及其发展,但是由于其过激的观点引发了无数的争议。《图腾与禁忌》实际上是弗洛伊德在 1912 到 1913 年间写作的四篇文章的合集④。这四篇文章分别是《乱伦的恐惧》(The Horror of Incest)、《禁忌与情感性矛盾》(Taboo and Emotional Ambivalence)、《泛灵论、魔术和思想之万能性》(Animism, Magic and the Omnipotence of Thoughts)和

---

① Freud, S. (1910). Leonardo da Vinci and a Memory of his Childhood. The Standard Edition of the Complete Psychological Works of Sigmund Freud. Vol. 11. London: Hogarth Press and The Institute of Psychoanalysis, 77.

② Freud, S (Actor). (2004). Biography — Sigmund Freud: Analysis of a Mind [DVD]. United States: A&E Home Video.

③ 那喀索斯始终认为湖中的倒影并非自己,而是另外一个人。

④ Freud, S. (1912—1913). Totem and Taboo: Some Points of Agreement between the Mental Lives of Savages and Neurotics. The Standard Edition of the Complete Psychological Works of Sigmund Freud. Vol. 13. London: Hogarth Press and The Institute of Psychoanalysis, 1—161.

《重返童年的图腾崇拜》(The Return of Totemism in Childhood)。在这部 1913 年出版的作品中,弗洛伊德以大量人种学和人类学文献资料为基础,回溯了早期人类社会的状况,并且详细地论证了俄狄浦斯情结的重要意义。这本书通常被视为精神分析学在人类学、社会学和宗教学等领域的应用。

在《乱伦的恐惧》这篇文章中,弗洛伊德通过引用英国人类学家詹姆斯·弗雷泽(James Frazer)所收集的大量关于澳大利亚土著部落的资料,讨论了为什么图腾部落要对乱伦行为严加禁止。图腾是一个部落或种族的祖先的象征,通常由某种动物来代表。弗洛伊德在分析弗雷泽的资料后指出:虽然澳洲土著部落对成员的性行为没有任何明确的限制,但却建立了各种错综复杂的社会禁忌,如用外婚制[①]来禁止本族成员间的乱伦行为。弗洛伊德认为,有图腾崇拜的地方,"就存在着一种规范来阻止同一图腾氏族内部成员之间发生性关系,并禁止他们之间的婚姻"[②]。对部落成员而言,在所有被禁止的乱伦关系中,女婿与岳母之间的性行为是最不能容忍的。在文章最后,弗洛伊德总结道:在现代文明人中,与血亲乱伦的欲望早已被压抑到了潜意识中;但是原始人则不同,对于他们来说,这种欲望是一种驻留在意识中的需要严加控制的威胁。

在第二篇文章《禁忌与情感性矛盾》中,弗洛伊德以自己的临床实践经验为依据,论述了乱伦禁忌及其与图腾崇拜间的关系。他认为,原始人与神经症患者类似,对自己身边的人同样有着某种自己不愿意承认的"矛盾心理"(ambivalence)。例如,他们对母亲的感情中既有爱的成分也有恨的成分,但是他们不会像表达对母亲的爱那样来表达对母亲某些方面的仇恨。弗洛伊德写道:"在几乎每一个存在对某人强烈的情感依恋的案例中,我们总能发现在柔情的爱恋背后总存在着一种隐藏于潜意识中的敌意。"[③]那么神经症患者与原始人之间的区别又是什么呢?弗洛伊德认为,在神经症患者中,对死者的仇恨和敌意通常是无意识的;而在原始人中,这些被压抑的敌意或仇恨通常会投射(projection)[④]到其他

---

① 一个部落的成员只能够和来自另一个部落的异性通婚。
② Freud, S. (1912—1913). Totem and Taboo: Some Points of Agreement between the Mental Lives of Savages and Neurotics. The Standard Edition of the Complete Psychological Works of Sigmund Freud. Vol. 13. London: Hogarth Press and The Institute of Psychoanalysis, 4.
③ 同上,60.
④ 投射是精神分析的一个重要概念,它指的是一个人把自己内心存在的不为社会所接受的欲望、态度和行为推诿到他人身上或归咎于别的原因。

人身上，甚至有时会投射到图腾身上，比如说："我从来没有想让我的母亲死去，是图腾要让她死去。"

在第三篇文章《泛灵论、魔术和思想之万能性》中，弗洛伊德论述了人类认识世界的第一阶段——泛灵论或神话阶段①。在这一原始阶段，人们对魔术和巫术的迷信是由于人们高估了思想的作用。弗洛伊德写道："魔术以及泛灵论的思考所遵循的原理就是'思想万能'的原理。"②他认为，神经症症状，例如强迫性思维，就是原始人对思想作用的过高估价在现代人中的表现。他进一步指出，在泛灵论的体系中，宇宙间的灵魂和鬼怪实际都是原始人自己的情感冲动与生活中的重要人物的投射。在文章的最后部分，弗洛伊德总结了魔术、迷信和禁忌间的关系。

在最后一篇文章《重返童年的图腾崇拜》中，弗洛伊德整合当代学者的理论，提出了一个关于图腾起源的理论。他认为，原始人居住在一个由专制的父亲和他的众多妻子们所组成的部落中；父亲有保护部落的能力，因此儿子们很尊重他；但是因为父亲占有了所有的女性，儿子们又对他产生了妒忌和仇恨。儿子们于是联合起来将父亲杀害，并将其分而食之。犯下这一滔天大罪的儿子们感受到了强烈的负罪感，因而进行杀牲祭祀活动以表示自己的忏悔，这种活动逐渐演变为图腾祭祀活动。弗洛伊德进一步推断，宗教实际上是一种集体性的应对弑父后所带来的负罪感的方式。弗洛伊德得到一个重要结论，即图腾和俄狄浦斯情结有着共同的起源：

> 如果图腾动物是父亲的话，那么图腾崇拜的两大戒令，即构成其核心的两个禁忌——不准杀戮图腾动物和不准与同一图腾氏族的女人发生性关系——在内容上不仅与俄狄浦斯所犯的两宗罪行，即杀父和娶母，是一致的；而且还与儿童的两个原始愿望也是重合的……③

---

① 另外两个阶段分别是宗教阶段和科学阶段。
② Freud, S. (1912—1913). Totem and Taboo: Some Points of Agreement between the Mental Lives of Savages and Neurotics. The Standard Edition of the Complete Psychological Works of Sigmund Freud. Vol. 13. London: Hogarth Press and The Institute of Psychoanalysis, 85.
③ 同上，132.

弗洛伊德在《图腾与禁忌》一书中提出了很多"把世界从沉睡中惊醒"①的基本问题,但令人遗憾的是,该书出版后即受到来自各个方面的批评,特别是宗教界的强烈驳斥。时至今日,这本书依然未能得到其应得的重视和关注。

5. 战争年代

1914年,第一次世界大战爆发了。这场社会浩劫既是整个世界历史的转折点,也是弗洛伊德人生的转折点。战争中所发生的屠杀为弗洛伊德"人性恶"的观点提供了依据。他曾经写道:"我们的文明已经被庞大的伪善毁掉了本貌,我们还能再说自己是文明的吗?"②

一战期间,是弗洛伊德一生中最艰辛的一段岁月。由于三个儿子都在前线作战,弗洛伊德每天都提心吊胆。此外,由于战争对经济的消耗,维也纳的生活变得非常艰辛,不仅食品供应严重短缺,而且燃料匮乏——以至于在最冷的时候,房间里没有暖气,弗洛伊德常常冻得连笔都握不住了。最困难时,弗洛伊德竟然靠写文章来换取土豆吃。幸而远在美国的弟弟慷慨解囊,才使得弗洛伊德一家能够勉强度日。

1911年家人聚会,庆祝弗洛伊德与玛尔塔结婚二十五周年

资料来源:Muckenhoupt, M. (1997). Sigmund Freud: Explorer of the Unconscious. New York: Oxford University Press, 18.

弗洛伊德与在奥地利军队服役的两个儿子

资料来源:http://www.loc.gov/exhibits/freud/images/sons.jpg.

---

① Freud, S. (1914). "On the History of Psycho-Analytic Movement", The Standard Edition of the Complete Psychological Works of Sigmund Freud, Vol. 14. London: Hogarth Press and The Institute of Psychoanalysis, 21.

② Appignanesi, R. & Zarate O. (2007). 视读弗洛伊德. 黄珊珊译. 合肥:安徽文艺出版社, 133.

然而就是在这样恶劣的环境下，弗洛伊德依然坚持工作。他曾经连续两个冬天做了一系列关于精神分析的演讲。这些演讲吸引了大量的听众，深受鼓舞的弗洛伊德把演讲的内容整理成一本名为《精神分析入门讲座》(Introductory Lectures on Psycho-Analysis)的小册子。由于书中包括了大量的奇闻轶事和极具说服力的临床病例，再加上诙谐轻松的写作风格，该书一问世就取得了巨大成功。

1915年，年近花甲的弗洛伊德开始预感到自己在人世的时间已经不会太久了，他觉得有必要对自己三十多年来的工作进行一个总结。于是，他开始了一项新的宏大工程。他计划写作十二篇系列理论文章，并准备在战后把这些文章整理成书出版。但在战争期间，弗洛伊德迫于生计，将其中五篇文章拿了出来，分别独立发表；而剩下的七篇文章至今仍下落不明。有人认为弗洛伊德自己把这七篇文章给销毁了，但是这一切已经无法查证。

在这些文章中，弗洛伊德更加详尽地描述了他自己早年提出的心智"第一结构理论"，并总结了他自己对本能的看法。这一系列文章的历史意义在于，它们既是对精神分析理论已取得的进展的回顾，同时也是弗洛伊德为自己未来的新工作所写的前言。

六、精神分析之第二次革命

1920年常常被后人视为精神分析学的重大转折点[1]。这不仅是因为在这一年弗洛伊德首次推出了死亡本能这一革命性的概念，更重要的是在接下来的几年之中，弗洛伊德提出了一系列逐渐成熟的全新思想，为精神分析运动注入了新的活力。其中最重要的包括对心智结构的重新划分和对焦虑功能的新思考。

1. 死亡本能

1918年，战争结束，但弗洛伊德的家境却并未好转。德奥联盟战败导致奥

---

[1] Quinodoz, J. M. (2005). Reading Freud: A Chronological Exploration of Freud's Writings (Translated by David Alcorn). New York: Routledge, 203.

地利经济濒于崩溃,快速的通货膨胀使得弗洛伊德的积蓄化为乌有,找弗洛伊德看病的患者数量也迅速减少。而且祸不单行,1920 年,弗洛伊德最喜爱的女儿苏菲(Sophie)因患流感而离世,这件事给弗洛伊德造成了沉重的打击。

残酷的战争和亲人的死亡使弗洛伊德对人类的认识发生了重大转变。在苏菲死后的第六周,弗洛伊德出版了其最悲观同时也是最富争议的著作《超越快乐原则》(Beyond the Pleasure Principle)。在这部具有重要转折意义的著作中,弗洛伊德提出了一个关于心理活动基本规则的新假说,指出决定人类心理活动的是生的本能(life instinct)与死亡本能(death instinct)间的冲突,而并非他此前所说的快乐原则(pleasure principle)。

在精神分析学创立之后的很长一段时间里,弗洛伊德一直认为心智活动遵循的是所谓的快乐原则。这一原则的终极目标就是"避免不愉快或追求愉快"[①]。例如,一个神经症患者为了避免疾病给自己造成的不愉快,就会去寻求精神分析师的帮助;他希望通过精神分析能够使自己的症状消失,从而能够重新获得生活的快乐。但让弗洛伊德感到困惑的是,在日常生活和临床观察中,人们的很多行为却是与快乐原则相违背的。为什么自虐行为会存在呢?为什么药物上瘾者明知药品的危害,仍然要继续使用呢?为什么在一战中,人类要互相残杀呢?为了解释这些现象,弗洛伊德在《超越快乐原则》一书中提出了一个全新的假说:人类的精神活动并非是由快乐原则这个单一规则所决定,而是由两种本能——生的本能和死亡本能——间的相互冲突所支配的。

弗洛伊德在书中首先探讨了快乐原则作为人类精神活动唯一原则的局限性:

> 在大多数情况下,可以说在心智中存在着一种强烈的快乐原则倾向。但是这种倾向会遭到某些特定力量或情境的抵抗,以至于最终的结果不能总与快乐倾向相协调。[②]

那么这些力量和情境是什么呢?弗洛伊德把它们命名为现实原则(reality prin-

[①] Freud, S. (1920). Beyond the Pleasure Principle. The Standard Edition of the Complete Psychological Works of Sigmund Freud. Vol. 18. London: Hogarth Press and The Institute of Psychoanalysis, 7.
[②] 同上,9.

ciple)。现实原则使得一个人能够容忍延迟满足①所带来的不愉快,并把这种不快乐视为"通向快乐的漫长而曲折的道路上的一步。"因此,快乐原则和现实原则并非相互矛盾。

弗洛伊德进一步指出,快乐原则是无法解释"强迫性重复"(compulsion to repeat)这一现象的——个体不断重复体验不愉快或创伤境遇的倾向。弗洛伊德在书中描述了两个"强迫性重复"的例子。第一个例子就是所谓的"创伤性神经症"(traumatic neurosis)。弗洛伊德注意到一部分遭受了精神创伤的人(例如:战争生还者)总是在梦中不断再现受创时的情形,使不愉快的紧张情绪一直延续。弗洛伊德写道:"这实在是令人费解,因为这样的梦并没有完成梦的基本功能,它们既不能满足愿望,甚至连保护睡眠都谈不上。"第二个例子则来自于弗洛伊德的外孙。每当母亲离开他去做别的事情时,这个一岁半的小男孩从来不哭闹,而是沉浸于自己"发明"的扔线团游戏中:他总是先把一个毛线团扔到视线之外,然后捡回来,然后又扔出去,再捡回来,乐此不疲。在弗洛伊德看来,这个看似无聊的游戏对于小男孩来说有着非常深层的含义:扔出去又捡回来的线团象征着母亲的离开和回来。小男孩玩这个游戏,他实际上是在不断重复一种不愉快的体验——母亲的离开带来的痛苦。弗洛伊德写道:"在心智中的确存在着一种凌驾于快乐原则之上的重复性强迫……比起快乐原则来说,(重复性强迫)更加原始、更加基础、更加本能化。"②

那么这种重复性强迫存在的意义是什么呢?为了解答这一问题,弗洛伊德提出了一个关于焦虑功能的新假说。他认为,焦虑起到的实际是一种信号作用,它能让人们对预期的危险有所防范。如果人在没有预先准备的情况下遭受到某些毁灭性刺激带来的精神打击和惊吓,就会体验到创伤,继而患上创伤性神经症。也就是说,焦虑能够保护个体不受到创伤,并且防止患上创伤性神经症。如果创伤已经发生了,那又该怎么办呢?此时就是强迫性重复发挥作用的时候了。通过不断重复某种创伤经历,个体能够生成一种"事后"焦虑,从而建立一种对毁

---

① 延迟满足是一个心理学概念,它指的是个体为了追求更大的目标,获得更大的享受,可以克制自己的欲望,放弃眼前的诱惑。

② Freud, S. (1920). Beyond the Pleasure Principle. The Standard Edition of the Complete Psychological Works of Sigmund Freud. Vol.18. London: Hogarth Press and The Institute of Psychoanalysis, 23.

灭性刺激的类似于亡羊补牢的事后防备和控制。弗洛伊德进一步解释说，毁灭性刺激既可能来自个体外部（如童年时代的性创伤），也可能来自个体内部。后者源自人类的基本本能之一，弗洛伊德称之为"死亡本能"。他认为，这种本能的目的是使每一个有机体都回到最初的无机状态，进而断言："一切生命的目的就是死亡。"[①]与死亡本能相对应的是"生的本能"，又被称为"伊洛斯"（Eros）[②]，它的主要组成部分就是力比多。弗洛伊德提出，从根本上来说，人的精神活动都是由这两种矛盾的本能间的冲突所决定的。如果生的本能在冲突中占了上风，那么人们的活动就会遵循快乐原则；但如果是死亡本能占了上风，那么就可能出现两种后果，即敌对行为和自毁行为。

当弗洛伊德向同行们提出这个关于死亡本能的新假说时，并没有得到太多的赞同。有人甚至认为，苏菲的死亡是导致弗洛伊德提出死亡本能这一新观点的主要原因，其中掺杂了太多的个人因素，因而并不可信。但事实上，弗洛伊德在苏菲死前一年就已经基本完成了《超越快乐原则》的撰写工作。

专栏六

细胞凋亡：死亡本能的生物学模型？

弗洛伊德一直希望，当时的生物学研究能够为他的死亡本能假说提供有力证据。然后直到他逝世，这一愿望也没能实现。在20世纪70年代初期，一项重大的生物学发现——细胞凋亡的机制——似乎给弗洛伊德的未竟心愿带来了新的希望。细胞凋亡是一种特殊的生物体自行启动的细胞自杀过程，其功能在于毁灭那些正处于发育、器官生成和组织生长过程中的细胞。细胞凋亡是一系列分子事件的终点，受到由激素、生长因子和细胞毒素所发出的正负信号所调控。这些信号既有可能抑制细胞毁灭，也有可能诱发细胞凋亡。

那么细胞凋亡这一生物调节模型与弗洛伊德所说的死亡本能有何相同之处呢？尽管我们不能简单地说，细胞凋亡就是死亡本能的生物学体现，但是我们可以肯定，这两个系统并非是相互孤立的，甚至是存在着某种相互作用。根据医学

---

① Appignanesi, R. & Zarate O. (2007). 视读弗洛伊德. 黄珊珊译. 合肥：安徽文艺出版社, 150.
② 伊洛斯是希腊神话中爱神的名字。

观察，失去爱人后带来的病态性抑郁常常伴随有生理上的变化，例如免疫功能下降、体重下降。我们是不是可以提出这样一个假说，即当死亡本能在与生的本能的竞争中占据上风的时候，生理系统的反应就是细胞凋亡的调控过程发生改变，从而启动部分系统的细胞凋亡？

（译自：Quinodoz, J. M. (2005). Reading Freud: A Chronological Exploration of Freud's Writings (Translated by David Alcorn). New York: Routledge, 193）

2. "第二结构理论"——本我、自我与超我

1923年4月，弗洛伊德出版了个人生涯中又一里程碑式的著作《自我与本我》(The Ego and the Id)。在这本书中，弗洛伊德以"伊洛斯理论"为基础，提出了又一个全新的解释精神活动的结构模型，即所谓的"第二结构理论"。值得注意的是，弗洛伊德并不是准备用这个新模型来代替原来的旧模型。在他看来，这两个理论是对同一精神现象不同角度的透视，它们之间是相辅相成的关系。在"第一结构理论"中，弗洛伊德把心智分为了潜意识、前意识和意识；而在这个新的理论中，心智则被划分为"本我"(id)、"自我"(ego)和"超我"(superego)。

《自我与本我》的封面
资料来源：http://www.lib.udel.edu/ud/spec/images/hogarth/ego.jpgF45.

本我是"力比多的贮藏器"，由各种本能冲动所构成。本我的活动遵循的是快乐原则，寻求即时即刻的满足。但是本我无法直接与外部世界相连通，它必须以某种结构为中介才能从外部获得满足。这个中介结构就是自我。自我是现实化了的本能，是从本我中分化出来的一部分。自我能够感知来自于外界的刺激，了解周围环境并且能够储存后天习得的经验教训。也就是说，自我通过与外界的互动而获得发展。自我的活动是合乎逻辑的，它严格按照现实原则来行事，它对本我起着指导和管理的作用。

弗洛伊德在书中把自我和本我的关系比做骑师和马之间的关系。一方面，

自我需要制服本我,控制其欲望的宣泄。他写道:"自我企图应用外部世界的影响对本我及其趋向施加压力,努力用现实原则来代替在本我中占主导地位的快乐原则";另一方面,自我也会受到本我的影响。他写道:"如果他(自我)不想被从马背上摔下来,他就必须得按马所想要去的地方来进行指导。"[1]从发展的角度来看,超我是三个亚结构中最晚形成的。超我也被称为"理想自我",弗洛伊德曾把它称作良心,把它视为道德的代表。超我的作用是依照社会道德标准对自我的行动进行监督和控制。超我在很大程度上依赖于父母的影响,是父母权威的化身,所以超我的职责就是幼年时期父母所行使的职权。

弗洛伊德认为,人格的这三个组成部分始终处于一种动态的平衡中。自我需要同时协调本我、超我和现实这三个方面的要求。自我在考虑满足本我的本能冲动和欲望的同时,还要考虑外界现实是否允许,以及超我是否认可。也就是说,自我既是本我与外界关系的中介,也是本我与超我之间的冲突的协调者。如果这三个组成部分之间的相互作用失衡,就将会导致心理问题的产生。

3. 焦虑新说

在 1926 年,又一部重量级的作品《抑制、症状和焦虑》(Inhibitions, Symptoms and Anxiety)问世了。这部著作集中地体现了弗洛伊德追求科学真理的大无畏精神。很难想象一个功成名就的老人能够有如此勇气,敢于在垂暮之年把自己前半生辛辛苦苦构建的理论完全推翻,另起炉灶。

在之前三十余年,弗洛伊德一直主张从生物学的角度来解释焦虑产生机制,并提出未能得到满足的性冲动可以通过转化为焦虑而得以释放。他曾经写道:"神经质式的焦虑起源于力比多,因此它们之间的关系就如同醋与红酒间的关系。"然而在《抑制、症状和焦虑》中,弗洛伊德提出了一个关于焦虑来源的全新假说。根据这个新假说,焦虑更多的是与心理活动而非生理活动相关。他指出,焦虑是自我在面对危险时所体验到的一种情感,而这种危险总是与失去对象有关。他在书中写道:"我们有足够的理由来坚信这样一个观点,即自我才是焦虑的中心;同时放弃我们早先的观点,即被压抑的冲动的能量被自动地转变成焦虑。"在

---

[1] Freud, S. (1923). The Ego and the Id. The Standard Edition of the Complete Psychological Works of Sigmund Freud. Vol. 19. London: Hogarth Press and The Institute of Psychoanalysis, 25.

这样一个新假说的基础之上，弗洛伊德重新思考了焦虑与压抑间的关系，指出"是焦虑导致了压抑，而并非像我曾经所相信的那样是压抑导致了焦虑"。他认为自我把压抑作为了一种躲避焦虑所致的不愉快体验的重要手段。

4. 弗洛伊德社会与文明三部曲

在这段时期内，弗洛伊德还把研究重点从人类自身扩展到了社会、宗教和文明。在 1926 到 1930 这四年之间，弗洛伊德从一种精神分析的角度探讨了人类社会及人类文明的各个方面，完成了著名的三部曲：1926 年出版的《非专业分析的问题》(The Question of Lay Analysis)，1927 年出版的《幻想的未来》(The Future of an Illusion)以及 1930 年出版的《文明及其缺憾》(Civilization and Its Discontent)。

一战结束之后，精神分析界的一个主要争论就是，精神分析师的大门是否应该继续向非医学背景的人士敞开。弗洛伊德在《非专业分析的问题》中表达了自己在这一问题上的立场，再次强调自己从精神分析运动开始就坚持的观点：非医学背景出身的人，只要经过了严格的训练就可以从事精神分析这一职业。同时，他也在这本书中讨论了训练优秀精神分析师的最佳方法[1]。

在《幻想的未来》中，弗洛伊德试图改变人们对宗教的固有看法。他指出，人类需要幻想，因为人类愚昧地认为幻想可以保护他们免遭现实中的不幸；而以基督教为代表的西方宗教正是建立在人对幻想的这种需要之上的。弗洛伊德认为，宗教是一种"普遍的强迫性神经症"，因此人们应该放弃它。在书中最后一章，弗洛伊德表达了自己对科学坚定不移的信念。他坚信，只有科学才能促进人类的成功进化。他在书中写道：

> 我们相信，通过科学工作我们将有可能获得关于现实的知识；而通过这些知识，我们的力量将获得增强，同时我们也将能够更好地安排我们的生

---

[1] Freud, S. (1926). The Question of Lay Analysis: Conversations with an Impartial Person. The Standard Edition of the Complete Psychological Works of Sigmund Freud. Vol. 20. London: Hogarth Press and The Institute of Psychoanalysis, 177—250.

活。……科学通过它众多的重要成功向我们证明了它不是一种幻想。①

1929年夏天,弗洛伊德接受了著名作家罗曼·罗兰②的建议,开始写作三部曲中的最后篇章《文明及其缺憾》。该书一问世便获得了巨大成功,并被翻译成多种语言。现在,这部著作通常被视为是"一部沉重却极富洞察力的社会学遗产"。在这本书中,弗洛伊德首先再次强调了自己无神论者的立场,指出宗教是人们追寻快乐和躲避痛苦过程中的最大障碍:"它(宗教)的技术就在于以一种欺骗的方式贬低生命的价值和扭曲真实世界的图像……"③。之后,他讨论了文明的意义。他认为,人类企图保护自己而建立了文明,然而文明又是如此的脆弱,以至于人类常常反被文明所伤害。实际上,文明所反映的就是生与死两种基本本能间的冲突。为了确保社会的凝聚力,文明限制了个体的性欲和攻击冲动;但这样一来,文明就不可避免地要与构成社会的个体成员发生冲突。一旦这种冲突进一步激化成革命,那么文明就将最终被毁灭。弗洛伊德进一步指出,个体与文明间的冲突实际上就是个体内部超我与自我之间的冲突在外部现实的反映。在这部作品的结尾,弗洛伊德对人类未来命运做出了悲观的预言:

> 人类对自然力量的掌控程度达到了这样一种地步,以至于他们通过这些力量就可以轻而易举将彼此消灭直到最后一个人。他们知道这一点,因此这在很大程度上造成了他们的不安、苦恼和焦虑的心境。④

七、垂暮之年

到了20世纪20年代中期,弗洛伊德已经成为了一个无人不知、无人不晓的名字,他是当时全世界最著名的精神病医生。芝加哥一家报社曾出价二万五千

---

① Freud, S. (1927). The Future of an Illusion, The Standard Edition of the Complete Psychological Works of Sigmund Freud, Vol. 20. London: Hogarth Press and The Institute of Psychoanalysis, 177—250.
② 罗曼·罗兰(Romain Rolland, 1866—1944),法国著名作家,诺贝尔文学奖得主,其代表作是《约翰·克里斯托夫》。
③ Freud, S. (1930). Civilization and its Discontents. The Standard Edition of the Complete Psychological Works of Sigmund Freud. Vol. 21. London: Hogarth Press and The Institute of Psychoanalysis, 84.
④ 同上,145.

美元邀请他对两个富家子弟进行精神分析。这两个男孩为了寻求刺激感,把一个朋友给杀死了。1924年,好莱坞最著名的米高梅(Metro Goldwyn Meyer)电影公司创办人萨姆·高德温(Sam Goldwyn)专程从洛杉矶飞往维也纳,请求弗洛伊德帮忙给几部浪漫电影的剧本提提建议,用他的话来说 弗洛伊德就是"最伟大的爱情专家"[1]。尽管高德温的出价高达十万美元,弗洛伊德依然冷言谢绝了他的好意。曾经热切地追逐名望,可当名望真正到来时,弗洛伊德却发现它严重地干扰了自己的工作。然而弗洛伊德晚年生活的主题并非是这类幸福的烦恼,而是背井离乡的悲哀和病痛的折磨。

1. 避难英伦

事实上,弗洛伊德在《文明及其缺憾》一书结尾对人类命运的预言很快就得到了印证。在弗洛伊德把这本书稿递交给出版商前一周,纽约股市完全崩溃,西方社会彻底陷入了经济危机。大萧条持续了好多年,这期间破产、失业和极度贫困成为了生活的主题。这种情况在德国和奥地利尤为严重。随之而来的还有政治局势的迅速恶化。1930年9月,纳粹在德国议会选举中取得了压倒一切的彻底胜利,从而奠定了希特勒的独裁统治的基础。这一事件让弗洛伊德感到极度的不安,他在给朋友的一封信中写道:"我们正逐渐走向黑暗时代。像我这样的老年人本不应该为此而担忧,但我还是忍不住要可怜我的七个孙辈。"[2]1933年,希特勒成为了德国总理,他开始大力推行各种迫害犹太人的政策。同年5月,纳粹分子在柏林的广场上焚烧了众多所谓的"犹太文学",这其中就包括弗洛伊德和其他一些重要的犹太思想家的著作。对于这一恶行,弗洛伊德表达了无比的愤慨:"这真是一个进步啊! 要是在中世纪,他们恐怕会连我也一起烧掉。"[3]

1938年3月,纳粹德国接管了奥地利。几周之后,一家以出版精神分析相

---

[1] Freud, S (Actor). (2004). Biography — Sigmund Freud: Analysis of a Mind [DVD]. United States: A&E Home Video.

[2] Quinodoz, J. M. (2005). Reading Freud: A Chronological Exploration of Freud's Writings (Translated by David Alcorn). New York: Routledge, 236.

[3] Appignanesi, R. & Zarate, O. (2007). 视读弗洛伊德. 黄珊珊译. 合肥:安徽文艺出版社, 163.

关书籍而著称的出版社遭到了盖世太保①的袭击和破坏。之后,盖世太保又闯入弗洛伊德家中,进行了搜查,弗洛伊德的女儿安娜甚至被拘留了一整天。弗洛伊德的许多朋友都劝说他离开奥地利,来自美英两国的外交官也不断给德奥当局施压,要求他们为弗洛伊德出境放行。美国驻奥地利的外交官甚至通过电报告之白宫:"除了衰老和疾病,恐怕弗洛伊德还处于(其他)危险之中。"②然而弗洛伊德却拒绝离开自己祖国,他坚持认为离开奥地利无异于背叛。不过由于局势所迫,弗洛伊德最终还是被迫同意离开维也纳。1938年6月15日,弗洛伊德携妻儿一同经巴黎最终抵达伦敦。然而不幸的是,弗洛伊德的四个妹妹未能获准离开,并最终死于纳粹的集中营中。

弗洛伊德在女儿的陪同下离开维也纳
资料来源:http://cache.viewimages.com/xc/56818046.jpg? v = 1&c = ViewImages&k = 2&d = 0D98E76F21E13B337B52FDED124C2C01284831B75F48EF45.

2. 最后的时光

早在1923年2月,弗洛伊德就发现自己的下颚出现了肿瘤。起初,弗洛伊德认为这不过是某种良性肿瘤罢了,于是一直等到《自我与本我》出版后,他才让一位名不见经传的外科医生帮他切除了肿瘤。他万万没有想到,这只是病痛折磨的开始。在之后的16年中,弗洛伊德又先后经历了32次治疗嘴部癌症的手术。他的整个上颚和右边的硬腭都被切除,以至于他不得不戴上一个巨型的人造牙托。弗洛伊德每天都必须忍受取出和塞入这个修复假体所带来的巨大痛苦,因而他称其为"怪兽"③。到达伦敦之后,弗洛伊德的健康状况进一步恶化,癌细胞大面积扩散,以至于手术都已经无能为力了。此外,癌症还使得弗洛伊德的

---

① 盖世太保(GESTAPO)是德语 Geheime Staatspolizei(国家秘密警察)的缩写音译。
② Freud, S. (Actor) (2004). Biography — Sigmund Freud: Analysis of a Mind [DVD]. United States: A & E Home Video.
③ 同上。

听说和进食变得异常困难,到了晚期其右耳甚至完全失聪了。

此外,弗洛伊德还遭受着心脏衰竭的折磨。尽管如此,弗洛伊德依然凭借着自己坚强的毅力同病魔作最后的抗争,继续坚持写作和接待病人。在此期间,著名超现实主义艺术家达利(Salvador Dali,1904—1989)曾来到伦敦拜访弗洛伊德,并为他画了一幅奇特的素描。弗洛伊德在伦敦完成了自己的最后的一部作品《精神分析纲要》(An Outline of Psychoanalysis)。在这本书中,弗洛伊德对其一生的重大发现进行了总结,并对精神分析的未来提出了展望。1939年9月,弗洛伊德要求他的医生为其注射吗啡来终止自己所受的折磨。9月23日,这位科学巨人与世长辞,享年83岁。

弗洛伊德在伦敦的书房中
资料来源:http://www.pepweb.org/document.php?id=bap.01.0004.fig001.jpg.

八、心理学之外的弗洛伊德

除了在心理学史上建立了卓越的丰碑之外,弗洛伊德还是西方文学艺术界所极力崇拜的重要人物。他一手构建精神分析理论对文学艺术界产生了非常广泛的影响,甚至直接推动了现代文学艺术界的某些重要流派的产生和发展。

1. 弗洛伊德与文学

弗洛伊德与文学的结缘早在童年时就已经埋下了种子。早年的弗洛伊德常常为了提高自己的文学艺术修养,而废寝忘食地飨读古今文学名著。成名之后,他一方面一直保持同文学界的联系,并参加到文学创作的实践之中。这一切使得他对文学理论、文学史以及写作方法问题,都有很深的认识和造诣。在1930年7月,为了奖励弗洛伊德对文学创作所做出的杰出贡献,德国歌德协会专门为其颁发了文学奖金。

弗洛伊德本人的写作能力很强,文风优雅、朴实。他所遵循的基本原则就是既要表现浪漫和想象的色彩,又要通俗、简朴,能为大多数人所接受和理解。这种基本观点与弗洛伊德研究精神分析学的态度是一致的。在他看来，一切精神科学以及与此有密切关系的人文科学，都必须反映人类心理活动的基本规律。只有这样，写出的作品才能引起人们的共鸣。

弗洛伊德从20年代起，便开始与罗曼·罗兰、托马斯·曼、斯蒂芬·茨威格[①]等文学大家建立了良好的关系，并常常探讨他们所共同关心的文学问题。早在1915年，20世纪初最著名的象征主义诗人里尔克[②]就曾到维也纳拜访过弗洛伊德，并在弗洛伊德家度过了愉快的时光。里尔克的象征主义文学同弗洛伊德的精神分析学理论是有密切的关系的。弗洛伊德的理论为文学家开启心灵的大门提供了钥匙，但不问的世界观的作家可以沿着这条道路而达到不同的终点。其中象征主义文学流派就就是在尼采的悲观哲学的影响下，片面地应用了精神分析学的成果，从而产生了一大批脱离现实、悲观厌世的文学作品。

1924年，罗曼·罗兰在茨威格的陪同下拜访了弗洛伊德。他们在一起度过了一个愉快的夜晚，三个人各抒己见，探讨着文艺创作和人类心理活动的关系。当时罗曼·罗兰能同茨威格一起访问弗洛伊德，并不偶然。三人很早就建立了书信关系，罗曼·罗兰就曾写信给弗洛伊德说，他非常感谢弗洛伊德对他的赞赏；他还提到他已经有二十年的时间一直在阅读弗洛伊德的著作。茨威格也在给弗洛伊德的信中表达对弗洛伊德的敬仰，他写道："我认为，你必须为公众树立起你的形象，因为你已经通过你的生活给这一整个时代留下你的印记。"此外，这三位大师的一个共同点就是，他们代表了一群经受过第一次世界大战考验、并在考验中发生思想转变的文学家和科学家。弗洛伊德在战争爆发初期曾对德国政府的战争政策缺乏深刻的认识。在战争过程中，战争给人民和科学文化事业带来的破坏，使弗洛伊德开始厌恨这个"可恶的时代"。罗曼·罗兰、茨威格是经历了同样的思想转变过程的。所以，他们在一起，不仅对文学创作问题，而且对一般的人生观问题，都有许多共同的语言。

弗洛伊德从心理学的角度构建了自己的一套文学理论。他认为在文学创作

---

① 斯蒂芬·茨威格(Stefan Zweig, 1881—1942)，奥地利小说家。生于维也纳一个工厂主家庭。擅长运用心理分析方法进行创作，其代表作是《一个陌生女人的来信》等。

② 里尔克 (Rainer Maria Rilke, 1879—1926)，奥地利著名诗人，著有诗集《生活与诗歌》、《祭神》、《梦幻》等。

的过程中，心理活动确实是异常复杂的。作家可以在心理的三个层面——意识、前意识和潜意识进行活动。创作者在三种心理领域中自由翱翔，当然有利于作品的浪漫性和深刻性。一个有高度文艺修养和敏锐的观察能力的作家，可以很熟练地把他所观察到的事实用各种适当的想象、幻想的形式表达出来，其选择题材的准确性及其表现手法的技巧性，结合在一起可以创造出极其感人的作品来。文学作品，从其表现形式来看，与哲学这门科学的表现形式有根本的不同。文学形式必须富有戏剧性，富有幻想或想象，生动而具体。这和梦所表现的潜意识活动形式有很大的相同点。因此弗洛伊德说，在文学创作中，恰恰需要放松意识和理智对于潜意识的控制力，使潜意识获得任意驰骋、自由联想的机会。但是，在潜意识活动之中和之后，作者毕竟还是有理性的人，要保持清醒的头脑，发挥"自我"和"超我"对于"原我"的控制作用，保持意识在整个创作过程中的独立自主的领导地位。归根结底，文学作品是创作者的头脑对自然和社会生活的反映。文学并不是纯粹情感的表现，而是理智与感知、意志与感情、意识与前意识和潜意识的联合表现。弗洛伊德在自己著作中，反复强调了潜意识在文学创作中所起的作用。例如，他在《梦的解析》中指出歌德等大作家都是以潜意识的活动来构思，然后在他们的创作活动把有意识思考同潜意识的灵感相结合。

关于无意识的灵感在文艺创作中所起的重要作用，早在二千多年以前，就已由古希腊的伟大哲学家们所发现。亚里士多德认为艺术是现实的模仿和再现。认为悲剧是艺术的最高形式，因为悲剧可以"洗去"人们感觉中的一切丑恶和下贱的东西，从而使人高尚起来。这就是说，悲剧可以"净化"人们的感情。我们看悲剧曾掉眼泪，这就是说，心中的痛苦的残渣已经解消。这种"净化"，和弗洛伊德所说的"涤清法"一样，可以荡涤心中的一切烦闷、矛盾，解除被潜抑的观念的紧张状态，使那些早已跃跃欲试、企图发泄的感情终于宣泄出去了。弗洛伊德的艺术论的基本论点就是这样。

1928年，弗洛伊德发表了论俄国作家陀思妥耶夫斯基[①]的著名文章——《陀思妥耶夫斯基及弑父者》。弗洛伊德这篇文章是从1926年春开始着手写作的，这是弗洛伊德论文学心理学的最重要的一篇文章。弗洛伊德对陀思妥耶夫斯基

---

① 陀思妥耶夫斯基（Ф. М. Достоéвский，1821—1881）的著名代表作是《罪与罚》。

的《卡拉马佐夫兄弟》一书进行了艺术评论。弗洛伊德认为,陀思妥耶夫斯基的和索夫克列斯的《俄狄浦斯王》、莎士比亚的《哈姆莱特》是文学史上三部表现俄狄浦斯情结最典型、最优秀的作品。

1932年,德国著名作家托马斯·曼①访问弗洛伊德,弗洛伊德热情地接待了这位享有盛誉的作家。两人一见如故,谈得非常投机。弗洛伊德说:"他说的一切都是非常明了的、可以理解的,这些谈话使我了解到当时的社会背景。"其实,早在1929年,托马斯·曼就已经在一篇题为"弗洛伊德在近代精神科学史上的地位"的文章中,高度地评价弗洛伊德的精神分析学理论及其文学价值。

2. 弗洛伊德与现代艺术

在文学领域之外,弗洛伊德关于潜意识学说同样为现代艺术的产生和发展提供了重要的哲学基础。第一次世界大战之后,瑞士及其他国家的美术界先后产生了达达主义(Dadaism)②。达达主义对于文化传统、现实生活均采取极端否定的态度,反对一切艺术规律,否定语言、形象的任何思想意义,以梦呓、混乱的语言、怪诞荒谬的形象表现不可思议的事物。1924年之后,达达主义中的不少重要人物由于受到弗洛伊德思想的影响都转变成超现实主义者。法国超现实主义诗人兼作家安德烈·布雷顿(Andre Breton,1896—1966),在巴黎发表了《超现实主义宣言》,标志着超现实主义的诞生。布雷顿在这篇文章中宣称潜意识领域、梦境、幻觉、本能是创作的源泉。

布雷顿说:"这个世界必须由幻想的世界来取代。"艺术就是以一种"非逻辑性"来调剂现实。这种"无意识"、"非理性"、"非逻辑性"是从一种扑朔迷离的境界或梦中"提升"和"升华"而来的。艺术的目的是创造一个"超越的现实",用一个奇幻的宇宙来取代现实。他们认为超现实的出现是一种"革命",是"艺术与生活的解放"。他们企图将"诗"的语言推向潜意识的揭露中去,以非理性控制的"自动性"进行创作,玩弄主观的技巧,在作品中抒发出来。

---

① 托马斯·曼(Tomas Mann,1875—1955),德国小说家和散文家,1929年度的诺贝尔文学奖获得者。其代表作是被誉为德国资产阶级的"一部灵魂史"的长篇小说《布登勃洛克一家》

② Dada原为法语中的儿语,意为"马"。取之作为一个文艺流派的名称,表示"毫无意义"、"无所谓"的意思。

与超现实主义相类似,以瑞士的保罗·古利[①]为代表的抽象派画家主张让自己的创作思想畅游在人类精神的"前意识"领域。古利等人认为,"前意识"长久埋藏在内心深处,是一种"心理的未决状态",它是潜伏于内心深处的"意象"或"记忆"的残痕,它是外界事物对于艺术家的印象在头脑中积存的"感知纪录"。这些"意象"与"记忆"的残痕是未经意识加工的,因此,"前意识"中的印象有非常生动的色彩。它好像一双隐藏在深谷里的苍鹰,遇到声波震荡,飞逸出来,在空中振翅翱翔。有些艺术家借着"前意识"领域的探寻,使某些幻境与心灵的自我暗示状态得到自由伸展,产生出艺术上的童话与神话的幻想世界。它使人进入这个神妙浪漫的世界、流连其间,享受到比"真实"更美的幻境。那些极富想象力的美术作品就是在忘却了意识的世界之后,将"前意识"这个独特的、奇幻的世界无止境地加以展现的结果。

达利给弗洛伊德画的肖像
资料来源:http://people. sinclair. edu/tommcelfresh/Freud/Freud. htm.

这种停留在前意识领域进行创作的"抽象艺术"最初开始于 1910 年。1921 年,德国的达达主义艺术家把"抽象艺术"的原则运用到了电影创作之中,从而产生了"抽象电影"。这一流派到第二次世界大战时曾经中断,战后又再度发展,其中在美国最为风行,并波及印度和日本等国家。这些艺术派别否定具体形象和生活内容,主张绘画应以抽象的色彩、点线和画面来表现画家的情感,画面大多以色彩和线条来构成。

3. 弗洛伊德与电影

从 20 世纪 20 年代后期开始,善于追随哲学、文学和美术界新趋势的法国电影界人士最先开始将精神分析理论应用于电影创作、导演和评论工作中。其中,勒内·克莱(René Clair,1898—1981)无疑是这个新兴的艺术运动的箭头人物。

---

① 古利(Paul Klee,1879—1940),瑞士著名画家,现代艺术的奠基人之一,他运用色彩调和及抽象的手法,创作了许多含有哲理性和富稚拙趣味的作品,例如《金鱼》和《死与火》。

克莱拍了不少超现实主义的短片。其中一部是描写一匹骆驼拖着一辆丧车穿过林阴大道。他还拍了许多描述梦的世界的片子,他用慢动作拍一个人辛辛苦苦地滑过无穷无尽的路,或是拍人变成动物,动物又变成人。拍这些镜头,没有别的什么目的,无非是要表现潜意识的活动。

克莱等人的超现实主义影片,给一般的电影导演方法开辟了许多新路。受到弗洛伊德的"自由联想"法的启发,克莱创造了"联想溶化"这一当时非常新奇的银幕表现的方法。比如说,他们把腋毛"溶化"成蚂蚁的土堆。在如今的故事片中,联想溶化已经是屡见不鲜了。例如表现一场战争的爆发,可以把军号口的特写"溶化"成大炮口,使电影更有戏剧性。在20世纪30年代初,克莱所拍摄的两部片子——《巴黎屋檐下》和《七月十四日》把"联想溶化"的方法推到一个更高的水平,轰动了国际影坛。

继法国导演之后,英、美两国的导演们也开始用精神分析的理论指导电影导演工作,其中最成功的当属著名的悬念大师阿尔弗雷德·希区柯克(Alfred Hitchcock,1899—1980)[①]。希区柯克最擅长的就是采用日常生活中的戏剧性来制造紧张气氛。他在20世纪30年代一连拍摄了三部以时事作背景的间谍惊险片:《三十九级台阶》、《贵妇失踪案》和《外国记者》。在这些片子中,希区柯克熟练地应用弗洛伊德的精神分析学理论,高度地施展想象力。在《三十九级台阶》中,有一个女人发现男人尸体的镜头。银幕上现出那女人张开口大声惊呼,但是我们却听见火车头的吼声,接着又看见一列火车驶进一个山洞。希区柯克用这种方法加强了恐怖的印象,同时又把观众一直带到下一景去,加快了戏的速度。

至于1939年的另一部电影《走投无路》,就几乎完完全全地把精神分析学通过电影这一媒介直接表达出来。这部片的基本情节是:一个暴徒被警察追赶,他躲进一个精神分析学家的家中,宣称要开枪杀出去。心理分析学家看出他是被噩梦迷住了,马上对他进行心理分析,让他想起那使他成为杀人者的一段童年经历。等警察最后赶到时,这暴徒明白了一切,已经没气力扣动扳机了。

1945年二战结束,电影之都好莱坞开始把镜头对准了恐怖心理片。这类影片描写的都是催眠者、酒徒、精神病者或心理变态的人的冒险和经历。崩溃的意

---

① 希区柯克在1940年所拍摄的电影《蝴蝶夫人》获得了当年奥斯卡最佳影片奖。

识,现实的丧失,幻觉的状态——这些都变成了好莱坞的剧作家和导演们的宝贵材料,让他们拍出了无数风靡一时的"心理分析片"来。这期间的杰出作品包括弗里兹·朗的《窗中妇人》以及希区柯克的《深闺疑云》;凭借着这些影片的成功,各种千奇百怪的释梦的说法,潜意识和下意识的作用,以及弗洛伊德的大名渐渐成为美国人的口头禅。

所有这一切形形色色的心理恐怖片,对于生活在充满竞争、紧张、恐怖、绝望的社会中的观众来说,无疑是一种麻醉剂。无论是好莱坞的老板、导演或观众本人,都想要逃避现实,忘记生活的真相。制片者们想把生活中的现实问题都归罪于心理,并且企图想使观众相信,影片中暴力现象的病根不在于社会本身,而是这些暴力者的心理出了问题。他们对精神分析的肆意歪曲导致观众以为科学是神话,世界无非是神秘的天地,生活是与自然、社会和历史的法则毫无关系的。既然一切都是"原始的心理"和"远古的潜意识"在起作用,因此,影片里所描写的"社会悲剧"并不是社会的"悲剧",只是心理的"悲剧"而已。杀人、放火、强奸、迫害,都被说成为"原始意识"或"压抑情欲"的爆发,"死亡本能"的体现。

40年代末,法国导演们在服装设计师克里斯蒂安·迪奥[①]的启示下依据弗洛伊德的理论创立所谓"新潮派"。这一派的代表人物包括了法国国宝级的著名导演弗兰斯·特吕弗[②]和让-吕克·戈达尔[③]等人。

九、结束语

在人类历史上,弗洛伊德是一位极具争议性的风云人物。弗洛伊德的崇拜者对他推崇备至,认为他是伟大的科学家、学派领袖。社会学家和弗洛伊德研究学者菲力普·里夫(Philip Rieff)曾认为弗洛伊德的作品"也许是20世纪汇集成著作的、最重要的思想体系"[④]。然而在批评者那里,弗洛伊德又备受诋毁,被斥

---

① 迪奥(Christian Dior,1905—1957),20世纪40~50年代最具有影响力的服装设计师。他一手创立的品牌现在已经扩展到了化妆品行业,著名的CD标志就是这一品牌的缩写。
② 特吕弗(François Truffaut,1932—1984)的代表作是《朱尔斯与吉姆》(Jules and Jim),该片被评为1962年的年度最佳英国电影。
③ 戈达尔(Jean Luc Godard,1930—)的代表作是《芳名卡门》(Prénom Carmen),该片曾荣获威尼斯电影节金狮奖。
④ 墨顿·亨特(1993).心理学的故事.李斯译.海口:海南出版社.

责为搞伪科学的骗子。1960年诺贝尔生理学或医学奖得主彼德·梅达沃（Peter Brian Medawar）就曾经毫不客气地批判心理分析理论为"本世纪最惊人的知识欺诈"[①]。但无论是他的崇拜者还是批评者都必须承认的一点就是，在科学史上从来没有任何一个人能够像弗洛伊德那样对心理学、心理治疗以及人们的思考方式产生如此深远的影响。波林写道："谁想在今后三个世纪内写出一部心理学史，而不提弗洛伊德的姓名，那就不可能自诩为一部心理学通史了。"[②]

弗洛伊德已经去世近70年了，然而他所创建的精神分析学说至今依然活力不减，新精神分析学派及精神分析的新形式，仍流行于精神病学和心理学界，正如当代精神分析学家奎因诺多兹（Quinodoz）所说的"精神分析革命仍然在进行中。"[③]弗洛伊德为世界提供了一个全新的探索心智的方法，使得研究潜意识成为了可能。他从人们的潜意识中挖掘出来的古老秘密，已经成为了20世纪人类思想的一个重要组成部分。弗洛伊德为我们留下了难以计数的宝贵遗产。可以毫不夸张地说，弗洛伊德的每一部作品都可以帮助我们进入心灵深处，探索自我、了解人生意义。此外，弗洛伊德有着令后人仰慕不已的天赋和洞察力，而他对科学的热情及捍卫真理的勇气更是为后人树立了学习的榜样。或许罗曼·罗兰等人在弗洛伊德80岁寿辰上献给他的祝寿词无疑是对弗洛伊德卓越的一生最好的总结：

"这位勇敢无畏的先知和救人疾苦者，他一直是两代人的向导，带领我们进入了人类灵魂中未曾有人涉足过的一些领域……哪怕他的研究当中有个别结果将来可能会重新塑造或者加以修正，可是，他为人类提出的一些问题却永远也不会被遗忘。他获取的知识是无法否认和被埋没的……如果我们这个种族有什么业绩能够永垂青史的话，那就是他探索人类思维的深度所创下的业绩。"[④]

[①] 墨顿·亨特(1993). 心理学的故事. 李斯译. 海口：海南出版社.
[②] 苏永生(2006). 怎样学习精神分析. 新浪 Blog. 源自 http://blog.sina.com.cn/s/blog_4b312b5a01000694.html.
[③] Quinodoz, J. M. (2005). Reading Freud: A Chronological Exploration of Freud's Writings (Translated by David Alcorn). New York: Routledge, 273.
[④] 墨顿·亨特(1993). 心理学的故事. 李斯译. 海口：海南出版社.

约翰·华生

约翰·华生年表图

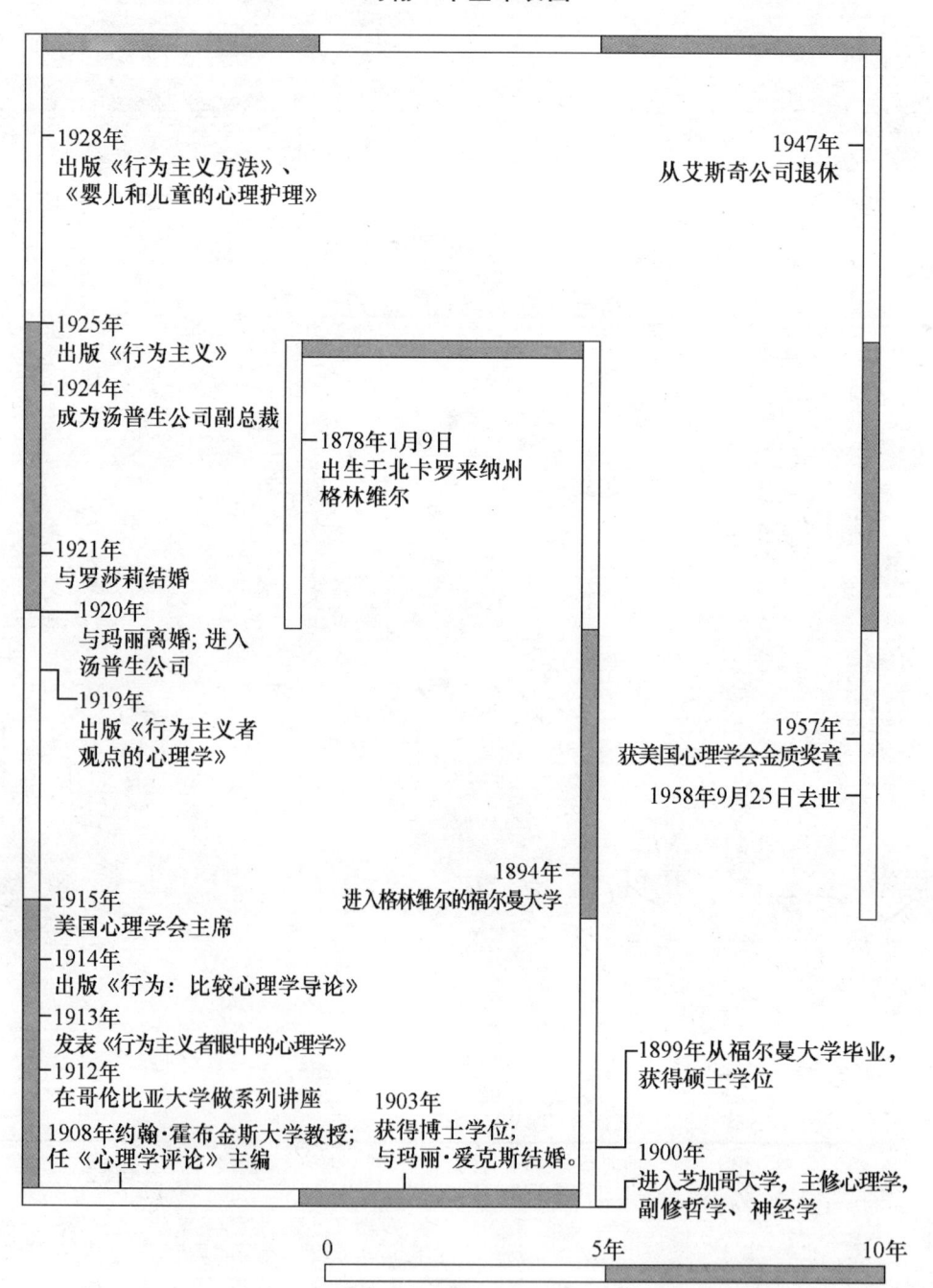

- 1928年 出版《行为主义方法》、《婴儿和儿童的心理护理》
- 1925年 出版《行为主义》
- 1924年 成为汤普生公司副总裁
- 1921年 与罗莎莉结婚
- 1920年 与玛丽离婚；进入汤普生公司
- 1919年 出版《行为主义者观点的心理学》
- 1915年 美国心理学会主席
- 1914年 出版《行为：比较心理学导论》
- 1913年 发表《行为主义者眼中的心理学》
- 1912年 在哥伦比亚大学做系列讲座
- 1908年 约翰·霍布金斯大学教授；任《心理学评论》主编
- 1878年1月9日 出生于北卡罗来纳州格林维尔
- 1894年 进入格林维尔的福尔曼大学
- 1899年从福尔曼大学毕业，获得硕士学位
- 1900年 进入芝加哥大学，主修心理学，副修哲学、神经学
- 1903年 获得博士学位；与玛丽·爱克斯结婚。
- 1947年 从艾斯奇公司退休
- 1957年 获美国心理学会金质奖章
- 1958年9月25日去世

0　　　　　5年　　　　　10年

约翰·布鲁德斯·华生(John Broadus Watson,1878—1958),美国心理学家,行为主义心理学的创始人。华生对传统心理学进行了一场革命,他反对冯特等人将意识作为研究对象的传统心理学,而是主张心理学应研究人和动物的行为,采取客观的观察方法,最终要能做到预测和控制行为,使心理学成为一门自然科学。华生坚持环境决定论,致力于心理学的基础研究,在动物心理学、儿童心理学和学习心理学领域都做出了开创性的重要贡献。

华生在中年时因婚外恋丑闻而脱离了心理学界,但他仍竭力将行为主义原理应用于广告策划、商品营销和企业管理中,也十分注重将心理学知识普及并应用于婴幼儿心理护理、行为矫治等方面,极大地拓展了心理学的研究领域和应用范围。

20世纪20—30年代,华生的行为主义曾风行一时,并在美国心理学界占据支配地位长达半个世纪,深刻地影响了心理学的发展进程。现在心理学界公认,行为主义心理学问世之后,绝大多数的心理学家都是实际上的行为主义者。

一、生平经历

1. 在格林维尔的成长

1878年1月9日,华生出生在美国南卡罗来纳州一个叫格林维尔(Greenville)的小镇上。华生的父亲皮克斯(Pickens Bulter Watson)与艾玛(Emma K. Roe)于1868年结婚。新婚燕尔,他们的生活温馨幸福,在华生出生前他们还有两个儿子和一个女儿。艾玛笃信基督教,她强烈的宗教信仰驱使她要努力地使自己的孩子成为干净、无瑕的浸礼之士。华生曾谈到过自己对黑暗的恐惧,是因为当年母亲艾玛并没有阻止保姆给年幼的他讲黑暗中的鬼怪来恐吓他。儿时的经历与华生后来研究恐惧情绪的问题以及对自己的孩子进行严格的管教是有关系的。皮克斯却对宗教没什么兴趣,他鼓励华生批判地看待浸礼会严格的教义,父子俩关系很好,他们常一起骑马、修房子,皮克斯还教给华生做木工活儿。但皮克斯懒惰、酗酒成性、爱说脏话、喜近女色,1891年,他出人意料地突然离家出走,从此再也没有回来。有人说他是带着一个印第安妇女私奔了。

华生的母亲——艾玛
资料来源:Cohen, D. (1979). J. B. Watson: The Founder of Behaviourism. London: Routledge & Kegan Paul.

皮克斯的突然出走对华生来说是一个沉重的打击,因为他曾寄希望于父亲,能把自己也培养成为一个手艺精湛的木匠。父亲对家庭的背叛对华生的造成了极大的创伤,他在学校的表现日益恶劣。他与同学们常常玩充满暴力色彩的游戏——"黑人打架"游戏,还曾因此被捕过。父亲的离去使华生更加珍惜父亲传授给他的木工技艺,这不仅是一项有趣的活动,还是逃避家庭压力的方式。皮克斯离开后,艾玛开始溺爱华生,她不让华生远离自己一步,直到她去世为止。

在华生15岁时,他的人生旅途发生了重大转折。他说服了福尔曼大学(Furman University)的校长蒙塔哥(A. P. Montague),进入了大学的殿堂。虽然福尔曼大学是所教会大学,但华生却违背了母亲希望他成为一名牧师的愿望,他没有进入神学院,而是广泛地选修各种课程。第一年华生选修了代数、现代历史、拉丁语、希腊语和其他一些基础科学的课程,并且取得了相当出色的期末成绩;第二年开始选学一些古典课程,如古希腊、古罗马神话等;第三年则选修了经济学、地质学、物理学、法语、德语、《圣经》专题研究等。在第二年,华生还选修了哲学,并认识了自己的良师摩尔(Gordon B. Moore)教授。摩尔性格虽然有些古怪,但学识渊博,思维敏捷,对华生的发展产生了重要影响。在摩尔的心理学课上,华生了解了建立第一个心理学实验室的德国心理学家冯特,还拜读了威廉·詹姆斯的名著《心理学原理》,并接受了内省心理学的训练。华生非常欣赏摩尔的自由意志观点,信奉人能自由决定自己的命运这一信条,他还希望人们能够用心理学的知识改变自己的生活。摩尔曾警告学生,谁交上来的论文如果页码顺序弄反了,则自动不及格。华生的公民学论文不知为何恰恰把页码

大学时期的华生
资料来源:Cohen, D. (1979). J. B. Watson: The Founder of Behaviourism. London: Routledge & Kegan Paul.

弄反了,虽然本来可以是一篇优秀的论文,但脾气古怪的摩尔没有让华生通过。为此,华生只得延期一年毕业。那时华生便下定决心,今后的某一天,要让他(摩尔)拜自己为师,跟随自己做研究[①]。几年后,当他成为约翰霍普金斯大学的教授时,他收到摩尔想成为自己的学生的请求。但是事情还没有安排妥当的时候,摩尔已经失明了,并于几年后去世。

1899 年,年仅 21 岁的华生获得了硕士学位。他希望能去有博士学位授予权的大学继续深造,实现自己的理想。然而母亲艾玛那时正在生病,她不想让儿子离开自己,华生只得留下来。他成为了一所仅有一间教室的小学的唯一一名教师。20 多名白人学生的家长每月只支付给华生 25 美元微薄的报酬。但华生是一位非常出色的教师,他风趣、幽默,总是激发学生们的兴趣,不仅给他们讲一些有趣的故事,而且与他们一起做游戏,仔细观察动植物等。

1900 年 7 月 3 日,华生的母亲艾玛不幸去世,华生从此可以独立生活了,家

---

① Watson, J. (1961). History of Psychology in Autobiography, Ⅲ. Ed by Murchison, C. New York: Russell & Russell, 272.

乡再也没有什么可牵挂的。葬礼过后,他立刻开始采取行动,让自己远离这个他成长的地方。[①] 华生给当时在普林斯顿大学的心理学家鲍德温(James Mark Baldwin)写信,但学校对学生希腊语和拉丁语的要求让他望而却步。当时摩尔教授正就职于芝加哥大学,受他的鼓励,华生给杜威(John Dewey)教授写信申请哲学专业的研究生奖学金。在他母亲去世三周的时候,他又大胆地给芝加哥大学的校长哈帕(William Rainey Harper)写信,表明自己希望做高级学术研究的强烈欲望和自信心。华生又说服蒙塔哥为他写推荐信,信中称赞他是一位极富个性、工作出色的优秀教师,有着很高的素质。华生终于说服了哈帕,如愿以偿地拿到了芝加哥大学的研究生录取通知书。

2. 在芝加哥求学

1900年8月底,22岁的华生离开格林维尔,乘火车来到了芝加哥。在芝加哥大学,华生见到了当时学术界的一些著名教授,包括哲学家、心理学家杜威,哲学家乔治·米德(George H. Mead),年轻的社会学家威廉姆·托马斯(William Thomas),物理学家奥伯特·密钦生(Albert Michelson),生理学家雅克·洛布(Jacques Loeb)等。华生学的第一副科是哲学,由杜威指导。但是他并不喜欢杜威老师的讲课,华生在自传中这样描述自己的感受:"我不知道他在讲什么,遗憾的是直到现在我仍然不知道。"[②]

心理学家进入心理学领域,往往不是因为什么巧合,就是因为有一位老师激发了他们的兴趣,并引领他们进入这个领域。而对华生影响最大的则是当时只有31岁的心理学家詹姆斯·罗兰德·安吉尔(James Rowland Angell)[③]。华

---

① Kerry, W. (1989). Buckley. Mechanical Man: John Watson and the Beginnings of Behaviorism. New York: The Guilford Press, 14.
② Watson, J. (1961). History of Psychology in Autobiography, Ⅲ. Ed by Murchison, C. New York: Russell & Russell, 274.
③ 1894年安吉尔来到芝加哥大学,任心理学系主任长达25年。1906年他当选美国心理学会主席,发表题为《机能心理学的领域》的著名演讲,强调意识是人适应环境的机能,并列举了机能主义与构造主义的三点区别:机能心理学不仅研究意识内容,也研究意识是怎样进行的;机能主义心理学把心理过程看作是有机体适应环境以满足自身生物学需要的过程,因此它具有功利和实用的意义;机能心理学关心心物关系,它既研究与意识过程相伴随的机体方面适应活动,也研究整个身心机能以及有机体与环境的关系。安吉尔的学生卡尔(Harvey Carr)将机能心理学理论加以系统化,强调机体对环境的适应,主张心理活动是一种适应性活动,称为机能主义(functionalism)。历史上称杜威、安吉尔和卡尔为机能心理学或机能心理学的芝加哥学派。

生回忆说:"我一入校,就立刻感到我的选择是正确的。安吉尔先生知识渊博、思维敏捷、语言流畅,立刻就把我吸引到了心理学上。"①安吉尔是詹姆斯的学生,他着重讲述了詹姆斯关于意识流、习惯、自我、意志和精神等的观点。

同时,华生的第二副科是神经学,由神经生理学教授亨利·唐纳尔森(Henry Donaldson)指导。生理学家洛布的"向性说"(tropism)对华生的影响很大。洛布曾建议华生作一篇与狗脑神经生理有关的博士学位论文,但是华生没有让洛布单独指导他的论文,而是请安吉尔和唐纳尔森共同指导他的博士学位论文。两位导师认为华生应将自己的聪明才智用于研究动物,他们决定指导华生进行"动物教育"的研究。

在博士学习的三年里,华生异常忙碌。为了维持生活,他当过服务生;打扫过安吉尔的办公室并作实验室的看门人;他还在唐纳尔森的实验室饲养小白鼠,这份工作不仅对他经济上有一定帮助,而且使他学到了一些神经生理学的实验方法。这样拼命干活,他最多才能赚得 6 美元以维持一周的生活。华生有着远大的抱负,生活的艰辛让他更努力的工作,将自己的全部精力都集中在学业上。差不多每天晚上和每个周日②,他都在实验室工作。

1901 年 11 月,华生开始了博士学位论文的实验工作。从那时起,华生就开始处于痴狂状态,整个冬天一直到第二年夏天,他几乎是夜以继日地在实验室里工作。实验室里通常只有白鼠与他为伴,除安吉尔和米德偶尔会来光顾一下外,就见不到其他人,华生不免有些孤独。在毕业前的那年冬天,华生患了严重的焦虑症,连续几个星期失眠,于是他不得去度了三年来的第一个假期。在密歇根州的一个小乡村休养了一个月,这个新环境友好而让人放松,他的身体迅速康复了。回到学校后不久,他就顺利地完成了博士学位论文《动物教育:白鼠的心理发展的实验研究》(Animal Education:An Experimental Study on Psychical Development of White Rats)。1903 年,25 岁的华生成为芝加哥大学最年轻的博士。唐纳尔森觉得华生的博士学位论文很有出版的必要,执意借给华生 350 美元资助他出版论文。这笔债务直到 20 年后,华生进入广告业的第二年才还清。

---

① Watson, J. (1961). History of Psychology in Autobiography, III. Ed by Murchison, C. New York: Russell & Russell, 273.
② 当时是六天工作制,周日就是整个周末。

在金榜题名的 1903 年,华生也迎来了洞房花烛。他实验室里的一名女学生,也是他的助手,玛丽·爱克斯(Mary Ickes),爱上了他。华生没有拒绝姑娘的爱,并觉得能够得到别人的爱是一件幸福的事。尽管华生当时一贫如洗,但他却勇敢地向玛丽求婚。玛丽在政府做职员的哥哥哈罗德·爱克斯(Harold Ickes)讨厌华生,极力反对他们结婚,并想方设法阻挠。但哈罗德的一切阻挠都是徒劳的,因为玛丽已完全被年轻英俊、才华横溢的华生所吸引。华生为拥有这样一个深爱自己的女孩儿而激动不已,并最终以温和巧妙的方式赢得了哈罗德的认可,并在哈罗德家中举行婚礼。

华生毕业后,唐纳尔森在芝加哥大学给他提供了一份神经学助教的职位,年薪为 600 美金。华生还接受了辛辛那提大学(University of Cincinnati)向他提供的一个讲师的职位。安吉尔也在芝加哥大学设法为华生争取了一份心理学助教的职位,于是华生开始在芝加哥大学开设实验心理学课程,用的教材是铁钦纳的《实验心理学:实验手册》,教学生如何用内省法来分析构成心理状态的元素。但是,华生对这个工作总是感到很不自在,于是便在实验室里自己开始从事小白鼠行为的研究,并逐渐形成了他的行为主义观点。华生后来回忆道:"在芝加哥大学,逐渐形成了我后来的观点。我从来不想用人当被试,也讨厌去当一名被试……用动物当被试,我则感到很自然。……我难道就不能通过细心观察动物的行为去发现其他学生通过使用人类被试发现的那些东西吗?……"[①]

在芝加哥大学工作期间,华生进行了大量的动物行为研究。除了"动物教育"的研究外,还作了"大小迷宫"的研究、"正常白鼠、失明白鼠和失嗅白鼠跑迷宫"的研究、以猴子为被试的"动物视觉"研究。此外他还应华盛顿特区卡内基研究所海洋生物站的阿尔弗雷德·迈耶(Alfred Mayer)博士的邀请,到墨西哥湾的托尔图加斯(Tortugas)群岛对墨燕鸥和乌燕鸥的本能行为进行现场研究。这些研究都为华生行为主义观点的形成奠定了坚实基础。华生越来越多地得到学术界的认可。1906 年,他担任了《心理学公报》(Psychological Bulletin)的编委,同时也成为《心理学索引》(Psychological Index)的编委。

---

① Watson, J. (1961). History of Psychology in Autobiography, Ⅲ. Ed by Murchison, C. New York: Russell & Russell, 276.

<<< 专栏一

白鼠迷津实验

　　1906年3月,华生和卡尔(Harvey Carr)对一组6个月大的白鼠进行迷津学习训练。将白鼠放在迷津箱中,经过学习后,白鼠能在规定的时间内顺利地跑完迷津。随后将白鼠再分成三组,将第一组白鼠的眼球挖掉,第二组白鼠的中耳损坏,第三组白鼠的嗅球去掉。然后对这三组白鼠再进行实验,结果三组白鼠都顺利地跑完了迷津。华生和卡尔进一步检验了没有学习经验的盲鼠、聋鼠、失嗅鼠学习走迷津的情形,结果发现这些白鼠学习走迷津的过程跟正常鼠没有区别。这些实验证明白鼠的学习不是依赖视觉、听觉或嗅觉实现的。1906年夏天,鲍德温参观了华生的实验,猜想白鼠的迷津学习的可能是利用胡须接触迷津的墙壁实现的。因此,华生和卡尔拔掉白鼠的胡须,而白鼠仍然能完成迷津作业。华生又对部分白鼠进行了局部麻醉,使其失去触觉,甚至也剥夺了味觉,但都看不到白鼠跑迷津的行为受到影响。

　　在最后的实验中,华生和卡尔发现一旦白鼠的肌肉和运动感觉被剥夺,即机体觉紊乱时,白鼠的走迷津就非常困难。为了检验机体觉对学习迷津作业的影响,华生和卡尔设计了新的迷津箱,新迷箱是将原来的迷津箱延长或缩短了。当将在原迷津箱训练过的白鼠放入短的迷津箱时,白鼠会根据先前形成的肌肉运动记忆去跑迷津,因此会在短的迷津通道的转角处向前跑,有一只白鼠甚至不停地用头撞墙。如果将从前训练过的鼠放入长的迷津箱时,鼠会在到达迷津通道转角处之前就试图拐弯,结果还是不停地撞壁。为了证明白鼠的行为混乱是迷津臂的长短改变造成的,华生和卡尔又将白鼠放在原来迷津中间进行实验,白鼠经过两个半的岔口就可以顺利跑完迷津了。由此,华生得出了明确的结论:白鼠学习走迷津是通过"内感觉"(intraorganic sensations)来实现的。华生在给耶克斯的信中多次提到过这项满意的实验,他的自传中也写道,"当我想起我和卡尔一起做的长、短迷津实验,我总会兴奋不已"

　　(译自:Watson, J. (1961). History of Psychology in Autobiography, Ⅲ. Ed. by Murchison, C. New York: Russell & Russell, 27.)

1907年,经华生的朋友詹宁斯(Herbert S. Jennings)的介绍,约翰霍普金斯大学校长以2500美元年薪聘请华生到该校做心理学助理教授。华生先征求安吉尔的意见,经过再三考虑,他没有接受这一职位。第二年,芝加哥大学晋升华生为心理学准助理教授(Assistant Professor Elect)。这使当时约翰霍普金斯大学哲学与心理学系主任鲍德温大为不快。1908年3月,经鲍德温提议,约翰霍普金斯大学决定以3500美元的高薪聘请华生为心理学教授和心理学系主任。华生认为"如果放着约翰霍普金斯大学的系主任职位不做,未免太愚蠢了"[①]。3月3日,华生正式发电报给约翰霍普金斯大学校方,表明自己愿意接受这一职位。

3. 在约翰霍普金斯大学的成就

1908年秋,华生来到了约翰霍普金斯大学,学校为他提供了先进的仪器和充足的经费。华生在自传中回忆道,"我的整个生活进程改变了,我可以在没有监督的情况下自由自在地从事研究。"[②]他非常愉快地沉浸在工作之中,工作态度积极,研究成果丰硕。

1908年12月,鲍德温因一桩嫖娼丑闻,触犯了大学的校规被立即解职,华生便接替了鲍德温担任《心理学评论》杂志主编的职务[③]。这时,华生除了完成普通心理学和实验心理学课程的教学任务外,还一直从事着动物行为的研究。

1908年,华生在耶鲁大学(Yale University)的研讨会中首次提出了他对行为研究的观点,但却受到了听众的冷遇。1912年2月,华生在哥伦比亚大学(Columbia University)做了关于行为主义的系列讲座,吸引了二百多位听众,获得了巨大成功。此时,华生再也不想受铁钦纳、安吉尔和唐纳尔森等人思想的束

[①] Watson, J. (1961). History of Psychology in Autobiography, Ⅲ. Ed by Murchison, C. New York: Russell & Russell, 275.

[②] 同上,276.

[③] 1908年鲍德温因嫖娼而被迫离开约翰霍普金斯大学,华生便接替了《心理学评论》的主编职务。鲍德温在1897年当上第四届美国心理学会主席,他曾创办《心理学评论》(Psychological Review)、《心理学索引》和《心理学专论》(Psychological Monographs)。他最大的贡献在于将进化论的思想用于发展心理学的研究。在被约翰霍普金斯大学开除后,他在墨西哥城教了几年书,后来任职巴黎的社会科学高等学院(L'école des Hautes études Sociles),直到逝世。华生于1915年当选美国心理学会主席。1920年华生因婚外恋丑闻而结束学术生涯。两位大心理学家在同一所大学发生类似的丑闻,真可谓无独有偶。

缚了,他要抨击内省,清除意识,发表行为主义的纲领。这一系列的讲座中也包括了华生的那篇行为主义宣言《行为主义者眼中的心理学》(Psychology as the Behaviorist Views It)。1913 年,华生在《心理学评论》杂志上发表了这篇文章。他明确指出"就行为主义者的观点来看,心理学是自然科学的纯客观的实验性分支学科。他的理论目标在于预测和控制行为"[1]。1914 年,华生出版了专著《行为:比较心理学导论》(Behavior:An Introduction to Comparative Psychology)。这部著作是根据他在哥伦比亚大学的系列讲座以及他后来对"行为中的意向和感情"(Image and Affection in Behavior)的研究编撰而成。这是华生的一部重要著作,它标志着华生由研究动物心理学向研究人类心理学的转变,标志着华生迈入了研究现实生活的心理学新领域。

1914 年 7 月,华生被选为美国"南部哲学与心理学会"(Southern Society for Philosophy and Psychology)主席。1915 年,年仅 37 岁的华生被推选为美国心理学会(APA, American Psychological Association)主席。他在会上发表了题为《条件反射及其在心理学中的地位》(The Conditioned Reflex-Its Place in Psychology)的就职演说。这篇文章刊登在第二年的《心理学评论》杂志上。1918 年,华生的母校福尔曼大学授予他名誉博士学位。

1917 年,美国卷入了第一次世界大战,战争打破了华生的工作和生活秩序。新上任的约翰霍普金斯大学校长古德诺(Gordon B. Goodnow)建议心理学应研究与战争有实际关系的问题。最初,华生曾打算赴前线参战,但因视力不好未能成行。8 月,在桑代克(Thorndike)(当时为军事心理学专家委员会主任)的建议下,华生奉命到华盛顿特区负责组建"应征飞行员选拔委员会"。后来他又奉命研究如何利用信鸽导航和传递信号,还从事过氧气剥夺状态的研究等。通过战争,华生也成为美国公众舆论中的热点人物,多家商业、教育、新闻机构聘请华生为心理学顾问。行为主义思想得到了进一步的传播。

1918 年 12 月,华生回到了约翰霍普金斯大学,继续从事他所感兴趣的儿童发展研究,重点研究新生儿的行为发展变化,如:婴儿的抓握反射、防御运动、巴宾斯基反射、爬行、积极与消极反应等。他还研究了儿童的原始情绪:恐惧

---

[1] Watson, J. (1913). Psychology as the behaviorist views it. Psychological Review, 20:158-177.

(fear)、愤怒(rage)和爱(love)。从 1918 年 11 月至 1919 年 7 月,华生撰写了另一部重要著作《行为主义者观点的心理学》(Psychology from the Standpoint of a Behaviorist),并于 1919 年 9 月正式出版。这本书是华生对其行为主义思想的一次更完备的表述,书中除了介绍行为主义的基本立场、基本原则和研究方法外,还讨论了当时行为研究中的许多重要细节,并将华生最近关于新生儿研究的实验、观察资料融入书中。

1919 年秋他与新来的研究生罗莎莉·雷纳(Rosalie Rayner)进行了著名的小阿尔伯特(Little Albert)条件性恐惧实验。后来正是这位女学生,使年轻的心理学家再度坠入爱河,造成玛丽与华生的离婚。1920 年,华生因师生恋和婚外恋的丑闻被约翰霍普金斯大学辞退,两年后他与罗莎莉结婚。

华生离开约翰霍普金斯大学后,从此脱离了心理学界。1920 年,他来到纽约进入沃尔特·汤普生(J. Walter Thompson)广告公司,由于他善于将心理学知识和原理用于广告策划,很快取得了辉煌的业绩,于 1924 年被任命为汤普生公司的副总经理,他的年薪也越来越丰厚。1930 年底华生举家迁出纽约,在康涅狄格州的一个小镇买下了一个小型农场。1935 年,华生到另一家名叫艾斯奇(William Esty Agency)的广告公司当副总经理。1936 年,罗莎莉由于染上痢疾不幸逝世,那以后华生就没有再写过任何东西。1947 年华生退出艾斯奇广告公司,彻底退休。1950 年后,他卖掉了农场,和秘书鲁思(Lieb Ruth)一起住,很少和外界联系。1955 年以后,即华生 77 岁以后,他的健康状况便每况愈下。1956 年,伯格曼(Gustav Bergmann)在《心理学评论》发文称华生对心理学的贡献仅次于弗洛伊德。1957 年,美国心理学会决定授予华生金质奖章。1958 年秋天,华生病逝。

晚年的华生
资料来源:Cohen, D. (1979). J. B. Watson: The Founder of Behaviourism. London: Routledge & Kegan Paul.

二、学术思想背景

1. 实用主义哲学和机能主义心理学的影响

每一时期的哲学思想都会对心理学产生重要影响,华生的行为主义的哲学根源概括来说,主要受17、18世纪英法经验主义、实证主义以及美国实用主义等哲学思潮的影响。其中最重要的是实用主义哲学的影响。

实用主义是19世纪70年代在美国产生的一个哲学流派,20世纪40年代以前在美国哲学思想中占有主导地位,甚至被视为美国的半官方哲学。实用主义哲学最早由哲学家和逻辑学家皮尔斯(Charles Sanders Peirce,1839—1914)创立,其他代表人物还有詹姆斯、杜威等人。实用主义哲学认为,真理取决于某一信念或行动的实际效果,即凡是有实用效果的行动或信念就是真理。在实用主义看来,能以达到实际效果为目的行动才是真实的、有用的,能推动社会的发展[1]。

可以看到,美国19世纪后半叶和20世纪初的工业革命过程,既是实用主义哲学的产生背景,也体现了实用主义哲学的影响。实用主义体现了资产阶级讲求实效,反对传统教条,重视科学探索的精神。这特别体现在美国那些新的有实用价值的发明创造上。飞机、电报、电话的发明,福特汽车厂的流水生产线的建立都是在这个时期出现的。实用主义也称"美国成功的哲学"。

实用主义哲学构成了机能心理学的主要哲学基础,在美国时代精神及实用义哲学影响下,产生了机能主义心理学。实用主义哲学的两个主要代表人物詹姆斯和杜威同时也是机能心理学的主要缔造者。詹姆斯强调实践、行动和效果的决定意义,这恰恰意味着行为及其结果成为所关注的中心问题。1890年他出版了两卷集的《心理学原理》,书中的一些观点后来成为机能主义的中心原则。书中把心理学看作一门自然科学,具体地说是生物科学。同时他认为心理学是关于心理生活的科学,反对构造主义和经验内省。他还提出"意识流"的概念,这个理论直接影响了华生动作流理论的提出。杜威在后期主张抛弃含义模糊的"行动"一词,主张用"行为"来代替。他认为适应环境就是由机体对环境的刺激

---

[1] 中国《简明不列颠百科全书》编辑部编(1985). 简明不列颠百科全书. 北京:中国大百科全书出版社,292.

做出正确的反应,刺激——反应作为适应环境的机制这一观点同行为主义的观点是一致的。他的《心理学中的反射弧概念》(The Reflex Arc Concept in Psychology)提供了机能主义心理学的基本概念和理论基础。在文中,杜威猛烈抨击反射弧或脑的感觉运动模型,认为心理活动是一个连续的整体,主张把反射弧看做整合连续的活动。杜威使行动或行为成为心理学的中心问题。从行为主义的理论核心来说,华生曾公开宣称:"我觉得行为主义是唯一始终一贯合乎逻辑的机能主义。有了行为主义,我们就可以避免在平行论①和交感论②之间进退两难的境地。"③因而心理史学家波林称华生行为主义是彻底的机能主义。

2. 进化论和动物心理学的催化作用

对行为主义,乃至整个20世纪心理学,更深远的影响来自进化论。1859年达尔文的《物种起源》一书出版,宣告了进化论的问世。进化论不仅引发了人类科学历史上的一次巨大革命,也对科学心理学的发展起到了重要的推动作用。达尔文认为,生存竞争和自然选择使一切物种,得以发展进化,并进一步趋于完善。1871年达尔文进一步论证了人是从低级的生命形态进化而来的,这不仅包括躯体结构方面,而在心理方面也与高等动物(大型猿类)具有相似性。1872年他又发表了《人类和动物的表情》,这是一部关于情绪的最早的心理学的书,他认为二者有着类似的情感、好奇、注意、记忆、模仿等心理机能。

从此心理学开始采用进化论的观点来看问题。动物心理学研究日益兴盛。罗曼尼斯(George John Romanes)是达尔文的朋友,也是进化论的积极支持者,他于1882年出版了《动物的智慧》一书,第一次使用了"比较心理学"一词。他选择动物行为的一些故事材料,观察者以自己的心灵来对动物的心灵作出诠释,称为"动物法"。摩尔根(C. L. Morgan)的《动物生命和智慧》(《动物行为》),洛布的"向性说",詹宁斯的《低级有机体的行为》,桑代克、斯莫尔(W. S. Small)等在

---

① 身心平行论是指身体的运动和心理活动在同一个人身上两者总是同步进行的。华生认为这是哲学上的空谈。他认为只有放弃意识的研究,只研究行为,研究刺激和反应的联结,这样的唯物主义观点才是最合理的。

② 身心交感论认为物质性的身体动作和精神心理相互作用产生人的随意行为。但占空间的身体和不占空间的心理如何能发生作用,是令人困惑的。机能主义把心理看做脑的机能,它对有机体适应环境是有用的;而把心理(精神)和和脑(物质)这两种性质不同的东西联系起来,也是让人难以理解的。

③ Watson(1994). Psychology as the behaviorist views it. Psychological Review, 101(2): 250.

实验技术方面的贡献等,都为客观研究人的行为迈出第一步,打下了基础。

达尔文还从1840年开始写日记,记录自己刚出生的儿子的发展过程,发表了《一个婴孩儿的生活概述》,介绍观察婴儿、表情判定等研究方法。在心理学中,20世纪上半叶,儿童心理学和比较心理学都发展起来了。以上事件都为行为主义心理学的发展奠定了基础。在后来和麦独孤(William McDougall)有关本能问题的论战中,华生在达尔文的《物种起源》中找到了依据。同时,行为主义后来对儿童进行研究最常用的也是系统观察的方法。

3. 俄国生理学的奠基作用

华生的行为主义心理学同俄国生理学的反射学说,特别是巴甫洛夫学说,关系非常密切。1915年华生发表了他的著名演讲《条件反射及其在心理学中的地位》,充分肯定了巴甫洛夫学说的重要地位。

谢切诺夫(I. M. Sechenov),是俄国生理学的建立者,是俄国反射学的先驱。他认为人的所有的活动都可以用生理学的反射来解释,包括看似复杂的思维和语言、观念也是反射联结的结果。谢切诺夫认为,智慧活动和运动反应都是外部刺激的结果。因此,人的所有行为都是在大脑的控制之下的一种对环境刺激的反射过程,从而,所有心理学概念都可以还原或找到一种生理学的解释。

俄国生理学家巴甫洛夫1904年因消化系统的研究获诺贝尔奖。他认为任何动物的一切智慧行为和随意运动都是在无条件反射的基础上形成的条件反射。因而可以用条件反射来解释人的行为和大部分心理现象。条件反射已经超出了生理学范围,具有了心理学的意义,因为条件刺激本身并不具有引起反射的性质。条件刺激若能引起反射则必须经过学习,而学习是一种心理现象。条件反射的建立方法为行为的研究提供了一种客观的研究方法,使心理学研究具有更大的客观性。意识的研究原来依赖于主观报告,而有了条件反射的方法,行为的研究就可以抛开主观猜测,在实验室条件下进行客观实验了。

别赫切列夫是俄国神经病理学家,早年在莱比锡大学冯特实验室学习,回国后建立了俄国第一个心理生理学实验室。1907年别赫切列夫提出了客观心理学的思想,提出建立"反射学"来代替心理学,人们不应把心理视为主观的东西,而是把人的有意识的行为看作是反射作用的总和。别赫切列夫的主张与后来华生的行为主义行动纲领简直如出一辙。

总之,俄国反射学派力图将动物的反射行为研究同人的反射行为研究完全建立在客观的能够观察的基础之上,力图使心理学成为一门实证科学。①

三、华生的行为主义心理学

在行为主义诞生之前,有两大心理学派占据心理学的主导地位,构造主义和机能主义。华生虽然对构造主义的代表人物铁钦纳敬重有加,又是在机能主义大师安吉尔指导下走上心理学之路,但他对这两种心理学思想都深感不满。由于构造主义和机能主义纠缠于意识和内省不放,都陷入了困境。华生乘机举起了行为主义革命的大旗。

1. 客观的心理学

心理学的研究对象和任务

华生对传统心理学,即冯特和铁钦纳的构造主义心理学,发起了一场革命。他反对心理学以意识为研究对象,以内省法为研究方法。华生认为,心理学的研究对象是有机体的行为。行为主义只研究客观的、可观察到的东西。而能观察到的行为则是有机体的所言所行。华生坚决反对传统心理学,他说,"我相信,在心理学作为一门实验科学而存在的五十年间,企图取得名副其实的自然科学的地位,已经遭到了肯定的失败"②,"从冯特时期以来,意识变成了心理学的基础,它现在仍是基础,人从来也没有看见过意识、摸过它、嗅过它、尝过它、动过它……对于行为主义来说,意识和灵魂基本上是同一概念③";并指出"我们所需要做的是在心理学中从头工作,把行为而不是意识作为我们研究的客观对象④"。因此,行为主义心理学的研究对象是行为,包括动物行为和人类行为。

华生是从有机体适应环境的意义来考察行为的。他认为行为就是有机体用

---

① 高峰强,秦金亮(1999). 行为奥秘透视:华生的行为主义. 武汉:湖北教育出版社,63.
② Waston, J. (1913). Psychology as the behaviorist views it. Psychological Review, 20: 158 – 177.
③ 转引自:荆其诚(1964). 华生的行为主义. 心理学报,4: 361—374.
④ 转引自:张厚粲(2003). 行为主义心理学. 杭州:浙江教育出版社,45.

以适应环境的反应系统:行为的基本单位是刺激-反应(stimulus-response, S-R)的联结。他在1914年指出:"我想尝试着建立的那种心理学的出发点为:第一,可观察的事实,就是有机体(包括人与动物,两者一样)利用遗传和习惯的机能对其环境的适应,这些反应可能适合,也可能不适合,以致有机体仅能维持生存;第二,特定的刺激引起有机体产生反应。[①]"到1930年,华生更为明确地说:"我们能观察的是什么呢?我们能观察行为——有机体所作的或所说的。我们再解释一下,所谓说就是做——就是去发生行为。[②]"

"人类和动物的全部行为都可以分为刺激和反应。"[③]可见,刺激-反应是华生的行为公式。他明确表示人类行为与动物行为之间没有本质的区别:人类行为与动物行为必须放在同一平面上加以考察。

华生多次强调,心理学的任务就是要预测和控制有机体的行为。他指出构成行为的基础是个体表现于外的反应,但反应的形成与改变则归因于有机体所受的内、外部刺激,反应紧跟刺激而出现,施以某种刺激便可产生某种反应。

华生在他的最后一部著作《行为主义》中,再次重申:"行为主义心理学的任务,就是要能够预测和控制人类的行为。训练有素的行为主义者,必须运用实验方法去搜集科学的数据,这样,他便可以在有了一定的刺激时,预测出将要发生的反应;在有了一定的反应时,推知引起这个反应的刺激或情境。[④]"

行为主义的研究问题和方法

华生认为,行为主义不是一种心理学的理论体系,而是一种研究心理学问题的方法学。

在华生看来,由于行为的基本构成因素是刺激和反应,因此,心理学研究的基本问题是由刺激推知反应,或由反应推知刺激。心理学的研究应遵循客观性原则、唯物一元论原则(materialistic monism,宣称物质是世界的本原,是世界万物发展的基础)和决定论原则(人所做的每一件事情都是环境和过去经验的直接结果,人的行为是非自由的,是被决定的)等三项重要的方法学原则,这三项基

---

① 转引自:张厚粲(2003). 行为主义心理学. 杭州:浙江教育出版社,45.
② Waston, J. (1930). Bhaviorism. 2nd ed. New York: Norton.
③ 同①,46.
④ 同①,50.

本原则是华生的行为主义方法学的核心。而行为主义心理学的研究方法,则主要有观察法(observational method)、条件反射法、言语报告法(verbal report method)、测验法和社会实验法。

华生的行为主义方法学改变了人类被试在实验室中的性质和地位。传统心理学,特别是构造主义心理学,要求实验者对自己的意识经验进行反省,因此,被试既是观察者也是被观察者。然而在华生行为主义心理学中,被试不再是观察的主体而成为被观察和研究的对象。这一点上,行为主义方法对心理学发展作出了重大贡献。

华生根据他的行为主义立场,以客观的刺激-反应术语为核心概念论述行为的各个主要方面。

2. 情绪理论

情绪的定义

华生把情绪(emotion)定义为一种涉及整个躯体的深刻变化,特别是内脏和腺体系统变化的遗传模式反应。

所谓模式反应(pattern reaction),是指这种反应具有一定的恒常性和规律性,即:每种情绪反应都由确定的刺激情景引起,并表现为特定的反应形式。要使这一表述成立,有机体必须处在使刺激足以产生反应的情况之下。一个在暴风雨夜晚独自处于一间烛光黯淡的屋子里的儿童,当听到猫的尖叫,就会出现恐惧的反应;如果父母在身旁并且屋里灯火通明,则猫叫声这个刺激也许不会引起儿童的任何反应。另外,有机体对所呈现的刺激必须是敏感的,或者说,一个刺激只有在得到模式反应时才算是情绪的刺激。例如,一个青年男子在尚未结婚时,对他所遇到的每一个女人的媚态都会极为敏感,并且表现出明显的兴奋和过度的反应。但是,结婚之后,他的这种敏感性(sensibility)则会明显地降低。

华生把本能和情绪都看做是遗传的模式化反应,而两者的区别在于,如果刺激所引起的变化是内部的,且局限于主体的躯体之内,就是情绪,如脸红;如果刺激引起了整个有机体对各种对象的适应,就是本能,如防御反应和抓握等。情绪很少单独出现。刺激通常总是同时引起情绪的本能成分和习惯成分。

原始情绪

通过对刚刚出生到出生后 30 天的婴儿所作的观察，华生推论出有三种情绪是人类原始的或基本的情绪：愤怒、恐惧和爱，此处所用的爱的意义与弗洛伊德所用"性欲"的意思差不多。他说："我们引用这些心理学上流行的名词很存一番疑虑。学者必须把它们看做除去用情景及反应解释以外，并没有别的东西。我们其实很愿意把这三种分别叫做 X,Y,Z 情绪反应的状态。[①]"

华生对上述三种原始情绪的情况及反应进行了具体的分析和说明。他指出引起恐惧反应的最主要的情景有：① 把支持婴儿的一切东西忽然撤去，如：将婴儿从手中坠落，再由一名助手将其接住；婴儿刚入睡或快醒时，突然推他；在婴儿刚入睡忽然牵拉身下的毛毯。② 高的声音。所引起的恐惧反应为：呼吸突然中止、用手乱抓，眼睑突然闭合、嘴唇皱起和啼哭。引起愤怒的刺激是：约束身体的运动，如按住婴儿的头部、把他的两臂束缚在身体旁边、或把双脚握在一起。愤怒的反应表现是：身体挺立、手和胳膊协调地进行拍或打的动作、脚和腿上下扯动、大声哭叫、呼吸暂停直到面部发紫。引起爱的刺激是：轻轻地抚摸、拍打或摇动婴儿的身体，特别是刺激他身体的性感区（erogeneous zone），如乳头、嘴唇或性器官。爱的反应是：微笑、咕咕作声或伸出手臂做出拥抱的姿势。

情绪形成与消除实验

华生认为，人的各种复杂情绪都是在以上三种原始情绪的基础上，通过条件作用而逐渐形成发展起来的。为证明这一观点，1919 年秋天，华生及其助手罗莎莉对一名叫小阿尔伯特的 11 个月大的婴儿进行情绪的条件反射实验。

在实验前，华生将一只小白鼠给他看。如期望的那样，他很关注地看着小白鼠，没有惧怕的迹象。华生的第一个实验的目的是让小阿尔伯特对

华生与小阿尔伯特在实验中
资料来源：Cohen, D. (1979). J. B. Watson: The Founder of Behaviourism. London: Routledge & Kegan Paul.

---

① 华生(1925). 行为主义的心理学. 臧玉淦译. 上海：商务印书馆,189.

白鼠形成条件性恐惧反应。他们先做了几个辅助实验，表明除大声和失持之外，再没有别的刺激能引起这个小孩的恐惧反应。无论哪一种东西，只要离他小于12英寸，他都要向前去取并玩弄它。华生在实验中所用的无条件刺激是一个长3英尺、直径为1英寸的木槌敲打能发出巨响的钢条，钢条一发出声音，小阿尔伯特便明显地恐慌不安。实验的过程是这样的[①]：

(1) 将小阿尔伯特玩了几个星期的小白鼠从篮子中突然拿出来（平常都如此）给他看。他用左手去摸它，在他的手刚碰到小白鼠时，立即在他的脑后敲打钢条发出巨响，他突然吓一跳，发出剧烈地跳动，身体向前倒去把脸埋在褥子中，不过他并没有哭。

(2) 在他的右手正碰到小白鼠的时候，钢条又被敲打起来，他突然又被吓了一跳，再次发出剧烈地跳动，身体向前倒去，这次他呜咽起来。

因为小阿尔伯特生病，实验暂停一周。一周后：

(1) 突然呈现小白鼠而不带声响。孩子注视着它，但起初并没有任何去摸它的倾向。接着把白鼠放近一点，孩子开始做试探性的伸手动作。当白鼠用鼻子嗅它的左手时，手立即缩回。他开始伸出左手食指去接触白鼠的头部，但在接触前又忽然缩回。因此可以看出上周给他的两次刺激并不是没有影响的。紧接着又用他的积木测验他，看这些积木是否也参与条件作用的过程。他立即捡起积木，投掷并猛烈敲打积木……在余下的实验中，常常用积木来使他安静并测验他的一般情绪状态。

(2) 小白鼠和钢条声同时出现，他惊慌起来，然后倒向右边，但没有啼哭。

(3) 小白鼠和钢条声同时出现，他倒向右边，伏在手上，头转离小白鼠，也没有啼哭。

(4) 小白鼠与钢条声同时发出，其反应与(3)一样。

(5) 只把小白鼠忽然展现出来，他呜咽啜泣，将身体剧烈地缩向左边。

(6) 小白鼠和钢条声同时出现，他立即倒向右边，而且呜咽啜泣起来。

(7) 小白鼠和钢条声同时出现，他剧烈地惊慌起来，而且啼哭不止。

(8) 只把小白鼠展现出来，他一见到小白鼠便啼哭起来，与此同时又剧烈地

[①] 高峰强，秦金亮(1999). 行为奥秘透视：华生的行为主义. 武汉：湖北教育出版社，186.

转向左边倒了下去,并四肢着地迅速爬走,爬走速度极快,实验者好不容易才将他捉住。

华生通过进一步实验发现,这种条件性情绪反应具有扩散(divergent)或称泛化(类化)作用(generalization)。例如,小阿尔伯特形成对白鼠的恐惧后,对其他各种本来并不害怕同时未经条件作用的类似刺激,如小白兔、鸽子等多种有毛皮的动物、有毛的玩具、圣诞老人的胡须等,也都产生恐惧反应。华生还提示,许多成年人的厌恶情绪、恐怖症、畏惧和焦虑虽然他本人做不出合理的解释,但很可能也是多年前由某一条件作用过程引起的。

华生还进一步探讨如何消除不良的条件性情绪反应。通过实验研究,华生发现只有采用重建条件反射(reconditioning)或解除条件反射(unconditioning)的方法,才能够消除不良的条件性情绪反应。为了消除恐惧反应,只靠提出口头要求和频繁使用恐惧刺激等措施,都不能奏效,而要用另外一个根本不相容的反应代替不必要的反应。华生的实验被试是一名叫彼得的3岁幼儿,他很怕兔子,而他的这种恐惧并不是在实验室中通过条件作用形成的,而是在家庭中自然发展起来的。消除恐惧的实验方法是,每当彼得吃饭时,就把兔子带到屋里,但保持相当的距离,不引起孩子的恐惧反应。以后,每当他吃饭时,兔子都被带来并逐渐接近他。最后,彼得终于能够抚摸兔子而不害怕了。华生还发现,泛化到其他类似对象上的恐惧反应,也都可以采用这种方法加以消除。

华生认为,情绪是后天通过条件反射获得的,也可以通过条件反射解除。在日常生活中,当儿童第一次受某种刺激(如兔子)引起恐惧反射后,这种恐惧情绪也会迁移到害怕其他带毛的物体。要想消去儿童对这些东西的恐惧,则可以按上述实验进行解除,即:找到第一次引起恐惧的刺激(如上例中的兔子),然后使他和该儿童喜爱的刺激(如上例中的吃饭)逐步接近,慢慢地解除第一次引起的恐惧情绪,重建一种积极的条件反射,以解除原来消极的恐惧性条件反射。条件反射解除后,由这种条件反射形成引起的对其他带毛物体的恐惧情绪也会消失。不过,华生认为,由于人的生活是复杂的,要找到第一次引起恐惧的刺激比较困难,不然我们就可以任意支配人的情绪了。这一实验结果为日后行为治疗中的系统脱敏法提供了理论依据。

3. 思维理论

华生在1914年提出,思维问题是行为主义走向严格的客观心理学道路上的两大"绊脚石"之一[①](另一个是情绪)。如果思维过程不能归结为可观察的客观现象,那么,行为主义纲领就有被瓦解的危险。因此,华生十分重视思维以及与思维密切相关的言语的研究。

言语形式的思维

华生认为,在行为主义降临之前,关于思维的传统观点是"思维中枢论"。这种观点主张,发生在大脑内的思维活动非常微弱,以致没有神经冲动通过运动神经到达肌肉,因此在肌肉和腺体中不发生反应,所以很难对思维进行观察和实验,它只能是不可捉摸的心理过程。华生极力反对这种中枢论(centralism),坚持主张外周论(peripheralism)。他认为,思维的机制不在大脑或中枢神经系统,而在身体的外部器官上。具体地说,思维主要是喉头发音器官的肌肉运动,这种肌肉运动的性质与打网球时的肌肉运动一样。所不同的是,打网球是外显的肢体习惯反应,而思维则是内隐的喉头习惯反应。

华生进一步认为,言语和思维没有根本的区别,两者均可归结为言语习惯(speech habit)。言语是外显的言语习惯,而思维则是内隐的言语习惯,其机制主要在喉头发音器官的肌肉运动。他说言语是大声的思维,而思维则是无声的谈话。两者的区别仅仅在于言语是外显的或是有声的,在性质上是社会的;而思维是内隐的或是无声的,在性质上是个人的。既然喉头是"思维的器官",那么只要记录发音器官的肌肉运动,便可以对思维进行客观研究。记录方法是把一个小鼓系在被试的喉部,当肌肉运动时,鼓内压强发生变化,并传导到记录位置上,就记录下喉头发生器官的活动,并有可见的结果。华生认为,内隐的言语习惯是由外显的言语习惯逐渐演化而来的。幼儿在思维的时候,是自言自语地发出声音的,等他逐渐长大后,认识到总是大声说话是为社会习俗所不允许的,于是逐渐地转到低声自语,最后,发展到无声的思维。

非言语形式的思维

华生认为,除了言语形式的思维外,还有非言语形式的思维。他曾对聋哑人

---

① 转引自:张厚粲(2003). 行为主义心理学. 杭州:浙江教育出版社,63.

的思维进行研究,发现聋哑人阅读和思考问题时,其手指和手经常运动,就像正常人在思维时嘴唇经常运动一样。因此,华生推论,聋哑人是以肢体的习惯动作来进行思维的。华生总结说,只要人是在思维,无论其最终结果是说出、写出还是不出声的,他的整个机体组织都参与工作。也就是说,思维活动一开始,就引起一个人一系列的最终指向适应的活动。这些活动可以由内隐的语言组织、内隐的肢体组织或是内隐的内脏组织来实现,如果以后两者为主时,思维就是非言语形式的。为了说明这一点,华生绘制了一个示意图。

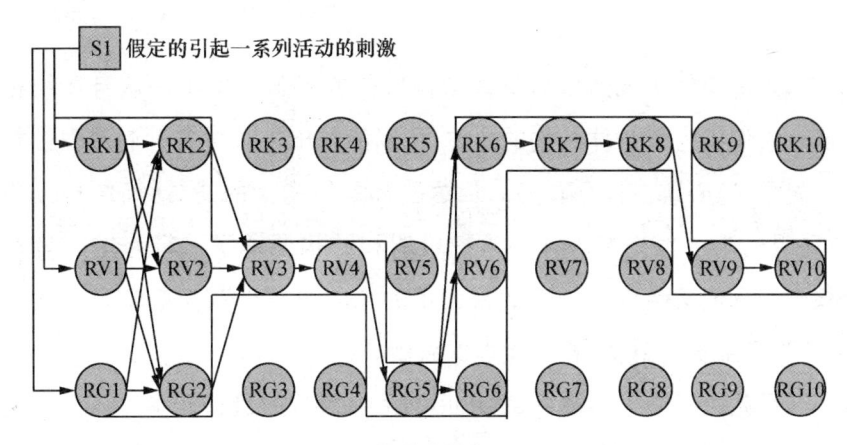

思维活动示意图

资料来源:张厚粲(2003). 行为主义心理学. 杭州:浙江教育出版社,65.

图中表明思维包括三个有组织的反应系统:肢体的(RK)、言语的(RV)和内脏的(RG)。三个组织可以同时参与活动,有时只有其中一个在活动。图中假定S1为思维活动的开始,它首先激活全部三个系统,其中任何一个又分别传至下一步的三个系统。然而在思维活动进行过程中,有时不是三个系统全部参与活动。当语言系统不参与时,思维就是非言语形式的。

4. 本能与动作流学说

本能

在早期著作中,华生承认本能的存在,并提出本能的行为主义定义,认为本能(instinct)是一种遗传的反应模式,其基本成分是反射(reflex)。他主张通过发生学(genetics)的途径来研究本能,即观察出生后不久的婴儿所出现的未经学习的动作。华生认为,本能不仅具有保存个体生命和繁衍种族的功能,而且具有引发学习的作用。外界对象只有通过本能引起积极或消极的反应,才能形成习惯。

1924年以后,华生对本能的看法有了根本性的变化。他完全否认本能的存在,极力反对在心理学中使用本能的概念,并宣称它是不科学的、没有意义的,必须消除。华生通过以下几个步骤来否定本能概念[①]。

第一,划清本能与反射的界限。华生承认确实有一些简单的反射是属于遗传的,但在人类的全部反射活动中,没有一种可以相当于心理学家和生物学家所说的本能。

第二,划清身体机能遗传与身体结构遗传的界限。华生承认身体结构的遗传,并认为人们因为有身体结构的遗传,所以能在出生后对各种刺激发生相应的反应(比如呼吸、心跳、打喷嚏等)。但这些都是结构上的遗传,而结构上的遗传并不能证明机能上也遗传。许多人把机能和结构混淆了。行为主义者不会说"这个孩子继承他父亲成为一名优秀武士的能力或才干",而愿意说,"他的确具有他父亲那样细长的身体,相同类型的眼睛。"

第三,否认关于心理特质(psychological trait)的遗传。华生认为:"关于心理特质的遗传,人们实在没有可靠的证据。我非常相信,历代为骗子、凶手、窃贼、娼妓的人们所生的婴儿,只要是身体强健没有缺陷的,我们都可以将他们教养成为善良的人。"[②]

动作流学说

如果否定本能,那么行为是怎么样形成的呢?对此,华生提出了动作流学说(theory of activity stream)。华生认为,一切复杂的行为都是由各种简单反应发展而成的。行为的形成好比一条河流,发源极为简单,以后分支逐渐增多,内容越来越复杂。举例来说,新生婴儿虽然会笑,但这不是一种本能,而是由机体内部的器质性刺激和接触所引发的反应。这种反应很快地和母亲的面容、语言、画图等物品形成条件反射,到后来,许多刺激就都可以引起笑的反应了。

[①] 张厚粲(2003). 行为主义心理学. 杭州:浙江教育出版社,58-60.
[②] Waston, J. B. (1925). Behaviorism. New York: People's Institute Publishing Company.

华生还在《行为主义》一书中，画了一张表格，形象地将动作流学说展示出来。

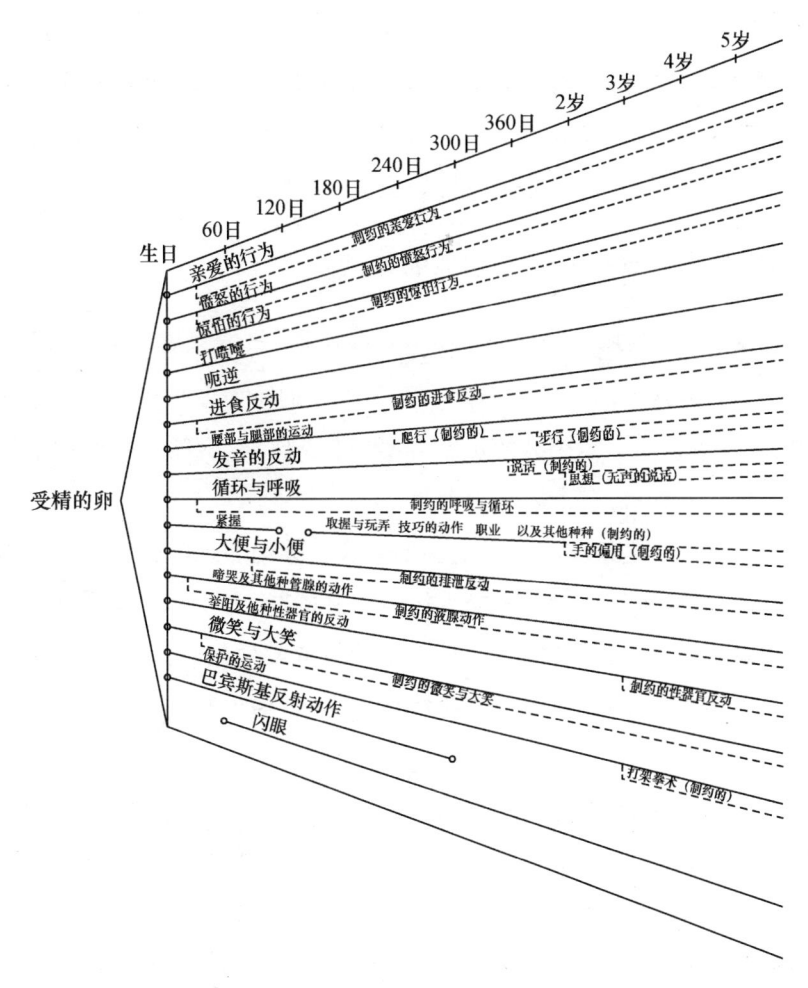

华生的"动作流"示意图

注：图中"制约的"即"条件的"，"反动"即"反应"；以上为较早的翻译方式。
资料来源：张厚粲(2003). 行为主义心理学. 杭州：浙江教育出版社，61.

环境决定论

复杂行为是习得的，是由简单反应发展而成，由此，必然能引出环境决定论（environmental determinism）。在华生看来，行为形成的决定因素是外部刺激，而外部刺激是可以控制的，控制的最基本的途径就是条件反射法。无论多么复杂的行为都可以通过条件反射这一机制建立起来。因此，行为主义者借助于行为的形成，取得了控制动物活动的直接途径。人类行为也同样可以通过训练加以控制。行为主义的目的就是要控制行为。根据上述见解,华生得出了一个极为著名的断言,这一断言日后几乎成为了介绍华生的思想必须加以引用的一段文字:"给我一打健康的、体格匀称的婴儿放在我所设计的特殊的世界中教养,那么,我保证能把他们中的任何一个训练成我想要选择的那种类型的专家——医生、律师、艺术家、巨商;是的,甚至也可以把它训练成乞丐和盗贼,不管他有什么样的天才、爱好、去向、才能和他的父母的职业及种族如何。①"

5. 行为主义论战——与麦独孤的论战

20世纪20年代以来,华生的行为主义排斥意识、追求客观化的极端倾向,引起了其他心理学派别的诸多非议。一时间华生的行为主义成为心理学家群起批判的靶子,策动心理学②、格式塔心理学、构造心理学、机能心理学纷纷对行为主义提出批判。

威廉姆·麦独孤是策动心理学的主要代表。策动心理学也主张心理学应研究人类行为,但麦独孤的"行为"同华生行为主义的"行为"不同,麦独孤主张人类的行为由本能决定,而人的目的和动机都是神的意志的延伸;华生则认为行为是由环境决定的,是过去刺激直接作用的结果。因此,华生和麦独孤之间一直存在着严重的分歧。

1924年2月5日,华盛顿的"心理学俱乐部"(Psychological Club of Washington D. C.)邀请华生与麦独孤作公开辩论。辩论的胜负将由评判委员会成员投票表决,有300多人旁听了这次辩论。

在辩论中华生首先发言。此时华生不像在《新共和》中那样用语刻薄③,他只是漂亮地简述了自己的观点,还拿麦独孤开玩笑说:"如果所有行为都是神的意

---

① Waston J. B. (1925). Behaviorism. New York: W. W. Norton.
② 策动心理学是由英国心理学家麦独孤创立的。他主张人类和动物的行为是由目的所驱策的,所以自称为目的心理学,1923年又改称策动心理学。麦独孤认为,目的性的奋勉在心理学活动中起关键作用,这种奋勉就是意动的产物。目的心理学的基本系统假设就是关于主体、个体及其活动。参见:杨鑫辉(2000). 心理学通史. 第四卷. 济南:山东教育出版社,190.
③ 1923年,华生受《新共和》杂志之邀,对麦独孤的《心理学纲要》(Outline of Psychology)进行评论。华生非常刻薄地反对麦独孤的目的心理学,说麦独孤是研究心灵感应术。在发表他的评论之前,华生曾征求铁钦纳的意见,铁钦纳认为华生的主要观点是对的,但是有四点说得太离谱。华生回复说,由于杂志急于印刷出来,结果没有机会修改他的评论。这件事情发生后,华生引来了心理学界更多心理学家对他的不满,他还被迫辞去了《实验心理学期刊》的编委职务。

志的延伸,那么我们是不是就可以想象是上帝在用力地拖着一只只胳膊,使它们能够拿到盘子?"总的来说,华生是相当克制的。华生认为日常生活经验中的意识不应成为科学心理学的研究课题,因为它是主观的、形而上学的,无法用客观科学的方法加以研究,审美经验只能是常识,不能进入科学心理学的大门。

相反,麦独孤则既不拘谨,又不严密。他从几个方面对华生提出挑战[1]:首先,麦独孤对华生不使用内省发难。麦独孤认为,不使用内省法,心理学就无法明确被试反应的意义,也无法确定言语报告的精确性,更不能说明欣赏音乐的审美经验。其次,麦独孤对华生的环境决定论提出质疑。麦独孤认为,既然人的行为由环境刺激来决定,那么就没有人愿意做出任何努力去制止战争、消除社会暴力与不平等以实现其个人和社会理想。也就是说,没有自由意志,人们就不能对自己的行为负责,罪犯就不应该负其犯罪的罪责,而这显然不符合社会事实,人们也不愿意接受这种荒唐的逻辑。麦独孤认为行为主义以自然科学的一些术语来解释人的行为,表面似乎是客观的、科学的,而实质上是虚伪的、不合逻辑的。麦独孤还就华生否定意识或心灵的作用,否定本能对情绪的作用以及言语报告法提出了批驳。最后,他以乐观的口气断言:用不着几年,华生的行为主义立场就将消失得不留一点痕迹。

<<< 专栏二

郭任远评"论战"

《行为主义论战》出版后,由黄维荣翻译成中文,上海的黎明书局出版,郭任远为此书作了序。在序言中,郭任远指出,这场辩论很没有价值,麦独孤说的话都很空,而华生所讲的内容都是基于多年以前的工作。他对两人分别进行了批评。对华生,他提出了五点批评:(1)华生近年来所讲的话都是他十几年前讲过的,不再代表现在的行为主义心理学;(2)华生把条件反射说得太过分,却太不精细;(3)华生这几年来有许多否认本能的著作,但都是不激烈的、半吞半吐的

---

[1] 高峰强,秦金亮(1999). 行为奥秘透视:华生的行为主义. 武汉:湖北教育出版社,279.

《行为主义论战》中文版封面

话;(4)华生虽然极力排斥旧心理学,但对于"习惯"、"尝试与错误"、"学习"、"情绪"和"人格"等等旧观念依然保留。(5)华生一向对于人们批评他的话都不答辩,显然有意规避。接着郭任远又对麦独孤进行批评:麦独孤的辩论全无内容,满口都是刻薄的话;麦独孤反复强调行为主义心理学与常识冲突,好像只有合乎常识的才是对的;麦独孤认为行为学与当时的社会制度和社会科学不匹配,而郭任远认为,行为主义就是要从通过心理学的革命,来革一切社会科学、社会制度的命;行为主义只是反对用内省法来做研究科学的方法,而麦独孤却说行为学者丢弃了内省;行为主义者根本不承认有意识现象的存在,而不像麦独孤说的"不理会关于意识的概念";麦独孤批评行为主义否认目的论,但郭任远认为,目的论是玄学家的迷信,科学是用不着这种东西的。

(引自:华生,麦独孤(1929). 行为主义论战. 黄维荣译. 上海:黎明书局,序言.)

这一论战的最后结果是,评判委员会投票表决华生获胜。几年后麦独孤在《行为主义论战》的后记中写道:"太乐观了,对美国公众的智慧估计得太高……华生博士作为在他的国内享有盛誉的先知先觉者,仍在继续发表他的宣言。"[1]

四、离开学术界、转战广告业

1. 婚外恋丑闻

华生主要的研究成果都是在约翰霍普金斯大学工作期间完成的。前面提到的著名的小阿尔伯特实验是他与一位研究生罗莎莉·雷纳一起完成的。罗莎莉

---

[1] William MacDougall(1929). THE BATTLE OF BEHAVIORISM AN EXPOSITION AND AN EXPOSURE. Postscript. http://psychclassics.yorku.ca/Watson/Battle/.

见到华生那一年只有 19 岁。她活泼、美丽、全身洋溢着青春的活力,同此时烦躁、紧张、多疑的玛丽形成了鲜明的对比。罗莎莉在工作上的出色表现,也给华生留下了深刻的印象。而风度翩翩的年轻教授也深深吸引着罗莎莉。

很快,他们两人坠入爱河。两人一起工作、一起共进午餐,差不多朝夕相处。很快,巴尔迪摩便风言四起。玛丽听到这些风言风语后,表面上对罗莎莉仍然非常友好,在没有真凭实据之前,她不能采取任何行动。玛丽首先想从华生的衣服里寻找线索,终于有一次,她从华生的衣服口袋里发现了罗莎莉写给华生的情书。但这些证据还不够充足,律师建议她拿到华生写给罗莎莉的情书。当罗莎莉的父母雷纳夫妇再次邀请华生夫妇到家中做客时,玛丽在饭后推

罗莎莉

资料来源:Cohen, D. (1979). J. B. Watson: The Founder of Behaviourism. London: Routledge & Kegan Paul.

说头痛到罗莎莉的房间休息。玛丽锁上门后就在罗莎莉的房间搜寻情书,罗莎莉没有任何戒备,玛丽很快找到了华生写的 14 封情书。她强压怒火,把信装好,若无其事地回到客厅。回家后她与华生谈了所发生的一切,警告华生不要为了一个女孩毁了他的前途,并且承诺只要华生保证不再同罗莎莉来往,她就替华生保守秘密。为解决此事,玛丽又去找雷纳先生,建议雷纳夫妇让罗莎莉去欧洲旅行一年。雷纳先生同意了玛丽的建议,但罗莎莉坚决拒绝去欧洲,她太爱华生了,没有什么力量能使她离开华生。对双方的劝说都毫无作用。最后玛丽的哥哥约翰将这些情书交到了约翰霍普金斯大学校长的手中。面对确凿的证据,古德诺校长不得不维护学校的声誉,1920 年 9 月末,校方高层人士经过激烈的讨论,决定开除华生。

1920 年 11 月,巴尔迪摩法院审理了华生和玛丽的离婚案。11 月 25 日,《巴尔迪摩太阳报》报道了判决结果:华生需付给玛丽赡养费 4500 美元,玛丽将拥有他们在加拿大的价值 10000 美元的房产,华生还将给他的女儿小玛丽每年 1200 美元的生活费,直到 18 岁或结婚为止,给他的儿子小约翰每年 1200 美元的生活费直到 26 岁完成学业为止。玛丽还得到了 100000 美元的财产保证金。此时,华生变得一无所有,并且背上了沉重的债务。

1921年1月3日，《纽约时报》刊登了华生和罗莎莉结婚的消息，这是他们双方共同选择的爱的结果。他们只举行了一个小规模的结婚仪式。雷纳先生大怒，公开声明同罗莎莉断绝关系。所有的心理学家，包括华生最要好的朋友耶克斯都没有发来贺电或贺信，更没有参加他们的婚礼。1921年11月21日，华生和罗莎莉的第一个孩子比利出世了，华生跑前跑后地照顾自己的妻子和儿子。两年后，他们的第二个孩子吉米也降生了。此时他们负债累累，生活非常拮据。

玛丽

资料来源：Cohen, D. (1979). J. B. Watson: The Founder of Behaviourism. London: Routledge & Kegan Paul.

<<< 专栏三

华生被开除另有原因？

从现在的观点来看，一个声名显赫的心理学大家为了一个年轻学生而失去了前程无量的事业是非常不可思议的，是不是其中另有隐情呢？心理学家麦康奈尔（James Vernon McConnell）从学生时代起就一直心存疑问。20世纪50年代末，他见到了曾在纽约与华生一起做广告工作的狄克·科尔曼（Deke Coleman），后者讲了关于华生和罗莎莉进行性研究的故事。这个故事给了麦康奈尔一个很好的解释。1974年麦康奈尔在他编写的教材《理解人类行为：心理学简介》（Understanding Human Behavior: An Introduction to Psychology）中介绍了这个故事：华生在约翰霍普金斯大学时曾想研究人的性行为，并记录人在性活动时的生理反应，由于医学界忽略了这方面的研究，他只能自己用自己做实验。华生的妻子玛丽不愿意跟华生做这个实验，于是华生将他和罗莎莉的身体连上很多科学仪器，在进行性活动的时候记录自己的生理数据。由于研究记录本身也可以给他们带来乐趣，他们记录了大量的数据。玛丽知道华生和罗莎莉的所作所为后，才明白华生为什么会跟他的女助手在实验室呆那么长时间。她异常愤怒，没收了所有的数据记录。而只有华生答应她离婚，她才能归还这些数据。

麦康奈尔的书出版后,很多人对其信息来源提出质疑。2007年本杰明(Ludy T. Benjamin)在《美国心理学家》的一篇文章中详细介绍了人们反驳麦康奈尔的情况,以及对各种证据和反驳的评论,他最后得出结论,关于华生进行性研究的报道只是传言,完全没有合理的根据。

(译自:Benjamin, L. T. et al(2007). John B. Watson's Alleged Sex Research. American Psychologist, 62(2): 131-139.)

2. 开辟广告业的新战场

身败名裂的华生已经不可能在大学里任教。1920年11月,华生在一无所有的情况下来到纽约。他找到了在纽约唯一的朋友社会学家威廉姆·托马斯(William Thomas),华生暂住在托马斯家里,托马斯还借给他一些钱。托马斯有两个朋友在沃尔特·汤普生(J. Walter Thompson)公司的人事部工作,他们将华生介绍给汤普生公司的总裁斯坦利·拉生(Stanley Resor)。

拉生是从耶鲁大学毕业后到汤普生公司的西西塔奇分部任经理的。他敏锐地看到了当时美国广告界的混乱,采取有效的对策,很快赢得了大量的客户。几年后拉生成为公司的总裁。拉生接任总裁后,就对公司进行现代化重组。他认为广告业的潜力在于创造,需要高素质的人才来策划,广告制作的关键在于广告的创意能被公众所接纳,并在公众中产生良好的形象。因此,年轻的心理学教授自然是合适人选。当托马斯将华生介绍给拉生时,拉生欣然接受了华生的求职,他希望华生能够带来新的思想和观念,能运用心理学知识和行为主义原理使汤普生公司的广告更受欢迎。然而精明的拉生没有很快让华生成为正式员工,而是先交给他促销胶鞋和了解人们购买胶鞋品牌意向的任务。拉生还考察这位教授的人品,他要求华生提供三份推荐信。华生的三封推荐信分别来自大陆人生保险公司总裁伯纳特(P. Burnet)、《心理学报》的主编弗朗兹(Shepherd Franz)和铁钦纳,他们强调了华生行为主义思想和技术的实践性,华生心理学素养的全面性,他在学术上不同凡响的业绩,以及华生的基本品质聪明、诚实、率直。三封得力的推荐信加上华生促销胶鞋的成功,使拉生决定以一万美元的高薪聘华生为汤普生公司的正式高级职员。拉生没有给华生安排具体的业务,而是让华生为下面各分支机构提出的一般问题和难题提供咨询建议。华生俨然成为汤普生公司的一位综合专家。

由一位心理学家转向一位广告专家,对华生来说是一个巨大的挑战。华生觉得许多东西需要从头学起,他花几个月的时间在公司的各个部门实习,做联络员、作消费者调查。通过学习,华生说:"我感觉到我不了解广告的上帝——消费者。"于是他请求拉生安排他两个月的时间到著名的纽约马斯百货店当一名柜台营业员。两个月的时间使华生认识到商品在柜台上摆放的位置会影响商品的销售,货物排放要便于顾客挑选,货物就卖得更快;华生还发现在超级市场收款员旁边摆放一些糖果、零食或书籍,顾客等候付款时,就会拿一块本不准备买的巧克力或挑一本近期流行的消遣书籍。华生将这一观察结果用于帮助促销"愉伴"(Yuban)牌咖啡上。华生告诉汤普生公司的工作人员帮助经销商将"愉伴"牌咖啡放在商店的入口处或收款员的柜台旁,几天后效果明显,经销商大量进货。

不久华生为一家生产"佩碧口"(Pebeco)牙膏的公司进行了成功的广告策划并帮助其开发了新产品。该公司生产的牙膏由于味道不好一直没有销路。华生首先说服这家公司聘请一名生理学家,找到牙膏令人生厌的症结并加以改进。这位生理学家在华生的协助下很快解决了这一难题,研制了新型的"佩碧口"牙膏。华生为促销这种新型牙膏选择的广告媒体是广播,他想凭借科学家的良好声誉做广播媒体广告。华生以心理学教授的身份被邀请到广播现场,作为一名著名的科学家他告诉人们爱护牙齿的重要性,在十分钟的科学讲座中,华生并不提"佩碧口"牙膏,而是告诉大家饭后刷牙可以保持口腔的湿润、清洁和卫生。他还提醒大家在选用牙膏时要用对牙齿和口腔刺激作用较小的产品。随后几天广告杂志中出现了改进后的新型"佩碧口"牙膏,广告词强调"佩碧口"牙膏对口腔腺轻微的刺激作用,并有助于保持牙齿的清洁。之后便有大批的读者与听众求购"佩碧口"牙膏。华生作科学讲座这种间接广告取得了巨大的成功,这也是汤普生公司第一次涉足无线电广播广告。华生这一广告策划的另一重要意义在于,他将广告促销与产品开发紧密地结合起来,以消费者的需求为基础,真正体现了以消费者为导向的产品开发。

华生在汤普生公司期间,多次策划大型的广告,为公司带来滚滚财源,同时也树立了汤普生公司在麦迪逊大街上的良好形象。1924年华生成为汤普生公司的副总裁。

20世纪20年代,一些广告公司的药品推荐式广告非常失败,华生却成功地策划了旁氏化妆品的推荐式广告。他认为人们总是对其他人做什么、用什么感兴趣,这样的推荐式广告就有了独特的价值。1925年旁氏公司生产出了新的润肤霜和粉底霜,华生让富有魅力和令人羡慕的女士推荐该产品,她们那富有光泽、柔嫩细白的肤色,会使那些面带黄褐斑的家庭主妇对旁氏产品也跃跃欲试。这不仅仅是一种美的打扮,更是一种对美好生活的向往与追求。他还说服罗马尼亚女王和西班牙女王出现在广告里。皇室贵妇们告诉公众她们用旁氏化妆品是多么肌如芙蓉、精神百倍;旁氏化妆品不仅是美的享受,更是一种精神感觉,是一种对美好生活的向往与追求。华生的推荐式广告在以后多年在美国广告业都非常活跃,事实上直到1948年旁氏公司还一直沿用推荐式广告推销自己的产品。

华生为宾夕法尼亚铁路客运局所做的广告创意则直接来源于他的行为主义情绪理论。他的情绪理论认为愤怒产生于行为受阻,而交通拥挤和堵塞就是行为受阻的典型表现,因而铁路客运的广告策划必须避免这种消极情绪的产生。华生为宾夕法尼亚铁路客运所做的广告形象是:客车宽敞、舒适、干净、卫生,每个车厢过道的空间很大,乘客行走既不拥挤也不阻塞,乘客可以自由行走、舒适至极。结果汤普生公司的广告登出不到一周,宾铁客运量猛增,扭转了亏损的局面。

华生领导汤普生公司完成的另一个广告大策划是麦氏咖啡的促销。为吸引那些爱慕虚荣、追求豪华奢侈的势利消费者,华生给麦氏咖啡创意的广告都以辉煌的历史画面加以展现:在19世纪上流社会的舞会上,男招待托着银色的托盘,送给宾客们的是麦氏咖啡;在南方佛罗里达最豪华的酒店里,尊贵的宾客与最迷人的女郎总是不停地喝麦氏咖啡。有时著名小说家欧·亨利(O. Henry)也出现在麦氏咖啡店,他的话被引在广告词中"麦氏咖啡的服务超过了千里之行的旅游服务"……《纽约客》杂志的一篇评论文章说:"这样的广告促销的不是饮品,而是梦,它使家庭主妇和工薪阶层的人们对咖啡形成各种美好的想象:品尝麦氏咖啡,会使男人英俊潇洒,女人美丽可人……",这篇文章认为,汤普生公司的麦氏咖啡广告,为其在消费者心目中树立了永久的形象。

华生凭着独特的创新、深厚的学识、专业的心理学知识,为汤普生公司策划了许多精美绝伦、标新立异的广告,使汤普生公司在全美国甚至全世界享有美誉。不少大公司纷纷同汤普生公司建立业务联系,公司营业额逐年增加。而华生也得到了丰厚的报酬,他的年薪已由最初的 1 万美元上升为 1928 年的 5 万美元,1930 年又上升到 7 万美元。此时华生的工资,已经占到汤普生公司 440 名员工工资总额的 4.5%。

3. 行为主义的应用——广告营销心理学

华生在汤普生公司除组织大型广告策划外,也进行了一些广告及消费行为的研究,这些研究是在行为主义方法论的指导下进行的。

1920 年前后美国的人寿保险业一直不景气,业务量下降,保险员受到客户的冷遇,保险公司决定由汤普生公司调查保险销售受阻的原因。华生组织员工在纽约的各车站、广场、大街小巷、办公室、学校、商场等进行了大规模的调查。他还亲自对 23 位年薪 2000—3000 美元[①]的年轻职员进行了访谈。结果表明,10 386 名被调查者对保险业务员的工作方式表示不满,主要包括:交谈时间过长、入户调查时间长、面谈频繁;被调查者认为最无法忍受的是保险业务员直截了当地谈论死亡。华生认为保险员这种不注意谈话技巧,以死亡来恐吓顾客会适得其反,因为这种恐吓会引起顾客消极的情绪反应,不仅无助于交谈,反而令人毛骨悚然,产生逃避反应。华生还发现这同保险业务员的自身素质有关系,该公司 12% 的业务员,完成 36% 的业务量。因此,他建议公司注意业务员的选拔,避免雇佣素质低的员工。同时要在全国范围采取一定行动,改变人寿保险在人们心目中的形象,提高人们对死亡的风险意识,但业务员谈话又要以轻松愉快的方式进行。

华生还进行了化妆品宣传册的广告效应研究,发现广告赠券式宣传并不适合所有消费者,也不能硬加强求。另一项为烟草公司做的关于品牌忠实性的研究发现,在掩蔽了香烟品牌的条件下,吸烟者并不能很好地辨识不同品牌香烟的

---

① 这对当时刚刚迈出校园的人来说已经是较高的薪水了。

味道,即使他们的辨识能力提高了,他们还是会选择购买过去期望的香烟品牌。由此华生得出结论,人们在购买商品时,他所购买的超过了商品本身;商品带给人们不仅是物质的满足,还能唤起人们的情绪与情感,因为每种商品都有其特定的内涵和象征。因此,广告在人们心目中创造产品的形象非常重要,消费者对于产品的偏好不是靠身体感觉,而是品牌在消费者心目中的意向。1924年华生同美国时装生产商联合会就服装的流行与公众偏好进行了研究。调查表明"迷你裙"是美国女性最爱穿的服装,也是男性最希望女性穿的服装,而不是供货商不管三七二十一引进的长裙。华生告诫美国时装生产者联合会,任何时装设计与开发,最好先问公众,看他们想要什么,他们才是最好的咨询顾问。

前面提到的对麦氏咖啡、旁氏化妆品、宾夕法尼亚铁路客运局等著名广告的策划,都是在成功分析消费者需求,了解消费者行为习惯的基础上取得的,同时华生在广告实践中也逐步形成了自己的广告心理学思想。他认为广告心理学研究必须以研究消费者的行为习惯为基础。广告词是引起消费者反应的基本刺激,广告词不能用在生僻的词汇,而是应该让消费者容易理解,这样才能传达要传达的信息。除此之外,华生特别强调广告唤醒消费者情绪的重要性。他认为人们之所以不买某一产品是因为她们更喜欢别的产品,人们的消费偏好是由于人们的情感所决定的,操纵消费者的三种原始情绪非常重要。另外,华生还强调广告策划中要考虑消费者的需要,人们对衣食住行和性的需要,是影响人类行为的基本条件。广告文案与图案应紧紧围绕人们的这些基本需求。

华生在汤普生公司工作时常听到一些推销员抱怨:他们的工作太艰辛,常遭遇一些顾客的指责。这使华生开始重视营销心理学的研究。华生告诉推销员们注意观察那些难对付的客户,了解其情绪的"资产"与"负债"[①],这样就会理解其情绪反应的条件与模式,当需要时就闪现这些条件和模式,克服心理的恐惧,就会发现这些人也没什么特别之处。针对一些推销员过分急躁和焦虑,总是希望自己的产品立刻推销出去等情况,华生则告诉他们,推销的秘密在于推销自己。

---

① 华生在1919年发表的《行为主义者眼中的心理学》中给人格下了一个较为明确的定义:"人格是指一个人在反应方面的全部资产和负债而言的。""资产"是指:① 已经被组成的各种习惯的总体;② 可塑性和保持性的高度协调性。"负债"是指那些对当前环境不发挥作用,并且阻碍一个人对已经改变了的环境进行适应的各种潜在的或可能的因素。

华生说如果一个推销员能与客户建立良好的关系,使自己成为一个"人人喜欢的人",促销产品就能水到渠成。

20世纪20年代,广告也还是一种经验直觉的领域,广告制作是艺术家的消遣。华生则给汤普生公司带来了科学的理性。华生认为虽然无法使广告成为一门精确的科学,但他仍然需要科学的方法超越直观经验。华生以实际行动验证了他在行为主义宣言中所倡导的使人们的行为更有效率,使人们的行为得到有效的控制的目的。但华生认为广告心理学的研究比起白鼠实验和儿童实验,精确性不够,科学性差,所以华生从未发表过自己在广告心理学方面的研究论文。

五、不懈的研究工作

1. 儿童心理研究

不论发生什么事情,华生夫妇都没有放弃研究。虽然华生被约翰霍普金斯大学开除后,美国国家研究委员会(National Research Council)对观察儿童的项目也失去了兴趣,但在1920年到1930年之间,华生仍然继续研究儿童发展的相关问题。

华生和罗莎莉对他们自己的孩子的成长进行了详细地记录,并在《行为主义》和1928年出版的《婴儿和儿童的心理护理》两本书中引用了观察记录。这些记录从抓握动作的产生到语言的产生,从对手的社会意识到第一次产生嫉妒情绪。在孩子成长的每一个过程中,华生和罗莎莉都试图用条件化的行为主义方法来使孩子形成正确的习惯和情绪。

华生还继续进行关于情绪建立和消除的实验研究。小阿尔伯特的实验很好地说明了恐惧症的形成。然而,如何消除这些恐惧呢?华生和他的合作者玛丽·琼斯(Mary Cover Jones)进行了大量的研究。1923年,华生在洛克菲勒基金会(Laura Spellman Rockefeller Foundation)的资助下,在曼哈顿的一所幼儿园开始了这项实验研究,他和琼斯尝试了很多种非条件化的方法[1]:

(1) 停止刺激。按照巴甫洛夫的条件反射自动消退原理,停止条件刺激,已

---

[1] 车文博(2003). 行为奥秘透视:华生的行为主义. 武汉:湖北教育出版社, 258-260.

经形成的反射就会自动消失。然而实验证明情况并非如此。一个名叫罗斯的21个月大的女孩儿害怕兔子,她见到兔子就会大哭;拿走兔子后她才能安静下来。华生跟罗斯的父母商量好,两个星期之内不让罗斯见到兔子。两周后,重现原来的实验情景,她还是见到兔子就哭喊、战栗。后来又用了30个儿童做类似的实验,观察到的现象都是类似的,两周后恐惧并没有消除。这说明单单是停止刺激,不足以使恐惧情绪消除。

(2)语言训练法。华生认为用语言训练法来消除恐惧是很难的。有一个5岁的女孩儿,起初她看到兔子,表现出明显的恐惧反应,在一段时间内再没有让她看到兔子,但每天有几十分钟的关于兔子的言语训练,实验者给她兔子的画册、玩具,并给她讲关于兔子的童话故事,在讲故事时她会问:"你的兔子在哪里?"或说:"把兔子拿给我看。"有一次她甚至说:"我摸你的兔子也不哭。"言语训练一周后,实验者抱出兔子,她吓得跳了起来,向后退缩;实验者以语言诱导,她便上前抚摸兔子;但实验者将兔子放在地板上,她又哭着说"拿开"。华生认为实验之所以没有成效,原因在于语言训练没有同儿童对兔子产生的身体和内脏反应联系起来。

(3)社会因素模仿法。有一个叫阿瑟的4岁男孩,实验者以水池中的青蛙给他看,他总是哭着说"咬人",然后跑开。随后他和另外4名儿童一同走向水池旁,一个同伴抓起一只青蛙,他大叫着逃跑,此时大家追着他并嘲笑他。华生认为这样的方法不妥,会引起儿童本人和社会的消极反应。而阿瑟同两个小伙伴在游戏区内玩儿,实验者将一只装有兔子的篮子放入游戏区,阿瑟用手示意实验者把篮子拿开,但有其他两个伙伴跑上前去看兔子并兴高采烈地谈论兔子,这时阿瑟突然趣味盎然地问:"什么?我看看。"并跑上去看兔子,随后恐惧就消失了。华生认为,这是社会因素引起了阿瑟的好奇心,而好奇心又进而克制了恐惧。

由以上可知,非条件化的方法效果往往不好。华生和琼斯用解除条件反射法来治疗彼得的恐惧。

对儿童发展的研究深深吸引着华生,因为他知道,这是心理学最核心的问题之一,这可以证明自己的观点的正确性和有效性。如果可以通过条件反射和解除条件反射的方法,使儿童养成各种习惯,形成恐惧和技能,那么,就可以有力地证明,每一个人天生都是一块白板(tabula rasa)。而华生的实验恰恰证明了这一点。也正因为此,他曾作出"给我一打婴儿……"①的著名论断。这一论断,不仅在心理学中,吹响了环境决定论的号角,也给种族歧视者以有力的反击。

和从前一样,华生不希望他的研究是纯粹的学术研究,而是希望能有实际的应用价值。通过对儿童的观察和研究,华生总结出了对儿童进行行为教育的方法,并出版《婴儿和儿童的心理护理》一书。

2. 儿童行为教育

华生虽然是个环境决定论者,但他倡导对儿童的教育要因时、因地、因人而异。他认为社会文化背景不同,决定了教育方法应具有多样性。一个行为主义者对待中国儿童就是不同于澳洲或非洲的儿童的。即使在同一社会,不同时代背景下的教育方法也应不同。华生还认为,在教育儿童时,要尊重儿童发展的天性,尽可能让儿童在自然的、自由的环境中得到发展。华生自己给比利和吉米提供了很好的发展环境,他买下了康涅狄格州40亩地的一个小型农场,举家从纽约市迁到那里居住,宁愿每天上下班坐90分钟的火车。为满足孩子们的好奇心,他亲自建了一长排动物房,饲养各种动物。他还亲自教孩子们学习骑马、射箭、打猎和各种手工制作。他还鼓励孩子们远足和探险,培养他们的顽强意志和冒险精神。

华生认为体罚会使儿童形成消极反应,用体罚来教育儿童是一种不科学的做法。他分析指出:① 不良行为发生很长时间以后才予以惩罚,不能抑制消极反应。② 教师或家长体罚儿童,主要是为了发泄自己的怨气,根本无助于校正儿童的不良行为。③ 行为犯规以后,立即给以体罚似乎是最有效的,但很难把握轻重尺度。④ 不良行为发生的次数不多,予以体罚并不能养成消极反应。⑤ 老师或父母体罚儿童,会使他们将体罚的情景当作体罚系统的一部分,儿童长大后,会厌恶体罚情景,同时会对父母或老师产生仇恨。

华生在《婴儿和儿童的心理护理》的第三章专门论述了"母亲溺爱的危险"。华生认为母亲的溺爱对儿童可能是一种心理残杀。他认为母亲对自己孩子的亲吻是爱的最普遍的表达方式,一次旅途中,他见一位母亲在3小时的行程中亲吻了自己的小孩32次,这位母亲是对自己小孩进行爱的纵容。华生认为过分的溺

---

① 高峰强,秦金亮(1999). 行为奥秘透视:华生的行为主义. 武汉:湖北教育出版社,258-260.

爱不会使儿童养成独立的习惯;被溺爱的孩子永远是一个长不大的孩子。华生反对母亲过分地亲吻、拥抱自己的孩子。他建议父母亲们不要亲吻他们的敏感部位,最好亲吻孩子的前额。他还告诫父母亲不要抱孩子坐在自己的腿上,父母可以通过同孩子握手来表示对孩子的爱。

华生反对杜威的"从内心活动来发展儿童"的方法,而主张在很小的时候开始培养孩子的习惯。他认为儿童的情节习惯非常重要,在3~5周时就应该对儿童进行便溺训练。他还重视在儿童早期培养起独立自主的习惯,避免孩子成为一个依赖于别人的懦夫;强调父母应努力培养孩子做力所能及的事。另外,华生认为儿童通过各种体育锻炼既增进技能,又增强体质。父母应根据儿童的年龄特点及兴趣爱好培养,指导儿童熟练掌握3~4种体育运动项目。

华生认为对儿童和青少年进行性教育是非常必要的,主张学校为学生开设性知识教育课,建议大学开设性教育学。这是因为,父母对性知识缺乏科学的认识就会经常采取一些错误的态度对待儿童;儿童青少年对性问题会产生种种好奇心,如果不进行正常的引导会产生其他行为问题;医生在传授性知识时常常做一些错误的引导,甚至恐吓儿童。华生和妻子非常重视对自己的孩子进行性教育。在比利刚学说话时,罗莎莉就教他生殖器的正确读音,以后又教他生殖器的功能。比利回忆说母亲曾赤身裸体教他生殖器的部位和功能,让比利识别她乳房上的乳晕。华生夫妇还让孩子们看他们做爱的动作,并让比利知道他的小阴茎也会长大。但他禁止比利和保姆接吻、拥抱,只允许他们握手。华生反对母亲与儿子间、父亲与女儿间的过度亲密,以避免"恋母"或"恋父"情结。但他与弗洛伊德看法不同,认为这是一种习惯性情结而非本能情结。

华生对儿童行为教育的一些观点有极端的环境决定论倾向,但由于华生的论述抓住了实际问题和热点,引起了家长和教育界的广泛关注,《婴儿和儿童的心理护理》也成为畅销书。不少父母都按照华生的教育方法去教育子女,行为主义思想得到了广泛的传播。

作为著名的心理学家,华生非常注重科学知识的普及,他经常教导自己的学生:"要为应用心理学而学习心理学。"[①]而他自己是一位出色的科普作家。在20世纪20~30年代,华生的科普文章经常刊登在《哈泼斯》(Harpers)杂志上,其他

---

① Cohen, D. (1979) J. B. Watson: The Founder of Behaviourism. London: Routledge & Kegan Paul, 255.

一些报纸与杂志也常刊登他的文章,如《迈克斯》(McCalls)、《自由》(Liberty)、《新共和》(New Republic)、《迪尔》(Dial)、《时尚杂志》(Cosmopolitan)、《周六晚邮报》等。这些向公众展示心理学的杂志有着巨大的销量,《今日心理学》的月发行量甚至突破了 100 万册。华生不仅向公众介绍行为主义的基本思想,还经常写儿童护理和教育方面的内容,另外涉及性、婚姻家庭、妇女地位、如何获得商业成功等方面①。华生的努力,使行为主义心理学走进人们的生活、深入人心,得到了广泛的传播。

六、田园生活与最后的岁月

1930 年底,华生做出了重要的决定,他说服了酷爱社交的妻子,举家迁出纽约。他们在康涅狄格州的一个美丽的小镇——魏斯伯特(Westport)买下了一个占地 40 英亩的小型农场。这里有原来的主人——一位建筑师为自己精心设计建造的住宅,还有大量的空地和房间饲养动物,华生还想继续进行动物行为研究。1931 年,华生亲手建了一个汽车库,并将它粉刷一新,随后他又带领比利和吉姆建了拱圆形屋顶的哥特式仓库。华生的住所也是心理学同行经常聚会的地方,卡尔、赫尔曼(Leslie Hohlman)是这里的常客。1935 年,克拉克大学的卡尔·麦奇森(Carl Murchison)因主编《传记体心理学》(A History Psychology in Autobio-graphy)邀请华生写他的自传,华生没有写很多内容,而是将自己的一生浓缩在 11 页里。②

华生与罗莎莉于 1930 年合影
资料来源:Cohen, D. (1979). J. B. Watson: The Founder of Behaviourism. London: Routledge & Kegan Paul.

---

① Cohen, D. (1979) J. B. Watson: The Founder of Behaviourism. London: Routledge & Kegan Paul, 248—249.
② Waston (1961). History of Psychology in Autobiography. Ⅳ. Ed by Murchison, C. New York: Russell & Russell, 271—281.

喂牛

资料来源：Cohen, D. (1979). J. B. Watson: The Founder of Behaviourism. London: Routledge & Kegan Paul.

1936年夏天，罗莎莉染上了痢疾，当时没有非常有效的治疗痢疾的药，一个月后，她离开了华生和孩子们。罗莎莉的离去，使华生变得郁郁寡欢，毫无生气。1936年后，华生再没有写过任何东西。1947年，69岁的行为主义者退出了艾斯奇广告公司，他彻底退休了，此时他已抱上了孙子。1950年以后华生在他的住所栽花种菜，很少同外界联系。

1955年以后，华生的健康每况愈下之时，华生的名字却在心理学刊物频繁出现。1956年《心理学评论》刊登伯格曼（Gustav Bergmann）的一篇文章称华生对心理学的贡献仅次于弗洛伊德[1]。

伯格曼这样评价华生："事实上美国的心理学家，不论他们是否意识到，目前都是方法学上的行为主义者。……虽然既有光芒也有阴影，但我毫不怀疑的是，他是一个非常重要的人物。心理学欠他很多。他在文明史的地位是极为重要的，并且这个地位是可靠的。这样的人是超乎寻常的稀罕。我们应该接受他们，并感激他们所做的。"伯格曼说："华生不仅是一位实验心理学家……，而且是一位系统的思想家，一个心理学的哲学家，或者，像一个人说的，是方法论家（methodologist）。"

伯格曼称华生的主要贡献是他创建了方法学的行为主义，他的心理学有创新、有理论、有体系、有方法。他考虑到三类变量的作用，分别是行为的、生理的、环境的变量。并且它们在原则上是可以通过现在和过去的行为、生理和环境变量来预测未来行为的，包括言语行为。伯格曼认为华生反对身心交互作用的二

---

[1] Bergmann, G. (1956). The contribution of John B. Watson. Psychological Review, 63(4).

元论是对的，但是华生否定心智的存在是错误的。

伯格曼的这篇文章产生了很大的影响，再次引起美国心理学家对华生事件的反思，于是 1957 年，美国心理学会做出了一项重要决定，授予华生学会最高奖——金质奖章。奖励证书上写道："华生的工作已成为现代心理学形式与内容的重要决定因素之一。他发动了心理学思想的一场革命，他的论著已成为富有成果的，开创未来的研究路线的出发点。"在美国心理学会年会开会前，他和他的儿子吉米、比利以及他秘书鲁思一起来到纽约，拉什利[1]在这里与他们会合，准备到大会去领奖。华生像往常一样仍然西装革履，仪表讲究。然而就在颁奖的当天早晨，华生却突然决定不去领奖了。他的秘书鲁思回忆说，华生说他不去的原因是因为他没有准备手制的高档皮鞋和衬衫；吉米说他父亲觉得自己太胖了，形象不美。其实这些都是小问题，华生那么富有，他很容易买到奢华衬衫、鞋子、套装。真正的原因可能是多年来心理学界对他的敌对与侮辱，已经在他心理上产生了磨灭不掉的影响。已到垂暮之年的他，不愿再到他曾担任过主席的心理学会的殿堂接受奖牌，是可以理解的。于是，他派儿子比利出席大会替他领取了奖牌。

1958 年夏天，华生病倒了，他住进医院，于 9 月 25 日逝世，享年 80 岁。华生的死对他的两个儿子有很大影响，吉米自由地在精神分析的天地里遨游，而比利在几年后自杀。

华生去世后，有很多人撰写纪念华生的文章，这些文章多数或十分简要，或不愿充分肯定他的贡献。《纽约时报》刊登了简讯，并追忆了他对心理学和广告界的影响。斯金纳为《科学》杂志撰文，只强调了华生在方法上反对内省，而没有提及华生的地位的复杂性和他对心理学多个领域的贡献。《美国心理学杂志》(American Journal of Psychology)上，伍德沃斯(R. S. Woodsworth)的文章认为华生虽然很有影响，但行为主义并不是那么成功，因为在他进入广告界后，行为主义的光彩便黯淡了。

---

[1] 拉什利(Karl Spences Lashley, 1890—1958)，是华生在约翰霍普金斯大学的学生，并在那里获得博士学位。他是一位神经心理学家，主要研究大脑机能和行为的关系，著有《大脑机能和智慧》(1929)，提出大脑机能的等功性和整体活动两大原则，从坚持客观的实验方法方面支持了华生行为主义的客观性方法原则。在华生身陷困境时，他一直在帮助华生。

华生行为主义把意识经验从心理学中清除出去,将心理学的研究对象确立为研究有机体的行为等立场和观点曾一度招来了攻击。但行为主义革命毕竟顺应了心理学发展的潮流,他的追随者们在后来不断修正、发展华生的行为主义,出现了以斯金纳为代表的激进的新行为主义,以赫尔为代表的逻辑新行为主义,以托尔曼为代表的认知新行为主义等。随着认知学派的兴起,20世纪60年代又出现了以班杜拉为代表的新行为主义等。

华生以心理学家的身份活跃在心理学舞台上的时间是短暂的,有人说他是心理学史上一颗耀眼的流星,光亮夺目却转瞬即逝。然而,就华生本人以及行为主义的影响而言,他的观点和学说已经深深融入了心理学,成为当代心理学不可或缺的部分。他不是心理学界的匆匆过客,而是一座不朽的丰碑。

郭任远

郭任远年表图

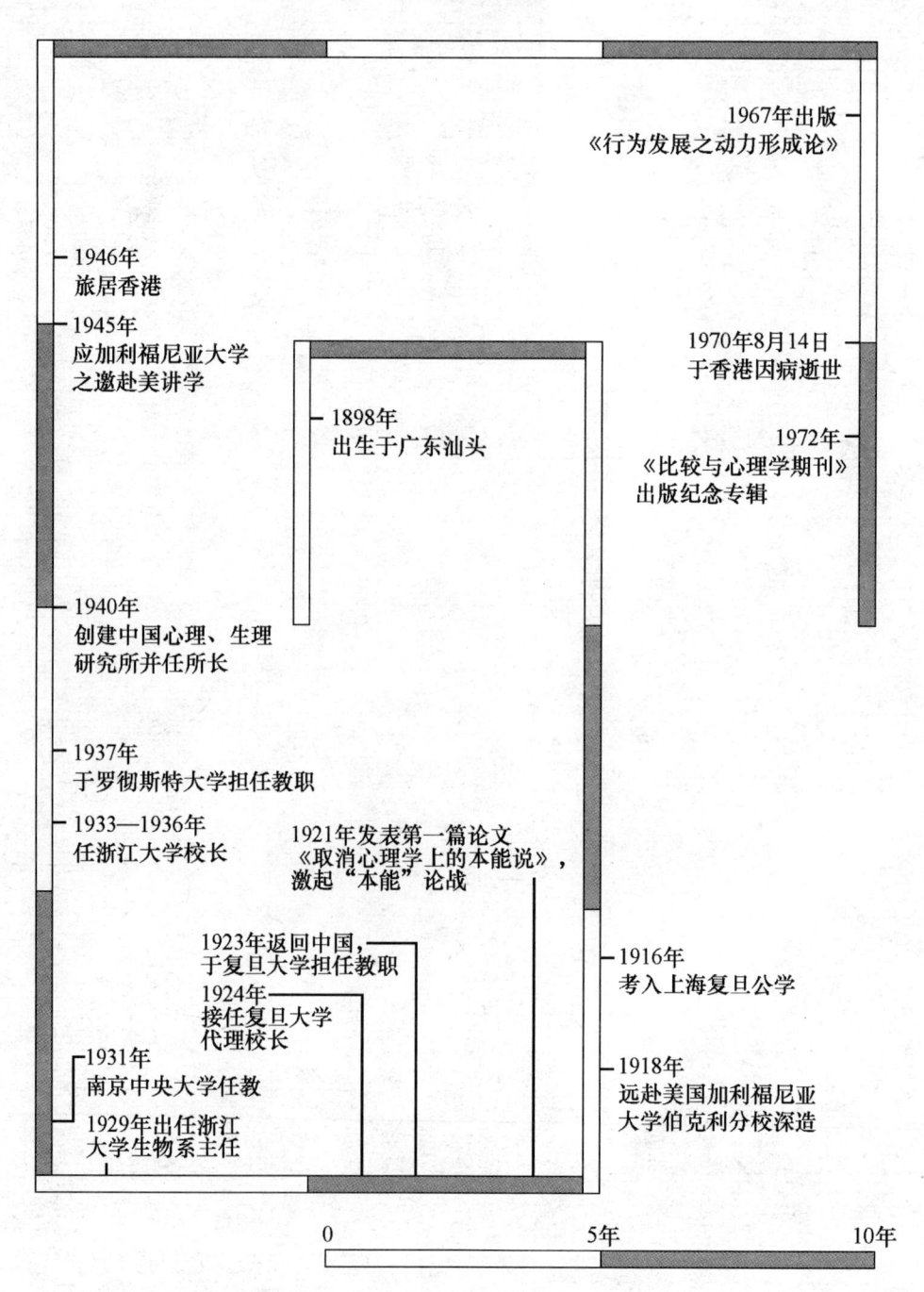

- 1946年 旅居香港
- 1945年 应加利福尼亚大学之邀赴美讲学
- 1940年 创建中国心理、生理研究所并任所长
- 1937年 于罗彻斯特大学担任教职
- 1933—1936年 任浙江大学校长
- 1931年 南京中央大学任教
- 1929年出任浙江大学生物系主任
- 1924年 接任复旦大学代理校长
- 1923年返回中国，于复旦大学担任教职
- 1921年发表第一篇论文《取消心理学上的本能说》，激起"本能"论战
- 1918年 远赴美国加利福尼亚大学伯克利分校深造
- 1916年 考入上海复旦公学
- 1898年 出生于广东汕头
- 1967年出版《行为发展之动力形成论》
- 1970年8月14日 于香港因病逝世
- 1972年《比较与心理学期刊》出版纪念专辑

0　　　　5年　　　　10年

1972年，在郭任远（Zing-Yang Kuo,1898—1970）逝世两年之后，一向只刊载实验报告的《比较与生理心理学期刊》(Journal of Comparative and Physiological Psychology)特别破例在第八十卷刊登了这位中国心理学家的传记，本文作者吉尔伯特·戈特利布（Gilbert Gottlieb）称"他以卓尔不群的姿态和勇于探索的精神为国际学术界留下一笔丰厚的精神财富"，文后附有其40篇论著目录，更以整页刊登他的照片。之所以特别破例，是因为所有的编辑一致认为这位心理学家对比较心理学及生理心理学有着伟大的贡献。

从《取消心理学上的本能说》一文的横空出世，到"超华生"的行为主义战士；从举世瞩目的"猫鼠实验"，到第一次以中国科学家命名的实验范式"郭窗"的诞生；郭任远的学术之路辉煌璀璨。从意气风发的复旦代理校长到举步维艰的浙大之旅；从短短十三年筹设中国四个动物实验室的功绩到晚年终于香港，郭任远这一路走来又是坎坷不断。成功的学术与失败的政治生涯在他的一生中形成了鲜明对比。

郭任远，这位唯一入选《实验心理学100年》的中国心理学家，在中国心理学发展史以及世界心理学史上都留下了浓墨重彩的一笔。

一、生平经历

郭任远,字陶夫,1898年生于广东汕头的一个富商家庭。郭任远少年时期正值满清末年。当时革命浪潮正方兴未艾,早熟的郭任远受其影响逐渐孕育出反叛及怀疑的精神。十岁出头,他即胆敢剪去辫子,率领同学夜潜庙宇,袭取神衣。无巧不成书,没过多久郭任远在趟过小溪时被一块碎瓷片割破了脚。此时村里上了年纪的妇女们便私下里议论纷纷"神明显圣了",并告诫自家小孩千万别学郭任远冒犯神灵,否则要遭报应的。而郭任远却毫不介意,可谓是村里的"异类"。

年龄渐长的郭任远随后就读于潮安金山中学,大约在1916年考入当时私立的上海复旦公学。据旧时同窗回忆,他那时不仅已经很好地掌握了英文,并且经常在宿舍朗朗背诵中国古代名家的诗文。在复旦大学学习了一段时间之后,郭任远于1918年远赴美国加利福尼亚大学伯克利分校深造。

1923年,郭任远由加利福尼亚大学返回中国传播行为主义心理学学说。这种带有机械唯物主义色彩的学说在中国产生了深远的影响,郭任远作为其代表人物在学说传播方面可谓功不可没。回国之初,郭任远选择复旦大学作为实验基地。1924年4月至1925年,出任复旦大学代理副校长。主持校务期间,他采取了一系列改革措施,使复旦大学心理学院跻身世界一流心理学系行列。在沪期间,郭任远完成了一项举世瞩目的"猫鼠同笼"实验,并在上海郊区创建了私人实验室,从事哺乳动物和鸟纲的胚胎行为发展研究,取得了一系列的科研成果。

青年得志的郭任远
资料来源:www.zju.edu.cn/~piclib/fazhan/fz02/kzqq1.htm.

1933至1936年,郭任远受命担任浙江大学校长。后于1936年重返美国,于加利福尼亚大学、耶鲁大学、罗彻斯特大学、华盛顿卡内基研究所等机构从事胚胎研究。1940年,他一度回国创建了"中国心理、生理研究所"。1946年后,郭任远定居香港,晚年致力于中国人民族性格特征的研究。1970年8月14日,于香港因病逝世。

郭任远一生成果辉煌丰硕,著作等身,在国内外出版了多部专著。其中,1922年发表的《我们的本能是怎样习得的》、1923年发表的《反对本能运动的经过和我最近的主张》和《人类行为》、1926年发表的《一个心理学革命者的口供》和《心理学的真正意义》、1927年发表的《心理学里面的鬼》、1928年发表的《一个无遗传的心理学》和《行为主义心理学讲义》等,都是具有代表性的论著。

二、郭任远行为主义心理学体系

郭任远学术思想的丰厚,治学严谨的态度和巧妙创新的研究方法,都为他在国内外赢得了很高的声誉,是少数几位在西方现代学术史上留名的中国科学家。

1. 行为主义心理学研究方法

郭任远所主张的心理学是"一门研究人类或其他动物的行为或动作的科学。人类和其他动物的起居饮食,以及隐于内或形于外的种种动作,皆是研究的材料。就人类而言,我们每日关于自身或对社会的一切感情思想,或其他行动皆在行为范围之内,皆是心理学研究的对象"[①]。

郭任远坚信,并无所谓"精神现象"的存在,所谓精神的科学是"无成立之可能的",宇宙间只有物理现象存在[②]。因而,心理学应是一门精确的科学,其立足之地与物理学、化学、生理学、生物学等相同,皆为"物观科学"。心理学面临之当务之急是将心理学研究量化为数学的计算与测量,将所研究的重心置于物观的现象——行为——之上。在《一个心理学革命者的口供》中,郭任远提出了心理学研究方法的六要素:① 重事实而轻理论,一切理论都以事实为归宿;不重演绎法,而以归纳法为探讨自然界的真理的真正工具;② 以实验室中的实验法为根本,辅以观察法;③ 一切方法都是物观的,一切实验都是公开的;人人可用同样的方法证明他人的报告;④ 由于感官的不足,实验应辅以精密的仪器观察;实验

---

① 郭任远(1926). 心理学的真正意义. 申报,双十节增刊.
② 郭任远(1928). 郭任远心理学论丛. 黄维荣等编译. 上海:开明书店.

越精细,仪器越复杂;⑤ 因注重精确与细微,所以应常用数学作为叙述工具;⑥ 五官当中,以目最为有用;科学的观察用眼的地方多,用他种感官的时候少。

上述六点是郭任远坚持的自然科学方法的基础,也是他坚持的心理学研究的方法基础。

2. 一个无"本能"的心理学

1918年,郭任远赴美国加利福尼亚大学伯克利分校深造。在哲学与物理学之间徘徊了一段时间后,他发现大部分的哲学问题只能由心理学来解决,遂转而专攻心理学。他勤奋好学,善于独立思考,且勇于质疑权威,因而备受当时著名心理学家也是他的导师托尔曼[①]教授的赏识。

郭任远对千百年来人类已成定论的"本能说"提出了挑战。在他看来,心理学把凡是解释不了的问题都归之于遗传或"本能",而"本能"这个概念却使心理学研究止于开启行为发展机制的门前。在他还是一名加州大学四年级学生时,就已写就了一篇题为《取消心理学上的本能说》(Giving Up Instincts in Psychology)的论文,发表在美国《哲学杂志》(Journal of Philosophy)1921年第18期上。这篇由一名外国学生所写的文章激发了本能大师、资深社会心理学家威廉·麦独孤[②]的"斗志",旋即奋起撰文反驳。

[①] 托尔曼(E. C. Tolman,1886—1956),美国行为主义心理学家。先在麻省理工学院学习,获工程师学位。后在哈佛大学攻读心理学,1915年获博士学位。1915—1918年执教于西北大学;1918—1954年执教于加利福尼亚大学伯克利分校,由于托尔曼卓越成就,该校于1963年将原"教育—心理大楼(Education-Psychology Building)"更名为"托尔曼大楼(Tolman Hall)"。托尔曼主张"目的性行为主义"(purposive behaviorism),他认为华生只关注行为的部分特征,不注意行为的整体性,整个有机体而不是单个行为才是心理学研究的对象。托尔曼提出"认知场理论"(cognitive field theory),认为动物的行为是有目的性的,决定于它对目标的知觉及对整体情景的认知。托尔曼观点汇总于其最重要的著作《动物与人的目的性行为》(Purposive Behavior in Animals and Men)。

[②] 威廉·麦独孤(William McDougall,1871—1938),英国裔美国心理学家,策动心理学创始人。1890年毕业于曼彻斯特大学;1890—1894年在剑桥大学学习医学,并获得医学士学位;继而深造于伦敦圣托马斯医学院。1900年任伦敦大学讲师,并主持新建的心理学实验室。1904年任牛津大学心理哲学讲师。1912年当选为英国皇家学会会士。1920年赴美任哈佛大学心理学教授,1927年任杜克大学教授。麦独孤反对机械主义心理学,长期与行为主义心理学家进行论战。1905年,他首倡心理学应为研究行为的实证科学,后又提出以本能为基础的行为学说,认为策动和维持行为的动力是本能,一切行为都在于奋力达到一定的目的。因此他的心理学理论体系称为目的心理学或策动心理学。著作有《生理心理学入门》、《社会心理学导论》、《心理学纲要》、《变态心理学纲要》等。

20世纪20年代正值本能概念兴盛于心理学界之时,整个心理学界都弥漫着运用本能来解释行为的研究倾向。母亲为何要照顾孩子?因为母爱的本能。人类为何有战争?因为人类的战争本能……麦独孤曾于1920年应邀前往哈佛大学讲学,宣扬其本能学说,影响颇大。郭任远却公然提出反对本能的论调,引起了当时哲学和心理学的"大地震",并引发一场关于本能的论战。

郭任远再接再厉,分别于1922年和1924年又陆续发表了《我们的本能是怎样习得的》(How are Instincts Acquired?)以及《一个无遗传的心理学》(A Psychology Without Heredity)两篇文章。《我们的本能是怎样习得的》一文指出,本能论将行为视为一种不学而能的概念,因而封闭了用实验的发展观具体分析生物行为形成的研究道路。在他看来,本能论者所阐述的心理学只不过是从"安乐椅"中玄想出来的产物,是心理学家偷懒的不二法门。随着时间的推移,他的反本能见解愈益趋向极端,1924年,他在《心理学评论》第31期上发表了《一个无遗传的心理学》一文,明确提出了完全取消遗传的观点。

自郭任远挑起这场关于本能问题的论战之后,参与争辩者为数甚多,其中不乏当时的知名学者,除麦独孤外还有托尔曼、邓拉普(K. Dunlap)等人。麦独孤于1921至1922年在《变态与社会心理学杂志》上做出了回应,并且将郭任远描写成一个"超华生的华生"。

尽管当时有一些学者对"本能"说产生了怀疑,但因迟迟找不到证据或慑于传统的权威,都没有勇气站出来表明自己的观点。比郭任远年长25岁的美国心理学权威霍尔特(Edwin B. Holt)虽然当时也质疑"本能"说,但直到1931年,他才在《动物的驱动和学习过程》一书中正式提出与郭任远相同的主张。因此,若干年后,年轻的郭任远曾自豪地说:"在1920至1921年间,虽然有几篇内容相近的、反对和批评'本能'的论文发表,但是在反对'本能'问题上,我就敢说,我是最先的和最彻底的一个人。"

在《反对本能运动的经过和我最近的主张》一文中,郭任远将自己反对本能的主张分为三个时期:《取消心理学上的本能说》可以代表第一期,《我们的本能是怎样习得的》可以代表第二期,《一个无遗传的心理学》则是第三期的代表。他又进而指出:在第一期,我反对大本能(复杂和组织完善的本能存在),却承认小本能(极简单和无条例的本能);在第二期,我便已产生了动摇;到了第三期,我的作战方针改变了，认为行为不应该有遗传的与非遗传的分别，皆是有机体对付环境的活动。一切所谓遗传的行为都应摒弃于心理学范围之外[①]。

郭任远自称是"极端主张机械论的行为心理学家"，绝对否认一切心灵、意识、精神生活等心理学概念存在的合理性，甚至干脆将心理学称之为"鬼学"，将心理学家称为"鬼学家"，心理学博士也就成了"鬼学博士"。他写道："鬼学里头大鬼八个，小鬼十七个，新鬼天天发现，幸而一场'行为主义的运动'才使得心理学免于深陷'封建迷信'的泥沼[②]。"不仅如此，郭任远还更为彻底地对行为主义心理学领袖华生的许多主张提出了反对意见。众所周知，华生乃是世界公认的行为主义学说开创者，他所提出的理论体系在20世纪的美国心理学界占据统治地位长达数十载。然而郭任远却说："我不是不赞成他的革命的主张，我是反对他的柔弱，认为他革命革得不彻底……"[③]郭任远主张把"心理学"更名为"行为学"，真可谓一位"超华生"的行为主义者。此时的郭任远已经被公认为行为主义心理学阵营中的一名健将，世界心理学界瞩目的一颗新星了。

<<< 专栏一

心理学里面的鬼

在我没有研究行为学之前，我也曾经读过很多鬼学——心理学——的功课。最近，我把从前鬼学教授所讲的鬼和鬼学教科书里面的鬼分类起来，得到下列三种：一大鬼，就是最占势力的鬼，二小鬼，就是势力较小的鬼，和三新鬼，即是鬼学家和鬼学博士们在鬼学研究室里所新发见的鬼。

鬼学里头有大鬼八个，小鬼十七个，新鬼则天天发见。这八个大鬼是：心灵(mind)、自我(self 或 ego)、意识(consciousness)、下意识(unconscious)、大脑(brain)、智力(intelligence)、本能(instinct)和"力比多"(libdo)。十七个小鬼

---

① 郭任远(1913). 反对本能运动的经过和我最近的主张. 东方杂志第二十一卷纪念号(上册).
② 郭任远(1927). 心理学里面的鬼. 黎明，第二年第一期.
③ 胡寄南(1905—1989)，中国现代心理学家。复旦大学心理系学习，1925年获学士学位。留学美国，1930年于俄亥俄州立大学获得硕士学位，导师为K.拉什利；1934年在芝加哥大学获得博士学位。1936年后，曾在暨南大学、复旦大学、中央大学、北京师范大学任心理学教授。1949年后，历任中央教育科学研究所研究员、华东师范大学教授、中国社会心理学会第一届副会长、上海市社会心理学会第一届会长。著有《人的意识与意识的产物》、《胡寄南心理学论文选》等。

是：思想(thinking)、想象(imagination)、感觉(sensation)、感情(feeling)、情绪(emotion)、情操(sentiment)、暗示(suggestion)、人格(personality)、记忆(memory)、观念(idea)、概念(concept)、知觉(perception)、欲望(wish)、意志(will)、注意(attention)、冲动(impulse)和意像(image)。

神话，宗教和哲学所讲的鬼，大家都认得的，唯鬼学里面的鬼，人们晓得是鬼的很少。这是因为鬼学家平日不挂鬼学的招牌而已，叫做心理学家；一切的鬼又不叫做鬼而叫做"意识"，"思想"，"本能"等等。所以人们往往被他们欺骗，误会心理学家为科学家，而不晓得他们也属于迷信的阶级。幸得最近鬼国里头发生一个大革命，名叫"行为主义的运动"，把一般鬼学专家打得落花流水，枪毙了不少的大鬼小鬼和新鬼，烧去了很多很多的鬼学博士的文凭，把从前黑暗可怕的鬼世界变成一个光明灿烂的科学世界，使人们破除一切迷信。

这是人类进化史里面一段很光荣的故事。

(引自郭任远(1928).郭任远心理学论丛.黄维荣等编译.上海：开明书店.)

三、"超华生"的学术之路

1. 复旦岁月，青年得志

1923年，郭任远从美国返回中国。虽然当时他已完成了申请哲学博士所必需的全部学业，但由于与校方在论文修改问题上意见相左，他在论文答辩之前便起身归国了。

在归国之前，年仅26岁的郭任远便已接到了北京大学校长蔡元培先生给他的一份聘书，邀请他去北大担任心理学教授一职。1923年他回国途经上海小住，准备启程北上就职。他尚未动身时，复旦大学几名学生(其中包括当时还是学生的我国心理学家胡寄南先生)就奉校长李登辉之命，到郭任远的临时寓所——上海青年会——代表全校师生恳切请他为母校尽力[①]。胡寄南先生对此

[①] 胡寄南(1995).胡寄南心理学文论选(增补本).上海：学林出版社,290—291.

事曾有一段记述:"那时候郭先生的'朝向'是北京大学方面的。可巧那时北大校长蔡元培因嵩目时艰,愤而辞职,局面顿时变了。这适当的刺激,遂启发了郭先生朝向复旦的动机。"郭任远最终婉拒了北大的诚聘而回到母校任教。"郭先生来到复旦,不独他一个人。他是和几百个朋友——心理学书籍杂志——一同来的。这在我们心理学系史中也占一很重要的位置,心理学图书馆的祖先",胡寄南如是说[①]。在复旦大学任职后不久,郭任远便以充沛的精力从事学校的管理工作。

翌年,李登辉校长去南洋募款,由郭任远担任副校长并代理校长之职,主持校务。同年1月,复旦行政院成立,用以"统辖全校一切行政事务"。2月,经郭任远提议,复旦修改学制系统:设大学部和附属中学两部。心理学系在行政方面独立,不再隶属理科。踌躇满志的郭任远这一时期的一系列改革措施,为复旦大学带来了一股不同以往的清新之风。

郭任远首先从其族人郭子彬、郭辅庭处募得一笔巨款,同时争取到美国庚子赔款教育基金团的补助,并请来美国设计师,兴建了当时复旦大学最堂皇的大楼——子彬院。子彬院除1楼被辟为全校的行政中心,余下的2、3、4楼全部场所均为心理学院所有,楼中设有动植物标本陈列室、实验室、饲养室、照相室等。至此,全国第一个心理学院——复旦大学心理学院成立了。由于子彬院的建成,心理学院也成为全复旦大学最豪华、宽敞的院系。社会各界对郭子彬的慷慨解囊、郭任远对事业的追求、大楼的建造速度及典雅风格都给予了相当高的评价。当时上海著名的《申报》称,该楼的规模位居世界大学心理学院第三位,仅次于苏联巴甫洛夫研究所和美国普林斯顿大学心理学院。

复旦大学中的子彬院
资料来源:www.fda.fudan.edu.cn/fda-home/ljz/ljz.htm.

郭任远对复旦大学心理学院寄予厚望,雄心勃勃,决心大干一场将之建设成

---

① 马前锋(2006).中国行为主义心理学家郭任远——"超华生"行为主义者.大众心理学,第1期.

为一所高水准的心理学院，雄踞于世界的东方。当时的复旦心理学院在他的领导下呈现出一派生气勃勃的景象。除正常授课外，郭任远每星期三、五开设专题讲座，听讲者不受专业、年级的限制，外界人士凡对心理学感兴趣者均欢迎前来听讲。讲座开始后，不仅本校学生踊跃参加，也有不少市民从市区远道赶来听讲。郭任远不但在校内外演讲，介绍行为主义心理学理论，并且通过上海各大报刊积极扩大其学术影响，成为当时人们心中蜚声国际学术舞台的年轻中国学者。著名作家沙汀晚年时回忆起当年情形说，当年上海的知识界、科技界的青年，无一没有读过"这位在美国学成的行为主义心理学家的著作"，无一不被他的演讲所吸引[①]。

郭任远极为重视人才培养与团队建设，广为招揽国内顶尖学者到心理学院任教。风声所及，唐钺、蔡乐生、蔡翘、蔡堡、许襄、李汝祺、吴冕、许逢熙等陆续来校任教，有七位教授为博士，加上郭任远共八位博士，形成一个有相当实力和影响的"学术共同体"，在当时全国教育界享有"一院八博士"之誉。此外，郭任远还招收了复旦大学历史上首位研究生蔡乐生担任课程的助教[②]。

复旦大学心理学院盛极一时，在国内堪称首屈一指。教授们学有专攻，郭任远为动物心理学领域权威，李汝祺后曾任中国动植物学会第一届理事长，蔡翘后任中国生理学会理事长，为生理学权威，蔡堡后任中央大学生物系主任、理学院院长。

由于郭任远在学术上的权威地位和重视科学实验的治学态度，复旦心理学院吸引了一批求知欲旺盛的学生。最初学生只有少数几人，均从复旦其他系科或外校转入。学心理学整天与猫、狗、老鼠打交道，在一般学生看来是不务正业。可是这些郭任远的支持者自称"赫胥黎[③]的学生们"，他们自我解嘲说："学校里别的学院，都可以停办，只须办一心理学院：学商科的，可读商业心理学；学社会学的，可读社会心理学，等等"，对心理学真可谓到了痴迷的程度。

---

① 杨家润、陈丽萍(2003). 中国心理学先驱——郭任远. 上海档案，第1期.
② 钱益民(2005). 著名心理学家——郭任远. 复旦学报，社会科学版，第1期.
③ 托马斯·赫胥黎(Thomas Henry Huxley, 1825—1895)，英国著名博物学家，达尔文进化论最杰出的代表。赫胥黎于1825年7月16日出生在英国一个教师的家庭；1845年，在伦敦大学获得了医学学位。赫胥黎酷爱博物学，并坚信只有事实才可以作为说明问题的证据。他对达尔文的科学名著《物种起源》表现出极大的兴趣，并郑重地宣布："我是达尔文的斗犬"。中国近代启蒙思想家、翻译家严复译述了赫胥黎的部分著作，名曰《天演论》，使进化论新思想在中国传播开来，对当时思想界有很大影响。

学生满怀极大的学习热情,他们接受的教学方式也别具一格。郭任远对于任何一个即使是权威学者的论点都主张要"拿出证据来"。在教学中,他主张手脑并用,尤其重视实验。他创办了一所复旦实验中学,作为实验的基地。在大量的实验中,学生们受到了严格的科学训练。用今天的话说,郭任远教给他们的是如何"研究性学习":指定某个学生认真阅读与课程有关的一本英文原著,在一两个星期后作小组报告,学生必须提出自己的见解。这种小型研讨班(seminar)式的学习方法,虽然使学生觉得精神压力比较大,但确实激发了人自由探索的潜能,学生们受益匪浅。当年的学生有着这样的回忆:

> 试看我们修学的手续,不是在课堂里数讲义的页数,却是在图书室里念参考书;不是在讲坛下做背诵的工夫,却是在讲坛上报告。除了这些文的学问之外,还有些武的学问。实验室是我们的演艺馆,实验仪器是我们的双锋剑……排演的绝招,又是什么"双象"(double image)、"走迷宫"(maze learning)、"多重选择"(multiple choice)和"厮杀"(rat-killing in cat)等等的把戏。我们修学方法的特别,就是在实行这"自由的学问"(liberal education)的制度[①]。

在沪期间,郭任远指导胡寄南等完成了一项著名的"猫鼠同笼,大同世界"的实验。他们让一只猫和一只白鼠从小同居一只笼内,人工饲养长大,这只猫在成长过程中从未看见过同类吃老鼠,结果猫鼠友好相处,所谓猫捕鼠的"本能"不复存在。学生们还拍了一张白鼠骑在猫身上的照片。郭任远的学生、后来成为蜚声国内外的我国著名科学家童第周[②],一辈子忘不了这一实验,他晚年回忆说,郭任远校长的"实验和实证观点,给我的启示是,不能盲从前人的学说和观点,要从科学实践中获得真知。这对我以后的研究工作产生了很大的影响。"这一批早期(大约1923~1926年期间)学生后来大都成为我国科学界的栋梁之材,除童第周外,还有我国生理学家冯德培、沈霁春、徐丰彦,神经解剖学家朱鹤年以及著名

[①] 钱益民(2005). 郭任远与复旦心理学院. 复旦大学百年校庆网站. 源自:http://edu.sina.com.cn/y/news/2005-09-20/224244396.html.

[②] 童第周(1902—1979),实验胚胎学家,中国科学院学部委员。1934年于比利时布鲁塞尔大学留学,获得科学博士学位。1948年当选为中央研究院院士,1955年当选中国科学院学部委员,后任中国科学院发育生物学研究所研究员、中国科学院生物学部主任,中国科学院副院长。

教育家的杨贤江等。复旦心理学院的创立和它早期的教学、科研成果被教育界、科学界视为我国高等院校教育史、科学史上的一个奇迹。

<<< 专栏二

中国院士评"猫鼠同笼"实验

郭任远的"猫鼠同笼"实验不仅使他声名远播,更是激发了当时就读于复旦大学的童第周探究生命奥秘的巨大兴趣。在《童第周:追求生命的真相》"初懂实验的重要"一节中,他这样写道:

我17岁上中学,21岁中学毕业……一年后,当时22岁,先考了北京大学和南京的东南大学,都没考上。后来就在上海复旦大学做特别旁听生,该校校长是郭任远,他是心理学家。我第二年再考一次被录取,在复旦大学读心理系。我的老师正是郭任远,他是美国留学生,业务上很强,在心理学上有一个突出的贡献,就是打破了曾经风行一时的"动物本能说"。比如,猫吃老鼠是什么原因呢?当时世界流行的看法认为猫吃老鼠是本能。郭任远对此提出异议,他用一系列实验,推翻了"本能"说,证明了猫吃老鼠不是先天的,而是后天的。试验方法是把猫和老鼠从小关在一起,它们并不相犯,等猫稍大些,有时想触犯老鼠时,便在其间安一个小"电网",猫一伸爪,便触电,猫爪就立即缩回去了。过一段时间后,再把"电网"去掉,猫再也不去动老鼠,而是相安无事了。这个实验证明,猫不是从娘肚子里生下来就想吃老鼠的,而是后来"学会"的。

通过这个实验,使我联想到,一切都要通过实验,通过实验才能打破前人的学说。这是我从郭任远老师那里得到的终生难忘的教诲……郭任远老师的教学方法是提倡自己看书,然后大家讨论谈体会,另一方面要大家看杂志,这都是启发式教学。从那时起我就养成了看杂志的习惯。

(引自:童第周(2002).中国院士笔谈录.煦峰,文茵编.北京:解放军出版社.)

2. 行为研究，成绩斐然

20 世纪 20 年代的中国，时值军阀割据，国民革命军北伐，战争纷扰。上海同样时局动荡。预见到了即将到来的血雨腥风，郭任远 1926 年秋离开了复旦大学，在相对平静的上海远郊购置了一小块地产，建立了自己的动物实验室。自 20 年代末至 30 年代中，郭任远先后在上海、杭州、南京建立了 4 个动物心理实验室，积极开展实验研究，以验证自己所主张的观点：一个严格的行为心理学不仅注重实验室的作业，而且主张行为的生理的解释，遗传的概念实无立足其中的余地，本能行为也有一定发展过程，并非天生的或遗传的。郭任远在多篇文章中指出，"我是一个科学家，不是哲学家……行为学是一个实验的科学，遗传的行为既没有直接证据，又没有试验的可能。遗传的观念简直是一个'懒惰'的方法用来掩蔽我们不懂行为的起源的弱点，而且能妨碍关于行为的起源的研究和实验……鬼学家往往把'不学而能'(unlearnedness)'和'普遍'(universality)两种事实来做遗传的证明。其实二者和遗传并没有什么关系……所以对于本能的讨论，应完全以实验室的态度及实验的结果为根据[1,2]。"

1928 至 1929 年期间，郭任远首先设计了上文提及的"猫鼠同笼"实验，以此说明猫捕鼠是在后天环境学来的而非遗传决定的观点。1930 年他以《猫对鼠反应的起源》(The Genesis of the Cat's Responses to the Rat)为题将实验报告刊登在美国《比较心理学杂志》(Journal of Comparative Psychology)上。他在文中写道："我们能够让猫杀死老鼠、爱上老鼠、憎恨老鼠或者能和老鼠一起玩儿：这些都取决于猫的生活经验……过去的行为研究一直都走在歧路之上，因为我们总是尝试着寻找动物身上的本性(nature)，而不是找寻如何构建动物本性的方式……如果有人非要坚持猫吃老鼠是种本能，那我就一定要让猫身上出现爱上老鼠的本能。"论文一经发表，轰动西方，即便是完全不懂心理学的门外汉也能理解这篇论文所支持的观点。纽约、巴黎以及柏林等多家报社均撰文报道该研究，一时之间，引为奇闻。有趣的是，消息传回国内，几乎无人知晓这一"美国"名

---

[1] 郭任远(1913). 反对本能运动的经过和我最近的主张. 东方杂志，第二十一卷纪念号(上册).
[2] 郭任远(1928). 郭任远心理学论丛. 黄维荣等编译. 上海：开明书店.

字"Zing-Yang Kuo"为何人。郭任远笑言自己那时是躲在幕后的"黑手"。

20世纪20年代晚期,郭任远的研究还包括了基本因素(如激素、饮食、训练以及环境等)对各类动物搏斗行为发展的影响及种间共存的问题,这些实验研究直到30多年后才得以发表。1960年,美国《发生心理学》杂志(Journal of Genetic Psychology)以系列形式发表了他这一时期的研究成果:《动物搏斗行为之基本因素研究Ⅰ—Ⅶ》(Studies on the Basic Factors in Animal Fighting:Ⅰ—Ⅶ)。不但如此,郭任远在这一时期对造成犬类、猴子以及鸽子等动物身上性行为变态的发展性成因也做了一定的探索,其部分成果体现在其晚年著作《行为发展之动力形成论》(The Dynamics of Behavior Development)之中。

1929年,郭任远接受了国立浙江大学校长、复旦校友陈天放的邀请,离开了他在上海的"动物农场",到杭州出任国立浙江大学生物系主任。1931年晚些时候由于国内动荡的政治局势、日本侵略者的入侵以及长江的洪水泛滥,郭任远遭遇到经济上的困境,因工资拖欠数月以及著作版税下降,他甚至没有足够的经费购买喂养小鸡的饲料。郭任远被迫离开了浙江大学,应当时南京政府教育部长朱家骅的邀请前往南京中央大学任教。在中央大学任职的15个月中,学校为郭任远在生物楼提供了一处实验场所,并获得了政府提供的有限的科研资金支持。1933年3月20日,郭任远再一次回到了杭州,被任命为国立浙江大学校长。

3. 胚胎发育研究

虽然此前在沪期间的"猫鼠同笼"研究夺人眼球,然而郭任远最为重大的学术成则是他证明了"有机体除受精卵的第一次动作外,别无真正不学而能的反应"这一世界生物心理学史上最为重要的一项科研成果。他通过研究小鸡胚胎发育取得了这一重要发现。

本能学派常常以动物出生后即表现出的某种行为作为本能存在的证据。但是,郭任远认为,这种"不学而能"的行为发展可追溯到胚胎期,可能是由于动物在胚胎内即有经验所致。由于身边没有今日所谓的"研究生",郭任远有一段时间在杭州每日工作12~14小时,一周7天。为了收集鸡蛋形态学发育资料,证明自己的观点,便须将蛋壳打开,以了解胚胎孵化过程。如事先未能做足准备工作,将会导致小鸡胚胎的死亡;但若能将胚胎组织迅速置于一种固定剂[①]中,那么这一问题便可得以解决。

郭任远发明了一套能够在不干扰胚胎正常发育的条件下实现对其行为不间断观察的技术[②],即在鸟蛋壳上开一"天窗"。首先在鸡蛋较钝一头用剪刀剪去一块蛋壳,深度恰到鸡蛋内膜,以确保内膜完好。剪去蛋壳之后即以毛笔将少量融化态矿脂(petrolatum)刷于暴露在外的内膜之上。整个过程需施以温控,以确保矿脂既不会因冷凝而转为固态,亦不会因高温而四处流散。至此,蛋壳上便开了一个透明可视的"小窗"。胚胎可得以继续孵化,研究者则可在强光照射下通过窗口对孵化过程中的小鸡胚胎行为发展进行观察,效果几乎与剥膜观察等同。郭任远还制作了一种毫米数量级的测量工具,将之置于"小窗"之上,以便对胚胎活动做出量化测量。实验观察中,郭任远使用三只孵卵器,其一放置实验处理前的鸡蛋,其二放置"开窗"蛋,最后一孵卵器在"开窗"蛋之上置一玻璃薄板,上架一显微镜用以观察。在观察中他发现,蛋内雏鸡由于呈倦卧姿势,雏鸡每次心脏跳动都会迫使靠在心脏上的鸟头随之而动,进而认为是这种强迫性的头部动作促成了小鸡点头的习惯。小鸡孵化出来后,初期这一点头的习惯还保持着,当它点头时的嘴碰到地面,偶然地啄到米粒时,即是受到了强化,由此形成了小鸡啄米的条件反射。这一实验技术与成果使郭任远跃升为国际上具有特殊贡献的心理学家,他创用的小窗技术被称为"郭窗"(Kuo window)。使用"郭窗"技术,郭任远研究了数千枚鸡蛋胚胎,基于这些观察,他对小鸡胚胎行为发生次序做出了明确描述。伦纳德·卡迈克尔[③](1954)在其主编的《儿童心理学手册》(Manual of Child Psychology)中,对这项工作给予了高度评价。

自1932年至1938年,一系列大标题为《鸟类胚胎行为个体发生学》(Ontogeny of Embryonic Behavior in Aves)的论文相继问世,编号从"Ⅰ"到"Ⅻ"(其

---

① 固定剂:进行微观考察时用的一种保护和使新鲜组织变硬的溶液。
② Kuo, Z. Y. (1932a). Ontogeny of embryonic behavior in Aves: Ⅰ. The chronology and general nature of the behavior of the chick embryo. Journal of Experimental Zoology, 61: 395—430.
③ 伦纳德·卡迈克尔(Leonard Carmichael,1898—1973):美国心理学家、教育家。1921年毕业于塔夫茨大学(Tufts University),1924年于哈佛大学获得博士学位。第二次世界大战之前,曾在布朗大学、普林斯顿大学和罗彻斯特大学讲授心理学,1936年出任罗彻斯特大学艺术与科学系主任。1938~1952年,担任塔夫茨大学校长。1952年被任命为史密森学会(the Smithsonian Institiution)会长。1964年,担任美国国家地理学会(National Geographic Society)副主席。

中Ⅷ和Ⅸ并未公开发表)的多篇论文分别刊于美国《实验动物学》、《比较心理学》、《比较神经学》、《神经生理学》等知名期刊上。在系列发表的文章中,借助"郭窗"技术,基于对千余枚鸡蛋的观察,郭任远追踪研究了小鸡胚胎行为的时序特征,并做出了明确的描述①。因不愿止步于对行为时间序列的被动观察,郭任远将目光投向了对影响胚胎发育各个阶段的因素②以及破壳前行为对破壳后行为影响③的研究。他在1932年发表的文章中指出,由胚胎心跳而来的节律振动是身体运动产生之原因,且躯体之运动又会导致胚胎头部的被动机械动作。伴随头部重量的增加及壳内相关结构的发育,胚胎头部的上下运动会变为一种左右方向的动作;继而,随着胚胎与卵黄囊之间关系的变化,头部的左右运动则最终会受到抑制。

胚胎附肢动作亦为郭任远的观察对象。观察中他发现,孵化期的第7～9天为胚胎羊膜运动期,羊膜的收缩会刺激胚胎的动作。这对后续的胚胎行为发展具有重大意义。由胚胎肇始的主动运动会刺激相对静止的羊膜出现进一步暂时性收缩。这种"你来我往"的相互运动保证了小鸡在此期间内处于不间断的运动之中。因而,胚胎各部分肌肉组织在孵化完成前便已得到训练。立足于以上观察,郭任远指出,任何对小鸡行为发展和神经系统发育之间关系的论断都必须考虑如下一些因素:胚胎形态学上的发育,身体重量的增加,特别是胚胎发育与发育环境之间的关系④。

基于观察,郭任远发现,小鸡胚胎眼球运动始于孵化的第8—9天。而在实验条件下,小鸡眼球对光刺激的反应则是出现在第17—19天。因而,眼反射行为可出现于缺少视觉刺激的条件之下。胚胎对触摸、压力或电击的反应至少出现在孵化的前10天。因此,郭任远提出,每种生理效应器官的反应在孵化完成之前便已处于工作状态,以此佐证其胚胎破壳前行为将对破壳后行为产生影响

---

① Kuo, Z. Y. (1932a). Ontogeny of embryonic behavior in Aves: I. The chronology and general nature of the behavior of the chick embryo. Journal of Experimental Zoology, 61: 395—430.
② Kuo, Z. Y. (1932b). Ontogeny of embryonic behavior in Aves: II. The mechanical factors in the various stages leading to hatching. Journal of Experimental Zoology, 62: 453—483.
③ Kuo, Z. Y. (1932d). Ontogeny of embryonic behavior in Aves: IV. The influence of embryonic movements upon behavior after hatching. Journal of Comparative Psychology, 14: 109—122.
④ Kuo, Z. Y. (1932b). Ontogeny of embryonic behavior in Aves: II. The mechanical factors in the various stages leading to hatching. Journal of Experimental Zoology, 62: 453—483.

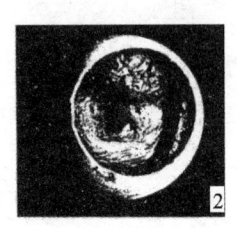

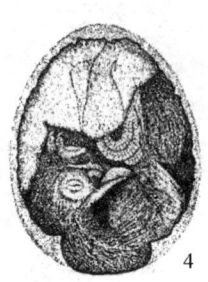

利用"开窗"技术观察鸡胚胎发展

1. 为6天大之鸡胚胎"躺"在蛋黄上。在蛋壳上"开窗"是沿着气室边缘剪开。蛋膜与空气接触后变得不透明,郭任远发现用凡士林涂抹后,就可维持透明,得以观察及拍照;2. 为约13天大之鸡胚胎。由于胚胎体重增加,蛋黄比重也较小,使蛋黄被压迫往蛋尖移动,然后"浮"到胚胎上端,形成胚胎的背逐渐贴靠蛋壳而蛋黄覆盖胚胎的腹面;3. 为横剖面。为19天大之鸡胚胎描绘图。右翅没画出来(应是盖遮头部的)。右翅与头的相对位置,使得孵化前,胚胎之蠕动可使右翅撑起蛋膜,进而使喙更易戳破蛋膜。蛋膜破得差不多之后,颈部才能充分伸张,才能破壳;4. 为纵剖面。

资料来源:http://203.68.20.65/science/content/1987/00100214/images/763a.jpg。

的观点[1]。

对胚胎行为与生理的研究使郭任远跻身一流科学家之列。相对于同时代的心理学者,他是为数不多的为生物学家所熟知的心理生理学工作者。同时在郭任远身上也有不少异于他人的独特之处。在其整个学术生涯中,郭任远身边没有一位真正意义上的"研究生",所有实验研究与论文发表几乎都是由他独立完成。尽管其研究跨越神经系统与行为两大领域,他却只有4篇论文是同他人合作的。1936年及1937年他与T. C. R. Shen合作论文两篇,另一次是1937年与好友卡迈克尔合作,最后一次是1965年与戈特利布的合作。郭任远对同时代的学者产生了深远的影响,其中一些学者同时也是当时具有相当影响力的科学家。例如,著名的比较心理学家雪尼尔拉(T. C. Schneirla)自1935出版的教科书《动物心理学原理》(Principles of Animal Psychology)到其1966年在《生物学评论季刊》(Quarterly Review of Biology)所发表的一篇综述为止,连续使用"郭窗"技术长达30年之久。雪尼尔拉的学生莱尔曼(D. S. Lehrman)于1953年在《生物学评论季刊》上发表了一篇对诺贝尔奖获得者康拉德·洛伦茨本能理论的

---

[1] Kuo, Z. Y. (1932d). Ontogeny of embryonic behavior in Aves: IV. The influence of embryonic movements upon behavior after hatching. Journal of Comparative Psychology, 14: 109—122.

批评性文章,也正是秉承了郭任远早期本能反对论的衣钵。通过雪尼尔拉和莱尔曼的文章,更多欧洲的行为研究者接触到了郭任远的观点与研究工作,这也进一步扩大了他在世界学术界的影响。

<<< 专栏三

小鸡胚胎行为出现序列

卡迈克尔在其编辑的《儿童心理学手册》(1954)中对郭任远于20世纪30年代的小鸡胚胎研究评价颇高。他在书中写道:郭任远的工作应当得到重视,因为这一工作的重点在于环境因素对胚胎行为发展进程所起之决定性作用。

这一时期,郭任远的工作大致可概括为对小鸡胚胎行为首次出现时间的总结。在1932年发表的《鸟类胚胎行为个体发生学Ⅰ》一文中,郭任远总结道:

> 心跳,36小时;头动,66小时;身体移动,66小时;抬头,68小时;低头,70小时;躯干,84小时,转头,70小时;上肢移动90小时;下肢移动,90小时,尾巴,92小时,爪,5日,对电击的反应,6日(胚胎从壳中移出,置于生理盐水中),眼球运动,7日;吞咽,8日;啄食,9日;对触摸的反应(生理盐水中),9日;转身,12日;脖子伸缩,16日,对旋转的反应,17日;发出吱吱声,17日;对光的反应,17日;对声音的反应,18日;对震动的反应,19日;孵化,19日;通常到了20—21日胚胎即会破壳而出。

此外,郭任远还提出了一套与环境因素相关的行为发展理论。在1938年发表的文章中,他将有机体在生理学和行为上的发育归纳为如下10个阶段:① 心脏运动,② 主动的头部运动,③ 躯干运动以及对电流的反应,④ 首次肢体、尾部运动以及首次羊膜收缩,⑤ 转头以及侧弯(lateral flexion),⑥ 6至9日的活动亢进期,⑦ 躯体活动的减少,⑧ 相对平静期(15—18日),⑨ 前孵化阶段,⑩ 孵化行为。

(译自:Carmichael, L. (1954). Manual of Child Psychology. New York: John Wiley & Sons.)

四、行为主义斗士的失败"转型"

在动物行为领域的学术成就毋庸置疑地使郭任远跻身中国近代知名学者之列,但其敏锐而激进的思想又使他有别于同时代的学者,正如他在未公开出版的自传《一位中国学者的自白》(Confession of a Chinese Scientist)一书中所写的"我是'一个决不妥协的强硬派'"。行重于言,郭任远另一独特之处在于,他选择了背离当时留洋知识分子发展的"既定路线",即终其一生投身于科研与教育事业。因学成归国前便已获得很高的学术声誉以及自身的远大抱负,郭任远回国后迅速进入中国大学的行政管理层,且不可避免地涉足政治。然而,郭任远的政治态度,他挑战本能学派时的强悍作风与做事风格,却令他屡屡受挫。

1933年,郭任远作为政府任命的校长二度就职于国立浙江大学,成为该校建校后的第四任校长。郭任远上任伊始便开始推行改革。他响应当时国民政府的号召,对在校学生进行军事化管理,以军事管理代替生活指导,坚持军事操练。学生统一着装,并要求学生在街上遇到对面走来的人都要行军礼。根据曾任职于该校数学系的周茂清教授的回忆以及浙大校史的记述,郭任远的改革并不受欢迎,引起学生们不小的反感。

郭任远的错误政治路线,自然得不到学生与同事们的拥护。首先,农学院院长许璇对郭校长对农学院的一些安排不满,因而未予理睬。郭任远责其抗命,许璇愤而辞职。郭任远转而委派林学家梁希继任院长,偏偏梁希与许璇是至交,拒不接受任命,亦受诘难。随着事件的升级,同院教授金善宝、蔡邦华等60余人同时辞职,一并离开浙大。这在当年成为农学界的一件大事。1935年,因仪器设备购置经费问题郭任远与物理系教员又发生矛盾,以致物理系全系教师在春假时通知校长,从暑期起拒绝受聘,以示抗议。

1935年,随着日军侵华行径步步深入中国内陆,国内政局动荡加剧,学运迭起。痛感"华北之大,已经安放不得一张平静的书桌了"的北平学生,于当年12月9日掀起了一波抗日救亡运动的高潮——"一二·九学生运动"。当日,北平及南京各校学生纷纷走上街头抗议。为了响应"一二·九运动",浙大学生联合杭州学子冒雪游行示威,并准备赴南京请愿,与那里的学生汇合起来。郭任远却在此时紧锁学校大门,禁止学生离校,以抵制学生运动,这进一步激化了他与学生之间的矛盾。12月20日,北京学生"12·16"游行被捕的消息传到浙大,浙大学生愤而决定联合杭州市学联学生一起"冲到南京去"。当晚,在压制激愤的学生未果后,郭任远向政府提供了一份12人名单,军警旋即入校逮捕了这12位学生自治会代表,学校同时也开除了许多同情学生的教员。为赴南京请愿,学生们冲击并占据了车站,在雨中坚持了10小时,最终迫使当局释放了12名被捕学生。然而,学生们刚刚回到学校,作为校长的郭任远就发出了开除学生领袖的布告。浙大学生再一次被激怒了,继而向社会各界发表《驱郭宣言》。冬日的浙大校内,一股"倒郭风暴"已逐步酝酿成熟[1]。

12月21日,学生会召开全校学生大会,通过了举行全校大罢课、不承认郭任远为校长、把他驱逐出校等决议。此举得到了大部分教职工的同情与支持。当日下午,郭任远被迫离开浙江大学。学生会委派代表7人赴南京,向政府教育部等陈述校长郭任远的十大罪状。28日,教育部电告浙江大学,成立以教务长郑晓沧为首的临时校务委员会主持学校校务。

翌年,鉴于校内情况趋于恶化,以及郭任远本人也向南京政府教育部求助,身为浙江籍的蒋介石不得不亲自出面干预此事,于1936年1月22日亲临浙大平息学潮。在向学生发表讲话之后,蒋介石决定请竺可桢[2]出任浙江大学新一任校长,替换郭任远。

<<< 专栏四

竺可桢看郭任远浙大治学

1936年3月9日,星期一

(南京)

晨七点起。八点一刻至所。接杭州郑晓沧寄来《浙江大学概况》,中述浙大

---

[1] 杨达寿(2007). 浙大的校长们. 北京:中国经济出版社, 95.
[2] 竺可桢(1890—1974):字藕舫,卓越的科学家和教育家,当代著名地理学家和气象学家,中国近代地理学的奠基人,中国科学院学部委员。1936年出任浙江大学校长直至1949年北上筹建中国科学院。中华人民共和国诞生后,他担任中国科学院第一任副院长,同时担任中国科学技术协会副主席,中国气象学会理事长、名誉理事长,中国地理学会理事长以及中国科学院生物学、地学部主任等职。

成立经过情形,于郭任远任内各项工作叙述甚详。大致郭任内重要政绩在于增加军训,使学生生活军队化;于杭城太平门外购地千亩为新址基础;改变内部组织,如农学院之分系不以畜牧、农艺等名称,而用农业动物、农业植物等等。此三者自以第一着为最重要,但因此连带及于大学之目标。办大学者不能不有哲学中心思想,如以和平相号召,则根本郭之做法即违反本意。余以为大学军队化之办法在现时世界形势之下确合乎潮流,但其失在于流入军国主义,事事惟以实用为依归,不特与中国古代四海之内皆兄弟之精神不合,即与英美各国大学精神在于重个人自由,亦完全不同。目前办学之难即在此点。郭之办学完全为物质主义,与余内心颇相冲突也。此外浙大尚有数点应改良:课程上外国语文系有七个副教授,而国文竟无一个教授,中国历史、外国历史均无教授;其次办事员太多,薪水当在每月万元左右;一年级学生即分别系科亦嫌太早也。

(摘自:竺可桢(2006). 竺可桢日记. 上海:上海科技教育出版社.)

>>>

作为一所根基雄厚的国立大学校长,郭任远在政坛与学堂之间实是无术妥帖圆通。作为南京国民党政府任命的"空降"校长,他按国民党旨意所推行的严格军事化管理,以及对学生运动所表现的反动立场,使他在行政管理上屡屡碰壁,更使他疏离了学生与同事。步履维艰的困境,加之此时接到导师托尔曼的邀请,郭任远只得于1936年离去,二次踏上了赴美国之旅。

五、在美国的行为研究

1936年,郭任远离开了浙江大学,但其卓著的学术成就在美国科学界仍有很大的影响。他的博士生导师托尔曼教授十分支持他的观点,并为他谋得了教职。因而,郭任远决定重返美国。赴美第一站乃是他的母校加利福尼亚大学伯克利分校,在那里他受邀开设心理生理学讲座。在托尔曼再次协助下,郭任远恢复了他在13年前放弃的博士学位候选者身份,学校补发了他的哲学博士学位。1937年至1940年,他先在罗彻斯特大学,依次再至耶鲁大学奥斯本动物实验室(Osborn Zoological Laboratory of Yale University)、华盛顿卡内基研究所进行胚胎学研究,并赴英国、加拿大等国家开设讲座并开展研究工作。

1936年7月郭任远与日后成为罗彻斯特大学心理学系主任的伦纳德·卡迈克尔相识,并成为好友。卡迈克尔一直欣赏郭任远的工作。此后二人一直保持通信,虽然由于第二次世界大战使他们暂时失去了联络,但战后随即恢复的交往一直保持到了1970年郭任远去世。卡迈克尔是郭任远又一位"命中贵人"。1937年,在他的邀请下,郭任远赴罗彻斯特大学就任教职,这部分解决了郭任远的科研经费问题,他向郭任远提供了科研仪器的支持;二人还合作摄制一部记录活体小鸡胚胎研究的电影资料,这在当时是很先进的技术了。也是在卡迈克尔的协助下,郭任远随后申请到了耶鲁大学奥斯本动物实验室的研究基金。

在耶鲁大学工作期间,当时学术界所盛行的行为发展理论是乔治·考格希(George Coghill)基于蝾螈胚胎研究提出的观点:"整体反应"模式先于"部分反应"的发生,即部分模式是由早期的整体模式分化而成。例如,只有在躯干动作出现后,翅膀的动作才会出现。这一发现被称为"考格希顺序"(Coghillean sequence)。而郭任远认为考格希的观点缺乏对环境因素的考虑,指出考格希忽略了伴随神经元系统改变的生理与新陈代谢的变化。一贯凸现反抗精神的郭任远为了摆脱日后流行于学术界的本能理论与尝试错误学说带来的束缚,提出了一个全新的"行为梯度"(behavior gradient)概念。在郭任远看来,本能理论与尝试错误学说中所涉及到的概念使人们远离了对行为的正确理解,而"行为梯度"能够纠正这些误解。

然而,郭任远投身科研的热情并没有为他在美国赢来一份稳定的教职。1938年他平静地接受了这一现实,并开始筹划再次回国事宜。然而,此时卡迈克尔从洛克菲勒基金会为他争取到了一笔资金支持,以及在华盛顿卡内基研究所的乔治·斯特里特(George Streeter)实验室的工作。

1939年郭任远发表了3篇以《胚胎神经系统的生理学研究》(Studies in the Physiology of the Embryonic Nervous System:Ⅰ—Ⅲ)为题的论文。在其中一篇文章中,郭任远以乙酰胆碱与行为肇始之间关系为例说明其所持观点。基于实验观察,他写道:第一个真正由神经系统决定的反应行为只有在乙酰胆碱被检测到之后才会发生。乙酰胆碱作为一种与行为出现关系最为密切的化学物质,早在孵化开始后的第$2\frac{1}{2}$日,即胚胎出现任何动作之前,便能够在组织内被检测到,且该神经递质的出现早于任何突触的形成。这一发现揭示了化学媒介在决定行为肇端方面不容忽视的作用及深入研究的价值。但令人惋惜的是,受第二次世界大战影响,郭任远被迫在1939年中止了其研究活动,"行为梯度"这一概念又是经历了35年之后才进入了人们的视线[1]。尽管卡迈克尔对郭任远给予了可谓尽心尽力的帮助,但长期"不安定的动荡"环境令郭任远感到了些许疲惫与厌倦。在给卡迈克尔的若干信件中他写道:我渴望安稳,以便有时间书写实验报告,并等待适当的回国机遇。

1940年,在时任复旦大学教员的胡寄南邀请下,郭任远由美国来到了重庆。这时重庆已是抗战时期的国民政府陪都。郭任远回到复旦大学不久,再次发挥所长,在重庆北碚创建了"中国心理、生理研究所",并出任所长。同年,应郭任远之请,卡迈克尔诚邀《心理学通报》(Psychological Bulletin)编辑约翰·麦古(John McGeoch)以及《科学》杂志(Science)编辑詹姆斯·麦基恩·卡特尔(James McKeen Cattell)分别在这两份重量级学术刊物上登载中国心理、生理研究所成立的公告,两位编辑欣然应允。但是,由于太平洋战争的爆发以及随后郭任远的欧美外交之旅等诸多因素,"中国心理、生理研究所"的工作中心及设备均在美国,国内只留一办事处。因而在国内的研究工作未得充分开展,研究员亦仅胡寄南一人,几无成果问世,以致该所影响范围颇为有限。最终该研究所随着创立人郭任远1946年旅居香港而不复存在[2]。

1940年,郭任远第二次正式离美,宣告了他作为一名活跃于科研一线学者身份的终结。此后的三十余年间,除1963年曾协助戈特利布完成部分小鸭胚胎实验方法电影制作工作外,郭任远再也没能有机会在实验室中开展他的研究。

六、文化交流,不成功的使者

由于厌倦了在美国飘忽不定的生活,郭任远早在1938年便已萌生归国之念。在当年3月的一封信中,他向卡迈克尔说道:"中国政府的一名外交特使(此

---

[1] Gottlieb, G. (1972). Zing-Yang Kuo: Radical Scientific Philosopher and Innovative Experimentalist (1898—1970). Journal of Comparative and Physiological Psychology, 80(1): 1—10.

[2] 赵莉茹(1992). 心理学动态:中国现代心理学的起源和发展. 北京:中国科学院心理学研究所.

人并非当时中国驻美大使)与我取得了联系。鉴于日军的侵略以及国共持续恶化的两党关系等国内不稳定因素,他建议我留在美国。但是,如若我这般做了,战后便也无法再返回了。且我所建立的声望也将一去不复返。"在另一封信中,郭任远更是开玩笑称,此次回国后"不成功则成仁"(To be a big shot or to be shot)①。1938年7月,郭任远曾有一次为期6个星期的中国之行。根据布洛尔斯(Geoffrey H. Blowers)的记述,此行大抵是出于家族内部的原因。返美后,郭任远又在信中向卡迈克尔讲道:"当我抵达汉口,有人和我说,一份位高权重的政治工作正等着我。当然,我笑而拒绝了:'抱歉,我不能去。'"②

正式回国后的1940年末,郭任远开始了在重庆的生活与工作,而此时的重庆已是国民党政府指挥抗日战争的中心。在创建中国心理、生理研究所后不久,他再次致信卡迈克尔,称自己即将开始一趟始于英格兰的讲学之旅,1941年春会途经美国。1941年3月23日,郭任远抵达美国。他此行担负着中国教育部所赋予的使命,即与多所美国大学的校长取得联络,以便为更多的中国赴美留学生争取可能的经济援助。在信中,他向卡迈克尔描绘了自己的新角色,并请他促成自己与东海岸若干大学校长的会面。郭任远在信中强调了此行的重大意义:

> 推心置腹地说,我得到了蒋委员长100%的支持。他对我此次出访给予了高度重视,叮嘱我政府业已做好充足准备,随时可在我的举荐下为所有致力于发展中美两国文化交流合作的美国教育者授予勋章。教育部长、中央研究院(Academia Sinica)院长与蒋保持着极为密切的关系,是为数不多为蒋所倚重的官员,而恰巧他又与我是好友。我私下与你说,这是你作为一名教育者扬名国际的良机③。

尽管卡迈克尔为郭任远安排了与多位校长的会面,然而,此行却未能从英美两国各大学募集足够的资金用以在海外大学培养中国学生。那时卡迈克尔就职于美国陆军部(War Department),开展"国家科研与专业化人员储备"(National

---

① 郭任远致卡迈克尔,1938年4月29日。Blowers, G, H. (2001). To be a big shot or to be shot. History of Psychology, 4(4): 367—387.
② 郭任远致卡迈克尔,1938年7月30日。来源同上。
③ 郭任远致卡迈克尔,1941年3月31日。来源同上。

Roster of Scientific and Specialist Personnel)项目,其工作是与同事组成一支团队,使用问卷量表(questionnaires)等工具采集数据,以确定美国人群拥有哪些不同技能,以及接受技能培训的相对程度如何。卡迈克尔询问郭任远是否有兴趣使用这类工具在中国完成一些与此相似的项目。鉴于卡迈克尔与美国国会的关系,在中国开展这工作是完全可行的。郭任远以相当大的热情采纳了卡迈克尔的建议,将其归入提交重庆政府的报告之中。这一设想最终成形,即在美国国务院的主持与资助下开展一项名为美中文化合作理事会(American Council for Cultural Cooperation with China)的计划。然而,原本筹划要召开的计划宣讲会却因1941年9月郭任远赴英在英国科学促进协会(British Association for the Advancement of Science)报告一篇论文以及会晤当地几所大学校长而搁置了。

郭任远英国之行得到了当时驻英国大使顾维钧(Wellington Koo)的帮助,由他促成了郭任远与英国教育部长理查德·巴特勒(Richard Butler)的会面。郭任远于1942年1月返美,并收到了美国国会文化关系委员会(Cultural Relations Division)负责人查尔斯·汤普森(Charles Thompson)的来信。汤普森在信中称,他正在考虑"将多个对中国感兴趣的私立机构代表召集一处",以期助力中美交流。这些机构包括了大学、图书馆以及基金会等。由此看来,美方对郭任远的提案给予了认真的思量。

到此为止,郭任远的政治前途一片大好,似乎难以与他1946年远避香港联系起来。他为什么最终选择了香港,而非自己友人颇多的美国,亦非曾对他"给予100%支持"的蒋介石所在的台湾?这一切背后的来龙去脉现在可能已无从可考,但10年后的郭任远自传——《一位中国学者的自白》——第8章中所披露的内容也许有助于回答这些问题。根据书中所述,在那时的中国行政体系下,郭任远当年颇多行为都被视为严重越级,其中不少行动已超出了政府所指定的工作范畴,从而导致了政府对其资金支持的缩减,以及官职的贬谪。

作为一名学者,郭任远不畏权威,文笔犀利,论点鲜明,虽被称为"极端的机械论者",但学术上建业颇丰,且历史也证明其观点的启蒙作用;而作为一名从政者,郭任远并不成功。虽然他在美国学术界拥有相当的影响力,但他最终未能完成中美教育大使的使命。此处,我们不得不提及另一位世所公认的伟大科学家——巴甫洛夫。同为对动物行为有所涉猎的研究者,可谓术业有交叠,尽管郭任远并不认同巴甫洛夫的行为研究方法与观点,但他对巴甫洛夫的钦佩之情却溢于言表。在20世纪早期的十月革命与政治漩涡里,巴甫洛夫力保科研不断的能力实是令他钦佩。然而,理想与现实却并没有在郭任远身上得到统一,在30~40年代风雨飘摇的中国,一贯"强硬派"的他既没能继续自己的研究,最终也没有取得政治上的成功。

七、旅居香港,不辍科研

1945年抗战胜利。当时,人们一方面欢庆胜利,一方面又忙于将政府部门及文教机构由后方迁回北方和沿海城市。国家百废待兴,亟待建设。然而,政治上的失意、溃疡病的困扰以及戈特利布在纪念郭任远文章中所提及的"预见到国内可能爆发的国共内战",种种这些使得此时的郭任远并不想留居中国内地。1946年,他与第三任妻子离开内地,迁往香港。这一年他48岁,直到1970年去世,郭任远也没能再次回到内地。

到达香港的郭任远没有正式参与任何全职工作,而是专注于撰写他的自传,这项工作一直持续到了1953年底。在托尔曼的举荐下,他为出版自传找到一位出版商。虽然托尔曼一度对出版所需的花费表示出忧虑,但在给郭任远的信中仍然持鼓励态度:"看起来,这恰是应此时出版的文书"。然而,对该书出版的努力最终以纽约基本书业(Basic Books)出版社的委拒而告终。

20世纪50年代中期,虽然他的夫人已是香港九龙医院(Kowloon Hospital)一位颇为成功的医生,一家人在香港可说是衣食无忧,但此时郭任远开始考虑重入职场。然而,手握卡迈克尔推荐信的他却未能于香港大学谋得教职。当时香港大学还没有建立心理学系,香港中文大学则尚未成立。但这并未阻止郭任远继续前行。50年代末,他开始考虑返回美国工作。这一次他的兴趣指向的是社会问题,而非自己所长的动物实验领域。1958年哈佛大学的人类学家克莱德·克拉克洪(Clyde Kluckhohn)在访港途中与郭任远进行了一次短暂的会面。郭任远采纳了克拉克洪的建议,在卡迈克尔的协助下寻求福特基金会的资金支持,不走运的是,该申请并未取得成功。就在此时,郭任远首次表达了出版一本关于中国人人格特征书籍的强烈欲望。在给卡迈克尔的信中他这样写道：

> 西方人好似未有途径了解中国人之精神状况，这是造成英美两国政府在处理国民党与共产党事务时犯下许多致命性错误的主要原因。①

郭任远科研方向上的转变与社会心理学者罗伯特·古德诺（Robert Goodnow）不无关联。古德诺的研究兴趣在于中国人的知觉功能以及思维概念的形成，这些工作在美国获得了资金支持。古德诺计划以香港人群为样本采集数据，用于与他早前在康奈尔大学对美籍华人的研究结果进行对比。1959 年，卡迈克尔致信郭任远，希望他能与古德诺合作，协助其完成收集数据工作。作为交换，郭任远有可能获得人类生态学基金（Human Ecology Fund）的援助，以促其个人科研。古德诺亦鼓励郭任远提交基金申请。1959 年晚些时候，古德诺到港后，在郭任远的协助下，通过当地媒体扩大了其研究项目在香港的影响；古氏夫妇旋即也与郭氏夫妇成为了朋友。不久，古德诺致信人类生态研究会（Society for the Investigation of Human Ecology）的执行干事詹姆斯·门罗（James Monroe），以助力郭任远的申请。郭任远此次与古德诺合作的项目与他此前所有的研究全然不同，尽管卡迈克尔在 1959 年 5 月的信中表达了对申请的忧虑，并建议郭任远将动物研究囊括入本次科研基金的申请，但郭任远拒绝了老朋友的好意，决意"向西方人展现中国人精神状态之全貌"②。他在回信中写道，我所关注的即影响中国人思想的历史因素分析，以及目前在大陆成为主流的"中国文化新形态，以及中国人新思维"③。

20 世纪 60 年代是郭任远又一个高产的时期。除去对大量移居香港的中国人群的访谈，郭任远将自己 30 年来关于动物争斗行为的研究成果公之于众。在卡迈克尔的助力下，这批论文绕过了常规的评审过程，如前文所述于 1960 年发表在了由卡尔·默奇森（Carl Murchison）担任主编的《发生心理学杂志》之上。

---

① 郭任远致卡迈克尔，1958 年 11 月 3 日。Blowers, G, H. (2001). To be a big shot or to be shot. History of Psychology, 4(4): 367—387.

② 郭任远致卡迈克尔，1959 年 5 月 20 日。来源同上。

③ 1959 年 5 月，郭任远准备提交人类生态学基金会的基金申请书初稿名为《中国人心理之形成与变化》。当年 10 月，提交该基金会的申请书定稿名为《一项关于中国人特定行为特征的研究》(A Study of Certain Behavior Characteristics of the Chinese)。

尽管此前相当长一段时间他在学术界销声匿迹，且15年未能再入实验室深入其研究，但这批论文的面世再次引发了学者们的兴趣。论文发表后的一两年中，人们开始将注意投向郭任远研究中有价值的发现。又是通过卡迈克尔，一本儿童发展专著的作者西莉娅·斯滕德(Celia Stendler)与郭任远取得了联络，她希望在该书的二次修订版中加入郭任远的2篇文章。最终，其中的一篇以《动物如何通过适当环境控制对抗先天反社会倾向》(How Animals Can be Immunized Against Innate Antisocial Tendencies by the Appropriate Control of Environmental Conditions)为题被编入了《儿童行为选读》(Readings in Child Behavior)一书中。

对郭任远的关注的目光中还有来自吉尔伯特·戈特利布[①]的。戈特利布可称得上郭任远的第三位"贵人"。由于给自己"留下了深刻印象"的那些论文，戈特利布决定为郭任远筹集经费，以资助他参加1960年于华盛顿召开的"国际心理学与动物学大会"(International Congresses of Psychology and Zoology)。不久一封官方邀请函送抵郭任远手中，然而此时的他正忙于中国人国民性的研究项目，并不确知自己能否出席会议。在大会组委会与人类生态基金会双方的资金保障下，最终郭任远成功出席本次大会。与此同时，戈特利布正忙于申请美国国家科学基金会(National Science Foundation)的资助，此次申请基金的目的在于，制作一部影片，记录郭任远用以完成小鸡胚胎活体研究技术。戈特利布自然希望郭任远参与其中，因而在申请书中一并为郭任远争取了为期2个月的赴美工作机会。戈特利布当然知晓郭任远与卡迈克尔当

1963年，郭任远指导戈特利布"郭窗"技术
资料来源：http://203.68.20.65/science/content/1987/00100214/images/763b.jpg.

[①] 吉尔伯特·戈特利布(Gilbert Gottlieb, 1929—2006)，美国发展心理学家。1955年于迈阿密大学(University of Miami)获得学士学位；1956年于该校获得硕士学位。1960年，戈特利布在杜克大学(Duke University)完成博士学习，专业方向为临床心理学。1959年完成博士论文之后，戈特利布作为临床心理学家就职于多萝西娅·迪克斯医院(Dorothea Dix Hospital)。1961年进入当时新成立的北卡罗来纳精神健康处下属科研部开始研究工作。1982年，戈特利布出任北卡罗来纳大学(University of North Carolina)心理学系主任；1995年，任该校心理学系与发展科学中心教授，直至2006年逝世。

年曾制作一部关于小鸡胚胎的黑白纪录片。然而,事有凑巧,本次申请的评审人正是卡迈克尔。为了确保申请的成功,戈特利布在申请书——《鸟类胚胎行为个体发生学:影片分析》(Ontogeny of Embryonic Behaviour in Aves: Motion Picture Analysis)中强调了拍摄此片的重要价值:"一部彩色纪录片的教学价值远远超出了其制作及发行成本。"郭任远在美期间,戈特利布同时安排郭任远在多所大学开设讲座并参与学术会议。虽然郭任远表现出开设中国国民性研究讲座的意向,但是在美的多数活动依旧围绕着他的"本行"——比较心理学。

1963年,郭任远致信卡迈克尔,他写道:现在有不少发行商对我"两本关于中国人人格"的书籍表现出"高度的热情与兴趣";兰登书屋(Random House)的一位编辑也与我取得了联系,希望能将我的工作集结出书[①]。这些建议于几年后付诸实际。1967年,纽约普兰姆出版社(Plenum Press)出版了《行为发展之动力形成论》(Dynamics of Behavioral Development),该书汇集了郭任远早年的实验研究,并以丰富的事实较完善地阐述了他关于行为发展的理论:对某一行为的了解,必须同时兼顾解剖学、生理学、个体的发展史及行为当时的环境状况;任何谈论行为的理论,若没将上述诸项全部考虑进去,都不算是完美的行为理论。书中郭任远依旧表现出他一贯的反抗精神,不但对诺贝尔奖获得者洛伦茨所倡导的用自然观察法研究动物习性学给予激烈抨击;且对大名鼎鼎的新行为主义者赫尔(C. L. Hull)与斯金纳提出的动物学习理论也大不以为然,称他们是"误入极端"的行为派,无法了解到行为的全貌。此书一经问世便在西方校园激起了一股不小的波澜。然而20世纪60年代郭任远所醉心的乃是其中国国民性的探索,更希望将这一时期的研究成果集结出版。

时间转眼到了1966年,郭任远将自己的想法与其中国国民性的研究成果整合于自传《一个中国学者的自白》中,最终诞生了一本名为《中国人行为之剖析》(The Anatomy of Chinese Behavior)的书稿。郭任远身故后,美国学术出版社(Academic Press)曾有意出版此书,但考虑到书中涉及一些敏感话题,最终还是放弃了。

---

① 郭任远致卡迈克尔,1963年9月22日。Blowers, G, H. (2001). To be a big shot or to be shot. History of Psychology, 4(4): 367—387.

1970年8月14日,郭任远于香港因病逝世,终年72岁。香港各界举行隆重追悼会,香港大学校长在悼词中说:"任远先生为世界知名心理学家,先生不幸逝世,乃世界心理学界和本港一大损失①。"消息传到美国,戈特利布亲自撰写了专文《郭任远——激进的科学哲学家和富有创新精神的实验者》(Zing-Yang Kuo: Radical Scientific Philosopher and Innovative Experimentalist),刊于美国著名的心理学杂志《比较生理心理学》,以纪念这位成就卓越的中国朋友。"郭任远先生的胚胎研究及其学说,开拓了西方生理学、心理学新领域,尤其是对美国心理学的新的理论研究开了先河,有着不可磨灭的贡献②。"

八、结束语

作为少数几位能够真正走入西方现代学术殿堂并在学术史上留下自己一抹亮色的中国人,郭任远终其一生都在倡导一种科学的心理学,无论他提倡行为学派心理学、反对本能、反对心理学上的遗传,或者攻击各种心理学上的"概念",究其根本,所做的均是"在排斥一种反科学的心理学,以致不使非科学的谣言重污心理学之名;是在努力做一种清道的功夫,把心理学抬进自然科学——生物科学——之门"③,完全用严格的科学方法来研究它。此举虽有片面之嫌,却不能抹杀其学术观点对中国心理学界的启蒙之功。

面对这样一位风格强硬的行为主义学者,人们当如何看待他的一生?对抗权威的学生、激进的学者,还是站在革命对立面的不成功政客?正如莎士比亚所说,一百个人心中有一百个哈姆雷特。人们在拜读郭任远辉煌的学术成就时,也许会淡忘他的失败政治生涯;而在审视他惨淡政治生涯时,更可能会忽略其非凡的学术成就。对于郭任远而言,"担当生前事,何计身后评"也许是他强硬风格的最佳写照。

成也?败也?是非功过自有后人评说。然而,对这样一位杰出学者生命中某一段轨迹或有意或无意的忽略,也许都是对他的不公允。

---

① 郭亨渠(2008). 潮籍心理学家郭任远. 汕头日报,1月23日.
② Gottlieb, G. (1972). Zing-Yang Kuo: Radical scientific philosopher and innovative experimentalist (1898—1970). Journal of Comparative and Physiological Psychology, 80(1): 1—10.
③ 百度百科.

B.F. 斯金纳

B. F. 斯金纳年表图

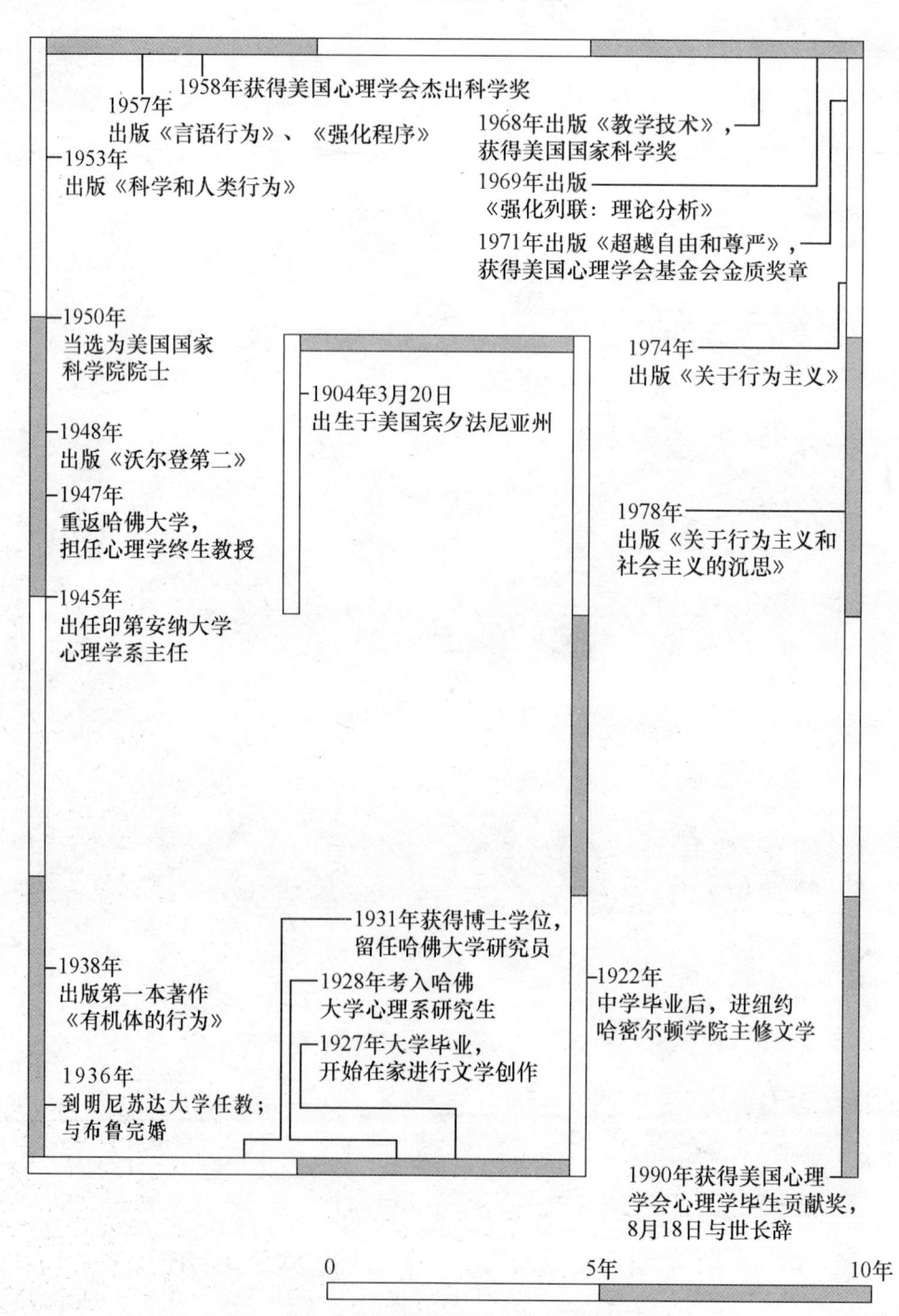

- 1958年获得美国心理学会杰出科学奖
- 1957年出版《言语行为》、《强化程序》
- 1953年出版《科学和人类行为》
- 1968年出版《教学技术》，获得美国国家科学奖
- 1969年出版《强化列联：理论分析》
- 1971年出版《超越自由和尊严》，获得美国心理学会基金会金质奖章
- 1950年当选为美国国家科学院院士
- 1904年3月20日出生于美国宾夕法尼亚州
- 1974年出版《关于行为主义》
- 1948年出版《沃尔登第二》
- 1947年重返哈佛大学，担任心理学终生教授
- 1945年出任印第安纳大学心理学系主任
- 1978年出版《关于行为主义和社会主义的沉思》
- 1931年获得博士学位，留任哈佛大学研究员
- 1928年考入哈佛大学心理系研究生
- 1927年大学毕业，开始在家进行文学创作
- 1938年出版第一本著作《有机体的行为》
- 1922年中学毕业后，进纽约哈密尔顿学院主修文学
- 1936年到明尼苏达大学任教；与布鲁完婚
- 1990年获得美国心理学会心理学毕生贡献奖，8月18日与世长辞

0　　　　5年　　　　10年

伯尔霍斯·弗雷德里克·斯金纳(Burrhus Frederic Skinner, 1904—1990),是新行为主义的代表人物。他将自己超强的动手能力与对行为主义的信念完美结合起来,不仅用自己制造的"斯金纳箱"进行实验,提出了与巴甫洛夫经典条件反射理论齐名的操作性条件反射理论;还积极倡导将行为主义理论应用于生活实践。他用实验证明鸽子也"迷信";他为自己的家庭建造了两个生活式的"斯金纳箱"——他的小女儿的育儿箱和自己老年时的书房;他甚至试图用行为主义的理论来构建适宜人类居住的"理想国",来重新解释人类的自由和尊严。为此他在心理学界和普通大众中都是声名远扬:1971年,《时代周刊》将其誉为当代尚存于世的最具影响力的心理学家;2002年,《心理学评论》杂志列出20世纪100名最著名的心理学家中,他又名列榜首。斯金纳一生对行为主义心理学的信仰从来没有改变过:无论是行为主义风起云涌时,还是行为主义四面楚歌时,他都坚定而执著地将行为主义进行到底。斯金纳去世时,后人对他的哀悼是:"行为主义的最后一杆大旗倒下了。"

一、生平

1. 少年时期——顽皮、探险、小小发明创造

1904年3月20日,斯金纳出生于美国宾夕法尼亚州的一个铁路小镇萨斯奎哈纳(Susquehanna)。他的祖父是英国人,早年即来美国谋生;父亲是一名律师,母亲则是一位聪明、美丽的家庭妇女。斯金纳描述自己的家是一个温暖而又稳定的中产阶级家庭。

斯金纳从小就活泼好动,调皮捣蛋,我行我素,不愿受到任何束缚。在他上学后,他的这种性格特点展现得淋漓尽致。他是这样描述自己的学校生活的:

> 我从未适应过学生生活……在我入学第一年末,我写过一篇文章,抱怨这个学校强迫我遵循种种不必要的要求(例如每天做祷告),其实大多数学生在理智上对这些要求都不以为然。在四年级时,我就公开造反了。(Skinner, 1967, p.392)

自此,斯金纳开始编导出一系列的恶作剧。最有意思的一次是,刚上四年级,他和几个同学无中生有,贴出海报,通知镇上居民电影明星卓别林某日将莅临学校演讲。结果海报被当地一份报纸刊发宣扬,引起全镇轰动。那日许多人驱车赶到学校,而一大群孩子则聚集到车站站台准备欢迎大明星的到来,其结果可想而知。此事使得舆论界哗然,对斯金纳所在学校进行了强烈谴责和猛烈攻击,令校长十分恼火。甚至到毕业的那一天,斯金纳还和其他几位同学把挖苦教员们的漫画贴满了教室墙壁。本来他们还打算大闹毕业典礼的,后来校长找到他们,严肃地警告他们若再不安定下来就不给他们颁发毕业证书,这场闹剧才得以平息。

斯金纳调皮好动,这也使得他总是把对探险和发明创造的喜爱落实到行动上。他15岁时曾与几个小伙伴驾独木舟沿河而下,漂流300英里。他还试制过简易滑翔机,曾把一台废弃锅炉改造成一门蒸汽炮,把土豆和萝卜当炮弹发射到邻居家的屋顶上。斯金纳小时候制作的复杂小玩意儿不下十几种,包括小推车、雪橇、木筏、弹弓、弓箭、陀螺,使用橡皮筋推动的模型飞机,盒式风筝和能驱动飞

上天的竹蜻蜓等,他还用了好几年的时间设计永动机,当然没有成功[①]。有一段时间,他母亲极力要他养成起床后挂好睡衣的习惯。每次他吃早餐时,他母亲就跑到楼上检查他的卧室,然后叫他立刻上楼挂睡衣。如此连续数星期,斯金纳实在是受不了,就设计了一个特别的连线拉钩,要是他起床后没有把衣服挂上,出房间时门前就会出现一个与拉钩相连的纸牌,写着"把睡衣挂好!"

这些个人特点对他日后创造学术新思想和发明新器具是很有帮助的。他在成年后设计的婴儿摇篮、教学机器、研究所用的"斯金纳箱"以及策划军鸽控制导弹的行动无不得益于他小时候的这些特点。有人甚至想,如果斯金纳不是决定投身于心理学,说不定还能成为一个像爱迪生一样的发明家呢。当然,我们更庆幸他最后选择了心理学,要是没有他,操作性条件反射理论能否有如此大的影响都是一个疑问。

2. 青年时期——从文学到心理学

1922年,斯金纳进入纽约哈密尔顿学院(Hamilton College)主修英国文学,企望成为一名作家。他偶尔写一些小文章,投给小报和杂志。诗人福斯特(Robert Frost)曾在信中对他的若干短篇小说很是赞赏,认为他具有文学天赋,这坚定了斯金纳从事文学创作的决心。1926年他从哈密尔顿学院毕业后打算花一两年的时间练习写作,创作完成一部伟大的美国小说。他在阁楼里辟了一间书房,订了许多文学杂志,阅读世界名著,甚至开始使用烟斗抽烟,以便使自己看起来像个真正的作家。偶尔,他也制造一些轮船模型,弹弹钢琴,听听当时刚发明的收音机,过着一种自由散漫的生活。可惜的是,他并未写出什么有价值的东西来。如此生活不到一年,他对文学创作的兴趣就消失殆尽,甚至想去看精神医师了。这时他的父亲试图劝说他改从律师行业,他不喜欢就借故跑到纽约的格林威治村,在那里晃荡了六个月,之后又到欧洲过了一个夏天,至此他决定放弃文学。有人认为他放弃文学的原因是因为觉得他自己没有什么重要的东西要说的了,而他自己对此并不认同:

---

① Vargas, J. S. (2004). A daughter's retrospective of B. F. Skinner. The Spanish Journal of Psychology, 2: 135—140.

我是因为没有什么重要的东西要说的了而没能成为一个作家,但是我不接受这种解释。也许是文学本身有问题,……,一个作家也许能准确地描述人类的行为,但是他并不理解它。我依然对人类行为感兴趣,只不过文学研究的方法并不适合我,我需要用科学的方法。……这种科学的方法就是心理学。(Skinner, 1976, p.7)

虽然对文学的追求为期不长,但斯金纳也并非一无所获。他不仅发表过一些短文,更重要的是,练习写作使他在心理学的学术生涯中笔耕不辍,屡有著作出版,成为少见的多产心理学家。换句话说,斯金纳从事文学创作的经历虽然短暂,但至少使他成为一个善于表达的人。

文学梦破灭之后,斯金纳开始对心理学发生兴趣。他曾在哈密尔顿学院选修过生物学、胚胎学和解剖学等课程,并在生物学教师的指导下阅读了洛布(Jacques Loeb,1859—1924)的《脑生理学和比较心理学》、巴甫洛夫的《条件反射演讲集》等著作,这些都与他走上心理学的道路有一定关系。此外,他从文学转向心理学与英国哲学家伯特兰·罗素[①]也颇有一段渊源,他订阅的文学杂志上经常刊载罗素的文章,这些文章引导他阅读了1925年罗素著述的《哲学原理》一书,书中罗素花了不少篇幅谈论华生的"行为主义",正是这部著作使斯金纳决心用心理学代替文学的位置。多年以后,当斯金纳告诉罗素他对行为主义感兴趣的缘由时,罗素惊呼:"天啊,我一直以为那些文字已经铲平了行为主义!没想到竟引出了一个更大的行为主义。[②]"

1928年的秋天,斯金纳考入哈佛大学攻读心理学研究生学位,师从当时著名的心理学家波林。知道自己的心理学基础比别人差,斯金纳为自己制定了一份严格的作息表,主要内容如下:

[①] 罗素(Bertrand Russell,1872—1970),英国著名哲学家、数学家、逻辑学家,分析学的主要创始人,世界和平运动的倡导者和组织者。他还获得过诺贝尔文学奖(获奖作品《婚姻与道德》)。1920年应中国讲学社和北京大学联合邀请,于当年9月来华访问讲演,任北京大学客座教授,在上海、南京、长沙、北京等地作了多次讲演。内容涉及:(1)哲学问题,(2)数理逻辑,(3)物的分析,(4)心的分析,(5)社会构造论。直到1921年7月告别中国,其讲稿《罗素五大讲演》和另外七部著作都在中国翻译出版了。

[②] 罗素本人对行为主义的评价有褒有贬,他在《我的哲学之发展》(温锡增译,商务印书馆,1982)中曾经说过这样一段话:"有一个领域,其中已经有了大量精确的实验知识,那就是巴甫洛夫观察狗的条件反射。这些实验产生了一种哲学,叫做行为主义,曾经十分流行。这种哲学的要点是,在心理学里,我们要完全依靠外部的观察,而决不承认完全根据内省得来的材料。就一种哲学来说,我从来不愿意接受这种意见。但是当做一种方法尽量来采用,我认为是有价值的。我预先就决定我要尽可能推行这种方法,同时仍然相信它是有限度的。"

六点起床,学习到吃早点,然后到教室、实验室和图书馆,一天之内不列入作息时间表的时间不超过十五分钟,一直学习到晚上九点整,然后去睡觉。不看电影或比赛,也很少听演奏会,几乎没有任何约会,除了专攻心理学和生理学外,什么也不读。(Skinner,1979,p.5)

斯金纳从散漫毫无规律可言的生活一下子转入严格得近乎刻板的生活,这一点当真让人佩服。他将这份作息表坚持执行下来,并持续了近两年的时间。利用这段时间,他广泛吸收心理学的营养,弥补了自己心理学基础薄弱的不足。这段时间所做的一切也为他以后如日中天的行为主义事业奠定了坚实的基础。

但是,20世纪20年代的哈佛大学还是内省心理学的天下,而与华生提倡的行为主义相去甚远,这无疑让斯金纳有点失望。除了刻苦学习外,1929年在哈佛大学医学院召开的国际生理学大会是让斯金纳最感兴趣的事了。这是斯金纳刚到哈佛大学的第二年,他在会上聆听了巴甫洛夫的演讲,并对条件反射概念产生了浓厚的兴趣,他还向巴甫洛夫索要了一张亲笔签名的照片留念。斯金纳受到巴甫洛夫的启发很大,此后他越来越倾向于行为主义,对非行为主义的观点不屑一顾,他的博士论文《行为描述中的反射概念》(1931)就是一篇行为主义之作。在进行他的博士论文答辩时,人本主义心理学的先驱人物奥尔波特(F. H. Allport)请他概括一下反对行为主义的意见,他当时竟然一条也想不出来。

<<< 专栏一

斯金纳的中国朋友

尽管在其研究生阶段斯金纳专注于学习,但他还是在有限的空间时间结交了一些谈得来的朋友,例如生理学家克罗泽(W. J. Crozier),对行为主义非常了解的研究生凯勒(F. S. Keller),以及中国植物学家汤佩松(1903—2001)。汤佩松是湖北浠水人,1917年入北京清华学校留美预备班学习,1925年到美国明尼苏达大学植物学系学习,1928年入约翰霍普金斯大学深造,1930年获哲学博士学位,后在哈佛大学从事研究及教学3年。斯金纳就是在哈佛大学认识汤佩松的:

我和一位来自中国的年轻的植物学家汤佩松成了朋友,他的父亲是北京大学的教授。我们一起打乒乓球,并且经常一起在波士顿的中国餐厅里就餐,……,汤经常点那些正宗的中国菜并要确定它们是按照正确的程序做出来的,我不大喜欢这些口味,在我的公寓里我会为他烧制标准的西餐。(Skinner, 1979, p.100)

1980 年我国心理学家荆其诚先生到哈佛大学访问斯金纳,他将自己的一本传记赠给荆先生,并希望他回国后见到汤先生代为问候。

3. 成年时期——心理学界的风云人物

1930 年和 1931 年斯金纳分别获哈佛大学心理学硕士学位和哲学博士学位,之后的 5 年时间他留任哈佛大学研究员(这是当时哈佛年轻学者所能得到的最高荣誉)继续他的"反射研究",1936 年到 1944 年这段时间任明尼苏达大学讲师、副教授。1936 年,他结识了伊娃·布鲁(Yvonne Blue)并在当年与她完婚。1938 年,他出版了第一部著作《有机体的行为》,他在这本书中阐述了自己对行为研究的看法,基本形成了自己的一套思想体系,即建立在操作性条件反射基础上的行为主义。之后,斯金纳一直在不断地充实这个理论,并将其应用于实践。1945 年斯金纳出任印第安纳大学心理学系主任,在三年任期里,他广结行为主义的有识之士,创建了美国心理学会的第 25 分会(行为实验分析分会)。1947 年他重返哈佛大学,担任心理学终身教授。他在哈佛建立了著名的鸽子实验室,并以此为实验基地,写就和发表了大量关于动物操作性条件作用的研究报告、论文和著作,

斯金纳与布鲁

达到他学术生涯的顶峰。在1951年瑞典斯德哥尔摩召开的第13届国际心理学大会上,斯金纳做了题为"行为的实验分析"的特邀报告,从此"行为的实验分析"便成为斯金纳理论的同义语①,斯金纳成为一位声名赫赫的新行为主义大师。

斯金纳除了在心理学领域内名声响亮,他的名字在普通大众中也广为人知。这可能是因为他和华生一样,天生就是一个容易引起争议的人,一个杰出的宣传家和媒体人物②。他第一次在电视上露面时,就搬出了原由法国作家蒙田(M. Montaigne,1533—1592)提出的一个两难问题:"如果你非得做一个选择的话,你是烧死自己的孩子呢?还是焚掉书籍?"。他的答案是:"我本人倒情愿烧掉自己的孩子,因为我通过工作而对未来做出的贡献,将大于通过自己的基因做出的贡献。"这让电视机旁的观众大跌眼镜,同时也对斯金纳留下了深刻印象。此外他为了宣传自己的操作性条件反射作用,带着自己训练过的鸽子在电视上表演:一只鸽子在玩具钢琴上弹一支曲子,一对鸽子玩一种网球游戏,两只鸽子用它们的嘴把一只球打来打去。几百万人在电视纪录片上看过他的表演,虽然他们可能不了解斯金纳的心理学理论,但至少都认为他是个了不起的人物。

1943年在斯金纳的第二个女儿出世时,他的那位千金小姐型的太太在哺育了第一个女儿之后实在不堪忍受照顾婴孩之苦了,于是斯金纳又发挥他那好动手的天性,亲自设计了一个大型婴儿摇篮:

> 这是一个如睡床尺寸大小的居住空间,我们称它为"空气式婴儿摇篮"(air crib)。它的墙是隔音的,有一个大的玻璃窗户。空气经过过滤后从底部进入,经过加温和加湿以后,向上沿着帆布顶棚向四周扩展。(Skinner,1979,p.275)

摇篮中的空气清洁、温湿适宜,摇篮顶部还可悬挂各种玩具,婴儿呆在其中很舒服。父母可以随时与婴儿见面,把婴儿抱出来玩耍,而不会疏离了亲子关系。斯金纳就用这个改良后的摇篮抚养他的小女儿③。1945年他撰文将婴儿摇

---

① Rosenzweig, M. R., et al.(2004). 国际心理科学联合会历史. 张厚粲译. 北京:中国轻工业出版社,91.
② 墨顿·亨特(1999). 心理学的故事. 李斯译. 海口:海南出版社,346.
③ Skinner, B. F. (1979). The Shaping of a Behaviorist. New York: Alfred A. Knopf, 275.

篮的设计发表在通俗刊物《妇女之家》杂志上,引起极大的反响。尽管大家对这个摇篮的评价褒贬不一,但是无疑这进一步扩大了他的知名度。因此有人认为,斯金纳在公众当中的名气甚至比他在同行中的名气还要大。

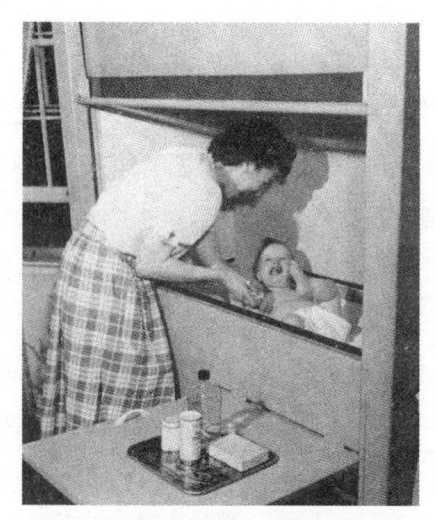

布鲁照料在摇篮中的小女儿
资料来源:Skinner, B. F. (1979). The Shaping of a Behaviorist. New York:Alfred A. Knopf.

小女儿自己在摇篮中玩
资料来源:Skinner, B. F. (1979). The Shaping of a Behaviorist. New York:Alfred A. Knopf.

斯金纳陆续发表了许多闻名于世的作品,包括《有机体的行为》(1938)、《沃尔登第二》(1948)、《科学和人类行为》(1953)、《言语行为》(1957)、《强化程序》(1957)、《教学技术》(1968)、《关于行为主义》(1974)、《超越自由和尊严》(1971)。其中,他认为《有机体的行为》和《超越自由和尊严》是他一生中最重要的著作。44岁的斯金纳就已被波林写进其著名的《实验心理学史》(1950年修订版)中,成为该书被收录的最年轻的心理学家。此外,各种荣誉奖项也是从四面八方纷至沓来,他被十几所大学聘为名誉教授;于1950年当选为美国科学院院士;1958年美国心理学会授予他杰出科学贡献奖;1968年美国政府给他颁发了最高科学奖——国家科学奖;1971年又获美国心理学基金会颁发的金质奖章。一位崇拜他的心理学家在《美国心理学家》(American Psychologist)期刊上这样评价他:

(斯金纳)是一个神话中的著名人物……科学家英雄,普罗米修斯式的播火者,技艺高超的技术专家……敢于打破偶像的人,不畏权威的人,他解放了我们的思想,从而脱离了古代的局限。(转引自:亨特(1999). 心理学的故事. 李斯译. 海口:海南出版社,348.)

1958年,美国心理学会授予他杰出科学贡献奖时,对他做了如下介绍:

> 他是一位富有想象力的和创造力的科学家。他的特点是,对科学问题具有巨大的客观性,在个人接触时热情而亲切。他选择简单的操作行为作为研究的对象,同时也反对关于行为的其他解释。他坚持描述应先于假设,并通过小心地控制实验条件,得到了一些相对地摆脱了偶然性的资料。尽管他反对理论,人们还是认为他是一位重要的重视系统化的理论家,并且发展了对行为的首尾一致的描述,这极大地提高了我们预测和控制有机体行为(从老鼠到人)的能力。很少有美国心理学家对心理学的发展和对有希望的青年心理学家有过如此深刻的影响。(美国心理学会杰出科学贡献奖委员会,1958年,p.735)

斯金纳于1974年退休,但哈佛大学仍保留了他的荣誉教授头衔(Professor Emeritus)。晚年斯金纳继续使用学校的实验室,为学生开讲座,可谓"退而不休"。在斯金纳家的地下室里,他为自己建造了一个类似大斯金纳箱的书房。那是一个由黄色塑料制成的巨大隔间,里面放着一个床垫,几张沙发椅,几个书架和一台小电视。他每天晚上10点钟睡觉,半夜还要起床工作1小时,早晨5点钟起床工作到7点。早餐后,斯金纳又走到实验室去做其他的工作。每天下午才会欣赏他喜爱的音乐,有时也亲自演奏。他后期的许多论文、专著都是在这间书房里完成的[①]。

1990年8月18日,斯金纳因白血病不治在波士顿的家中与世长辞,享年96岁。就在他逝世的前一天他还写出了一篇重要论文,表明了他对行为主义心理学的立场。

---

① 杜·舒尔茨(2005). 现代心理学史. 第8版. 叶浩生译. 南京:江苏教育出版社,277.

二、学术思想背景

斯金纳的操作行为主义并非无源之水,他的一整套学术思想都是在一定的学术环境中酝酿而生,逐渐成形的。他自 1928 年进入哈佛大学学习心理学一直到 1990 年逝世,除去中间离开了 11 年,在哈佛大学他共度过了 51 年。由此可知哈佛大学的学术氛围对他影响之深厚。20 世纪初的哈佛大学可以说是美国实证主义哲学的中心,而实证主义被认为规定了新行为主义的意义[①],正如黧黑所说:"整个行为主义精神是实证主义的,甚至可以说行为主义乃是实证主义的心理学。"

1. 实证主义哲学

实证主义(positivism)是 19 世纪上叶法国哲学家孔德(Auguste Comte, 1798—1857)创立的哲学体系,后来在英国流行,英国哲学家穆勒(John Stuart Mill, 1806—1873)接受实证主义观点并将它加以发展。实证主义认为一切知识都以经验为基础。只有直接观察到的东西才是可靠的,对意识内容的内省是不可能的,也是非科学的。实证主义的本质属性就是"实证",孔德在其《实证精神论》(1884)中对"实证的"这一术语进行了集中阐述:

> 第一,实证的意味着必须是现实的,一切知识必须以被观察到的事实为出发点,……因此,实证的是与空想的相对立;第二,实证的意味着必须是有用的,……知识必须……以有益于我们个人和集体生活的不断改善,因此,实证的与无用的是相对立的;第三,实证的意味着必须是确实的,反对对那些不着边际、悬而未决的问题作抽象议论,……因此,实证的与不确实的是相对立的;第四,实证的也意味着是精确的。反对超越实在现象性质所允许的正确度去谈论事物,……因此,实证的与暧昧的是相对立的;第五,实证的还意味着是积极的或建设的。反对形而上学否定现实的破坏倾向而以建设为目的,因此,实证的与消极的是相对立的;第六,实证的最后还意味着是相

---

① 转引自:杨鑫辉主编(2000). 心理学通史(第四卷). 济南:山东教育出版社,244.

对的。……以往哲学上追求绝对知识的倾向是必须加以反对的。所以,实证的是与绝对的相对立的。(Comte,1944,转引自:张厚粲主编(2003).行为主义心理学.杭州:浙江教育出版社,7.)

实证主义对行为主义的影响具体体现在两条方法论原则上:一是经验证实原则,即强调任何概念和理论都必须以可观察的事实为基础,能为经验所验证,超出经验范围的任何概念和理论都是非科学的。行为主义把这一原则应用于心理学中,一面用它来质疑内省心理学的科学性,一面由此推崇可观察行为的研究[1];另一原则是客观主义,这一原则强调认识过程中主体和客体的分离,主体的知识应该绝对反映客观事物的特点,不掺杂个人的态度和情感、信念和价值等主观因素。行为主义把这一原则贯彻到心理学中,强调研究方法的客观性。

到了20世纪初叶,维也纳大学的一批物理学家,包括施利克(Moritz Schlick),卡纳普,费格勒(Herbert Feigler)等人[2],将实证主义发展成为逻辑实证主义(logic positivism)。逻辑实证主义能容纳原实证主义无法容纳的类似"原子"和"电子"等不可被直接证实的概念,将实证主义对经验主义的信奉与现代形式逻辑相结合。它把科学分为两部分:经验的和理论的——科学的经验描述涉及可以直接观察的自然特性:红色、长度、重量、时间持续等;科学的理论语言用于解释非直接观察的种种特性,如"力"、"质量"、"场"和"电子"等术语。当然,经验的实证仍是其基本立场,只不过科学命题被证实的具体方法有直接证实和间接证实两种。1930年费格勒来到美国哈佛大学,把逻辑实证主义介绍到哈佛大学。

在同一时期,哈佛大学的物理学家布里奇曼在推行操作主义(operationism)。操作主义是广义逻辑实证主义的一部分,它提倡一切知识都来自经验。经验是指个人的活动,具体为个人的一系列操作。如"长度"的概念是用一定操作方法来定义的,当我们能说明是用一把什么样的尺子来测量的,才能被其他物理学家理解。操作具有"一定可重复性和同一性,因而具有客观性"。所有的科学概念应对应于一组操作,任何无法以操作表达的概念和定义都是无意义的、虚

---

[1] 叶浩生(2004).西方心理学理论与流派.广州:广东高等教育出版社,136.
[2] 这一批人后来被称为维也纳学派(Vienna Circle)。

假的和非科学的。作为一种用操作揭示概念意义的方法论,操作主义很快在西方流行开来。布里奇曼一生都在哈佛大学任教,他的思想也影响了当时在哈佛大学的许多心理学家(包括斯金纳的老师波林)。当时哈佛的著名心理学家史蒂文斯(S. S. Stevens,1906—1973),从1935到1939年连续发表了4篇文章,成功地把操作主义思想引入心理学,最著名的一篇是1935年发表在《心理学评论》杂志上的《心理学概念的操作定义》(The operational definition of psychological concepts)。史蒂文斯对心理学的方法学作出了重要贡献。心理学家们纷纷对一些重要的心理学术语进行操作性定义,例如绝对感觉阈限(absolute threshold)这个术语,人们开始对它的定义是"刚刚能引起感觉的最小刺激强度",而它的操作定义则是以50%的报告为依据的,是指"有50%的实验次数能够引起被试①积极反应的刺激量大小"。正因为如此,心理学中的"意识"这一类无法给出操作性的定义的主观概念,开始被许多人认为是非科学的。

总之,当时的哈佛大学俨然是美国逻辑实证主义和操作主义的中心。斯金纳成长在哈佛大学这样的环境里,逻辑实证主义和操作主义如春风化雨般滋润了他的思想。在斯金纳1931年完成他的题为《在对行为的描述中的反射概念》博士学位论文后,其认同操作主义思想、拒绝主观概念的观念就初见端倪。此后,在斯金纳所有的心理学思想中都能看见逻辑实证主义和操作主义的影子。

2. 行为主义心理学

前面提到,斯金纳是通过罗素的介绍才接触到华生的行为主义心理学,但一始接触就不能罢手。行为主义是借着华生1913年发表的《行为主义心目中的心理学》正式登上心理学大舞台的。作为行为主义的创始人,华生大胆地宣称与研究意识过程的各心理学派脱离关系,认为心理学的研究对象是可观察的行为,而不是意识;它采用的研究方法应是客观和外显的,而不是内省的;心理学的目标应该是"预测并控制行为",而不是对精神现象的基础理解。这些观点如同一面旗帜,引导者大批心理学者向心理学领域中新的高地挺进。

---

① 被试是心理学中常常用到的一个术语,意指被实验研究的对象,被试可以是人也可以是动物。

虽然初期的行为主义还是比较粗糙的,许多地方存在过激之处,并很快招来一片质疑之声,但这正好为后来的新行为主义者留下了广袤的发展空间,大家从不同角度对其进行改进、弥补和完善,这也就形成了行为主义从"早期行为主义"到"新行为主义"再到"新的新行为主义"的发展脉络。早期行为主义的代表当然是华生;新行为主义的代表则包括斯金纳操作行为主义、托尔曼的目的行为主义、赫尔的假设-演绎行为主义;新的新行为主义的代表人物有班杜拉的社会学习理论和罗特尔的社会行为学习理论。

通过华生的行为主义,斯金纳步入了行为主义心理学的疆土,找到了他能为之奋斗一生的方向。然后,他又在另一位行为主义的先驱人物的智慧启发下,大力拓展了这片疆土,创立了以操作条件反射为基础的新行为主义。这位先驱人物就是巴甫洛夫。巴甫诺夫进行的狗的条件反射实验是心理学中最著名的实验之一。巴甫洛夫在实验中每次给狗喂食前都要摇铃,狗得到食物后会自然地分泌唾液。如此反复,经过30次重复后,单独的铃声也可以使狗产生很多唾沫。用通俗的话讲,条件反射与我们日常所见的"望梅止渴"是一个道理,本来人是要把梅子放入嘴里才会流口水,但是因为人总是会先看到梅子然后才吃下去,所以吃过梅子的人看到梅子就会流口水,甚至一想到梅子也会流口水。巴甫洛夫的条件反射理论先后被华生和斯金纳看重并吸收,成为行为主义的最根本原则之一。斯金纳在哈密尔顿学院的时候就接触到巴甫洛夫的思想,1929年巴甫洛夫到哈佛大学演讲,他又深受启发,遂将行为分析的方法定格在条件反射上,而且超越了巴甫洛夫的经典条件反射,提出了他自己的操作性条件反射。

三、操作行为主义心理学

1. 行为的实验分析

许多心理学家,从冯特到弗洛伊德,都欲使心理学成为对内在过程的一种解释,这种内在过程是指产生行为或意识现象的过程。但斯金纳认为,关于心理的假说对于解释行为没有任何益处,实际上它会把事情搞得更为复杂,心理学要研究的不是看不见摸不着的内在过程（意识）而是行为本身。斯金纳在心理学的研究对象上继承了华生的思想，认为心理学应该以行为为研究对象，也赞成从外部寻找人类行为的原因，即认为环境必须对行为负责，而认为从意识内部寻找行为的原因完全是多余的。这正如奥肯剃刀（Occam's razor）的约定[①]，能用简单原理说明的事物，就无需繁琐化的解释。

那什么是行为呢？在对具体的行为解释上斯金纳有他自己的观点，他认为行为只是有机体整个活动中的一部分，它和有机体的其他活动是不同的。

> 行为是一个有机体正在行动着（doing），或者更精确地说，是被其他有机体观察到的那种活动（Skinner, 1938, p.6）

在他看来，只有可被观察到的那部分行为才可以作为心理学的研究对象。虽然日常生活用语中有许多描述行为的词汇，如看到物体、听到声音、尝到滋味、嗅到气味、甚至感到快乐、需要面包等等，但它们中的相当一部分不符合科学概念的要求，含糊不清或者超出了可直接观察的范畴。例如，"看到"一词不仅指眼睛向着刺激来源的转动或简单地接受刺激，还包含着其他含义，因此必须从行为科学体系中剔除出去。

确定了行为主义的研究对象之后，紧接而来的问题是如何具体地研究行为。斯金纳认为科学是人类认识世界的一种重要方式，"科学实践创造了科学的氛围，在这种氛围中，理论永远要受到检验，对事实的精确描述居于首位"。科学要发挥解释功能归根到底仍然要回到描述，对研究对象的精确描述就是最好的解释。心理学要成为一门科学，也要对其研究对象进行精确描述（这也是斯金纳的操作行为主义又称为描述行为主义的原因）。而要做到精确描述，就得对行为进行分析，从中发现恒定的数量关系才算达到科学的标准。行为的分析须先确定分析的单位（或者说单元），正是在这里，巴甫洛夫的"条件反射"给了他很大的启示。

[①] "奥肯剃刀"即奥卡姆的剃刀原理，是由14世纪英国逻辑学家、圣方济各会修士奥卡姆的威廉（Occam 又称 William of Occam）提出的一个原理。他只承认确实存在的东西，认为那些普遍性空洞无物的解释都是无用的累赘，应当被无情地"剔除"。简言之就是"如无必要，勿增实体"（Entities should not be multiplied unnecessarily）。详细解释参见：荆其诚主编（1984）. 简明心理学百科全书. 长沙：湖南教育出版社, 10.

在把有机体作为一个整体来探究其行为的规律中……我从巴甫洛夫那里得到了启示：控制你的条件，你就能发现规律。（转引自：高觉敷，1982，p.304.）

我那时相信"反射"的概念可以涵盖所有心理学的范畴，我主张将所有行为都分割成一个个的反射动作，并且打算设计一种测量反射的强度的方法，然后研究所有可能影响反射强度的因素（条件化、驱力、情绪）。我当时以为这是一个适当的博士论文的题目。（Skinner，1979，p.70）

在斯金纳看来，巴甫洛夫的反射（reflex）是刺激和反应之间直接被观察到的关系，是一个事实，它可以作为行为的分析单位。斯金纳说："描述行为的一个步骤是指明以反射这个名称来表达的相互关系，这个步骤使我们有能力来预测和控制行为"[①]。由此斯金纳建立了一种行为的实验分析法，即建立实验者控制的刺激情境与继之而来的有机体反应之间的函数关系。

提到斯金纳的行为分析法，就不能不提到"斯金纳箱"[②]，这是他做博士论文的时候为了研究动物的操作性行为而专门设计的实验装置。斯金纳箱是一个隔音箱，箱子里有一个开关装置（如以白鼠为被试，开关装置就是一根横杆或一块木条；如以鸽子为被试，它就是一个按键），这也是唯一需要动物被试自己动手操作的部分；开关与箱外的一个记录系统相连，老鼠每压一次横杆或鸽

斯金纳箱

子每啄击一次按键，记录系统就会在记录纸上画出标记，这样就能准确地记录动物按压或啄击开关的时间与次数。在每次动物作出正确反应时，一粒食丸会自动落入食盘里。另外，实验者还可以按照实验计划调整箱内的灯光、声音、电击、温度与湿度等。

斯金纳箱成为对行为进行分析的绝好工具，它具有如下特点：首先，它提供

---

① 转引自：章益辑译.（1983）.新行为主义学习论.济南：山东教育出版社，270.
② 斯金纳起初并不愿意接受人们给他的实验装置起的"斯金纳箱"的名字，因为他觉得他是参照桑代克的迷笼制作的该装置。斯金纳在给桑代克的信中曾直言："显而易见，我只是继承了你的迷笼实验罢了，但是我过去却忘记把这个事实向读者说明。"

了一种能够维持行为连续性的实验情境,以保证人们所研究的不是那些非真实的、被人为割断的行为;其次,实验者可以方便地对自变量加以操纵,或保持其稳定,由此直接观察它们是如何改变行为的;最后,它记录方便,省时省力,算得上是心理学领域里较早的一部半自动化装置。斯金纳箱与桑代克的迷笼、赫尔和托尔曼的迷津相比,对实验的控制要严格得多,而且所要操纵和测量的变量很少混淆在一起,因此它有助于研究者精确地界定所要研究的问题。

斯金纳在研究方法上与其他行为主义者有所区别还表现为,他完全不用统计,也不用与统计紧密相关的实验设计。最初斯金纳用大量老鼠进行实验,把所得资料进行统计处理,求其平均数,但后来他发现这种方法不恰当,故弃而不用:

> 从平均个体所得的预见,对研究一个特定个体很少有价值或毫无价值……一门科学只有当它的规律是属于个体的时候,才有助于研究这一个体。一门只是关于团体行为的科学,对我们理解特定的个案大概是不会有帮助的。(Skinner,1953,p.19)

如果我们只研究行为本身,而不是把行为看做是对内在心理状态的度量,就不会有"噪声",也没有什么行为会被认为是无关的或是"误差"。再说,斯金纳箱能让实验人员对实验操作进行严格的控制,这也能避免噪声的出现。因此,斯金纳只看重对单个被试进行严格控制条件下的实验研究,他只对那些能加强对研究对象控制的方法感兴趣。至于心理学的各种理论、数学方程式、因素分析、数学模式以及假设的演绎系统等等,全不在他的兴趣范围之内[①]。

<<< 专栏二

行为的实验分析法

行为实验分析的方法非常接近自然科学的研究方法,在20世纪50年代逐渐吸引了一批追随者,他们在美国心理学会中成立了一个以斯金纳的理论观点为总则的分会(第25分会:行为实验分析分会),同时创立了自己的期刊:一份是创立于1958年的《行为实验分析期刊》(Journal of the Experimental Analysis

---

① 高觉敷(1982). 西方现代心理学史. 北京:人民教育出版社,304.

of Behavior）；另一份是创立于 1967 年的《应用行为分析期刊》(Journal of Applied Behaviral Analysis)。行为实验分析的许多思想和技巧到现在仍然被实验心理学家所采用。2006 年《国际心理学杂志》出了一期介绍行为分析的特刊，刊中介绍了全球范围内的行为分析的进展状况。行为分析者现在广泛地分布在比利时、中国、哥伦比亚、法国、希腊、芬兰、墨西哥、波兰、西班牙、瑞士和美国等国家。

（译自：Ardila，R.（2006）. Prologue：Behaviour analysis around the world. International Journal of Psychology，41(6)：433—435.）

2. 操作性条件反射

十年磨一剑，斯金纳在他投身心理学十年后，出版了他的第一部著作《有机体的行为》(The Behavior of Organisms，1938)。在这本书中，他首次提出了自己的一套理论体系，即以操作条件反射为基础的行为主义。

操作性条件反射的建立

斯金纳在采用斯金纳箱进行动物实验时发现，动物可以反复做出"自由操作的反应"。所谓"自由"即动物的行为不像在迷津里那样受到限制；所谓"操作"，是因为动物的反应是主动作用于环境的。在典型的斯金纳白鼠实验中，实验人员一般是将已经禁食达 24 小时的白鼠投入斯金纳箱，这时它们会表现出乱窜、尖叫等多种行为，在白鼠偶然性按压横杆的行为被落入食盘的食丸强化几次后，白鼠通常很快就形成操作性条件反射，即一把它投进斯金纳

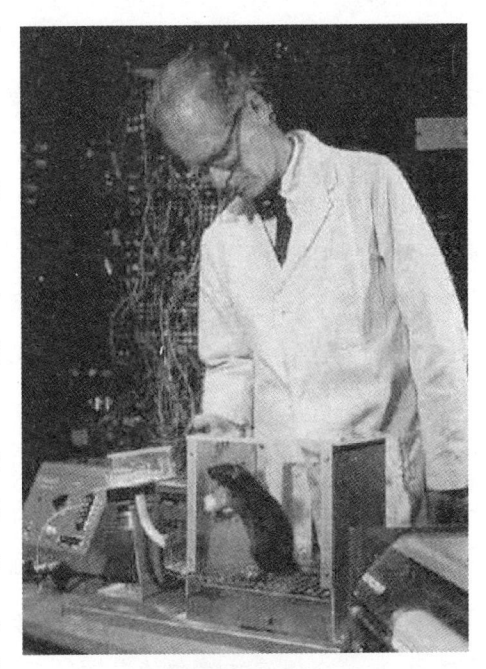

实验中的斯金纳
资料来源：http://www.xjgarden.com/view.asp? id=195.

箱，它就知道按压横杆了。白鼠的其他行为（如乱窜、尖叫等）因为缺乏食物的强化而难以继续保持。实验者通过观察和分析记录设备，记录白鼠按压横杆的频率变化，找到决定行为的先行条件（即自变量刺激，S）和后继行为反应（即因变量，R）之间的关系及其性质。斯金纳起初认为按压横杆可以用巴甫洛夫的理论来解释，但不久他就觉察到两者的不同。巴甫洛夫的"流口水实验"，最重要的因素是声音与食物两者必须同时出现，而他的"按压横杆实验"最重要的因素是食物必须在按压横杆之后立刻出现。因此斯金纳将巴甫洛夫发现的条件反射称为"经典的条件反射"（classical conditioning）或"巴甫洛夫式条件发射"（Pavlovian conditioning），在这里，有机体反应之前可以看到明显的刺激物（如食物），有机体的反应可看作是对刺激的一种被动应答；而斯金纳将自己所发现的条件化作用称为"操作性条件反射"（operant conditioning），有机体自发的某个动作引起某种刺激物的出现，与任何已知刺激物无关。有机体在两种条件反射中对应的行为也分别被称之为应答行为（respondent behavior）和操作行为（operant behavior）。

　　我们人类大部分的行为并不是以经典条件反射的形式存在，或者说人类能够"随心所欲"的行为都不属于经典条件反射，因为我们通常无法找出引发"随意"行为的刺激。例如：是什么刺激使我们打开电视机？是什么刺激使我们学开汽车？是什么刺激使我们参加各种比赛？实际上，这些都是我们在生活中形成的操作性条件反射。如小白鼠偶然按压横杆后出现食物，那么每当饥饿时，小白鼠都会去按压横杆，这样小白鼠就形成了按压横杆的操作性条件反射。

　　尽管斯金纳最初是受到巴甫洛夫的条件反射理论的影响，但难能可贵的是他敏锐地发觉到经典条件反射的局限性，提出了操作性条件反射。既然人类行为大多数时候表现的都是操作性条件反射，那么仅仅是斯金纳对操作性条件反射的研究，就足以使他在心理学史中享有永久的荣誉。

操作性条件反射的消退

　　操作条件反射和经典条件反射一样，会消退（extinction）。消退是指这样一种现象，当一个已经被强化的操作性活动发生之后，不再出现强化刺激，反应发生的频率就会逐步降低。例如已经学会按键的老鼠如果按键后并未得到食物的强化，那么它按键的次数就会逐步减少，最终消失；如果孩子的助人行为得不到表扬、奖励等"回报",那么孩子助人的行为就会越来越少；电视台的节目越来越差劲时,我们选择这个频道的次数也会越来越少,以至根本不再看了。

需要注意的是,反应的消退不是骤然发生的,而是表现为一个过程。一个行为发生后,没有得到强化,那么这个行为可能还会持续一段时间,最终才趋于消失。这个过程持续的时间的长短取决于有机体习得某反应所受到的强化数量和强化方式。一般而言,先前得到强化的次数越多,后面消退的过程就越长。因此,在斯金纳的操作行为主义中,消退的时间可以作为操作条件反射强弱的一个指标,操作性条件反射越强,消退需要的时间越长,否则就越短。例如,斯金纳发现,在多次对白鼠按压横杆的行为给予食物的强化后,即使停止强化,白鼠仍能持续按压横杆达250次之多,而仅一次强化之后就不再给予强化,白鼠按压横杆只有50次左右。在下面介绍强化理论时还会详细介绍这一点。

3. 强化理论

强化(reinforcement)是斯金纳理论体系中另一个重要的概念。强化是通过强化物增加某种行为发生的频率的过程,而强化物指"使反应发生概率增加、或维持某种反应水平的任何刺激"。"行为所产生的效果"决定了"将来这个行为是否会在类似的情况下再度出现",在斯金纳的小白鼠实验中,刺激是指周围的环境和小白鼠的生理状况,行为就是按压横杆,效果则指是否有食丸出现。

在操作性条件反射形成过程中,"在什么情况下,做什么事,会有什么效果"甚为关键。为此斯金纳还强调环境、受到强化的反应和强化物出现的顺序,称之为列联(或关联性、相依联系,contingency)。换言之,列联是由有机体所处的环境、操作行为和行为结果组成的。只有处在列联中的环境,才能对行为发生作用。所以,许多人称斯金纳的心理学是"刺激—行为—效果"三项关系论。

斯金纳经过长期艰苦的研究,详细探讨了强化物的种类、强化的性质以及强化作用的模式等,并为此专门写就《强化程序》(Schedule of Reinforcement)一书。斯金纳在该书的序言中也对强化的作用作了一个概括:

> 本书的大多数资料是在1949—1950年间搜集的,当时的强化程序工作已有白鼠和鸽子的实验扩展应用于狗、猫和猴子等,还用它研究心理物理、问题解决、运动技能和动机(对摄取食物和性行为的分析)、情绪(对焦虑的

研究)、惩罚和逃避行为,以及药物效应等。总之,强化程序的技术使用的物种范围广泛,尤其是复杂程序对于人类和其他动物如鸽子、鼠、狗、猫和猴子等行为同样是有效的。此外,它为研究对人类行为的控制,例如对于法律、刑罚、宗教、工业和商业等方面的研究,也提供了相当有希望的前途。(Skinner,1957,pp.3,4)

强化的类型

斯金纳区分了两种强化类型:正强化(positive reinforcement)和负强化(negative reinforcement)。

当在环境中增加某种刺激,有机体反应概率增加,这种刺激就是正强化物;即某行为发生后伴随着某事件出现,如果后来在类似的情况下,该行为的出现频率提高,这个事件就是"正强化物"(positive reinforcer),而这整个过程就是"正强化"(简称为强化),典型的例子是鸽子啄按键取得食物。通常,一个刺激若可作为强化物,则它(在同样的情况下)可强化任何行为。有些正强化物可能是满足我们生理需要,如食物、水、性接触等;有些则可能满足更高层次的需要,如称赞、爱护、尊重等。

负强化物(negative reinforcer)也称"厌恶刺激"(aversive stimulus),是指对有机体有害,有机体力图避开的刺激。如果某行为的发生能终止某厌恶刺激,那么后来再出现该厌恶刺激的情况下,该行为的出现概率会提高,这个过程就是"负强化"。典型的例子是老鼠持续遭受电击,直到按了横杆电击才停止。常见的"负强化物"有些是让我们感到不舒服或痛苦,如刺眼的光线、震耳的声音等;有些是让我们精神感到不舒服或痛苦,如讽刺、批评、威胁、反对、谩骂,等等。值得注意的是,在斯金纳的操作性条件作用原理中,强化的对象是行为反应而不是有机体。也就是说,不能说白鼠被强化了,而应说白鼠按压横杆的行为反应被强化了。

除了将强化物区分为正强化物与负强化物外,斯金纳还根据强化物的来源将强化物分为一级强化物(primary reinforcer)和二级强化物(secondary reinforcer)。一级强化物又称做无条件的强化物(unconditioned reinforcer),包括所有在没有任何学习发生的情况下也起强化作用的刺激,它是与生物需要有关的,是先天的,如食物和水等满足生理基本需要的东西。二级强化物又叫做条件强化物(conditioned reinforcer),是指那些在开始时不起强化作用,但后来因为它总与一级强化物配对出现,从而也能发挥强化作用的刺激。它是由经验而产生的强化物,是后天的,如斯金纳箱里的灯光或巴甫洛夫实验中的铃声。

强化程序

斯金纳认为,在行为实验分析中,最容易控制的、最有效的变量是强化的方式。在一种仔细控制的实验情境中,实验者可以精确地决定使用什么类型的强化,以及怎样给予强化,何时给予强化。一般来说,实验者可以有两种强化方式供选择:① 连续强化程序(continuous reinforcement schedule),即有机体每一次正确行为反应之后都会给予强化;② 间歇强化程序(interval reinforcement schedule),即有机体的每一次正确反应并不都给予强化,而是间歇性地对操作行为给以强化。

在间歇强化程序中,根据时间间隔的安排又可分出固定时距强化(或固定间隔增强,fixed-interval reinforcement,简称FI)和不定时距强化(或可变间隔增强,variable-interval reinforcement,简称VI)两种类型。固定时距强化是按照特定的时间间隔对有机体操作反应给予强化,例如每隔5分钟或7分钟给一次强化(FI_5或FI_7),而不管有机体在这一段时间内做出了多少次反应。这有点类似于工厂里的计时工资,只要工人工作满一定时间就发工资。不定时距强化指预先规定给予强化的一个平均时距,而强化的具体时间间隔则在这个平均时距周围上下波动。例如规定平均每5分钟(VI_5)给有机体的操作一次强化,但是具体实施时,强化的时间间隔可以短到几秒钟,也可能长到十几分钟,使强化看起来像是偶尔进行的。研究表明这样建立的操作性条件反射不易消失。

根据操作条件反应出现的次数,强化程序又可分为固定比率强化(fixed ratio reinforcement,简称FR)和变化比率强化(variable ratio reinforcement,简称VR)两种类型。固定比率强化指操作反应出现到一个固定次数才给予强化的程序,例如每出现5次反应给与一次强化(FR_5)。计件工资就属于固定比率强化,工人每完成一件产品给予一定报酬。变化比率强化以有机体本身的反应为基础,制定一个平均的标准次数,但执行时,强化的次数根据情况可上下波动,灵活处理。比如只有一盒饼干,孩子每次索要的时候,有时给3块,有时给5块。

<<< 专栏三

强化方式研究探源

斯金纳研究强化方式的最初动力并不是出于学术上的考虑,而只是一个权宜之计。在一个星期六的下午,斯金纳注意到白鼠食物丸的供给不充足了,在当时,这些食物丸并不是能简单地从公司买到,实验者(通常是研究生)不得不亲手制作,这个过程既消耗时间,又消耗精力。斯金纳不想把整个周末都消耗在制作这些食物丸上,因此,他想,如果他不管白鼠反应的次数如何,仅仅在每分钟里强化一次,会出现什么样的情况呢?如果按照这种安排,那么这个周末所需要的食物丸就大大减少了。于是,斯金纳设计了一系列实验来测定不同的强化速率和不同强化时间的作用。

(转引自:杜·舒尔兹(2005).现代心理学史.第8版.叶浩生译.南京:江苏教育出版社,282.)

>>>

20世纪30年代的斯金纳其实已发现现实生活中连续强化是很少的,大多是间歇性强化。

> 当我们去溜冰或滑雪的时候,我们并不总是找到好的冰或雪;由于厨师并非经常预先安排得那么好,因此在一个餐厅里,我们未必总是美餐一顿;当我们给一个朋友打电话时,由于这位朋友不总是在家,我们就不总是得到回话。由于不可能做到强化每一个反应来控制行为,因此在工业和教育方面,几乎总是以间歇强化为其特征的。(Skinner,1953,p.99)

间歇强化在实际生活中是很复杂的,因为我们既可以依据时间来强化,也可以依据行为的数目来强化,或者将两者结合起来。比如我们可以每隔半小时喂孩子一次奶,也可以等孩子哭五声喂奶,或者等半小时以后孩子哭五声再喂奶,而每种间歇强化对行为的影响都是不同的。不过间歇强化在现实生活中的广泛应用却是不容置疑的。就拿赌博来说,赌徒初登赌场,会得到一定数目的赠款,并且在最初几次赌博中,他们很有可能会赢钱(很多是赌场的故意安排),这其实是对他们的赌博行为的强化。到了一定时刻,赌徒们赢钱的次数就少了,但是不时仍能赢一把,这就是典型的间歇强化。间歇强化无疑极大地稳固了赌徒们的赌博行为,使他们深陷赌博泥潭不能自拔,使赌徒们输了再赌,赌了再输……就靠着这种间歇强化,尽管赌徒们最后"十赌九输",但他们仍乐此不疲,欲罢不能。青少年沉迷于网络游戏,也可算是间歇强化产生的恶果。

负强化与惩罚

当今许多心理学或教育心理学著作往往都混用"负强化"与"惩罚"这两个概念。而在斯金纳看来,这两者是有本质区别的。同强化一样,惩罚也是根据反应结果而定,惩罚是抑制反应发生的概率,而强化则是增加反应概率。虽说惩罚会导致反应的减少,但它只是间接地起作用的,只是抑制而不是消除这种行为。而且,惩罚可能会引起负效应,如攻击性行为。所以斯金纳认为,与其给予厌恶刺激,还不如不给奖励刺激。

但斯金纳并不完全否认惩罚的作用,而是认为惩罚有时在改变行为方面不失为一种有效的方法,只不过并不总是一种理想的办法。在不得不给予惩罚时,斯金纳提醒一定要注意两点:第一,要注意利用惩罚后的反应抑制期;第二,惩罚一定要在不良反应发生后立即给予,延迟的惩罚可能是无效的。在《超越尊严与自由》一书中,联系到一个国家和政府如何治理其臣民,斯金纳将其奖赏与惩罚的观点发挥得淋漓尽致。

4. 言语行为

对语言感兴趣也许是斯金纳早期作家梦的一个延伸。在运用操作性条件反射原理描述了人与动物所共有的行为之后,斯金纳认为,也可用操作性条件反射原理来描述人类所特有的言语行为。

> 对行为实验分析之发展有所贡献的大多数实验研究是在其他物种身上进行的,……但结果却出乎意外地表明,行为实验分析是不受物种限制的,……其方法可以推展至人类行为而不必做很大的修改。(Skinner, 1957, p.3)

斯金纳在他的《言语行为》一书中对语言的机制做了详尽的阐述。这本书,从动笔到出版总共花了23年时间:斯金纳对言语行为的探索始于30年代,到40年代中期已收集了大量的资料,在1955年教学休假期间写成书稿,中间陆续修改到1957年才定稿出版。

斯金纳十分看重《言语行为》一书。但这本书非常难懂。20世纪70年代末期,有人估计全世界读完《言语行为》这本书的人可能不会超过两百人。这本书里几乎没有任何实验数据,完全是以动物实验所发展出来的操作性条件反射理论来解释人类言语行为。他认为,人类的言语行为是以他人的行为作为媒介的强化行为,即言语是"通过媒介结果形成和维持的一种专门化的行为"[①],比如,一个人说要一杯水,如果他的这种声音行为真的使其他人递给他一杯水,那么他的这种声音行为就会得到强化而保持下来。

要理解斯金纳的关于言语行为的观点,首先需要对操作性反射作一种技术性的理解,另外还须明白斯金纳在这里关心的是讲话者,并非通常语言学家和心理学家们关心的听话者。例如书中用操作性条件反射学说来阐述婴儿言语获得机制时,他认为,首先,环境因素即言语当场受到的(作为强化物的)刺激,对言语行为的形成和发展具有决定性影响。因此,他主张对言语行为进行"函数分析",认为只要能确定外界刺激因素,就能精确地预测一个人的言语行为。其次,人的言语活动是一种有机体自发的操作行为,是通过各种强化来获得的。他特别强调"强化列联"在婴儿言语行为形成过程中的决定性作用。这种"强化列联"是指强化的刺激紧跟在言语行为之后,具有两个显著的特点:一是它最初强化的是个体偶尔发出的某些近似于言语的活动。如婴儿偶然发出"ma"声,母亲就笑着来抱他,抚摸他并答应他等。二是它的程序是渐进的。若要婴儿学习一个句子(或词语),不必等他碰巧说出这句话(或词语)才给予强化,只需他所说的稍微接近于那个句子(或词语)就给予强化,然后再强化更加接近于该句的话语,通过这种逐步接近的强化方法,婴儿最终掌握了复杂的语言系统。

斯金纳把言语行为概括为四种类型:第一种是具有召唤功能的言语行为。如"听"、"看"、"快跑"等一些动词,如果讲话人的这些言语得到听话人的遵从,就会受到强化,而保留下来。第二种是具有命名功能的言语行为。如"妈妈"、"爸

[①] 转引自:张厚粲(2003). 行为主义心理学. 杭州:浙江教育出版社,348.

爸"等一些名词,当妈妈或爸爸听到后,给予爱抚,就强化了这一反应。第三种是形声功能的言语行为。这是对别人言语的模仿,当模仿逼真时,就能得到家长或老师的表扬或鼓励,从而得到发展。这种言语行为是复杂言语技能形成的基础。第四种是具有复合功能的言语行为。这种言语行为比较复杂,它是建立在多种语言反映基础上的多功能复合性的言语行为。

不幸的是,这本被斯金纳本人看重的书出版后,一位年轻的、当时还没有多少名气的语言学家乔姆斯基写了一篇书评(N. Chomsky, 1959),将这本书批评得体无完肤。乔姆斯基认为,仅仅用动物实验得到的理论来解释人类的行为是不恰当的,尤其是对言语行为,婴儿不可能通过强化而形成言语的操作性条件反射系统[1]。其中最主要的一个原因是:言语的高级程度的能力婴儿能在很短的时间内习得,通常婴儿在 18 个月到 20 个月时开始说话,而到了 4 岁时语言已达到了完全发展的程度,很难相信婴儿是通过操作条件作用在如此短的时间内学会语言的。正如美国认知心理学家米勒(G. A. Miller)所指出的,即使是采用操作条件反射教会婴儿去理解由 20 个单词可能组成的所有句子,也需要数百万年的时间。另外,也没有证据表明父母是通过强化程序表来训练婴儿使用语言的。世界上很少有双亲具有如何去着手进行这项训练的计划,并且成人在和婴儿"交谈"时,往往并不对婴儿的"错误言语"进行纠正,而总是顺着他那不完整的且词不达意的话语去尽量理解他[2]。总之,乔姆斯基反对人类的行为仅仅受环境的决定,特别是语言行为,他提出自己对言语产生的观点,那就是——存在先天的语言获得装置,让婴儿能自发的获得语言。乔姆斯基当时正是因为这篇书评而震撼了整个心理学界,一举成名。

更不幸的是,对乔姆斯基的这篇书评的反驳一直到 13 年后才第一次出现。斯金纳本人根本就不曾理会乔姆斯基的书评,他说:

> 我读了几页书评后,觉得他根本就不了解我在说什么,就不再读下去了。(Skinner, 1967)

斯金纳的沉默,却使得外人认为他无力反驳那篇书评。

---

[1] Chomsky, N. (1959). Review of B. F. Skinner: Verbal behavior. Language, 35: 26—58.
[2] 乐国安(2001). 从行为研究到社会改造:斯金纳的新行为主义. 武汉:湖北教育出版社,194—201.

5. 斯金纳和其他新行为主义代表

当时,斯金纳与托尔曼和赫尔(Clark Leonard Hull)都是新行为主义的代表人物,其理论都继承了华生行为主义学说的基本立场,但是又各具特色。托尔曼最先以认知行为主义闻名,紧接着赫尔以行为主义的假设-演绎方法著称,到赫尔的后期斯金纳才带着他的操作行为主义呼啸而来。

行为主义的核心问题是在不诉诸心理术语的情况下解释心理现象。托尔曼的行为主义正如华生希望做的那样,把心灵和意识从心理学中排除了出去,但是他却保留了目的和认知,或者说他重新认识到目的和认知并非来自神秘"心灵"的力量,而应该视为行为本身客观的、可以观察的方面。为此他向心理学引进了一个重要的概念——中介变量。托尔曼在他的动物实验中发现,一只老鼠跑过几次迷宫之后,他们会在某个地方停下来做决定,左边看看,右边看看,往前走一步,甚至往后退几步,好象是在作出决定,然后才继续向前走动。"从人类的角度来看,……,老鼠似乎是在进行'三思而后行'之类的把戏"(Tolman,1938)。这些研究导致托尔曼推敲出他称为"目的性的行为主义"(purposive behaviorism)的学说。他认为动物的行为,受着它们自己的某种期盼(或目标)和其他一些内部状态的影响。这也正是托尔曼与斯金纳最大差别之处,前者承认内部过程如目的和期待对行为的影响,认为它们可能成为行为的原因,行为这个因变量是由环境的和内部的(但不是心理的)自变量所决定;后者则认为外部的环境应该为行为全权负责,行为这个因变量只由环境这个自变量决定。但是尽管两人选择了不同的道路,却是为了相同的目的,即行为主义的最终目标就是描述使因变量与自变量连接起来的函数形式,最终有效的预测和控制因变量——行为。托尔曼和斯金纳还有一点相同之处就是两人都偏爱动物实验,他们两人的理论大多数是建立在动物实验基础上的。

赫尔是20世纪30—50年代心理学界的风云人物。行为主义的创立者华生摧毁了内省的意识心理学,但他并没有创作出一个系统的行为理论取而代之。赫尔填补了这一空白,建立了客观化、数量化的行为主义体系。在当时的心理学家眼中,这个体系似乎可以与物理学中的牛顿力学相媲美。赫尔的理论特点之一是采用假设-演绎的方式，从表述清晰的公设出发，推衍出相关的定理，然后放到实践中进行检验。赫尔把这种以假设-演绎为核心的方法系统称为假设-演绎法（hypothetic-deductive method）。动物的一切行为都可以用公式的函数关系来表达。但是赫尔设想的理论过于宏大，他试图涵盖所有的行为现象，而这是很难办到的。相对而言，斯金纳是一个完完全全的归纳主义者，他年轻时读过培根的著作，对这位哲人非常推崇。像培根一样，斯金纳相信，真理要在观察本身中去寻找，在"做"与"不做"中去寻找，而不是在我们对自己的观察所做的解释中去寻找。因此，斯金纳强调心理学对行为的研究必须有丰富的实验材料作为基础，只有这样才能通过对行为的实验分析，发现其数量关系，达到准确预测和控制行为的目的。斯金纳创立的"行为的实验分析法"，是心理学成为一门科学以来，最接近常规科学的研究方法。它确实做到了不仅可以预测行为的发生，还能通过操作自变量影响特定行为的发生（如保持或消退）。赫尔的假设演绎—行为主义理论在50年代后迅速衰落的原因之一就在于斯金纳操作主义的兴起。斯金纳的理论建立在实验的基础上，更贴近社会生活，对公众有更大的吸引力，因而占据了新行为主义的中心地位[①]。

四、实践推广与应用

与其他行为主义者相比，斯金纳最突出之处在于他非常重视将自己的强化原理应用于人类实践的诸多领域，如教育、心理治疗、社会控制，甚至动物训练。在第二次世界大战期间，为助盟军一臂之力，他用操作条件反射原理训练鸽子控制导弹；在和平时期，他把行为原理应用于教育和心理治疗之中，才有教学机器和行为矫正疗法的出现。到了晚年的时候，有人问他是什么使他的理论这样富有活力，他的回答是——应用。正是因为斯金纳强调并积极推动心理学的应用，他的影响力才远远超出了同时代的其他心理学家。

---

① 叶浩生(2004). 西方心理学理论与流派. 广州：广东高等教育出版社, 200.

1. 动物训练

飞鸽导航军弹

第二次世界大战刚刚开始,德国纳粹军队就以闪电战术攻克波兰,飞机的轰炸使华沙陷入火海。更有甚者,大战的后期德国发明了 V_1 和 V_2 导弹,狂轰滥炸英国首都伦敦。当时的盟军还没有导弹系统,许多人都自问:假如纳粹发射导弹袭击,那该怎么办?

斯金纳是在搭火车时读到华沙的新闻,当时窗外正好有一群鸟追随着火车飞翔。他想:鸟能追火车,难道就不能追飞机?何不教会飞鸟为炸弹导航?于是斯金纳打算用他的操作条件反射来训练鸽子,让它们带着炸弹击中目标,即用鸽子来控制导弹。他的基本思想是将鸽子装在导弹前部凸起的部位,只要鸽子能根据指向目标的信号做出一些动作,而这些动作可以操纵一些设备(就和人操纵方向盘一样),指引导弹方向就行了。

斯金纳还训练鸽子啄击各种不同的信号标志,教它们在两个目标中选择其中的一个,这个目标正是导弹所要寻找的。鸽子的啄击决定了导弹飞向的目标,一旦击中就被引爆,结果是目标和鸽子同归于尽。这就相当于二战时期的日本"神风特别攻击队",而在斯金纳那里损失的是鸽子而不是人。

<<< 专栏四

鸽子的迷信行为

人们总是会有这样那样的迷信行为,比方说,忌讳从梯子下走过,忌讳踩到裂缝等。很多人不愿意承认这一点,但是某些时候人们的确是会因为迷信而做某些事情的。那么人类的这种迷信行为的心理机制是什么呢?斯金纳曾用鸽子进行实验研究,试图回答这个问题。

他先将8只处于饥饿状态的鸽子放进斯金纳箱,斯金纳箱的食物分发器被设定为每隔15秒落下食丸,换句话说,不管动物做了什么,每隔15秒它将得到一份奖励,连续几天都如此。两个独立的观测者记录了鸽子在箱中的行为。

斯金纳训练鸽子

资料来源：Skinner, B. F. (1979). The Shaping of a Behaviorist. New York：Alfred A. Knopf.

结果8只鸽子中的6只产生了非常明显的反应,两名观察者得到了完全一致的记录。一只鸽子形成了在箱子中逆时针转圈的条件反射；另一只鸽子反复将头撞向箱子上方的一个角落；第三只鸽子只显现出一种上举反应,似乎把头放在一根看不见的杆下面并反复抬起它；有两只鸽子的头和身体呈现出一种摇摆似的动作,它们头部前伸,并且从右向左大幅度摇摆,接着再慢慢的转过来,它们的身子也顺势移动,动作幅度过大时还会向前走几步,像是在跳舞；还有一只鸽子形成了不完整的啄击或轻触的条件反应,动作直冲地面但并不接触。上述的行为都是在建立条件反射前未曾观测到的,这说明实验中的鸽子表现出不同的迷信行为了。

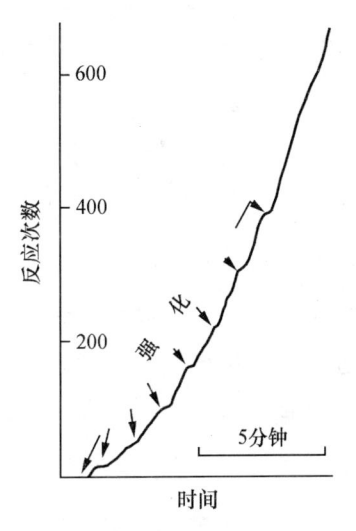

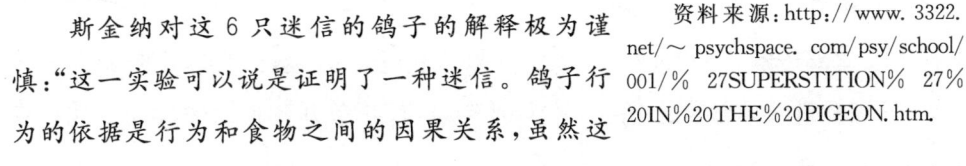

斯金纳对这6只迷信的鸽子的解释极为谨慎："这一实验可以说是证明了一种迷信。鸽子行为的依据是行为和食物之间的因果关系,虽然这种联系实际上并不存在。"每隔15秒出现的食物强化了鸽子的古怪行为,使它们以为正是它们的这种行为导致了食物的出现,所以以后它们仍然相信,只要它们

鸽子的迷信行为

资料来源：http://www.3322.net/~psychspace.com/psy/school/001/%27SUPERSTITION%27%20IN%20THE%20PIGEON.htm.

做出这种行为就会得到食物。

（译自：Skinner, B. F. (1948). Superstition' in the pigeon. Journal of Experimental Psychology, 38：168—172.）

斯金纳在训练鸽子的过程中主要探索：鸽子在何种饥饿程度下最合适完成任务；什么样的食物奖励效果最好（斯金纳私下说大麻种子最好[①]）；除了食物外还有什么东西可以利用；什么药物可使鸽子啄得更快；氧气、二氧化碳的含量有何影响；温度、压力、振动、声音的效果等等。为了取信于评审专家，斯金纳还设计了同时利用三只鸽子导航的系统，同时还制造了模拟导弹飞行的装置，将鸽子放在里面训练。他还训练出能啄击不同目标的鸽子：驱逐舰鸽、战斗舰鸽、日本皇宫鸽、三菱工厂鸽、布兰登堡鸽等。这是一项保密的军事研究，先后得到私人公司和国防经费的资助。可惜的是，这个宏伟计划没有派上实际用场，因为那个时候物理学家们正在研制雷达监控器，它比鸽子导航更精确无误。

智慧动物园

1943年，在斯金纳训练"飞鸽特攻队"的同时，他们还发现了一个有趣的现象。有一天，他和两个学生打算训练鸽子打保龄球。他们用一块木板当球道，放上一些玩具靶子和球。他们打算等鸽子用嘴推动球时就喂它食物，但鸽子根本就不去碰球。虽然他们有足够的时间，但实在是等不耐烦了。于是他们决定先强化任何稍微与推动球有关的动作——如看球等，然后逐步地强化鸽子的更接近用嘴推球的那些动作，到最后就只强化鸽子用嘴推动球的动作了[②]。他们的结果非常惊人，几分钟之内，那只鸽子已成为保龄球高手。这时，斯金纳带着他的鸽子走上了电视银屏，让成千上万的人都认识了他。玛丽安·布里兰（Marian Breland）和凯勒·布里兰（Keller Breland）是斯金纳的学生，他们看到斯金纳在电视上表演鸽子的各种有趣行为引起了观众的极大兴趣，认为这是赚钱的一条好途径，因此就决定放弃心理学，转为训练动物，并举办各种动物表演。他们在

---

① 蔡式渊. 行为分析大师斯金纳. http://tsaipaw.blogspot.com/2006/06/blog-post_15.html.
② 这种方法也被人们称为"行为的塑造"（shaping），即可通过强化一个近似于理想反应的行为，逐步地达到目的。

阿肯色州的温泉胜地开办了一个旅游乐园,称之为"智慧动物园"。他们用斯金纳的行为塑造方法,一共训练了 150 多种(约 6000 只)动物,用这些动物做舞台表演,进行商业电视演出,还拍摄电影。

> 小鸡走钢丝,分发礼品……随着自动点唱机翩翩起舞,甚至打棒球。兔子……驾驶冒火的卡车,鸣汽笛,并且旋转幸运轮盘,挑出幸运顾客。鸭子击鼓,弹钢琴。小熊打篮球,鹦鹉骑自行车。(Gillaspy & Bihm, 2002)

据说,在智慧动物园中最独特的演出是小鸡玩游戏。在这个名叫 Tic-Tac-Toe 的游戏中[①],小鸡从来没有输过,斯金纳与它对决也甘拜下风。

2. 程序教学

程序教学的提出,源于 1953 年斯金纳去他女儿的学校参观。他发现在算术课上,虽然很多孩子都愿意回答问题,但并不是每个孩子都有机会,而学生每次回答问题后老师也不一定及时给予反馈。教师本身的教学水平、心情等对课堂质量影响也很大。对此他评论说:"糟糕得很,他们正在那里毁灭心灵,我可以干得好的多。"

于是,他开始致力于教育改革,希望能够对学生的反应及时提供反馈并予以强化。而要达到这个目的,光靠教师个人的那点时间和精力是不够的,有必要使用机械装置,即利用机器辅助教学。他于 1954 年发表题为《学习的科学和教学的艺术》的一篇论文宣传自己的程序教学思想,同时亲自动手设计、制造教学机器。他设计的教学机器是一种外形像小盒子的装置,盒内装有精密的电子和机械装置。它的构造包括输入、输出、贮存和控制四个部分。教学程序由相互联系的几百甚至几千个问题框面组成的。每一个步子就是一个框面,学生正确回答了一个框面的问题,就能开始下一个框面的学习。如果答错了,程序仍停留在原来的框面,用正确答案纠正后,再过渡到下一个框面。框面的左侧标出前一框面的答案,成为对该框面问题的提示。一个程序学完了,再学下一个程序。

---

① Tic-Tac-Toe 游戏是类似于五子棋的一种游戏,在 3×3 的九宫格上,每人下一次,先连成一行 3 个为胜者。

> 一：当我们将地球从北极至南极、从太平洋至大西洋分为一半时，我们已经把地球表面分为两个半球：东半球和你居住的____半球

学生反应　　　　　　　程序反应
西半球　　　　　　　　西半球

⇩

> 二：在西半球有____洲和____洲，合称____洲

学生反应　　　　　　　程序反应
北美洲　南美洲　美洲　　北美洲　南美洲　美洲

⇩

……

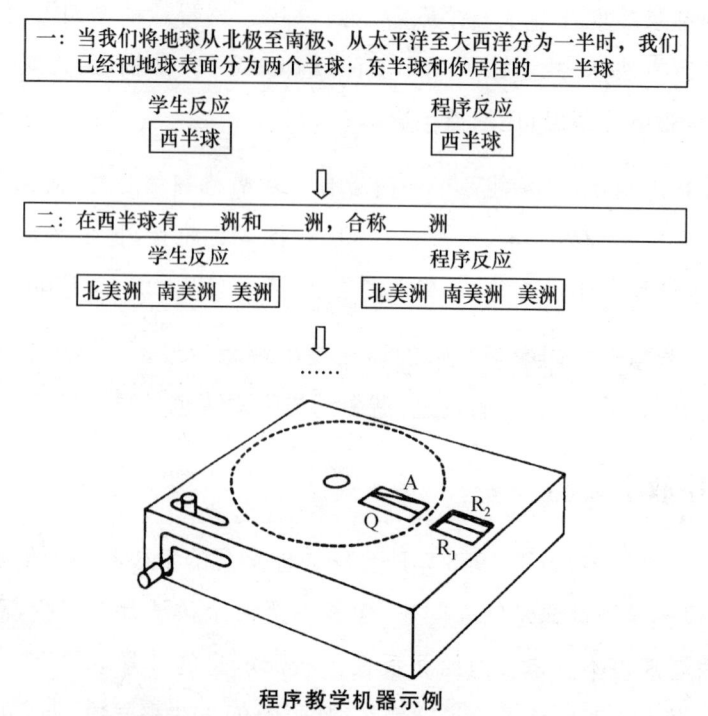

程序教学机器示例

Q处呈现问题，R_1为学生填写答案处，答案写好后，学生就将前端的轴向上搬动一次，A处呈现正确答案，而学生所作的答案已到R_2处，被玻璃遮住，学生只能比较自己的答案是否正确而不能涂改，教师由此可以知道学生的学习情况。

资料来源：张厚粲(2001). 行为主义心理学. 杭州：浙江教育出版社，372.

斯金纳称这种机器为"教学机"(teaching machine)，许多人劝他不要用这个名称，改用一个较容易让人接受的名称。他说：

> 洗衣服的机器叫洗衣机，缝衣服的机器叫缝衣机，为什么教学的机器不叫教学机？教学机最大的好处，在于使学习变得容易，并且能让每个学生按照自己的速度进行。（转引自：蔡式渊，http://www.tlkd.hc.edu.tw/victor/aa.doc）

斯金纳认为课堂上采用教学机，与传统的班级教学相比较有许多优点：第一，教学机能即时强化正确答案，如果学生的答案正确，则机器会自动运转呈现下一个问题。下一个问题的呈现也就成了正确答案的强化信号，这与教师与学生反应之后说声"对"、"很好"等有相同的效果。学习效果的及时反馈能加强学习动力，而在班级教学中行为与强化之间间隔时间很长，因而强化效果大大削

弱。第二,教学机允许学生按自己的速度循序渐进地学习(学生可以根据自己的实际水平选择教学机器的起点),这能使教材掌握得更牢固,提高学生学习的信心。第三,采用教学机,教师就可以将一个极复杂的知识整体按教学内容安排成一个一个连续的短小易懂的程序内容,并设计一系列的强化列联。第四,教学机可记录错误数量,从而为教师修改教学机程序提供依据,这有利于提高教学的效果。

自1954年开始,斯金纳先为小学算术教学设计、制造了一台教学机,1958年又为大学心理系本科生制造了教学机。到了20世纪60年代初期,程序教学法风行欧美许多国家,甚至被称为是教学法的一次革命。英国、苏联、法国、瑞士和联邦德国……都在研究程序教学法。斯金纳在1968年出版的《教学技术》中,收集了有关教育的演讲和论文,对心理学在教育的应用做了分析和总结。他指明教学机的精神其实并不是在于机器,而是在于教材之编写必须符合行为分析原理。

随着20世纪50年代计算机的普及,程序教学很快就与计算机结合起来,形成一种新的教学形式——计算机辅助教学①。

60年代,中国学术界发现美国在研究程序教学,中国科学院心理所的一批心理学家便翻译了一些相关文章,并出版了《程序教学与教学机器》一书,其中很多是斯金纳的文章。后来,卢仲衡研究员将这本书中的思想应用于实践,在国内首次提出班集体与个别化相结合的教育思想。他还提出了以教师为主导、学生为主体、教材为客体的九条学习心理学原则,并以此创编了《初中数学自学辅导》教材。卢仲衡从1966年至1979年在两所学校4个班级中对上述思想进行实验验证,实验效果引起了中国教育界的极大重视。卢仲衡的自辅教材在1982年被教育部批准正式出版,后来又被批准为九年义务教育教材。1990年,卢仲衡的

---

① 计算机辅助教学(Computer Aided Instruction,简称CAI)是在计算机辅助下进行的各种教学活动,以对话方式与学生讨论教学内容、安排教学进程、进行教学训练的方法与技术。它综合应用多媒体、超文本、人工智能和知识库等计算机技术,克服了传统教学方式上单一、片面的缺点。世界上最早开展计算机辅助教学实验的是美国IBM公司,该公司的沃斯顿研究中心于1958年设计了第一个计算机辅助教学系统,利用一台IBM 650计算机连接一台电传打印机向小学生教授二进制算术,并能根据学生的要求产生练习题。与此同时,伊利诺依大学也开始研制著名的PLATO教学系统,该系统从1960年的Ⅰ型发展到1979年的Ⅴ型。它储存有百余门课程的6千套教学程序,相当于一所拥有2.4万名学生的全日制大学的教学能力。斯金纳的程序教学思想被公认为是计算机辅助教学的理论基础。

《自学辅导心理学》一书又荣获国家教委全国首届教学科研一等奖。这项工作其实是斯金纳程序教学研究在中国的延续,只是在我国一直都称为"自学辅导"而没有称程序教学。

3. 行为矫正疗法

从历史上看,先有行为治疗,后有行为矫正。行为治疗[①]虽然最初产生于20世纪20年代,但并未能作为心理治疗领域中的独立方法被推广。直到50年代,斯金纳提出了操作条件反射学说并尝试将该学说应用于医疗实践,行为治疗才得以推广和运用,并逐渐成为一种卓有成效的治疗方法。

"行为矫正"(behavior modification)这一学术名词是斯金纳在《行为主义与社会的沉思》(1978)中首次提出的:

> 我不得不使用至今还没有一个正确说明和定义的术语。我的意思并不是靠植入电极或精神药物来改变行为,也不使用诱发呕吐的药剂和电休克。我使用行为矫正这个术语的意思是,引进一种通过积极的强化来改变行为的手段。(Skinner, 1978, p.10)

斯金纳认为许多神经症和行为失调,不是像精神分析所说的那样,是由内在压抑造成的,也不是内在生理原因所导致,而是由于控制不当(即强化安排不当)造成的[②]。在斯金纳眼里,治疗过程也是一种控制。既然神经症是由控制不当或惩罚过度引起的,那么改善控制,重新安排强化程序或取消不当的强化,就能促使不良行为消退或重新建立良好的行为。用一个事例可以充分解释上述观点:一位妇女因抑郁而不愿吃饭,已濒临饿死的边缘。可是,她喜欢探访者,喜欢在房间里摆放鲜花,还喜欢看电视、听收音机、阅读书籍和杂志。治疗师把她移到一间没有这些东西的病房里,并把一份便餐放在她面前。她只要吃下任何一点

---

① 行为治疗又称行为疗法,是以行为学习理论为指导,旨在消除或纠正人们的异常或不良行为的心理治疗方法的总称。它最初只以巴甫洛夫经典条件发射理论和华生的行为理论为基础,后来陆续有斯金纳提出操作条件反射和班杜拉提出社会学习理论,行为治疗的理论基础更为庞大坚实。行为矫正是行为疗法的一个重要分支。行为矫正其实是斯金纳对采用条件反射理论作为理论基础的心理治疗方法的总称,具体包括系统脱敏疗法、厌恶疗法、强化疗法和消除法。行为疗法除了包括行为矫正疗法的所有内容,还包含冲击疗法,自我控制疗法,模仿学习疗法,思维阻断疗法和生物反馈疗法。但现在人们有时会将这两个名称混用。

② 墨顿·亨特(1999). 心理学的故事. 李斯译. 海口:海南出版社,353.

点东西,便可获得上述她喜爱的享受中的一部分。治疗师慢慢给她奖励,直到她吃得越来越多。她进餐的情况逐渐好转,体重也随之增加,在短短两个星期的时间内她就出院了。18个月后治疗师随访,发现她已过上了正常人的生活。

到20世纪70年代,行为矫正在心理治疗中占有独立的地位,发展成为心理治疗领域的第二势力。但是不论行为矫正怎样发展,斯金纳的强化技术始终是其核心的内容。

行为矫正疗法的突出优点是方法简单,能够规范化或程序化,易于掌握,实施简便,容易执行。但是,由于行为矫正只注意外显行为反应以及引起这种反应的刺激情境,而忽视了人脑内部的复杂过程,即人的复杂的内心世界的作用,因此,它作为一种心理治疗方法存在明显的不足,即长于治"标",失于治"本"。即使把病治好了,也是常常容易复发,不易达到根除的效果。正是由于这个原因,行为矫正往往受到其他心理治疗派别,特别是精神分析治疗学派的非议。

五、新行为主义与社会改造

斯金纳研究行为的最终目的,如前所述,还是在于对人类行为进行预测和控制,解决当今世界面临的各种各样的社会问题。斯金纳归纳,有机体的行为是经由三种不同的变异-选择形成的:第一种是达尔文进化论中所说的"自然选择",它促成了各种动物有不同的行为;第二种是行为分析所说的"强化",它促成了我们日常生活中所见到的富有可塑性、极有变化的行为;第三种是文化演变中传留下来的"社会环境",它使各种不同的文化鼓励不同的行为模式。斯金纳的研究对象也就从最初的"自然选择"行为,扩展到人类"强化"行为,再扩展到最后的"社会环境"行为。早期的他只是用白鼠做实验,后来扩展到其他动物,乃至不同年龄的人。从20世纪50年代开始,斯金纳着重探讨对于人类个体行为具有控制作用的社会条件,包括法律、宗教、文化教育和经济等控制人类行为的措施。因此,人类社会中的种种重大问题,如人口爆炸、环境污染、能源短缺以及核战争等都成为斯金纳研究的对象。这一路行来,他已将行为主义这门科学上升成为

"人类行为科学的哲学"[①]。要解决人类行为中的重大问题,就必须借助行为主义哲学对社会文化进行控制和改造。

1. 行为控制与社会改造

在斯金纳看来,人类行为的控制与社会的改造有着本质性的关系:人的行为是由社会环境条件决定的,控制人的行为意味着控制各种影响行为的社会环境条件,这也就意味着要改变人类行为就必须从社会的改造做起。第二次世界大战胜利之后,许多人为此欢欣不已,以为从此天下太平,可以尽情享受人生。但是斯金纳却敏锐而冷静地看到社会发展进程中潜伏的种种危机,世界人口膨胀、核威慑、环境污染、疾病蔓延、食品短缺等。虽然一些其他领域的科学家们也发现了这些社会问题,并提出了解决这些问题的具体措施,但是斯金纳站在更高的层次上看待这些问题,提出更具全局性的解决方法。

> 单纯地应用物理的和生物的科学不能解决我们的问题,因为答案在另一个领域……我们所需要的是一种行为技术。(Skinner,1971,pp.10—11)

这种解决方法的本质也就是对人类行为进行控制,根据控制的具体形式又可分为个体控制和群体控制。

个体控制

由单个的人实现的、对他人行为的控制即个体控制,它的种类取决于个人自身所有的条件和所掌握的技巧。"强壮者诉诸武力,富有者借助金钱,美女运用美色,懦弱者依靠谄媚,悍妇使用令人厌恶的刺激来达到控制的目的。"相对于群体控制,个体控制的力度较弱,除了个别事例外,个体控制很少能对行为产生重要影响。

尽管个体控制的力量微弱,斯金纳还是归纳了 8 种由个体改变环境条件的控制技术:操控外在刺激(manipulating stimuli)、利用强化作为控制的技术(reinforcement as a technique of control)、实施厌恶性的刺激(the use of aversive

---

[①] 在《关于行为主义》(1974)一书引言中斯金纳曾开宗明义地写道:"行为主义不是人类行为的科学,而是人类行为科学的哲学。"

stimulation)、惩罚(punishment)、指明强化列联(pointing up contingencies of reinforcement)、剥夺与餍足(deprivation and satiation)、控制情绪(emotion)和使用药物(the use of drugs)①。在由个体所实施的控制方面,利用物理手段可能是最有效的控制方法,但是从长远来看,利用物理手段进行控制不如利用行为强化进行控制的效果好。这正是新行为主义者经常利用行为强化作为控制技术的原因。

群体控制

无疑,群体控制的力度更大,因为可供实施的手段更多,主要包括:政府和法律、宗教、经济、教育、心理疗法以及社会文化设计等。其中,政府控制人类行为普遍采用的技术是对非法行为进行惩罚。政府的惩罚手段有些是取消正强化物,例如没收财产、罚款、征税,或剥夺一定时间的自由。另一些较为普遍的惩罚手段是给予负强化,例如造成生理损伤或死亡,判处苦役等等。这样做的目的是使这些惩罚与某些行为构成强化列联,从而减少这些行为再度发生的概率。

法律是行为的规则,它对公民的行为做出了详细的规定,并附带说明如果违反它将会受到的惩罚;传统宗教关于天堂和地狱的描述,集中体现了正的或负的强化,这是宗教控制的实例;用金钱或商品强化来引诱个体从事劳动,是简单而常见的经济控制的例子。在《科学与人类行为》一书中,斯金纳专门分析了以工资为经济控制手段的不同形式。教育控制与上述三种控制的区别在于,它更强调行为的获得而非行为的保持。除了学校是公认的教育机构外,家庭以及一些社会团体也具有与学校类似的教育控制功能。斯金纳把心理治疗也看成是一种人类行为的控制方式,它是专业性的,并不是通过政府和学校那样的有组织的机构来实施的。

"文化设计"是斯金纳提出的最为大胆的控制人类行为的设想。斯金纳相信他的强化原理在文化环境中也适用,并且认为,文化本身就是强化情境,文化能鼓励一些行为,而排斥另一些行为。文化很像在行为分析中使用的实验场所,两者都是一组强化列联系统。儿童诞生于一种文化中就像一个有机体被放置于某个实验场所中一样,设计一种文化就像设计一个实验场景,需要安排各种列联并

---

① Skinner, B. F. (1953). Science and Human Behavior. New York: MacMillan, 316—320.

记录其效果。在设计一个实验时,实验者的兴趣在于所发生的情况,而在设计一种文化时,人们的兴趣则在于它是否发挥作用。所以,如果人们像做实验那样设计社会文化环境,就能产生某种人们预期的效果。这种以操作强化的行为原理来进行文化设计的努力,斯金纳称之为"行为工程"(Behavioral Engineering)。

2.《沃尔登第二》

《沃尔登第二》(Waldon Ⅱ)(1948)是一部小说,也是斯金纳的哲学幻想的最高体现。书名来源于19世纪中期美国作家亨利·大卫·梭罗①的一部散文式著作《瓦尔登湖》(The Waldon)。《瓦尔登湖》描绘了一个脱离都市喧嚣竞争、没有人与人之间剥削现象的美好和谐的乌托邦社会。斯金纳的《沃尔登第二》则是以日记的形式向人们展示一个按操作性条件反射原理设计的小型乌托邦社会。

该书描述的是由一位哲学教授、一位青年教师、教授的两名前线复员归来的学生和他们的两位女友所组成的六人小组,从一个大学校园到一个乌托邦社区去参观的故事。书中的主人公,也就是该社区的创办人费尔泽(Frazier)带领他们到社区各处参观,并沿途向他们讲述社区的人们如何在新行为主义的"行为工程"方法管理下生活和工作的。

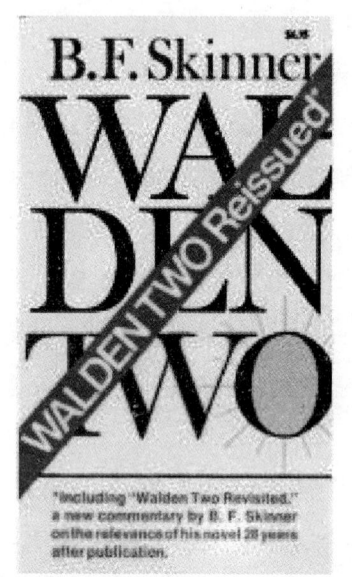

《沃尔登第二》封面(1976年再版)

资料来源:http://www.amazon. com/exec/obidos/ASIN/002411510X/o/qid = 918061543/sr=2-1/002-3842952-3578654。

这个理想化的公社大约是由1000户人家组成的农庄,公社里没有私人住宅,大家都住在联合公寓里;公寓内也没有炊具,大家都在公社餐厅用餐;实行供给制的公社提供食物、闲暇活动、衣服、医疗服务、教育、健康保险等。人们每天只需进行2至4个小时的轻微劳动,这样就能使公

---

① 梭罗(Henry David Thoreau,1817—1862)是一位超验主义者,他反对当时的奴隶制,也反对政府的税收政策,为此隐居在家乡的一个名叫瓦尔登的湖边,他在瓦尔登湖畔独自生活了920天后,走出森林,在一间小木屋里完成了《瓦尔登湖》这部作品。此作品在国内通译做《瓦尔登湖》,而斯金纳的作品通译做《沃尔登第二》。

社成员致力于诸如艺术、科学、技能训练和满足自我实现兴趣的工作。在短暂的劳动时段中，报酬以工分核算，每人完成要求的工分总定额。如果愿做他人不乐意做的工作，能得更多的工分。在这里没有货币，不存在金钱问题；儿童由公社统一抚养，成人不存在抚养儿童的负担；公社里实行的是个别化教育，不存在年级划分和毕业文凭。因而每个儿童都能按照他们独特的情况发展自己。教师只是指导者，任务只是"教学生学会思考"，让他们凭自己的能力去自由地获取任何知识。小说结尾是其中的一对恋人在5天的参观结束时，决定留在该社区生活。

这本小说自1945年就开始动笔，写成之后因故拖延了两年在1948年才得以问世，出版初期也未引起人们的重视。到了50年代以后美国卷入了越南战争，使得本国的经济一度处于崩溃边缘，人们精神空虚，社会动荡不安。年轻一代开始对美国的社会制度产生怀疑，向往着能有一个理想的社会。斯金纳的这本书恰好给人们提供了一个理想的社会模式，因此该书的名声便不胫而走，成为一本畅销书。到1976年该书再版时已共发行了200万册，由此可见这部小说对广大读者的影响力有多大了。甚至有人真正按照该书实际地创建了一个乌托邦社会，这就是1967年由8个人在弗吉尼亚州路易斯萨市组建的"双橡树公社"。直到今天，这个社区仍然存在，它的人口已经增长到好几百人。虽然仍然是按《沃尔登第二》的模式进行管理，但公社的社员们早已不再通过斯金纳强化法来给彼此的行为定型。

双橡树公社鸟瞰图
资料来源：http://www.twinoaks.org/gallery/land-bldg/w_entrance_main。

双橡树公社的邮箱
资料来源：http://www.twinoaks.org/gallery/archival/wLand_Mailbox。

斯金纳本人认为真正有可能实现《沃尔登第二》中的理想社会的国家应该是中国,因为中国是社会主义国家。他在1976年为该书再版重新写前言时曾写道"这样一个社会可能在中国实现"。斯金纳晚年对中国的发展一直关注,曾写信给他中国的好友汤佩松,想来中国看看。但鉴于当时的情况未能成行,这也就成为他一生中的一件憾事。

3.《超越自由与尊严》

《超越自由与尊严》(Beyond Freedom and Dignity,1971)是斯金纳的另一部重要著作[①]。在书中,他用操作性条件作用原理,揭示人类社会生活中的一些复杂概念,如自由、尊严、价值,以及文化等。斯金纳指出人根本不可能有绝对的自由与尊严,人只可能是由环境塑造的产物,因此,人类面临的首要任务是设计一个最适合自己生存的文化与社会。

《超越自由与尊严》封面(1971)
资料来源:http://www.amazon.com/Beyond-Freedom-Dignity-B-Skinner/dp/0872206270/ref=pd_sim_b_1_img/102-0464327-1988907? ie=UTF8&qid=918061543&sr=2-1.

《超越自由与尊严》中文版封面
资料来源:http://www.1000book.com/product.asp? id=182337.

---

① 《超越自由与尊严》在1990年已有由陈维刚等人译的中译本,该译本在2006年再版。

一般人认为,人是独立自主的,人可以通过意识自由地控制自己的行为。斯金纳则不这样认为,他认为人没有自由选择的意志,人也没有选择的自由,他所能选择的范围只限于环境所能提供的东西。人类为了追求自由,曾向大自然挑战,以图克服大自然加诸于人类的种种束缚。随着社会的进步,人类认为自己越来越自由了。但事实怎样呢?人们越是追求自由,反而愈是脱离了自由。人类为了克服自然界所强加于自己的不自由,力图改造自然环境,却反而使环境变得更恶劣了。现在,人类面临着的核战争,污染,失业,饥荒等危险,恰恰是人类在追寻自由中给自己戴上的枷锁。那么人们所谓的"自由"究竟是什么呢?

> 人类为自由而战并不是出于自由的愿望,而是由于人类有机体行为过程的某些特点,其主要作用是躲避或逃避环境的"令人厌恶"的一些特点。(Skinner, 1971, p. 46)

换句话说,斯金纳认为最简单形式的获得自由就是,个体能够避开有害的事物。例如通过呕吐反射排除胃中有害的物体,就是获得了自由;挣脱束缚、避免危险也是在趋向自由。这些其实是操作性条件反射作用的体现。在操作性条件作用下,正强化物是对个体有益的,负强化物是对个体有害的。自由的实质就是能获得正强化或能避免负强化,但无论是正强化还是负强化都是操作控制的结果。因此,人是没有真正自由的,即使人们觉得自己自由了,它的行为也是始终受控制的。为获得自由而面对的问题不是摆脱控制,而是使人们摆脱某种控制。

传统的自由概念(包括尊严概念),使我们误以为人类企图摆脱所有的控制,以为人类天生具有摆脱控制的欲望。但是事实并非如此,人类想要摆脱的是受到的压力、威胁、处罚、辱骂之类的人为控制,而这些都是负强化物,并没有证据表明人们想要摆脱正强化(奖励)的控制。人是脱离不开环境的控制的,控制者采用恶性的控制方法易遭人反感甚至是反抗,但若采用良性方法,不但也可以到达控制的目的,而且人们也乐于接受。工资制就是这样一种良性的控制手段,它用奖赏鼓励别人去从事生产劳动,当人们按照所要求的方式去行动时,他就得到报酬。一个开明的政府不是不进行控制,而是不用负强化——惩罚手段进行控制的政府。这个政府是采取了更合适的控制方法。所谓施德政实际上是使用了良性的控制方法,而绝不是让人们摆脱了控制。所谓市场经济也绝不是无控制的经济,它是受商品和货币强化物控制的经济。斯金纳不赞成人有绝对的自由,但是认为使人们觉得自己自由了或相信自己是自由的,还是可取的。

　　同时,斯金纳也撕破了尊严的神秘面纱,认为人并不具有绝对的尊严。人之所以自认为具有至高无上的尊严,乃是因为人认为人类文明的成就皆出自人的自由意志,是人自身创造出来的。但事实上,人的所作所为都是环境的各种强化列联的作用结果,人并没有什么骄傲或尊严可谈。人的尊严感来自于其他人对其行为的肯定,而这个肯定的程度是与行为原因的明显性成反比关系。当一个人为了某种明显的利益而从事某种工作时,我们不会给予他很高的评价,就像我们不会去赞美一个只是为了挣钱而工作的人一样。相反,对某些没有明确原因的行为,我们会给予肯定,如不求报答的爱情,不迎合时尚的艺术作品。更值得注意的是,对做出与预想不同的某些行为,我们会给予更大的肯定。例如,我们对于一个消防队员的救火行为并不给予特殊的称赞,因为那是他的职责;但对一个过路行人,他本来是可以避开危险的,却去救火了,这种行为就会得到很高的评价。

　　基于以上分析,斯金纳提出了自由与尊严的核心问题——文化设计。文化是一个民族、一个社会在各种强化列联的基础上产生出来的行为习俗。它对人类行为的控制发挥巨大的作用。但是任何文化都处于不断变化的演进过程之中,如果它无法妥善解决社会的重大问题,它就可能灭亡。这就显示了文化设计的重要性。现代的行为科学可以在文化设计方面发挥作用,即通过对人类行为的客观分析,"指出需要产生哪些行为,修正哪些行为,然后据此来安排出列联",从而创建出一个富有生命力的文化。如果可以控制鸽子的行为,使它指引导弹走向自身的灭亡,那么也同样可以控制人类的行为,使人走向幸福,并且感到自由和尊严。在这种文化中,人们对自由和尊严将有全新的理解。这也是这本书被命名为《超越自由和尊严》的原因。

　　《超越自由与尊严》一经问世便成为风靡北美的畅销书,随即流行世界。社会上对这部书的评价褒贬不一,支持者认为这本书是"本世纪最重要的政治思想名著",反对者则称斯金纳在宣传"法西斯"的观点。因此,《超越自由与尊严》使斯金纳再度成为备受争议的心理学家。

六、将行为主义进行到底

行为主义在 20 世纪后半期开始走下坡路,斯金纳的行为分析遇到了一些新生流派的挑战和威胁,特别是在 70 年代后期,其学术生涯经历着"四面楚歌"的艰难岁月。斯金纳不得不承认他所遇到的打击,于 1987 年在《美国心理学家》杂志上发表了题为《作为行为科学的心理学究竟发生了什么》(Whatever Happened to Psychology as the Science of Behavior)一文,述说了行为科学经过这么多年的努力,之所以还不能成为心理学的主流,主要应归咎于三大障碍——人本主义心理学、心理治疗和认知心理学。

> 大半个世纪以来,作为环境变量的行为的实验分析,以及用这种分析去说明和改造世界上的各种行为的做法,已经深入到传统心理学的各个领域。但是,它并没有成为心理科学。问题是:为什么?看一下站立在行为的实验分析的道路上的三大障碍物,也许能找到答案。(Skinner, 1987, p. 780)

人本主义主张人的活动动力来自内部,人作用于外在世界。这与行为分析的主张正好相反。人本主义批评行为主义贬低了人类的神圣的自由和尊严,进而动摇了传统伦理、宗教、政体的基础。而在心理治疗过程中,治疗者要与病人面对面谈话,他需要用很多不确切的语言描述身体的情绪状态,并且用这些情绪状态建立理论。这些都是与行为主义的环境决定论格格不入的。对于认知心理学,斯金纳认为它只不过是一时的时髦潮流,并没有给心理学增添多少新东西,只是恢复了心灵的神圣地位。

与行为主义同时走下坡路的还有斯金纳的身体状况。20 世纪 70 年代末期,斯金纳的视力开始衰退,无法再看乐谱弹奏他心爱的风琴。80 年代中期,他摔伤过一次,伤愈后,体力大不如前,行动不便。晚年,斯金纳已清楚地看到当前的形势对他和他的行为主义是多么的不利,但是他未曾气馁和示弱,继续坚持不渝地进行行为分析和研究,仍不遗余力地到各种场合中演讲宣传他的行为主义观点。他喜欢将"行为分析论"和达尔文的"进化论"相比:达尔文的"自然选择"学说把神从生物学中驱逐出去,使生物学跨入了现代科学的行列;而他的"强化"

学说则把自由意志(心灵)从心理学中驱赶出去,并为心理学构建了关于人类行为的通论。达尔文的"自然选择"学说提出八九十年之后才被学界普遍接受,其间甚至多次被宣布已经死亡;斯金纳相信他的行为实验分析也终有一天会普遍为人们所接受。

1989年,斯金纳被诊断为白血病,还有几个月的生命。他并不曾为自己的绝症感到痛苦、恐惧或焦虑。1990年8月10日,斯金纳强忍病痛在美国心理学会九十八周年纪念大会上,进行了他最后一次题为"心理学能成为心理科学吗?"的特邀演讲,他仍然充满激情地批驳着认知心理学,宣传着行为分析的重要意义和作用:

> 认知心理学对内心生活做解释时,尤其是当它用理论取代内省时,并不比世俗的说法有更大帮助,倒是行为分析可以更为有用。它可能在两个方面有所帮助,一是使强化列联变得清楚易懂,二是可以用它来设计更好的环境……对变异和选择的更好解释意味着一门更加成功的专业,但是行为分析是否被称为心理学,则是要留待未来去决定的事情。(Skinner,1990,p.1210)。

一位当时在美利坚大学读心理学博士学位的台湾学生回忆当时的情景说,大家都知道斯金纳因血癌将不久于人世,整个报告大厅被围得水泄不通。当斯金纳进入会场时,全体起立鼓掌数分钟。就在这场报告8天后,斯金纳因白血病不治而与世长辞。这篇在他逝世前一天晚上才整理完成并投递的演讲稿——《心理学能成为心理科学吗?》,发表在当年《美国心理学家》的第11期上,成为斯金纳从事行为分析62年之久留给心理学的遗言。

<<< 专栏五

斯金纳逝世后的日子

斯金纳逝世以后,他的影响并没有削减,《行为实验分析杂志》(1958年创刊)和《应用行为分析杂志》(1968年创刊)仍然坚持着斯金纳的激进行为主义的传统。以斯金纳的操作条件反射为基本原理的行为分析仍十分活跃并成为当代心理学的一个重要的研究领域。1992年,美国心理学会发行量最大的刊物《美国心理学家》第11期专门出版了纪念他的文章,分析斯金纳对心理学的贡献。在这一期的文章中,无论是他理论的支持者还是反对者,都不否认他对当代心理学的杰出贡献。2008年6月,由美国心理科学协会主办的杂志《观察者》上刊发了一篇纪念斯金纳的著作《有机体的行为》出版七十周年的文章,这说明直到今天美国心理学界仍然肯定斯金纳的行为主义对心理学发展具有重要意义。

中国有词云:"了却君王天下事,赢得身前生后名。"斯金纳呢?英雄迟暮到辞世,未了心中天下事,哪曾注意到他的身前生后名?斯金纳的一生中经历了许多重大的社会变革,也经历了心理学领域中行为主义的衰落与认知心理学和人本主义心理学的兴起。但是,斯金纳对行为主义心理学的信仰从来没有改变过。如果把华生当作是行为主义的正式创始人,那么斯金纳即使不是行为主义的最后捍卫者,也可以说是华生行为主义正统理论的最强有力的支持者和创新者。一位心理学史家写道:"华生的精神是不灭的,这种精神通过斯金纳的作品继续存在,并得到净化和纯化。"(MacLeod,1959)可以说自斯金纳投身心理学,他就一直思考着行为主义,宣传着行为主义,实践着行为主义,并坚定而执著地将行为主义进行到底!

西瑞尔·伯特

西瑞尔·伯特年表图

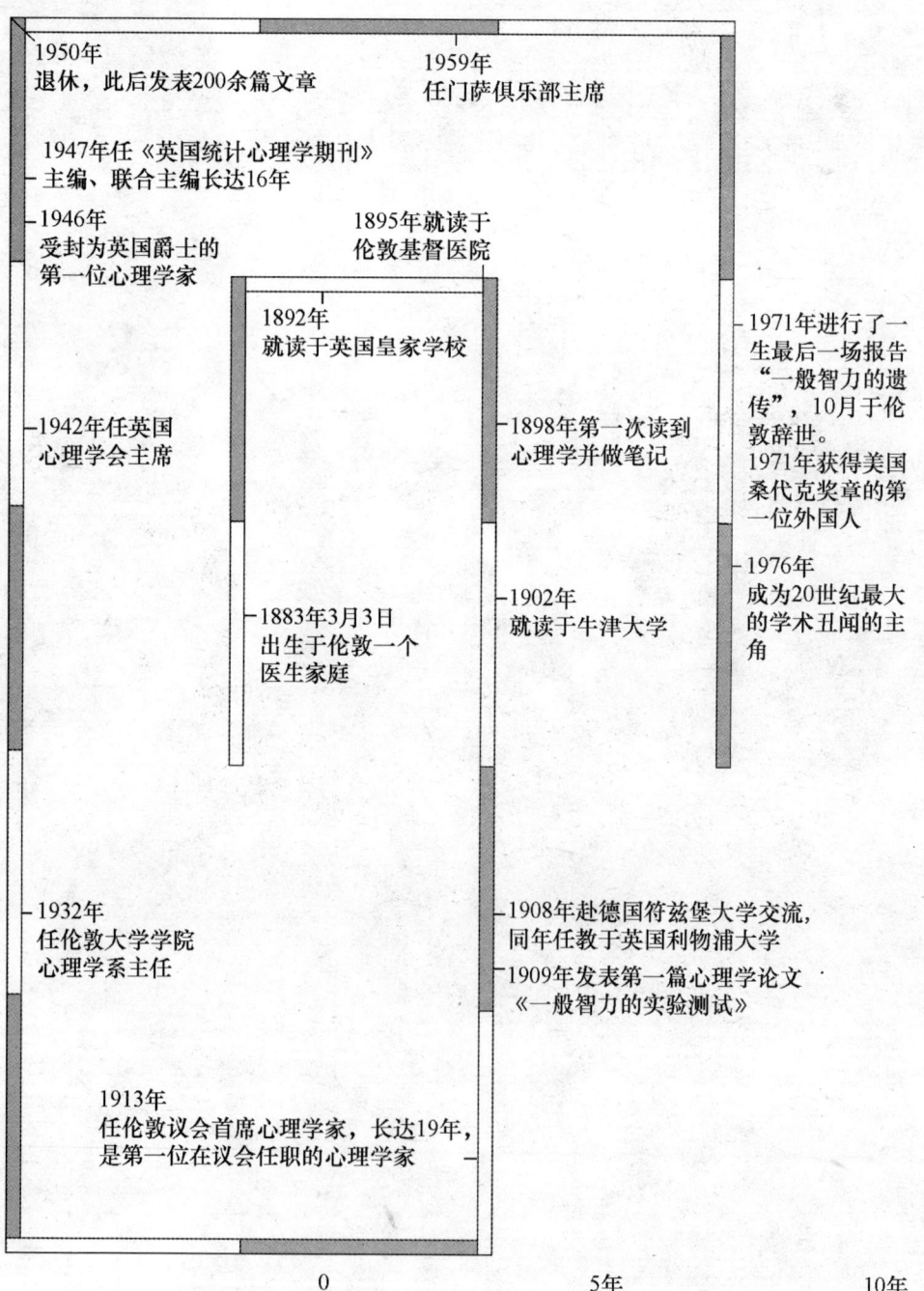

- 1950年 退休，此后发表200余篇文章
- 1959年 任门萨俱乐部主席
- 1947年任《英国统计心理学期刊》主编、联合主编长达16年
- 1946年 受封为英国爵士的第一位心理学家
- 1895年就读于伦敦基督医院
- 1971年进行了一生最后一场报告"一般智力的遗传"，10月于伦敦辞世。
- 1971年获得美国桑代克奖章的第一位外国人
- 1892年 就读于英国皇家学校
- 1942年任英国心理学会主席
- 1898年第一次读到心理学并做笔记
- 1976年 成为20世纪最大的学术丑闻的主角
- 1883年3月3日 出生于伦敦一个医生家庭
- 1902年 就读于牛津大学
- 1932年 任伦敦大学学院心理学系主任
- 1908年赴德国符兹堡大学交流，同年任教于英国利物浦大学
- 1909年发表第一篇心理学论文《一般智力的实验测试》
- 1913年 任伦敦议会首席心理学家，长达19年，是第一位在议会任职的心理学家

0　　　　5年　　　　10年

西瑞尔·罗德维克·伯特爵士（Sir Cyril Lodowic Burt, 1883—1971）是心理学史上举足轻重的人物，他是英国第一位封爵的心理学家，也是20世纪英国最有影响力的教育心理学家。伯特传承了高尔顿智力遗传论的观点，终生致力于智力研究。他关注不同的社会阶层之间、种族之间以及两性之间的智力差异，最著名的研究是使用同卵双生子证明了智力的遗传作用，被认为是行为遗传学的伟大先驱。此外，伯特还发展了因素分析的统计方法，在英国大力推广智力测验，促成英国"11岁以上"测试体系的建立和施行，对英国的教育制度产生了重要影响。但是在他死后，他最负盛名的双生子研究被指控造假，一时间，他的一生成就和伟大形象轰然坍塌，从此成为一位备受争议的人物，心理学史大都对他着墨不多，或者根本不予记载，人们渐渐淡忘了这位心理学家的学术贡献。近年由于行为遗传学的兴起，智力的先天性与遗传性的问题再次成为关注的焦点，而伯特作为行为遗传学的先驱之一，再次得到世人的关注，也得以进入中国读者的视野。

关于伯特，我们无法只承认他的成就而无视其学术造假的争议，我们也不能只关注他的丑闻事件而拒绝承认他的工作和贡献。我们应该尊重科学的严肃性、尊重学术道德，也尊重客观事实。

一、心理学入门之路——始于牛津

伯特家族来自英国西南部,祖上曾在都铎王朝获得封地,家族中至少有六代人先后做过外科医生、牧师和教师等。伯特的父亲恪守家族传统,在英格兰做了一名医生。伯特生于1883年3月3日,比他小8岁的妹妹玛丽恩(Marion),是他一生重要的情感支持。伯特一家在伦敦住到1892年,之后便搬到斯尼特菲尔德(Snitterfield)小镇居住,全家依靠伯特父亲微薄的出诊费维持生活。家中财政困难的现实,使伯特必须依靠奖学金来完成学业,但这对聪明好学的伯特而言并非难事,而且喜欢学习的他显然也乐在其中。

伯特全家合影(1893)
资料来源:Hearnshaw, L. S. (1979). Cyril Burt, Psychologist. London: Hodder and Stoughton.

伯特的兴趣集中在智力活动上,这与他自幼身体不好、不喜欢体育活动有一定的关系。他广泛地阅读文学、政治、经济、历史、宗教和哲学方面的书,热衷于记笔记和做总结,其中也涉及心理学。伯特15岁时,就读到《不列颠百科全书》收录的詹姆斯·沃德[①]介绍心理学的文章,并做了读书笔记。伯特的假期都是在斯尼特菲尔德度过的,他把大部分时间用于阅读、音乐和绘画,有时也会在花园里做简单的实验或是跟妹妹排练话剧,并偶尔参加合唱、话剧等社交活动。除此之外,伯特还经常随父出诊,这使他认识了父亲的一位病人——高尔顿,热情的高尔顿时常讲起他的发现,这对伯特有很深的启发。伯特对高尔顿的研究产生了兴趣,他关于心理测量和智力的研究工作直接受到高尔顿的影响。

---

① 沃德(James Ward, 1843—1925),英国哲学家、心理学家,后半生沉浸在哲学研究中,但并不妨碍他写出著名的心理学文章。这篇心理学文章最初载于1886年第9版的《不列颠百科全书》,后来在1911年的第11版中加以修改和完善。沃德因这篇颇具影响力的文章而载入英国心理学史册。

专栏一

高 尔 顿

高尔顿(Sir Francis Galton，1822—1911)的网站是这样描述他的：维多利亚时代的博学家——地理学家、气象学家、探险家、差异心理学创始人、指纹识别发明者、统计相关及回归的先驱、遗传论者、优生学家、基因论者、达尔文的表弟、畅销书作家。《不列颠百科全书》对高尔顿的定位是英国探险家、人类学家、优生学者以及人类智力研究的先驱。

作为差异心理学家，高尔顿也是最早的实验心理学家之一。他的《遗传的天赋》(Hereditary Genius, 1869)是第一部系统地研究遗传对智力的影响的书，他将正态曲线引入心理学研究，用来表示智力的差异。他提出通过对分开抚养的同卵双生子进行比较的方法来研究智力的遗传性，是第一个使用双生子进行基因研究的人。他还是心理测量学的先驱，他在心理测验领域的工作后来写成《人类才能及其发展的探究》(Inquiries into Human Faculty and Its Development, 1883)一书。

在达尔文发表《物种起源》之后，1865 年高尔顿开始研究遗传学，对人类能力的差异性产生了浓厚兴趣。他从优生的角度论述了高级能力对个体以及对整个社会的发展都是有利的，他坚信人的成就的取得是由遗传得来的优秀品质所致。通过在非洲的观察研究，高尔顿得出非洲人的智力水平在正态曲线上比盎格鲁-撒克逊人低两个等级的结论。他的观点及相关资料成为 20 世纪优生运动的源头缘起。由于优生运动被定性为阶级歧视，高尔顿成为了众矢之的。事实上，高尔顿的观点受当时遗传理论不足的限制，带有局限性，但他并非要创建一个贵族式的精英阶级，而是指出有高级能力的男女结合的婚姻会有聪明的后代。优生运动在某种程度上曲解了高尔顿的观点。

（参见：高尔顿网站(http://galton.org/)及《不列颠百科全书》在线(http://www.britannica.com/eb/article-9035934))

伯特的父亲坚信古典教育的价值,这使伯特接受了严格的古典教育的训练。1892—1895年,伯特就读于皇家学校(King's School),毕业后凭奖学金入读位于伦敦的基督医院(Christ's Hospital)。1902年,伯特同时获得牛津大学耶稣学院(Jesus College)和剑桥大学圣约翰学院(St. John's College)的奖学金并最终选择了前者。

1902年10月,伯特进入牛津大学耶稣学院学习。当时的牛津大学仍以本科生教学为主,旨在培养有修养的绅士,而非专业人士。伯特的学位课程都是牛津颇负盛名的经典课程,包括古典语言、古典文学、古代历史、哲学、伦理学等等。虽然他直到进入牛津的第二学期仍想转学科学,以为将来的医学职业做准备,但由于他拿的是古典学科的奖学金,学校不允许他换专业。但这并不妨碍他的专业兴趣(包括对哲学和心理学的兴趣)的发展。伯特选择心理学,并不是因为他忽视或不喜欢古典学科,事实上他也喜欢古典学科,而且从中得到的严格而系统的训练使他终生受益。举例来说,《逻辑学导论》对他的推理以及后来因素结构观点的形成起到了重要作用。他本人后来也坚信,哲学的训练是成为心理学家的最好基础[1]。

在当时的牛津,心理学隶属于哲学,仍然具有很强的思辨性,学科带头人是威廉·麦独孤,但是他不反对心理学实验,购进仪器并组织学生开展实验工作。伯特是入选的四名学生之一。麦独孤对于伯特选择心理学为职业,起到了关键作用。有些时候,麦独孤只带伯特一个学生,这使伯特可以跟他整日一起工作并随时讨论。麦独孤注意到伯特对高尔顿有兴趣,便有意安排他参与一项由高尔顿主持的心理测验标准化的研究。在这个过程中,伯特不仅对高尔顿有了

伯特取得牛津大学学位
资料来源:Hearnshaw, L. S. (1979). Cyril Burt, Psychologist. London: Hodder and Stoughton.

---

[1] Burt, C. L. (1952). Autobiography. In Murchison, C. (Ed), A History of Psychology in Autobiography. IV. Worcester, MA: Clark University Press, 59.

进一步的了解,他还接触到了皮尔逊(Karl Pearson,1857—1936)和斯皮尔曼这两位在心理学界和统计学界颇有影响的人物。

<<< 专栏二

斯皮尔曼

斯皮尔曼(Charles Edward Spearman,1863—1945)是英国心理学家,提出了智力的一般因素(G因素)理论,对吉尔福特(J. P. Guilford,1897—1988)的智力结构说以及伯特的双生子智力研究产生了重要影响,被认为是第一位系统的心理测量学家和经典测验理论之父(Jensen,1994),是因素分析统计技术的先驱。

1883至1897年,斯皮尔曼在英国军队任职,此后十年在莱比锡大学度过,师从实验心理学奠基人冯特,取得了博士学位。1907年开始在伦敦大学学院任教,从1911年起担任教授至1931年退休。斯皮尔曼根据对心理能力进行的相关性统计,尝试建立心理的一般性法则。他尝试通过每个变量的特殊因素以及它们之间存在的共同因素来解释变量之间的相关。他认为不同心理能力之间的显著正相关来源于一个一般因素,即G因素。1912年斯皮尔曼与他的同事完成了一般因素(G因素)与特殊因素(S因素)之间的相关系数表。最能够说明他的工作的著作是《人的能力》(The Abilities of Man, 1927)。

(参见《不列颠百科》全书在线(http://www.britannica.com/eb/article-9104846)及美国印第安纳大学智力研究所网站(http://www.indiana.edu/~intell/spearman.shtml))

>>>

伯特的出色表现使他获得约翰·洛克(John Locke)奖学金,得以去德国深造。熟悉德国的麦独孤为伯特选择了符兹堡大学(University of Würzburg),奥斯瓦德·屈尔佩是伯特在那里的导师。1908年夏,伯特抵达符兹堡,并很快适应了德国人严格的工作习惯,每天工作10小时,周末也经常不休息。伯特在德国大开眼界,他惊叹于德国便利的研究条件,也意识到英国心理学特别是教育心理学的落后。这段在德国的经历促使伯特在后来的工作中更专注于智力测验。

同年9月,伯特回到英国,10月在利物浦大学(University of Liverpool)获得教职。伯特在重视教育的家庭中长大并接受了当时英国一流的教育,他勤奋好学,对科学充满强烈的好奇心,在心理学界有良好的际遇,这些都促使他选择心理学作为终身事业。

从牛津大学毕业后开始执教,标志着伯特学生时代的结束,而从牛津获得的心理学职业资格则使他正式踏上心理学之路。诚如伯特传记的作者赫恩肖[①]所言,"在心理学史上,伯特的年代是继亚里士多德之后最好的时期"。1879年之后,德国成为心理学的重要阵地,其他各国也纷纷效仿发展心理学,连英国这样刻板的国家也在悄悄地发生变化。继1892年美国心理学会成立,1901年英国也成立了心理学会,牛津和剑桥两所大学也先后建立了心理学实验室。自此,伯特的时代开始了。

二、心理学成就之旅——始于智力

1909年,伯特还在利物浦大学任教的时候,发表了他长达80页的第一篇论文《一般智力的实验测试》[②]。此后他的工作大都围绕智力展开,而他对心理学的贡献也是以智力研究为中心的:伯特的理论贡献是个体心理学和智力遗传说,方法学贡献是因素分析,而他在应用领域的贡献则是对英国教育的改革。他被认为是英国将心理学应用于教育、儿童发展以及心理测量的领军人物。

伯特能够取得如此成就,与前人的工作基础和重要人物的提携是分不开的。这些人中,除了高尔顿、斯皮尔曼,还有谢灵顿(Charles Scott Sherrington, 1857—1952)等。高尔顿认为,天才和个性是可以遗传的,他研究个体差异,并在心理测量和统计学方面颇有建树。伯特几乎全盘继承了高尔顿的观点和方法论。在因素分析领域,伯特是斯皮尔曼去世后的一代权威。在利物浦大学任教时,伯特从生物系转入心理学系,与该校心理学系创始人谢灵顿一起工作。1913

---

① 赫恩肖(Leslie Spencer Hearnshaw, 1907—1991),英国心理学家,伯特传记《心理学家西瑞尔·伯特》(Cyril Burt, Psychologist, 1979)的作者。1955—1956年任英国心理学会主席,1964年出版《英国心理学简史:1840—1940》(A Short History of British Psychology:1840—1940)。

② Burt, C. L. (1909). Experimental tests of general intelligence. British Journal of Psychology, III: 94—177.

年,30岁的伯特在谢灵顿和斯皮尔曼的推荐下进入伦敦议会任职,事业发展扶摇直上。而伯特成功的起点,归根到底,是他对智力的研究。

1. 智力研究

在心理学研究的广阔领域中,伯特的选题是"智力",而且毫无疑问,他成功了。从1909年发表的第一篇论文到1972年死后出版的最后一篇论文[①],他的大部分文章都与智力有关。而追溯到他的学生时代,在1906年参与麦独孤的项目时,他的工作就已经与智力紧密相连了。

智力研究的时代背景

智力一词最早可以追溯到亚里士多德,到20世纪心理学家使用的时候已经不是新鲜事物,研究智力的创新之处不在智力概念的本身,而在于使用相关的技术对智力进行操作性定义,以及对智力进行实际测量。智力的流行归功于20世纪第一个十年里各学科的交融——心理学研究个体差异的测量,生物学开始揭示基因的基本法则,而统计学则创造出了解决复杂数据的新方法。与此同时,教育的地位日益提高,教育落后以及教育选拔等问题纷至沓来,为这些学科的研究提供了用武之地。英美等国的优生运动(the eugenics movements)也应运而生,并在20世纪30年代达至高峰。高尔顿认为,智力是影响个体在遗传上的差异的最重要因素,他对智力的看法深刻影响了那个时代的研究者,这其中就包括伯特。正是在这样的背景下,伯特开始了他对智力的研究。

<<< 专栏三

优 生 学

优生学(eugenics)一词由高尔顿创立,源自希腊文 eugenes,意思是"生好的"。高尔顿受达尔文的自然选择理论影响,倡导建立"更适宜生存的血统或种族"的社会系统。19世纪末,主张"最适者生存"的社会达尔文主义促使优生学成为一门学科。此后,优生学一度被广为推崇。一战以前,优生学得到众多学术

---

① Burt, C. L. (1972). The inheritance of general intelligence. American Psychology, XXVII: 175—190.

界和政界人士的支持,其中包括基因学家、诺贝尔奖获得者马勒(Hermann J. Müller),美国总统罗斯福(Theodore Roosevelt)等。但后来发生的美国的优生运动、纳粹德国的种族灭绝运动,以及大量没有科学研究证实的言论,使优生学最终被认定为伪科学。

美国于1910年在冷泉港(Cold Spring Harbor)建立优生学办事处(the Eugenics Record Office,简称ERO)。一战后,美国社会涌现出众多与优生学相关的言论。例如,优生学者劳林(Harry Laughlin)认为,来自意大利、希腊、东欧的移民犯罪率高,会降低美国人口素质。他的调查促成美国《1924年移民法案》(Immigration Law in 1924)的形成,使上述国家的移民入美遭到严格限制。他主张对低等人群进行绝育,从1920年到1938年间,美国有三万余人被强制绝育,以达到净化人种的目的。纳粹德国效仿美国优生运动,进而推行种族灭绝运动。这使美国开始反思本国的优生运动,并于1939年撤销了ERO。二战后,优生学被认定为伪科学,遭世人唾弃。各界组织机构及出版物开始废弃使用这个词。1954年,英国《优生学年报》更名为《人类基因年报》;1972年,美国优生学会更名为社会生物学会。1973年,美国鼓励各州废止绝育法案。

尽管不再使用优生学这一名词,但是优生学的思想在人类繁衍的诸多话题中仍有重要影响。例如,医学基因学就是二战后兴起的一个医学专业,研究如何对遗传性的障碍进行基因控制,对胎儿进行产前的遗传疾病诊断,防止可遗传性疾病的发生等。

(参见《不列颠百科全书》在线(http://www.britannica.com/eb/article-9033201))

>>>

关于智力的基本观点

伯特关于智力的基本观点可以用"先天的、一般性的、认知的能力"来概括。这一表述正式出现在1955年《智力概念的证据》(The Evidence for the Concept of Intelligence)一文中[①]。伯特坚信,他对智力的定义是结论性的,几乎用尽一

[①] Burt, C. L. (1955). The evidence for the concept of intelligence. British Journal of Educational Psychology, 25: 158—177.

生来捍卫这一观点。

伯特的观点遭到各方面的攻击,有人首先就在"能力"一词上大做文章,质疑他对能力的定义。伯特认为,能力是一种意识之外的持久心理状态,而关于能力概念的讨论是一个形而上学的问题,没有讨论清楚的必要性。人们也批评伯特不使用实验的方法研究认知。他既没有使用斯皮尔曼分析智力的细致方法,也未采用皮亚杰等人研究儿童智力发展的实证方法。他使用的几乎全都是心理测量学的方法,认为能够测查复杂的综合性能力的推理测验比简单的测验更能测量智力。不过,后来关于智力的研究表明,伯特对智力"认知的能力"的定义本身还是经得起推敲的。

"一般性"是伯特智力观的核心理念之一,源于斯皮尔曼的"智力二因素说"。斯皮尔曼认为,智力测验的得分可以用两种因素来解释,一种是一般因素,即 G 因素,一种是特殊因素,即 S 因素,而智力的一般因素在某种程度上与智力活动的本质有关。伯特的第一项研究就是直接验证斯皮尔曼的理论,并证实了斯皮尔曼关于 G 因素的主要结论。在那之后,他一直坚持 G 因素的观点。人们对智力"一般性"的质疑主要集中在两方面:一是统计学上是否经得起考验;二是 G 因素的提出有无意义。尽管伯特后期研究发现并未能完全消除质疑,但为"一般性的、认知的能力"提供了大量的实验证据。

在伯特的智力观中,除了智力的一般性和认知属性,还有智力的先天性,而这引发的争议也最多。伯特认为智力是由个体的基因组成所决定,为了论证这一点,伯特自己提供了很多支持性证据。在他退休之后,他甚至采用数量遗传学(quantitative genetics)这种纯生物学的方法来收集证据,维护自己的观点。但是,有人指责伯特有夸大这些证据的嫌疑。是否夸大姑且不论,后来的研究已经表明,在智力的先天性问题上,遗传因素的确起到一定作用,智力有一部分先天的成分。赫恩肖认为,伯特应该将智力是否具有先天性以及在多大程度上是先天的这个问题留给后人回答,而不应该对这个难题妄下定论,反而使自己受困。

概括而言,伯特认为智力是一种先天的、一般性的、认知的能力,智商是相对恒定的,在人群中接近正态分布。伯特对智力差异的研究是比较全面的,他研究了阶层之间、种族之间和性别之间的智力差异,他认为男女智力的差异并不像人们通常认为的那么大。虽然伯特是遗传论者,但他并不将智力差异完全归因于遗传，而是认为环境也起到重要的作用。虽然他认为欧洲人种比其他的"野蛮人种"更先进，但同时也指出基因并不是唯一的原因。伯特研究工作中的致命弱点是依赖统计方法而非实验性的调查，他在理论上承认心理测量存在不足，但在实际应用中却依然故我。另外，由于伯特的智力模型是哲学和生物基础的，其中几乎完全没有社会的或文化的成分。尽管伯特的方法有缺点，观点有失偏颇，但他仍然是智力领域最有影响的理论家，他对智力的基本看法或多或少都能找到支持的证据。

<<< 专栏四

智力的争论

智力可以用一个分数表示吗？对这一问题的回答有两种。持肯定答案的代表人物是亚瑟·詹森（Arthur Jensen），他认为所有的心理能力测验都是测量 g 因素的，智力水平就是智商测验的结果。而给予否定回答的是哈沃德·加德纳（Howard Gardner），他以多元智力说著称，认为人的基本智力有七种，传统的智商测试并不能说明一个人的能力。

智力能够提高吗？明确表示智力是可以提高的代表人物是罗伯特·斯滕伯格（Robert J. Sternberg），他认为智力是可塑的，是能够通过培训得到提升的，现有的智力测验尚不能测出人的智力水平。与此相反，詹森坚定地认为，所有为提高智力而做的努力都是徒劳，他们并没有理解智力的本质，智力从根本上说是固定的、不能被改变的，而现有的智力测验已经具有很高的效度。迄今为止，人们对这个问题尚未能达成共识。

（参见：Rubinstein, J. & Slife, B. (1986). Taking Sides-Clashing Views on Controversial Psychological Issues. 4th ed. Dushkin: McGraw-Hill.）

>>>

双生子的智力研究

理论假说需要科学事实的支持。伯特对智力的研究实际上就是他所做的双生子智力的研究。他通过采集分开抚养和一起抚养的同卵双生子以及异卵双生子的数据,分析得到他们的智商的相关系数,表明在环境不同的情况下双生子的智商仍具有高相关,进而说明智力更多地取决于遗传因素。下面介绍伯特的几篇重要文章。

伯特从 1913 年开始收集双生子资料,用双生子数据发表的第一篇文章是 1943 年的《能力与收入》(Ability and Income)。这项研究包括 156 对异卵双生子以及 62 对同卵双生子,其中有 15 对是分开抚养的。研究发现,异卵双生子智商的相关系数为 0.54,一起抚养的同卵双生子智商的相关系数是 0.86,而分开抚养的同卵双生子智商的相关系数是 0.77。

1955 年,伯特发表了《智力概念的证据》(The Evidence for the Concept of Intelligence)。在这篇文章中,样本数目有所增加,其中有 83 对一起抚养的同卵双生子,其智商相关系数为 0.944;有 21 对分开抚养的同卵双生子,其智商相关系数为 0.771;另外还有 172 对一起抚养的异卵双生子。

1956 年,伯特在《遗传的多因素理论及其在遗传中的应用》(The Multifactorial Theory of Inheritance and Its Application to Intelligence)一文中证明,智力有 87% 源于遗传因素,另外 13% 则是环境因素造成的。

1966 年,伯特发表了《智力的遗传决定性:分开抚养及一起抚养的同卵双生子的研究》(The Genetic Determination of Intelligence: A Study of Monozygotic Twins Reared Together and Apart)。这时,样本数较之 1955 年又有所增加,一起抚养的同卵双生子的数目达到 95 对,其智商的相关系数为 0.944;分开抚养的同卵双生子的数目达到 53 对,其智商相关系数为 0.771。

伯特关于双生子以及血统关系研究的影响力不可小觑。他掌握了数量遗传学,并将其灵活运用于双生子等的研究中。詹森评价伯特是"第一位深刻理解并在生物遗传学中应用费舍尔(Fisher)、霍丹(Haldane)、马瑟(Mather)的重要贡献的人","把数量遗传学的理论应用到心理测量中,在这一点上他超越了同时代的所有人"[1]。凯门(Leon Kamin)认为,伯特的研究中最重要的一点就是证明了双生子的智力与环境因素是无关的[2]。

---

[1] Jensen, A. R. (1974). Kinship Correlation. Reported by Sir Cyril Burt. Behavior Genetics, iv: 25.
[2] Kamin, L. (1974). The Science and Politics of I. Q. Hillsdale, NJ: Lawrence Erlbaum, 35.

分析以上几篇文章中的样本数,可以发现,伯特采集了大样本的双生子数据,而他也认为由他收集的分开抚养的同卵双生子的数目最多。自1913年起,伯特的双生子研究历时50余年,其毅力之坚、贡献之大,令人赞叹。现在世界各地纷纷建立双生子库,国内已有的及在建的双生子库也在增加,这无疑是对双生子工作的一种延续和拓展。

伯特关于分开抚养的同卵双生子的研究,为智力的基因理论提供了强有力的证据。行为遗传学近年研究得到的结论与伯特的研究结果类似,即遗传因素对智力差异的影响很大。伯特因其在这一学科领域内的开创性研究而被视为行为遗传学的先驱[①]。

智力研究的应用

智力是伯特的研究的最大亮点,也是他研究的主要内容,但他却认为自己首先是个体心理学家,首先关注的是一般因素,然后才是抽象的理论研究者,关注的才是智力。他作为应用心理学家和实业家,从科学理论和实际应用两个角度进行个体研究,其工作推进了英国应用心理学的发展。

伯特对智力研究的应用发展的贡献主要是在教育领域。他十分关注对落后生的教育,坚定地主张推行选择性教育和特殊教育,对智力不足、行为不良的学生进行积极干预。1913年,他在伦敦议会(London County Council,简称LCC)任首席心理学家,任期内通过了《心理缺陷法案》(the Mental Deficiency Act),该法案对心理缺陷人群进行了分类。伯特将智商低于70分的人群定义为缺陷组,这部分人在每个学龄组只占1.5%;而智商在70~85之间的属于落后组,这部分人数能达到10%。除了关注智力落后人群,伯特还特别关注智力分布曲线上分数较高的一端,这部分人的智商在130分以上,有些甚至是在150分以上,伯特认为他们也需要进行特殊教育。他在任期间,协助教育当局选拔奖学金获得者,积极为这些高智商的学生争取机会。这样做减少了奖学金进入特权阶级的机会,使奖学金能够更加公平地发放。伯特在教育领域对推动智力研究的应用发展所起的作用是令人尊重的。

---

① Bjork Lund, D. & Pellegrini, A. D. (2002). The Origins of Human Nature-Evolutionary Developmental Psychology. APA, Washington, DC, 74.

不过对伯特在教育领域的工作，人们也颇有争议。例如，伯特推行"11岁以上"的测试体系，因为他认为智力到11岁时才固定下来，国家应对11岁以上的学生进行智力测试，并根据测试结果将他们分入不同的学校：得分较高的学生进入文理学校（grammar school），余下的则进入现代学校（modern school），且这一划分是永久性的。而在当时的英国，只有经过了文理学校训练的人才有可能进入大学继续读书。因此，这一测试体系实际上剥夺了那些未能进入文理学校学习的孩子以后上大学的机会。

除了担任政府公职，伯特还热衷于推动民间智力组织的发展。例如，伯特对门萨（MENSA）[①]早期的组织和发展发挥了重要作用，于1960年被选为门萨的荣誉主席。门萨是高智商人群自主发起的民间组织。在当时，门萨曾一度被认为是社会的邪恶力量，而伯特却坚定地始终如一地支持门萨。

2. 因素分析

伯特的智力研究的成功很大程度上是在教育领域，或者说是在应用领域中得以实现的，而因素分析[②]则更具有学术研究的成分，是伯特的理论成就的重要组成部分。从1932年接任伦敦大学学院心理学系主任到1963年交出《英国统计心理学期刊》（British Journal of Statistical Psychology）的控制权，因素分析一直都是伯特感兴趣的一个主要研究领域。他将因素分析看作自己最大的成就。1940年《心理因素》（Factors of the Mind）一书完稿，他写信给妹妹："我完成了一本大部头的书，包括了我多年的工作，比我写过的其他东西能对心理学产生更持久的影响"[③]。但伯特言过其实了，这本书写得繁冗而且哲学色彩浓重，加上当时战争已经爆发，这本书实际并未受到太多关注；而在战

[①] 门萨于1946年成立于牛津，是一个高智商人群的民间组织，接纳那些智商在人群中占前2%的人加入，截至2007年，已有10万会员分布在100个国家。"门萨"一词在拉丁语中意为"桌子"，表示该组织是一个平等的圆桌式社团，不区分政治、地域、种族、宗教等的差异。参见门萨网站 www.mensa.org。

[②] 因素分析是对智力能力及其他测验领域（如人格）进行系统分析时常用的一种评估方法。英国心理学家斯皮尔曼系统研究了不同能力之间的相关，用能力测试分数的差异说明智力有一个一般决定因素，即G因素，而每种能力测验各有对应一个具体因素，即S因素。后来美国的瑟斯顿（Thurstone）提出多因素分析方法。美国心理学家吉尔福特（Joy Paul Guilford）通过因素分析提出智力的结构模型说。而因素分析除了用于智力研究，也广泛用于人格结构等的研究。

[③] Burt, C.L. (1940). Letter to his sister, 27 May, 15.

伯特与妹妹
资料来源：Hearnshaw, L. S. (1979). Cyril Burt, Psychologist. London: Hodder and Stoughton.

退休时的伯特
资料来源：Hearnshow, L. S. (1979). Cyril Burt, Psychologist. London: Hodder and Stoughton.

后，它更是被美国心理学家更深入的研究盖过了风头。

伯特最初是在牛津读书的时候向斯皮尔曼学到因素分析的技术，后来曾经小规模地用于智力调查，再后来又用于人格统计分析和心理测试，但是这些都停留在简单应用的水平。那个时候，对伯特来说因素分析只是第二位的，这不仅因为斯皮尔曼仍是因素分析的绝对权威，更因为伯特的兴趣主要还是在应用领域。

而从伯特在伦敦大学学院上任到1945年斯皮尔曼去世，因素分析才逐渐成为伯特的研究中心。他对因素分析的数学原理和方法学的掌握日益精深，这一时期的成果集中体现在1940年的书中。虽然此时伯特已有了许多自己的观点，开始与斯皮尔曼分道扬镳，但是他仍然公开承认斯皮尔曼的先锋和领导地位。

从1947年到1963年，伯特主编《英国统计心理学期刊》，发表了大量的文章，这其中包括重写的以前的文章。这时他开始拒绝承认斯皮尔曼是因素分析的创始人，而将自己的观点推为权威，并自称是第一个在心理学中使用因素分析方法的人。但是，除了这一阶段的伯特，几乎所有人都认为因素分析始于斯皮尔曼1904年在《美国心理学期刊》上发表的文章。

客观地说，伯特的因素分析方法在计算机问世前还是很实用的，而他也无疑是将因素分析用于人格分析的鼻祖之一。

3. 职业生涯

教育改革

1913年，伯特就职于伦敦议会，担任首席心理学家，这标志着英国对心理学这一新兴发展领域的首次官方认可。针对智能不足的学生和天才学生的教育工作，使伯特已然成为英国第一位职业的应用心理学家。尽管智力测验并不是心理学的唯一工具，但是在20世纪初，它是心理学走出实验室、应用到现实中的最重要的测验工具。伯特极早就意识到这一点，并积极投身于智力测验的应用，最早可以追溯到大学期间他参加高尔顿发起的测验标准化研究。

在当时的英国教育界，伯特的影响首屈一指。二次大战期间，他的观点和研究发现对英国教育决策者，特别是对英国教育咨询委员会理事会的两任领导人都产生了重要作用。在他们的领导下，英国完成了战后教育体制的重构。这两届委员会在很大程度上取信于心理学家的研究，特别是由伯特所提供的心理学研究证据。

伯特对自己的教育观点，像他对自己的大多数观点一样，一生都保持了惊人的一致性。他坚持G因素和智力的主导作用，宣称如果这些因素可以被准确估计，那么孩子们就能够被引导到与其先天能力匹配的教育轨道上来，进而避免造成失调或者浪费，而智力测验是能够在一定程度上精确测量智力的。他希望学生能够凭借能力和勤奋证明自己，申请并得到奖学金以及接受高等教育的机会。基于这些观点，他主张推行智力测验，支持选择性教育，并坚决捍卫自己的教育观点。

另外，作为英国在教育和儿童发展领域内的第一位专家，伯特在伦敦大学学院开设了包括实际操作和理论教育在内的一年的课程，可谓是英国教育心理学的先锋。

伦敦大学学院

1932年，伯特接替退休的斯皮尔曼担任伦顿大学学院（University College London）心理学系主任，这是他一生事业的最高峰，也是他事业的分水岭。在此之前，他一直在做心理学的应用工作，之后，他的工作则以理论研究和方法学为主。尽管心理系的规模并不大，但却是强有力的心理学研究中心，有自己鲜明的特色,即使用心理测量和因素分析的方法研究人的能力和人格特征,这与伯特的工作是一脉相承的。他在卸任时说:"自萨利(Sully)和麦独孤那时候起,这个系就已经代表了英国心理学史的独特一支——个体研究"①。而在该校心理学系的网站上,对伯特有这样一段中肯的评价:"伯特在 20 年间,成功地将心理学系的工作集中在对测量和理解个体差异的教学和研究上。在他的领导下,心理学系的工作扩展到了包括儿童发展、行为不良以及教育心理学在内的领域"。②

伯特接任斯皮尔曼的 18 个年头很快就结束了,他坚持的独特的心理学分支没能在这个系延续下去,而是在他退休离任后迅速萎缩。尽管退休之后的伯特依然活跃,但他的职业生涯已经结束。多年后他在个人书信中承认,他的继任者美国教授罗素的到来,以对白鼠的研究(动物心理学)结束了个体心理学的历史。在罗素辞职返回美国之后,虽然伯特试图任命与他同一心理学分支的人,但却没能成功。他想传承高尔顿的研究传统的努力最终以失败告终。

三、心理学续航之行——老有所为

从 1950 年退休到 1971 年去世的 21 年里,伯特一刻也不停歇,忙于出席各种活动,四处讲座授课,处理大量信件,发表了 200 余篇文章,同时兼任书刊的审阅和编辑工作。他的一天通常是这样度过的:在床上吃早餐、读报、处理一些信件,然后从 10 点开始工作到下午 1 点,午餐之后去散步,在下午茶时间读会儿书,有时也会弹弹琴,然后工作到 7 点半,晚餐之后继续工作到 11 点半或者更晚。这样,伯特一天大概工作 7—8 个小时。在退休的第一个 10 年里,他还能够自己出去演讲或者开会;到第二个 10 年,由于健康原因,除了散步和少数会议,他已经很少离开住所。

伯特的退休生活忙碌而有规律,一直都有助手辅助其工作。伯特的秘书布

---

① Burt, C. L. (1950). Farewell address to the university college psychological society. For the history of the department, see Flugel, J. C. (1954). A Hundred Years or so of Psychology at University College, London. Bulletin of the British Psychological Society, 23: 21—31.

② 伦敦大学学院心理系网站 http://www.psychol.ucl.ac.uk/info/history.htm。

鲁斯（Bruce）承担了大量工作，而阿彻（Gretl Archer）负责照料伯特的日常生活。在布鲁斯去世后，阿彻开始承担秘书的工作，伯特最后14年的信件也是由她来整理。她是伯特的聆听者和崇拜者，能够分享伯特在艺术、宗教、科学等方面的兴趣。没有她，伯特退休期间不可能有如此巨大的产出。

退休后伯特的很多演讲都是对他自己的观点的重要陈述，如1957年在伯明翰以《心理能力的遗传》（The Inheritance of Mental Ability）为主题的演讲。20世纪50年代，伯特像退休之前一样继续在BBC等电台做系列演讲或采访，只是效果不及以前了，BBC的评价是"令人失望"、"太多观点已过时"[①]。尽管如此，一直到1969年他仍在接受电视采访。

60年代，伯特参加的讲座及广播日益减少，但是他与大众关于智力、关于选择性教育和教育标准的对话则是有增无减，并且在1969年达到高峰。这一年他在《儿童的心理差异》（The Mental Differences Between Children）一书中的一篇名为"Black Paper II"[②]的文章引起了巨大争论，为此伯特写了十余篇文章回应公众的疑问和批评。除此之外，他的日程还排满了大量的学术或教育活动。他曾对朋友抱怨这让他几乎没有时间工作，有时在两周之内的工作时间累计不到一个半小时。

在退休后的头13年里，伯特继续担任英国心理学会的统计期刊[③]的主编，这本期刊是他发表文章的主要阵地。伯特有若干书籍和文章的写作计划，但是由于时间和健康的原因，他只完成了其中很少的一部分，如《心理因素》的修订。根据赫恩肖的分类，伯特的出版物主要包括因素分析和相关的统计主题，普通心理学和心理学史，哲学心理学和方法学，智力、天赋和能力的遗传，教育问题和教

老年伯特

资料来源：Hearnshaw, L. S. (1979). Cyril Burt, Psychologist. London: Hodder and Stoughton.

---

① Report, B. B. C. Archives p. 189.
② Cox, C. B. & Dyson, A. E. (1969). Black Paper II, 16—25.
③ 1953年的名称是《英国统计心理学期刊》（The British Journal of Statistical Psychology），1966年更名为《英国数学与统计心理学期刊》（The British Journal of Mathematical and Statistical Psychology）。

育心理学,超心理学等①。

事实上,伯特的身体状况一直欠佳。到1957年,他自己也意识到注意力减退,身体机能也开始明显衰退。尽管如此,他一直坚持娱乐活动,就像他一直坚持工作一样,在阅读之余,他一直对天文学、音乐等饶有兴趣。在他生命的最后阶段,伯特专注于完成《天才儿童》(The Gifted Child)的手稿。1971年8月,伯特做了一生中的最后一场报告《一般智力的遗传》(The Inheritance of General Intelligence);同年10月,伯特以88岁高龄告别人世。

四、心理学争议之实——孰是孰非

1. 一生光环

伯特早在1946年就被英国王室封为爵士,是第一位封爵的心理学家。伯特去世后,美国心理学会授予他爱德华·李·桑代克奖章(Edward Lee Thorndike Award),这也是该奖第一次颁发给外国人。《泰晤士报·教育增刊》(The Times Educational Supplement)称伯特为"英国最著名的教育心理学家"。虽然伯特头顶上耀眼的光环使他在某些人心中几乎跟上帝一样完美,但是另一些人却将伯特视为恶魔,特别是在他生命的最后10年内。将他推到舆论顶峰的是1944年教育法案前后推行的选择性教育,以及智力测试在遴选学生时所起的决定作用,它们使伯特成为左翼分子、平等主义者猛烈攻击的对象。到20世纪60年代,伯特被描述成为极端主义者、种族分子、右翼等。伯特在恶劣的舆论环境中生存下来,他极佳的文笔和辩论才能使他在世时的声誉并未受到严重损害。在伯特生前,仅有少数人质疑他的科学成果的可靠性。正是在这种情况下,赫恩肖对伯特做出了评价,认为他是享誉世界的、有杰出才能的心理学家②。

---

① Hearnshaw, L. S. (1979). Cyril Burt, Psychologist. London: Hodder and Stoughton, 198.
② 同上,229.

2. 光环的逝去

数字之谜

前面在双生子研究的部分曾介绍过伯特 1955 年和 1966 年的两篇文章,细心的读者会发现,时隔 11 年,在样本数目增加的情况下,同卵双生子组的相关系数不变,甚至精确到小数点后三位,数字仍相同。1955 年,分开抚养的同卵双生子和一起抚养的同卵双生子的样本数分别为 21 对和 83 对;到 1966 年,这两组的样本数分别为 53 对和 95 对;而分开抚养的同卵双生子的智力相关系数均为 0.771,一起抚养的同卵双生子的智力相关系数均为 0.944。直观来看,结果真有些不可思议。有些人据此追溯到伯特的工作细节,发现了更多的疑点。惊人的调查结果,举世哗然。

两篇文章的数字比较

	一起抚养的同卵双生子		分开抚养的同卵双生子	
	数目/对	智商相关系数	数目/对	智商相关系数
《智力概念的证据》(1955)	83	0.944	21	0.771
《智力的遗传决定性:分开抚养及一起抚养的同卵双生子的研究》(1966)	95	0.944	53	0.771

1972 年,在美国普林斯顿大学心理学系的一次座谈会上,凯门首次公开质疑伯特的研究的可靠性,后来有人表示赞同。1974 年,凯门出版《智商的科学和政治》(The Science and Politics of I.Q.)[①]一书,他认为智力的基因决定假说不成立,无法驳倒环境说。凯门对伯特双生子研究提出四点批评:① 在伯特的文章中,缺少对收集双生子数据的方法以及对测试样本的详细说明,如数据的收集时间、双生子的性别以及分开抚养的双生子的分离时间等等。② 在伯特的不同报告中,有相互冲突和矛盾的陈述,如最聪明的双生子智商有 136、137 和 131、132 两个版本。③ 伯特的文章中有因为疏忽导致的差错,其中有些是伯特生前承认并纠正了的。④ 伯特的研究中,由不同样本得到的相关系数完全相同。尽

---

① Kamin, L. (1974). The Science and Politics of I.Q. Hillsdale, NJ: Lawrence Erlbaum.

管样本数发生变化,但是相关系数在小数点后 3 位都保持不变。凯门认为一定是哪里出了错,但是在他的书中没有细究。

1974 年,詹森也开始质疑伯特的研究的可靠性。但他与凯门不同,他们的立场几乎是对立的。詹森是伯特的崇拜者,他认为伯特是世界上最伟大的心理学家之一,他的学术观点主要受到伯特的影响。但是后来当他仔细研究伯特的工作时,他发现了大量细节的缺失,使他不得不开始怀疑伯特研究的可靠性。尽管詹森对伯特,尤其是对伯特关于数量遗传学的才能充满敬仰,但是他曾经承认,伯特用于证明他的假设的相关系数是无效的。不过,后来詹森几次写信给《泰晤士报》,声明他认为伯特的错误只是无心之失。詹森的态度不免有些矛盾,但是伯特文章中的细节缺失却是不争的事实。

1974 年,仅在美国,就有两人发现伯特的文章存在重要细节的缺失,而且这两人先前对伯特的态度和立场截然相反。如此一来,伯特的有些研究便成为无法考证、不可重复的令人质疑的工作。事实上,在伯特死后头几年,关于他双生子研究以及血统研究数据的有效性的质疑不断。当然,这其中不乏有政治动机的攻击者,但这些攻击并未越过学术争论的界限,没有人公开质疑伯特的工作的权威性和完整性,直到 1976 年。

记者的发现

1976 年 10 月 16 日,《泰晤士报》刊登了这样一则寻人启事:

> 西瑞尔·伯特爵士。寻找帮助西瑞尔爵士进行双生子智力研究的玛格丽特·霍华德(Margaret Howard)或 J. 康威(J. Conway),或者知道他们下落的人。奥利弗·吉利(Oliver Gillie),01-4858953(对方付费)。

刊登寻人启事的吉利是《星期日泰晤士报》(Sunday Times)的记者。10 月 24 日,这份报纸赫然登出以《著名心理学家伪造关键数据》为题并附加伯特照片的头版新闻:

> 本世纪最骇人听闻的科学造假直指西瑞尔·伯特爵士,英国教育心理学之父。科学家认为,为支持自己的智力遗传理论,伯特伪造了数据及重要事实。

吉利对伯特有四项指控:① 伯特经常猜测亲代的智商,并将猜测的数值用于科学研究。② 与伯特合作进行双生子研究的两个女助手不存在。③ 凯门在伯特的文章中发现的相关系数惊人相同的情况,只有在有意使观察结果符合预期结果的条件下才会出现。④ 伯特捏造了对其遗传理论假设有利的数据。

10月25日,《泰晤士报》登出《智力先驱的理论完全不可信》(Theories of I. Q. Pioneer Completely Discredited)的文章,对吉利的观点予以进一步延伸,认为伯特早期的工作同样值得怀疑。

一石激起千层浪,伯特事件愈演愈烈,甚至被人视为心理学界的"皮尔当人"丑闻。"皮尔当人"是科学史上最大的造假丑闻之一,而且也是发生在英国。在接下来的6周里,不下52封与此有关的信件刊登在《泰晤士报》的通信栏上,这则丑闻迅速引起了各类媒体的广泛关注。事实上,在吉利的指控中,除了第4点关于造假的指控,其他三点都不是新发现。蒂泽德(J. Tizard)教授在1975年就指出了伯特不存在助手的问题,而吉利不过是直接引用了他的发现。用蒂泽德的话说,吉利只是详细地把事情公之于众,而事实上,这是很多心理学家已知道多年的事情,只是他们的措辞更保守。

基于伯特的研究工作,英国建立了选择性教育体系,而詹森和艾森克(Hans J. Eysenck)则提出了种族智力差异说。如果伯特的数据真的是伪造的,那这就不仅仅是科学问题,还是政治问题。事态扩大了,一方面是因为伯特事件触及遗传论和环境论,是个敏感的政治话题;另一方面是因为学术造假不为任何公正的标准所接受,无容身之地。尽管吉利的指控不足以完全取信,但此事后来演化成为遗传论者和环境论者之争,以及"反对伯特"和"拥护伯特"的两派之争。

拥护伯特的代表人物之一是曼彻斯特大学的约翰·科恩(John Cohen)教授,他曾是伯特的学生。他描述了在20世纪30年代见到伯特的助手之一霍尔德小姐的情景[①]。詹森、卡特尔等人也支持伯特。艾森克在给伯特妹妹的信中指出,这是左翼环境论者利用科学事实玩的政治游戏,将来必定能水落石出,而这些将丝毫无损于伯特爵士的名誉和尊严。

在反对派中,克拉克夫妇(the Clarkes)认为,伯特"不是行骗的科学家就是科学家中的骗子";而凯门后来更是认为,伯特早期的工作,甚至追溯到他在利物

---

① Cohen, J. (1977). After the Cyril Burt Case: The detractors. Encounter, 48(3): 86—90.

浦大学时的工作,就已经有造假的嫌疑了。

在两派的争斗中,也有较温和的评价者,如尼古拉斯·威德(Nicholas Wade)[①],他认为伯特的差错究竟是由于粗心还是刻意伪造,或是介于两者之间,只有历史能够回答。

<<< 专栏五

皮尔当人

皮尔当人(Piltdown Man)曾被认为是最原始的人类化石,但在 40 年之后才被后人揭发,它实际是拼接而成的。"皮尔当人"丑闻是科学史上最大的丑闻之一。

1859 年,达尔文的《物种起源》问世,生物进化论虽然不断深入人心,但也一直存在争议。如果人是生物进化的产物,是由猿进化而来,那么在人和猿之间应该存在一个过渡形态,但是始终未找到相应的化石证据,这一过渡形态的早期人类因此被称为"缺失的一环(the missing link)"。1912 年,英国律师查尔斯·道森(Charles Dawson)在英国的皮尔当(Piltdown)发现了"头盖骨像人、下颌骨像猿"的头骨化石,经自然历史博物馆的史密斯·伍德沃德(Smith Woodward)鉴定后宣布"英国发现了最原始的人类化石"。"皮尔当人"被称为"道森曙人"(Eoanthropus Dowsoni),"曙人"的意思是最早的人。

后来,科学家根据在世界各地不断出土的化石(其中包括复原北京人头骨化石)研究发现,古人类发展的规律,即人类进化的趋势是脑量不断增大,头盖骨越来越接近现代人,而原来比较宽大、粗壮的下颌骨在逐渐地向着缩小的方向发展。皮尔当人头骨却与此规律背道而驰。直到四十年后,1953 年韦纳、克拉克和奥克利(Weiner, Le Gros Clark and Oakley)才利用年代测定技术对皮尔当人头骨化石进行测定,结果表明:皮尔当人头盖骨来自距当时约 620 年的中世纪的人类,而它的所谓像猿的下颌部分来自距当时约 500 年的一只猩猩。另外,他们还发现"皮尔当人"头骨和下颌骨上都有被刀小心锉过的痕迹,化石表面的颜

---

① Wade, N. (1976). I. Q. and heredity: Suspicion of Fraud Beclouds classic experiment. Science, 194: 919.

色是人工染上去的,并非由石化所致。他们断言,皮尔当人头骨化石系伪造,皮尔当人并不存在。

(参见:http://www.talkorigins.org/faqs/piltdown.html)

求证者的发现

吉利的四项指控中,第一项是"猜测",即认为伯特研究中的智商数据是通过猜测得来,第四项是"捏造",即认为伯特捏造了对其理论的验证有利的数据,但"猜测"或"捏造"都是难以证真的命题。事实上,只有"两名女助手"和"研究资料"这两项指控是可查的。但是,后人得到的关于伯特的资料却偏偏是不完整的。伯特死后不久,他的管家阿彻小姐便将房屋出租,很快搬了出去。她根据自己的判断对伯特的资料进行了处理,仅留下了那些她认为有价值的伯特尚未发表过的资料。而在此之前的世界大战期间,空袭已经使伯特损失了很多重要的研究资料。这无疑给求证者出了天大的难题,因为不管是对伯特的质疑还是拥护,都需要首先考虑相关资料不复存在这个事实,然后再从可得的资料中寻找证据。

赫恩肖认为伯特虚构助手和伪造数据均属实,并对伯特造假的动机进行了病理学分析。根据他的考察,伯特的双生子资料收集工作大都是在1950年退休之前进行的,或者说是在二战之前完成的,但是这期间没有伯特与助手联络的任何证据。关于伯特的最后18年的证据表明,他自己没有继续收集双生子的数据,两个助手也没有出现过,相关信件也没有,除非是用电话,但是又不可能完全依赖电话做研究。赫恩肖认为,所谓"助手"只不过是伯特的另一个自我,是为了在发表文章时不至于显得过于"专制"或"垄断",助手的存在也可以显示他在学术工作上的活跃。赫恩肖据此认定伯特的助手并不存在。而关于伪造数据,赫恩肖的解释是,伯特在战争中丢失的一些资料是后来写作的文章中必需的,在这种情况下,他只好伪造了。

除此之外,赫恩肖还有两种证据:一是他对伯特工作情况的推断;另一是他对伯特的人格分析。伯特的学术活动太多,承担了很多来自出版社的审阅工作,以至于没有时间做科研,而且他的身体不好,没有充足的能力做研究,在外界批评压力过大的情况下，为了保存自己在学术界的地位和影响力，伯特选择了虚构和造假。如果说赫恩肖的这个推断还是符合情理的，那他的人格分析就显得有些牵强了。赫恩肖历数伯特一生中的六大挫折事件，将这些挫折带来的孤独和失落，以及对失败的掩盖，归结为伯特作假的根本原因。赫恩肖列举的这些事件，除了伯特的个人问题，无一不是伯特倾注了大量心血、一手建立并推动其发展的重要成果。遭遇挫折时，伯特尽其所能延续自己的影响，竭力使相关机构或组织任命他的继承人，与反对者进行激烈的争论。

赫恩所认为的伯特造假的根本原因——人生六大挫折：① 1952 年离婚。由于伯特总是忙于写作和各种学术工作，使喜爱社交的妻子受到冷落，维系 20 年的婚姻结束了。② 1941 年空袭。伯特的很多文章以及研究资料毁于空袭。③ 1941 年健康恶化。伯特的身体一直都比较虚弱，此时美尼尔氏病（Meniere Disease）的症状开始显现。④ 1950 年退休。伯特从伦敦大学学院心理学系系主任的位子上退休后，与心理学系决裂。伯特希望个体心理学能够延续下去，这是他在高尔顿等人的基础上打造的桂冠，但是继任者并没有延续他的传统。⑤ 1963 年丧权。伯特失去了对统计期刊的控制权。⑥ "11 岁以上"测试系统中止。选择性中等教育系统逐渐衰退，英国不再对 11 岁以上的儿童进行智力测试，选择性教育不断遭到质疑。

赫恩肖的观点占据主导地位达十年之久，曾是世人评价伯特的标尺。直到 1989 年，乔森（Joynson）出版《伯特事件》一书，直截了当地反驳了赫恩肖的观点。他指出，没有充足的证据表明赫恩肖对伯特的论断是正确的。① 从这一年起，舆论对伯特的声誉变得有利起来，由记者揭发的、经赫恩肖写入伯特传记中的伯特伪造数据的观点开始动摇，似乎粗心的原因比蓄意编造的可能性更大，因为要证明他造假，必须有证据证明他的确这么做了，但是拿到确切有说服力的证据却不容易，这是认为伯特造假的一派人最大的弱点。②

争论还在继续，争论的双方在维护自己立场的同时，都因为使用了心理分析这项他们并不擅长的技术为对方留下了攻击的漏洞。赫恩肖对伯特进行心理分

---

① Joynson, R. B. (1989). The Burt Affair. New York: Routledge.
② Hattie, J. (1991). The Burt Controversy: An essay review of Hearnshaw's and Joynson's biographies of Sir Cyril Burt. Alberta Journal of Educational Research, 37(3): 259—275.

析，以此作为伯特学术造假的根本原因，有牵强附会之嫌。而乔森对赫恩肖进行心理分析，把对赫恩肖的人身攻击作为维护伯特的一种手段，也损害了他为伯特的精彩辩护。

3. 光环的隐现

即使赫恩肖确认伯特虚构了助手并且对数据作了手脚，他大概也会觉得伯特不必出此下策，出这样的丑闻实在不值，因为他很清楚，伯特是一个头脑聪明而且机遇不断的人，他完全可以通过正当途径赢得学术地位和社会声誉。早在丑闻事件之前，赫恩肖便应邀写作伯特爵士的传记，这在当时是一件十分荣耀的工作。为了审慎认真地对待这件事情，他直到退休后才着手全力写作这本书。顺利完成了前两章的写作并交与伯特的妹妹过目后，伯特丑闻事件爆发了。他不得不暂停写作，重新审查伯特的一切资料，重新考虑伯特传记的立场和思路。伯特在他心目中的形象，以及他对伯特的态度和感情，恐怕比同时代的其他人更为复杂。赫恩肖用了两章的篇幅分析伯特的心理学面具：一章是《其人》(The Man)，另一章是《心理学家》(The Psychologist)，在这两章之中，一贬一褒，有对其为人的不齿，有对其成就的敬仰。

尽管对于当时的主流心理学，即普通心理学和实验心理学，伯特并没有多少贡献。但是，伯特强调个体差异在心理学研究中的重要性，坚持在心理学研究中使用量化的方法，最终将高尔顿关于个体心理学（差异心理学）的理想变为现实，并且终生致力于这一领域的发展，在他的时代使其一枝独秀。因此，无论关于他的造假问题将如何定论，都无法撼动他稳居的开拓者地位。当然，他的个体心理学也有缺陷，比如没有考虑人的社会性成分，过多地关注心理结构而忽略了发展进程等。而所有的这一切，一时间被丑闻事件掀起的巨浪远远抛到世人的视线之外。人们一度忘记了曾经辉煌的伯特时代，遗忘了伯特其人。

伯特是个天才，他有很高的智商和极佳的语言能力，甚至攻击他的人都十分尊重他极高的智力水平。他对拉丁语和希腊语驾轻就熟，能够说一口流利的法语、德语以及意大利语，此外，他还略懂俄语和希伯来语。伯特在古典教育体系中出类拔萃，有许多出众的才华。除了自身的优势，伯特生而逢时，在心理学领域内，数逢伯乐，得到麦独孤、高尔顿、斯皮尔曼等人的赏识，更是在心理学应用中有大刀阔斧的作为,在英国教育制度的改革中凸显了心理学家的价值。他待人谦和且乐于助人,没有政治取向,关注天才儿童,关注行为不良少年以及智能低下人群,他对英国教育心理学的贡献世人有目共睹。

伯特的一切荣辱都关乎心理学,关乎他所信仰的个体心理学以及智力的心理学研究。

五、取舍之间——世人评说

1. 粗心还是造假

"是粗心还是造假?"不论这个问题的答案是什么,伯特仍然是 20 世纪最有影响的心理学家之一。

在伯特事件的发展过程中,有不少人改变了他们最初对伯特的看法,艾森克和泽德尔兰德(Zenderland)就是其中的两位。艾森克从认为伯特无辜转而认为他有罪,而泽德尔兰德似乎被乔森说服了,她认为伯特是无心之失,但伯特的做法虽然谈不上罪恶,却是不足取的。争论还在继续。在最近的一本(1995 年)关于伯特事件的书中,编者、也是剑桥大学的心理学系主任麦肯托肖(Mackintosh)最终还是认为伯特伪造了数据,尽管他认为并不是所有对伯特的指控都成立。[①]随着时间的推移,人们距离伯特的时代越来越远,我们应该怎样对待伯特其人以及伯特事件呢?

不论伯特是粗心或是有意造假,伯特都具有不可推卸的责任。科学研究容不得半点马虎,在靠数据说明问题的科学界,失之毫厘将谬以千里。科学研究更不允许蓄意造假,被揭发出来的当事人都难逃臭名昭著的下场。如果伪造数据属实,他将永远被世人口诛笔伐,在心理学史上留下可耻的污点。如果伯特是无心之失,他已为自己的所为付出了巨大代价,恶名终将会被事实洗刷干净,他仍是世人尊敬的心理学家。

---

① Mackintosh, N. J. (1995). Cyril Burt: Fraud or Framed? Oxford: Oxford University Press.

2. 铭记还是遗忘

伯特是个体心理学的开创者，是定量研究的推动者，是因素分析的主要力量，是双生子研究和行为遗传学的先驱，是英国教育制度改革史上的关键人物。直到今天，他所主张的心理学领域大都方兴未艾，关注个体差异、注重实用定量研究的方法已经成为心理学研究自身的特征，因素分析的技术仍在不断精进，双生子研究和行为遗传学研究成为心理学的热点和前沿，教育主张发挥潜能，关注弱势群体。伯特选择心理学作为终生职业，而心理学也从未舍弃过这位曾经做出重大贡献的心理学家，他作为心理学家的一生被后世铭记。

伯特不仅是英国历史上第一位被封爵的心理学家，他还是20世纪最大的学术丑闻的主角。如果没有这桩丑闻，伯特的学术生涯可以说是完美。到历史能够辨明伯特是否造假的那一天，不论是对伯特本人或是反对伯特的人，都可以用"金无足赤"或是"人非圣贤"落幕。就学术造假本身而言，是人类现在以及在今后都必须诚实面对并且严肃解决的问题。一个健康的学术空间需要研究者和社会的严以自律和有效监督，而不是弄虚作假或是瞒天过海。历史人物以及他们给予后人的经验教训，是应该被深刻铭记的。

陈 立

陈立年表图

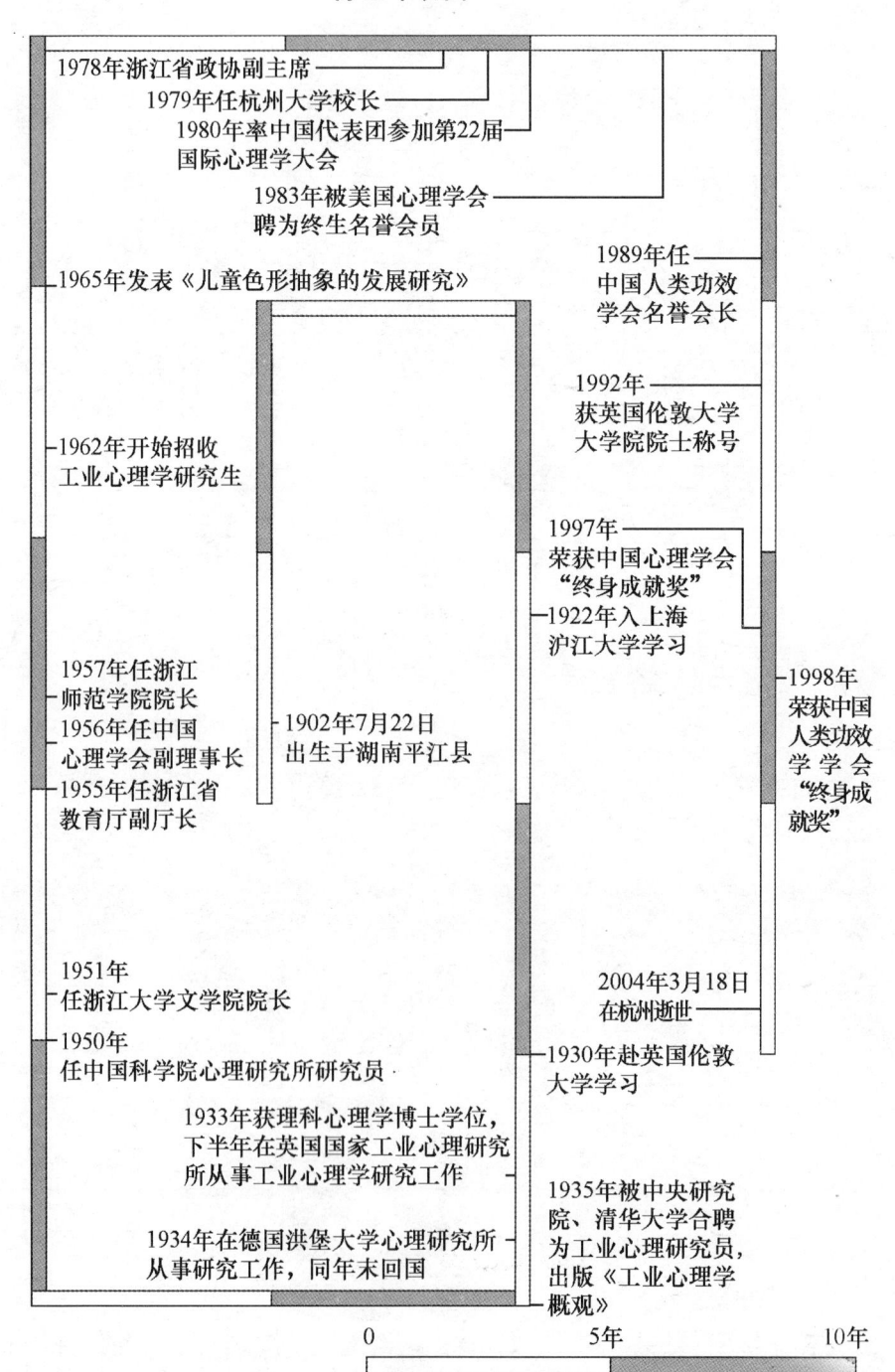

- 1978年浙江省政协副主席
- 1979年任杭州大学校长
- 1980年率中国代表团参加第22届国际心理学大会
- 1983年被美国心理学会聘为终生名誉会员
- 1989年任中国人类功效学会名誉会长
- 1965年发表《儿童色形抽象的发展研究》
- 1992年获英国伦敦大学大学院院士称号
- 1962年开始招收工业心理学研究生
- 1997年荣获中国心理学会"终身成就奖"
- 1922年入上海沪江大学学习
- 1998年荣获中国人类功效学学会"终身成就奖"
- 1957年任浙江师范学院院长
- 1956年任中国心理学会副理事长
- 1955年任浙江省教育厅副厅长
- 1902年7月22日出生于湖南平江县
- 1951年任浙江大学文学院院长
- 1950年任中国科学院心理研究所研究员
- 2004年3月18日在杭州逝世
- 1930年赴英国伦敦大学学习
- 1933年获理科心理学博士学位，下半年在英国国家工业心理研究所从事工业心理学研究工作
- 1935年被中央研究院、清华大学合聘为工业心理研究员，出版《工业心理学概观》
- 1934年在德国洪堡大学心理研究所从事研究工作，同年末回国

0　　　　　5年　　　　　10年

陈立(1902—2004),著名科学家、教育家,"中国工业心理第一人"。他完成了我国第一部工业心理学理论发展的里程碑著作,为中国心理学学科的发展和人才培养倾注了毕生心血,对我国应用心理学发展和演变产生了巨大影响。中国心理学会、中国人类工效学学会先后于1997年和1998年授予他"终身成就奖"的学会最高荣誉。

2001年5月28日,国际心理科学联合会主席鲍利克不远万里来到中国,既不为出席国际会议,也不为开展学术研究,他与众多国内外心理学家相聚杭州,皆因这一天是陈立的百岁寿辰庆典暨从教七十年学术研讨会。鲍利克在会上的贺词是对陈立一生贡献的最好总结:

> 陈先生的一生对推动心理科学的前进,发展中国的心理学事业,以及将心理学引入中国的社会与经济发展所做出的巨大贡献,得到了全世界的高度认可。

一、世纪老人

1. 乱世少年

1902年7月22日,陈立出生在湖南省平江县的一户手工业家庭中。5岁时,年幼的陈立失去了母亲。父亲艰苦维持生计,勉强资助他读完初小。由于家境贫困,陈立只能辍学外出学艺。做学徒的日子非常艰苦,他先是学习刻字,但当时还不到十岁的陈立人小力薄,常常被刻刀弄得满手是血。他又改学鞋匠,后因愤于师傅的浪荡行为不告而别。正在此时,陈立的小学老师张子谋找到陈立。他不忍埋没这样一个极富潜力的学生,所以费尽心思为陈立争取到了一所食宿免费的小学的学习名额,陈立这才得以重返学校,继续高小学业[1]。

1918年,高小毕业的陈立在七省教会学校统考中获得了第一名,免费升入武昌博文书院读中学。

1919年,"五四"运动的热潮席卷了整个中华大地,陈立和同学们一起走上街头,参加游行请愿。陈立在那段动荡的社会变迁中渡过了中学时代,他还利用课余时间阅读了大量原版经典著作和哲学书刊。社会科学与自然科学,这两方面的学习使陈立兼有了感性的认识与理性的思维。

1922年,高中二年级的陈立在武昌参加香港大学的入学考试,得到了荣誉(Honor)通过分数,亦即升入香港大学学习的机会,这是博文中学校史上从未有过的好成绩。但是由于学费问题,他不得不放弃了赴港学习的机会。后来,陈立选择了上海的沪江大学,这是一所教会学校,可以免去学杂费[2]。陈立在这里主修理化,兼修生物。他学习了很多物理学和化学方面的课程,同时选修了生物学、细菌学和遗传学。像现在的很多高校教育一样,大学给学生们提供了丰富的

---

[1] 当时的小学分初小(四年)和高小(二年),陈立五岁半入学,初小毕业就辍学了,那时还不到十岁。失学四年后他才得到免费学习机会,得以继续读书。

[2] 陈立当时到沪江大学报道时迟到了十天,凭借着他香港大学入学考试的证书,沪江大学同意接收陈立,但前提是他必须通过两个测验:智力测验与学力测验。陈立顺利地通过了测验。测验结果表明,陈立当时已有五万的英语词汇量,达到了英语母语标准。

学习资源,但如何有效利用还是取决于学生自己。对陈立来说,大学的各种学习资源就是最好的精神食粮。除了上课,他把大部分时间都花在了图书馆和实验室。那时的陈立,还不知道"心理学"是什么,更无法预料这些课程会对日后的工作产生怎样的影响。然而"巧合"的是,陈立大学时修的这些课程在他日后的心理学工作中发挥了重要作用。

1928年,陈立由沪江大学毕业,回到他的母校武昌博文书院当教务主任兼授数理化。这是一所由教会办的中学。陈立总是不满足于按部就班的授课,他利用晚上的课余时间,点着煤油灯给学生们讲进化论,他用热情和知识感染了学生们。

两年之后,幸运之神再次光临了这个有准备的青年人。陈立在同学的劝说下参加了湖北省公费留学生考试,依靠他扎实的基础加之这两年从未间断的学习,身为湖南人的陈立以湖北省第一的成绩,破格地考取了留学英国的名额。陈立也由此踏上了心理学的征程。

2. 他乡坎途

伦敦:心理征程的起点

1930年的夏天,一辆陈旧的蒸汽火车载着陈立和他的梦想,横贯西伯利亚铁路来到了伦敦。在母校博文书院的老校长迪克松(S. H. Dixon)的推荐下,陈立见到了伦敦大学(University College London,UCL)教育学院院长纳恩(Percy Nunn)。纳恩教授询问了陈立在大学所修的课程后,建议他去读心理系,并写信推荐他从师斯皮尔曼[①]。

斯皮尔曼了解到陈立以后想回国在大学任教,就建议他读博士,但同时提醒陈立,从硕士研究生转为博士研究生需要通过一系列考试,其中包括通过两门外国语考试——德语和法语。斯皮尔曼担心从未学过这两门语言的陈立会

---

① 斯皮尔曼(Charles E. Spearman,1883—1945),英国心理学家。他曾在莱比锡大学跟随冯特从事了10年的心理学研究工作,并在那里取得了博士学位,之后任伦敦大学心理系教授。斯皮尔曼是因素分析的创始人,他通过统计方法建立了智力的一般因素理论(general intelligence)。本章将在"普通心理学"的"智力研究"部分详细介绍智力的二因素论。

因此而耽误攻读博士学位,就善意地告诉陈立,如果觉得有困难,可以向校方申请豁免这门考试。而陈立却谢绝了导师的建议,坚定地要参加每一项规定的考试①。最终,陈立通过了全部考试,开始了博士生的研究。②

1932年,斯皮尔曼从伦敦大学退休,转由他的同事弗卢杰尔③继续指导陈立的研究。但是陈立很快发现,他的理论观点与弗卢杰尔存在很大分歧。学术上的冲突使陈立不得不另寻他径。1932年,利用复活节假期,陈立访问了爱丁堡大学,并见到了当时爱丁堡的心理学系主任约佛。约佛建议陈立去剑桥大学学习。在那个暑假,陈立离开了伦敦来到剑桥,在剑桥大学一呆就是半年。在剑桥,他幸运地遇到了两个人:一个是巴特莱特④教授,他帮助陈立进行了"持续工作过程"的研究。巴特莱特很认同陈立的研究,尽管当时他身为心理学系主任,工作非常繁忙,但他仍然抽出时间与陈立探讨了很多学术问题。另一个是约佛的儿子小约佛(父子同名),他当时也在剑桥心理学系学习。小约佛处处照应陈立,使他能够与更多的人交往,更深入地了解英国的文化传统。

经过了半年的学习探讨,陈立离开剑桥返回伦敦。在接下来的寒假期间,陈立闭门谢客专心撰写论文,凭借充分的准备和实验数据,他很快就完成了博士学位论文,一开学便把论文交给了弗卢杰尔。弗卢杰尔看过陈立的论文后一字未改,只是给它加了个名称:《感觉阈限和智力活动中的起伏》(Oscillation at the Threshold and in Mental Work)。1933年4月,陈立顺利地通过了论文答辩,获得了英国伦敦大学心理学博士学位。

---

① 金普泰(2006). 纪念先生——中国工业心理学的奠基人. 见 陈立先生纪念文集编辑小组编, 陈立先生纪念文集. 杭州: 浙江大学出版社, 146.
② 陈立此时研究的课题是智力O因素的问题。陈立关于O因素的研究及其相关的智力理论可详见本章"普通心理学"的"智力研究"部分。
③ 弗卢杰尔(John C. Flugel, 1884—1955), 英国实验心理学家和精神分析学家。曾就读于牛津大学和乌兹堡大学,后回到伦敦大学担任斯皮尔曼的第一位助手,并在斯皮尔曼的指导下开始注意起伏(即O因素)的研究,于1928年发表了专论《疲劳与起伏》。此外,弗卢杰尔还是一位精神分析学家,撰写过一系列弗洛伊德理论的精神分析著作。他出版的《心理学百年》(1933)一书至今仍是世界流行的心理学读物。
④ 巴特莱特(Frederic C. Bartlett, 1886—1969), 英国心理学家。剑桥大学实验心理学教授,心理实验室主任,在推动英国实验心理学研究方面做出了巨大的贡献。巴特莱特采用实验方法研究记忆、知觉等,提出了"图式"(scheme)理论。二战期间和战后,他的研究转向军事方面,如士兵训练方法、疲劳和人的工作能力等。鉴于其对英国科学的贡献,1932年他被选为英国皇家学会会士,1948年被英国皇室封为爵士。

然而,陈立并未满足于此,他心里清楚,博士学位并不是自己的最终目的,作为一个心理学者如何在中国开展工作,这才是他最想解决的问题。于是,陈立开始为回国做准备。

他首先想到的是精神分析,因为他听过变态心理学课程,觉得弗洛伊德学说很有趣。他向当地的一家精神分析诊所——塔维思多克诊所[①]打听参加研究的可能性,得到的回复是,要学习精神分析首先要做半年的自我分析。这个答复吓了陈立一跳:"如果分析一个人至少花半年时间,要研究出成果就不知要花多少岁月了。"陈立的研究和归国计划显然不允许这么长的时间。所以,他转而寻找一些实际技巧的训练机会。陈立报名参加英国国家工业心理研究所的培训项目,但报名后他才得知研究所的学费很高,大约需要200镑,而陈立的公费资助一个月才20镑。正当陈立一筹莫展的时候,当时的研究所所长、原剑桥大学心理学系主任迈尔斯[②]破例给了陈立一个受训的名额。这还要得益于陈立过去的研究给迈尔斯和很多学者留下的深刻印象。

陈立在英国工业心理研究所接受了一年的专业培训,这段培训对陈立日后的发展起了至关重要的作用。这是陈立正式从事工业心理学研究的开端,也为他日后的研究工作奠定了坚实的基础。

柏林:无奈夭折的探索

1933年11月,陈立离开了英国来到德国柏林洪堡大学,跟随格式塔心理学大师苛勒(W. Köhler)继续深造。苛勒极为热情地接待了陈立,并指导陈立开展了"个体声调高低的差异"研究。当时,由于心理学实验研究还很少,实验设备基本上都需要定做,所以价格往往昂贵得难以承受。为了完成实验研究,陈立想尽各种办法,甚至自制实验仪器。

[①] 塔维思多克诊所(Tavistock Clinic)成立于1920年,是英国第一家教授和从事精神分析的诊所。该诊所用心理分析理论及观点来治疗一战中的精神病患者,也采用儿童及父母同时接受治疗的家庭治疗法。

[②] 迈尔斯(Charles S. Myers,1873—1946),英国心理学家,剑桥大学心理研究室的主任及创建者。他撰写的实验心理学长期以来都是剑桥心理学学生的标准教材。一战期间,梅尔斯作为医师为军队服务。战后他搬到伦敦,创建了英国国家工业心理研究所,并担任该所的第一任所长。著作有《心智与作业》、《英国工业心理学》、《心智王国》等。

<<< 专栏一

自制示波器

声调差异实验需要研究音调高低,这就离不开示波器。当时一个示波器的售价是 2400 马克。当陈立把价格告诉苛勒时,苛勒大吃一惊:"又不是金子做的,怎么要这么多钱?"苛勒告诉他,整个实验室一年的预算只有 2000 马克,让他自己想办法。可有什么办法呢?这项研究俨然成了无米之炊,纵使是巧妇也难以为之。

陈立没有抱怨苛勒给他出的这个难题,也没有急于换其他课题,而是冷静下来考虑其他的解决办法——自制示波器。

在大学时学习的物理知识这时派上了用场。陈立用煤气管把话筒与煤气灯连接起来,使煤气灯按话筒声音的频率闪动,再配上一个马森盘(Mason disk,一种金属圆盘,边上为一道黑白相间的齿轮般的线,转动时就成了一条线)。不同的人对着话筒发声,声音的频率不同,陈立在另一边通过调解变阻器来调解圆盘速度,使圆盘的转速与煤气灯的频率同步,从而看到马森盘上的固定图形。这样就测出了不同人的声音频率。陈立就是这样做出了无米之炊。

(摘自:陈立(2001). 我从事心理学研究的回顾. 见 陈立编,陈立心理科学论著选. 杭州:浙江大学出版社,409—410.)

>>>

然而,研究工作也并非一帆风顺。在一项语音产生与心理调节的研究中,陈立又遇到了个难题。这一研究要求语音的精确变化,陈立无法用常规的物理方法达到这个要求。苛勒建议给被试喉咙注射士的宁(strychnine),但遭到了陈立的反对,他宁可拒绝研究也不同意冒有损他人健康的风险,这项研究也就此搁浅下来。

这时,希特勒的魔爪已渗入到了德国政权内部。苛勒不安于纳粹的骚扰准备前往美国,并劝陈立立刻返回中国。1935 年,陈立提前结束了德国的学习研究,返回祖国。

3. 回归祖国

1935年末,33岁的陈立回到了阔别五年的祖国。五年的时间不算长,但这个五年却对陈立至关重要。在这五年里,陈立从对心理学一无所知的学生,成长为一个致力于发展中国心理学的学者。

冬:逆境求生,创建中国工业心理学

回国后,陈立被清华大学和中央研究院心理研究所合聘为工业心理学研究员。踌躇满志的陈立要在这片他深爱的土地上建起一座心理学的殿堂。他教学,写书,建实验室,奔走于各个工厂开展调查研究。为了做研究,陈立常辗转于祖国各地,在江南纺织厂调查劳工流动率的问题,在长辛机车厂调查库存管理问题,在南通生纱厂研究劳动环境问题等等。而这些研究只不过是陈立开拓中国工业心理学的序曲。

回国不久,陈立在北平溜冰
资料来源:陈亦平提供照片

1937年夏,在江苏南通做完实验的陈立刚刚回到北平就赶上了卢沟桥事变。北京沦陷,抗战爆发,工业心理学的研究也被迫中止。陈立追随清华大学和心理研究所辗转于武汉、长沙、桂林、柳州、丹洲多地,心理所的人员越来越少,最终只能解散。这时,浙江大学的老校长竺可桢辗转找到陈立,邀请他到浙江大学教育系任心理学教授。

对别人来说,流亡是痛苦不安的,但对陈立而言,流亡却提供了新的研究机会。他趁机辗转于后方进行调查研究。1945年抗战胜利后他又到全国各地考察全中国的教育状况。

从1940年到1948年间,陈立先后发表了有关教育改革的论文20余篇,还为当时教育部计划编撰的《教育大全书》写了20余篇心理学专题

1938年在中央研究院工作时的陈立
资料来源:陈亦平提供。

文献,内容涉及因素分析、测验统计、工业心理学及心理学流派等,共计10万余字。在当时那样恶劣的战乱环境下,陈立竟收获了如此丰富的成果,这对于今天的人们来说,简直是一个无法想象的奇迹。

春:百废待兴,解决实际问题

1949年,陈立被任命为中国科学技术协会杭州分会的理事长及浙江大学校务委员,开始筹建新中国心理学科的研究及教学基地。

解放初期,人民的身体素质很差,保障儿童的健康发展成为提高人口素质的关键。但当时根本没有中国儿童生长状况的资料。于是,从1950年起,陈立指导研究生对杭州市从幼儿园到中学的一万余名儿童进行测量,从中按取样规则分类挑选出4000多名4至15岁儿童,对其身体发展(共24个项目)进行了广泛的测量研究,取得了新中国成立初期儿童生长发育现状的第一手资料。这次研究的规模之大,在我国心理学研究中是史无前例的,陈立所采用的科学方法也成为后来此方面研究的范例。[1]

20世纪50年代,"自力更生"的口号响彻全国上下。为了满足人民生活和国家建设的需要,很多科学学科都转向联系实际的研究。陈立继续领导开展工业心理学的研究。他不仅提出方案,指导学生实施,还抽时间亲自下工厂蹲点。他常常提醒学生,科学研究不能脱离实际,不能为了研究而研究,没有明确目的的研究只不过是一纸空谈。秉着这样的观点,他的研究解决了不少实际问题,他本人也受到了工人们的尊敬和欢迎。

60年代初,陈立开始研究思维的发展过程。他反对冯特的"思维过程是不能用实验法研究"的思想,主张用科学实验来代替内省法研究思维的发展过程。为此,他计划了一个系列研究,探讨儿童色形抽象的发展问题。他从杭州幼儿园和小学中选取了2—7岁的儿童进行调查,并在一年后选取原调查中的一部分儿童进行跟踪研究,结果发现了儿童色形抽象发展的年龄特征和发展趋势[2]。1965年,他和汪安圣将实验结果写成《儿童色形抽象的发展研究》等3篇系列实验研

---

[1] 王重鸣,陈芳(2006).陈立——为中国工业心理学事业的发展作出重要贡献.光明网,中国科学技术专家传略.

[2] 具体实验内容和结果详见本章后部分内容。

究报告,在《心理学报》上发表①。然而,令人意想不到的是,这几篇科学论文竟引起了姚文元的注意。

春寒:葛陈辩论,遭遇"文革"逆境

陈立的论文刚发表不久,姚文元就化名"葛铭人",在《光明日报》上发表了一篇批判心理学研究的文章,题为《这是研究心理学的科学方法和正确方向吗?——向心理学家请教的一个问题》②。他在文中称,这项研究脱离了具体的社会现实,是静态、孤立、片面的看问题。研究这类问题,"对社会主义事业有什么意义?","这难道就是研究心理学的正确方向?"他认为,陈立的结论不仅是不准确的,而且是毫无意义的。

两周后,上海《文汇报》抛出了姚文元的文章《评新编历史剧〈海瑞罢官〉》,拉开了"文化大革命"的序幕。姚文元对心理学研究的批判演变成带有政治色彩的批判,矛头直指心理学的研究方法和心理科学存在的意义。一个单纯的学术问题升级为一个严肃的政治问题,它争论的绝不仅仅是几个实验的正误,而是心理学是否被认可为一门科学的问题,这直接关系着心理学在中国的生死存亡。

葛铭人的文章发表后第五周,陈立顶着极大的压力,在《光明日报》的同一版面发表了《对心理学中实验法的估价问题》③,反驳了他的批判。文章在承认发展和实践对证明心理学问题很重要的同时,提醒读者注意心理学实验只不过是心理学研究的多种方法之一,是在教育领域开展自然科学研究的一种策略,旨在揭示不同年龄段儿童知觉能力的差异。基于这些理论研究工作的成果,教育规划者可以更有效地设计教育策略。这就是中国心理学发展史上非常有名的"葛陈辩论"。

这场一面倒的辩论把陈立定性为"资产阶级反动学术权威"。不久,杭州大学关闭,陈立和很多知识分子都被关入牛棚,下放到农场劳动。

十年光阴,在历史长河中不过是弹指一挥间,而在陈立等心理学工作者的生命中,这十年却是极为漫长、沉寂而苦难的。尽管在后来的文章和回忆录中,陈

---

① 陈立,汪安圣(1992). 儿童色形抽象的发展研究. 见 陈立编,陈立心理科学论著选. 杭州:杭州大学出版社,647—662. 原载于《心理学报》1965年第2期.
② 葛铭人(1965). 这是研究心理学的科学方法和正确方向吗? 光明日报,10月28日第3版.
③ 原载于《光明日报》1965年12月3日第3版,后转载于《心理科学通讯》1966年第1期.

立很少向人讲述他自己这十年是如何渡过的,但他却极为痛心地写道:"'个人事小,国家事大',中国心理学因此被打成伪科学,几乎二十年不翻身,中国一切学校都不讲授心理学,中科院心理所被解散,全国对心理学的研究全部停止,原来不大景气的心理学受到沉重打击,其损失是无法估计的"[①]。的确,在中国发生的这一场取消心理学的运动,在世界心理学发展史上也是极为罕见的。

夏:复苏发展,呈现蓬勃生机

1976年"文化大革命"结束,谷牧副总理代表国务院做出批示"心理学不是伪科学"。1977年6月,国务院正式下文恢复心理学。中国科学院心理研究所正式恢复,各大学的心理学教研室也相继恢复工作。此时,陈立已是年过七旬的老人了。古语说"人生七十古来稀",但令人惊奇的是,艰苦的物质条件和身心上的打击都没能击倒陈立,这位七十多岁的老人神奇般地闯过磨难岁月而不留痕迹,犹如一位风华正茂的年轻人一样,热情满怀的重返他钟爱的事业。

如何开展心理学研究工作、增强师资力量、培养心理学专业学生等,都成为中国心理学发展的首要问题。作为中国心理学会副理事长,陈立十分重视心理学教师队伍的培训与教学能力的提高。在1978年全国心理学年会上,他提出举办高校实验心理学师资进修班的倡议,并主动承担了在杭州大学心理学系举办第一届进修班的任务。次年,在陈立的主持下,杭州大学举办了第一个全国性的实验心理学培训班,邀请了国内知名心理学家到杭州讲课。这个培训班在中国心理学现代发展史上具有非常重要的意义,可谓是恢复和振兴中国心理学的摇篮,参加培训班的几十名学员日后都成为基础心理学教学和科研的骨干。[②] 也是在这一年,陈立被任命为杭州大学校长。

正当中国心理学的研究与教育逐渐复苏之时,世界心理学也在向我们招手。1980年7月6日至12日,陈立率代表团以中国心理学会的名义参加了在莱比锡召开的第22届国际心理学大会。这是中国第一次正式参加国际心理学大会。1980年7月6日,国际心联代表大会经过讨论,一致通过中国心理学

[①] 陈立(2001). 我从事心理学研究的回顾. 见 陈立编,陈立心理科学论著选(续编). 杭州:浙江大学出版社,424.

[②] 张厚粲(2006). 怀念敬爱的陈立先生. 见 陈立先生纪念文集编辑小组编,陈立先生纪念文集. 杭州:浙江大学出版社,15—16.

会作为第44个成员国加入国际心联。这标志着中国心理学正式被世界所承认和接纳。

这次国际心理学大会的主题是"纪念冯特创办心理学实验室一百周年"。陈立在大会上做了特邀发言,题为《冯特与中国心理学》。当时中国已经开展了三年的评论冯特的工作,因此陈立的这篇报告内容非常丰富。他总结了中国心理学界评论冯特的成果,客观地反映了中国心理学家对西方心理学的评价与认识,引起了国际心理学界的重视[①]。

会议期间,中国代表团还访问了很多德国心理学机构。这次出访成为日后中国与国际心理学界学术交流、合作研究的基础。陈立与后来的国际心联主席鲍利克就是在这个时候结识的。当时,任国际心联副秘书长的鲍利克在汉堡非常热情地接待了中国心理学代表团。鲍利克当选为国际心联主席后曾多次访华,还在陈立百岁生日之际专程到杭州为陈立题词贺寿。本章开头的那段话就是他对陈立一生贡献的最好总结。

在德国马普学会访问

资料来源:陈立(2001). 陈立心理科学论著选(续编). 杭州:浙江大学出版社.

秋:辛勤耕耘,桃李满天下

陈立曾对一位老友说过,"我生平也做过一些后悔的事,但对教书育人我从不后悔"。在陈立眼里,教书育人不仅是一项工作,更是一种责任,而且不失为一种乐趣。陈立以教书育人为乐,年过九十仍坚持每周为研究生上课。

从1962年起,陈立开始在杭州大学招收工业心理学研究生。"文革"时期,教学工作被迫中断。1978年,工业心理学恢复招生,陈立继续从事研究生教育工作,一干就是近四十年。1987年1月,陈立的学生王重鸣获得博士学位,成为

---

① 徐联仓,荆其诚(2006). 记陈立先生率团出席第22届国际心理学大会. 见 陈立先生纪念文集编辑小组编,陈立先生纪念文集. 杭州:浙江大学出版社, 12.

我国自己培养的第一位工业心理学博士。那时的陈立已是八十多岁的高龄了，一般教师在这个年龄早已退休了，但陈立却还处在他培养研究生的黄金时期，几乎每年都要招收博士研究生。直到一百岁高龄，他还亲自指导了一名研究生，这也成为他最后一个关门弟子。

陈立对教学工作一丝不苟。他每招一届研究生都要亲自为他们开课。他曾为研究生开设过高等心理学、管理心理学、决策心理学等课程。他备课非常认真，为了把最新的知识传授给学生，常常工作到深夜，而且每次讲课都写有简要讲稿。他是杭州大学心理学系图书资料室外文书库和外文杂志阅览室的常客，也是该系教师中借阅外文资料次数最多的老师[1]。为了说明一个心理学概念，他常常旁征博引，还经常向学生提问，要求他们解析身边的人与事。[2]

陈立给研究生上课
资料来源：陈立先生纪念文集编辑小组（2006）．陈立先生纪念文集．杭州：浙江大学出版社．

陈立鼓励研究生多提问题，无论学生们在什么时间什么地方向他请教，他都和善的接待，讲解问题更是循循善诱。但另一方面，他对学生的要求又非常严格。他要求研究生做论文前都要到工厂企业蹲点研究，做论文的过程中要定期向他汇报，论文出稿后要及时交给他审查，不合格的论文将被退回要求重写。为了培养学生的学术交流能力和英语水平，陈立用英语给学生讲课，让学生当场将英语口译成汉语，或反过来将汉语口译成英语，可谓用心良苦。

在陈立生前的最后二十年，他除了继续关心和指导教育体制、高校改革等问题外，其最大的成就莫过于培养了一批又一批心理学硕士、博士，其中不乏如今

---

[1] 朱祖祥(2005)．忆与恩师陈先生相处日子中的二三事．见 陈立先生纪念文集编辑小组编，陈立先生纪念文集．杭州：浙江大学出版社，122—129．

[2] 杨招棣(2005)．师长风范，永记心间．见 陈立先生纪念文集编辑小组编，陈立先生纪念文集．杭州：浙江大学出版社，105．

已享誉国内外心理学界的学术带头人和科研骨干。这些学生在老师的精心指导下学习、研究、毕业,陆续走上科教工商等各行各业的工作岗位,但无论他们身在何处,位居何职,总是念念不忘自己的老师。纪念陈立百岁诞辰时,很多学生从全国各地甚至海外赶回杭州为他祝寿。当时大家还兴致勃勃地约定要为陈老共祝"茶寿"(108岁生日)。然而,天难随人意。2004年3月18日,陈立因病在浙江医院逝世,享年102岁。

2001年摄于杭州
资料来源:陈立先生纪念文集编辑小组编(2006). 陈立先生纪念文集. 杭州:浙江大学出版社.

二、工业心理学

从1933年在英国工业心理研究所接受培训的那刻起,陈立就和工业心理学结下了不解之缘。回到祖国的他,用尽毕生精力推动工业心理学在中国的创建与发展。从机关到工厂,从政府到高校,为了中国工业心理学的发展,陈立跑遍了祖国的大江南北。陈立对中国工业心理学的贡献并不仅限于他的研究、论著,他还为祖国培养了一大批工业心理学研究人才,对我国心理学研究队伍的发展功不可没。陈立也因此被人尊称为"中国工业心理学之父"。

1998年,中国人类工效学学会授予陈立"终身成就奖",这是我国人类工效学会第一个终身成就奖。

1. 中国工业心理学第一人

1933年,获得博士学位的陈立进入英国国立工业心理研究所接受工业心理学的专业培训。在这段培训的时间里,老师们几乎没有给学员们上过一堂课,也没有指定过一本参考书,而是带着他们参观不同类型的工厂,与工厂中的咨询员随时随地的进行讨论。这为陈立回国后撰写《工业心理学概观》提供了大量素材。受训的最后一个月,陈立在伯明翰一家电话装修工厂实习,仅一个月就完成了六个报告,都得到梅尔斯的赞许,其中的一篇还得到该厂厂长的高度评价,后来被发表在英国《人因学》(Human Factors)杂志上。这是陈立初次接触到工业心理学,在不到一年的时间里,他系统地了解了这门学科,并取得了丰富的研究成果。

1933年11月,陈立前往德国投身苛勒门下,开始了他的博士后研究。他在缺少经费、自制仪器的情况下完成了"个体声调高低的差异"等研究。这些都经历为陈立回国后创建工业心理学打下了坚实的基础。

1935年,陈立回到祖国,成为清华大学和中央研究院合聘的工业心理学研究员,他一边教学一边在工厂做研究。陈立归国后所开展的一系列工作是中国历史上最早的工业心理学研究。他还在全无资料可参考的情况下,用三个月的时间写出了《工业心理学概观》,于1935年被商务印书馆出版。这是中国第一部工业心理学专著。

在《工业心理学概观》中,陈立系统地介绍了工业心理学的概念,论述了工业心理学的学科性质和研究范围,探讨了工业心理学的研究方法。全书分为绪论、环境因素、疲劳、工作方法、工业事故、工厂中的组织问题,激励与动机等七大部分,内容涵盖了

《工业心理学概观》封面

工业心理学研究的各个方面①。除了作为清华大学的教材,上海大夏大学的陈一百教授也以此为教材开设工程心理学的课程,这部著作成为中国早期工业心理学教育的重要内容。虽然现在看来,很多当时先进的仪器和测试

---

① 许为民,张小菲(2004). 陈立:中国工业心理学的奠基人与开拓者. 应用心理,10(3):63.

方法已经随着时代的变迁而成了古董,但这本书的体系结构对后来该领域书籍的影响却远未消失,我们甚至可以在今天的工业心理学教材中见到它的影子。

在一个工业刚刚起步,大部分国民仍过着男耕女织、靠天吃饭的国度里,在一个没有几个人知晓心理学的时代,陈立将工业心理学的概念和方法由西方引入中国。不仅如此,陈立还意识到,原封不动的照搬西方思想肯定不适合中国的特殊状况。"人口的过剩,经济的奇窘,都使我们不得不努力全国的工业化",而"我国的生产,最无计划"。因此,陈立认为工业心理学若能帮助计划发展生产事业,我国工业化的未来才会有希望。

与当时的一些资本主义国家的学者不同,陈立认为,工业心理学绝不单纯是为了提高效率,增加收益。我们不应为了工作而工作,工业生产并不是我们的最终目的,工业心理学的目的是通过提高效率,减轻人的负担,从而给人带来幸福,而且是"全民的幸福"。因此,"生产应当以人为中心"!这种在今天看来依然先进的思想已经成为当代工业与管理的核心思想。

1936年,陈立在清华大学建立了中国第一个疲劳研究实验室。虽然这个实验室的设备非常简易,但它的成立却是中国工业心理学发展的一个重要起点。

<<< 专栏二

中国第一个疲劳研究实验室

1936年,中国第一个疲劳研究实验室在清华大学成立。当时的实验室确实十分简易,甚至可以说是简陋。设备非常有限,开展实验也就难免遇到很多难题。有一次,研究要测量被试运动过程中的氧耗,也就是CO_2和氧气的量。但大气中也有CO_2和氧,测量剂如果接触大气就会产生偏差。然而,陈立和助手找遍了实验室也没有找到相应的隔离材料。此时,他突然灵机一动,想到用液体石蜡做隔离材料。密度小、化学反应又不活跃的石蜡可以浮在测量剂上面,有效地阻隔了测量剂与空气接触。实验也因此取得了满意的结果。事后助手问及此事,陈立将这种灵感归功于他在大学学过两年的有机化学。正如后来陈立谈到的新手与专家的区别:专家凭经验,新手凭规则——因此,很多灵感是讲不出道理的。

(摘自:陈立(2001). 我从事心理学研究的回顾. 见 陈立编,陈立心理科学论著选(续编). 杭州:浙江大学出版社,413.)

>>>

2. 结合实际,以人为本

陈立认为"科学技术还是要重复'以人为本'这句至理名言",而"人为万物之灵这种古老提法,恐怕仍可为现代心理学的格言"。虽然"以人为本"的提法并不多见于陈立的著述,但从他一直坚持工厂调研,努力发挥心理学的实际价值来看,陈立从始至终都在贯彻以人为本的精神,坚持用心理学理论解决实际问题。

1936年春,陈立到江南一带调查工厂情况。通过寄信回函以及亲自下工厂访谈,陈立发现很多工厂都存在着劳工流动率极高的问题。他立即将调查结果汇总成报告,报告中不仅列出了各年各区各厂的劳工流动率,还详细地计算出劳工流动中蕴含的各种损失。

一篇普通的调查报告如果仅仅是罗列数字,并不足以引起管理者的重视。很多管理者甚至认为,"学究"们的报告只是研究性的,而工厂里的实际情况他们根本就不懂。为了让调查和报告切实发挥作用,陈立调查了一个人受训一天的花费、工人平均的训练天数、熟练时间、机器的损耗费、原材料的消耗费等,这些费用的计算细致到分,而时间的计算则精确到天[1]。通过精确的计算,陈立得出了劳工流动给工厂带来的具体损失量,这样一篇细致、准确、符合实情的报告立即引起了工厂管理者的重视。

陈立还对流动原因做了分析并提出了相应的解决方案。他创造性地用心理学原理分析劳工流动的原因,提出降低主观的时间判断是减少劳工流动的最有效方法。而物质环境与社会因素(即协作伙伴与劳资关系)都是影响主观时间判断的因素。当时,棉纺织厂的工作环境恶劣,工厂所有者竭力压缩成本以赚取最

---

[1] 陈立(2001). 江苏省棉纺织业中劳工流动率. 见 陈立编,陈立心理科学论著选(续编). 杭州:浙江大学出版社,161.

大利润。但陈立通过统计和分析,证明了改善劳工环境的小支出,可以降低由于劳工流动频繁带来的大损失。这有效地说服了资本家,使他们愿意通过改善劳工环境提高工厂利润,同时也为工人们争取到了更好的工作环境和待遇。

1936年下半年,陈立在教学之余到以"二七"大罢工而闻名的长辛店机车厂研究工料与工具的布置问题。与一般的研究员不同,陈立没有找工厂领导要材料听报告,而是一进工厂就与仓库管理员打起了交道。当时的中国政府腐败软弱,各条铁路都有帝国主义插手,而各个国家的机车型号又千差万别。因此工厂不得不准备各类型号的零件,计划稍有不当就会供不应求,计划多了又造成浪费。陈立进入工厂后,亲自查阅库存,监督零件存取,发现了库存和需要之间的巨大矛盾。通过统计计算,他估计了发动机故障率和所需的零件数,为长辛店机车厂节约了大量资金。

之后,陈立又在南通大生纱厂花了整整半年时间,对纺织业的室温、照明和择工测验等实际问题进行研究。[①] 这次研究的报告《一个工厂中的室内气象研究》发表在《气象学报》1937年第1期上。

一个心理学家的报告为何能发表在气象学专业期刊上?有人质疑这篇报告与工业心理学的关系,而陈立是这样解释的:"有人认为心理学是不涉及物质的,其实身和心是没法分离的,所以心理学不得不涉及物质。"而工业心理学作为一门应用科学,"可以应用数学、物理、化学、生物甚至社会经济知识"来"提高工作效能,保障工人幸福,减少生产的消耗。凡涉及人的因素的,都是工业心理学领域"[②]。

随着时代的发展和科技的进步,工业心理学的研究也日新月异,陈立在谈他对心理学的看法时曾指出,以人为本、研究人的思想和行为会成为今后科学的核心,而从应用讲也是技术的核心。"人是灵活的……机器总是机器,机器还是要人来使用的,许多自动化的机器还是少不了人的监督使用,高度自动化的飞机没有人很好地驾驶,总还是很危险的。机器给人很多方便,但人如果不善利用,机器还是会闯大祸的。机器愈大愈复杂,危害也就愈大。例如苏联切尔诺贝里和

---

① 许为民,张小菲(2004). 陈立:中国工业心理学的奠基人与开拓者. 应用心理,10(3):63.
② 陈立(2001). 一个工厂中的室内气象研究. 见 陈立编,陈立心理科学论著选(续编). 杭州:浙江大学出版社,363. 原载于《气象学报》1937年第1期.

美国三里岛核电厂的失事,其危害是难以以金钱计算的。"陈立对机器的自动化、人的监督等问题的看法和预见性充分体现了这位老科学家的远见卓识。

如果说《工业心理学概观》是从整体上论述了工业心理学的性质与框架,那么陈立的这些思想和他深入工厂的研究则从细节上体现了工业心理学的研究方法。前者是宏观的介绍,体现了一门学科的理论性与系统性;后者则是微观的说明,表明了工业心理学的科学性与应用性。陈立用最朴实的语言告诉科研学者、领导以及普通的劳动者,工业心理学是与人民生活和工作息息相关的。

<<<专栏三

生产,以人为本

西方工业国家在工业发展过程中也走过很多弯路。工业研究一度被视为提高生产效率、最大限度利用人力的工具。但这种把人当作机器,忽视人的情感和主观能动性的研究没能持续多久就以失败告终。

陈立认为,生产不能脱离人的因素。人不等同于机器,机器存在的唯一目的是工作,而人活着却是为了生活。每个人都有着自己的爱好、追求和独特的心理特征。人与机器存在着本质的差别,这就是那些单纯追求效率的方法之所以失败的原因。

陈立曾这样总结过工业心理学发展的三个阶段:第一阶段,让人适应机器。新兴的资本主义工业筛选、培训工人、设计工具、减少疲劳、激发动机等,分析人在劳动中的机械动作,制定最精确的工作方法,实行完善的监督制度;第二阶段:让机器适应人。1945年后,机器复杂化程度加重,仅从力学方面考虑的机械设计频繁酿成差误和事故。工程心理学家开始参与设计机器,使机器适应人的要求;第三阶段:人机系统研究。不再孤立地研究人或机器,而是研究人、机器与环境组成的系统。强调人不是系统中的一个普通环节,而是系统的主人。注意个体差异,充分利用机器克服人力限制,实现各尽所能。由此可见,工业心理学的研究越来越重视和尊重"人",也就是作业者本身的特点。

因此,陈立一直强调我们的工业生产不能再重演他人的错误。但可惜的是,后来我国的工业发展还是走了很多弯路,直到今天仍然还有很多管理者没有真正理解以人为本的含义。

(摘自陈立(1979). 向四个现代化进军中的工程心理学. 心理学报,第2期.)

3. 走出国门看世界

1957年,应柏林洪堡大学心理研究所所长、民主德国科学院院士哥特萨尔德(K. Gottschladt)的邀请,潘菽、曹日昌、陈立等人组成中国代表团[①],赴民主德国参观访问。哥特萨尔德和他的助手科利科斯(F. Klix)热情地接待了中国代表团,而陈立德国留学的经历使得双方的关系更为亲密,沟通交流也更为融洽。回程途中,代表团还顺访了苏联科学院心理研究所。

1957年访问民主德国
资料来源:陈立(2001). 陈立心理科学论著选(续编).
杭州:浙江大学出版社.

这是新中国成立后中国心理学家第一次出访。代表团了解到不少德国与前苏联心理学方面的工作经验,尤其是劳动心理学[②]方面的经验。回国后,陈立在考察报告《德意志民主共和国的劳动心理学》[③]一文中总结了这方面的经验。文中写到,民主德国的心理学家十分重视劳动心理学,"劳动心理学不仅是心理学的应用,而且是心理学的核心"。陈立提出,研究与教学结合,科研和生产结合的经验非常值得我国心理学界学习。[④]

此后,我国心理学的发展受到历史和政治事件的影响一度停滞。直至二十

---

① 潘菽,时任中科院心理所所长;曹日昌,心理所副所长。代表团成员还有吴江霖(心理所研究员),龙叔修(心理所研究员),孙国华(北京大学教授兼心理所研究员)。
② 苏联称工业心理学为劳动心理学。
③ 陈立(1992). 德意志民主共和国的劳动心理学. 见 陈立编,陈立心理科学论著选. 杭州:杭州大学出版社,810. 原载于《心理学报》1957年第1卷,第2期.
④ 赵莉如(1996). 中国科学院心理研究所发展史. 北京:中国科学院心理研究所,18.

80 年代初在北京与心理学界同行交流
资料来源：荆其诚个人照片。

几年后，1980 年 6 月，陈立担任团长，与荆其诚、徐联仓、刘范①一行四人组成中国心理学代表团再赴联邦德国、民主德国、罗马尼亚等国考察访问。这是陈立继 20 世纪 30 年代在德国跟随苛勒学习以及 1957 年在民主德国访问后第三次来到德国，很多心理学界同仁都早已是陈立的老友。曾在 1957 年接待陈立的哥特萨尔德（当时已来到联邦德国）还专程赶去看望他们。在为期 17 天的访问中，代表团访问了二十多个德国心理学研究与教学机构，了解了德国心理学的教学情况、科研领域和发展方向，还与很多国际心理学家结下了深厚的友谊，为国际心理学界了解和接纳中国心理学奠定了基础。

三年后，受联合国教科文组织的资助，陈立又率杭州大学工业心理学系考察团赴美国、英国考察。在为期 41 天的考察中，考察团先后访问了美国的斯坦福大学、加州大学伯克利分校、哈佛大学、麻省理工学院、波士顿大学，以及英国的伦敦大学、牛津大学、剑桥大学等 16 所大学和研究所。此外，他们还访问了柯达公司、美国电话电报公司和贝尔实验室。在斯坦福大学，他们与 IBM 及洛克西德导弹公司的工业心理学专家进行了座谈。这次访问期间，陈立等人共与美、英两国的 120 多名工业心理学专家进行了座谈。

这次访问时间不长，收获却不小。这次考察使陈立看到了中国心理学与世界先进心理学的差距，更重要的是明确了我国工业心理学如何发展，朝什么方向发展的问题。通过考察，陈立了解到，当时美国已有 65 所大学设有工程心理学

---

① 荆其诚，中国科学院心理研究所研究员，博士生导师。曾任国际心理科学联合会执委、副主席，1984 年任中国心理学会理事长，1988 年任美国行为科学高级研究中心研究员，1995 年任美国密歇根大学荣誉研究员，1995 年当选第三世界科学院院士；徐联仓，曾任中国科学院心理所所长、中国心理学会秘书长，全国人类工效学标准技术委员会主任、行为科学学会副会长、中国社会心理学会副会长；刘范，中国科学院心理研究所研究员，博士生导师。

专业,美国人因学会①有会员 3000 人,仅 1982 年一年,美国各个大学培养的工效学研究生就有 866 人。有近万名工业心理学家工作在商、教各界和政府部门。美国电报电话公司、贝尔实验室、柯达和 IBM 研究室等都投入了相当多的人力和资金进行工业心理学研究。

为什么美英企业界如此重视工业心理学研究?陈立总结了四点原因:工业心理学是管理者选拔、考核员工的工具;是处理企业中人际关系的有用手段;可以帮助企业的诊断和培训工作;为提高工作效率,防止工伤事故,制造美观舒适并符合用户心理要求的产品提供了科学依据。一句话,资本主义国家的企业要想在竞争中击败对手,必须重视人的因素。工业心理学正是在这方面为企业界提供了理论和方法。②

考察团还发现,美国大学中的工业心理学教学分为三种:为大学本科生开设相关课程;培养研究生;为公司举办培训班。那时,在美国大学中开设工业心理学课程已经比较普遍,除了心理系,工学院和商学院也有相应的课程。相比之下,二十几年后的今天,在我国开设这门课程的高校仍然屈指可数。但近几年来,随着工业和科技发展对工业心理学人才的需求,工业心理学在我国发展的速度很快。而二十年前那次考察的所见所得对我国工业心理学的发展帮助不小,目前国内的工业心理学教学工作也正是沿袭了上述三种模式。

三、普通心理学

1. 古老的问题——智力研究

1931 年下半年,刚刚通过了博士资格考试的陈立开始着手自己的博士研究课题,他将方向定在一个古老而复杂的问题上——智力理论。陈立的导师斯皮尔曼正是智力研究领域的大师,他提出的二因素论影响很大。但有关智力的问题仍然是一个热门而争议诸多的领域。

---

① 人因学,即工程心理学,美国一般称为"人因学"或"人因工程学"(human factor engineering),在西欧和英国称为"工效学(ergonomics)",我国也称为"工程心理学"或"认知工效学"。
② 陈立,朱祖祥,卢盛忠(1984). 美英两国工业心理学考察报告. 国际学术动态, 1984(1).

<<< 专栏四

智力二因素论

智力二因素论(two-factor theory of intelligence)简称二因素论(two-factor theory),由斯皮尔曼在1904年提出。他认为人的智慧包含两种智力,一个是一般性因素,另一个是特殊性因素。

一般因素(general factor),简称G因素(G-factor),心理功能是表现在一般性的活动上,它是所有智慧表现的基本机制。

特殊因素(specific factor),简称S因素(S-factor),心理功能表现在特殊性的活动上,这个因素只和某个特定的作业有关。

两者的关系并不是一定的,发展水平不一定一致。也许一般因素智力不高,但在某些特殊因素方向的智力却很高,有杰出成就。但斯皮尔曼认为,一般因素是人类智力的基础,一般因素方面智力太低的人,不会有太高的特殊智力。

>>>

陈立避开有关斯皮尔曼的G因素的争论,而选择以O因素[①]为题开展研究。当时关于O因素也有过一些零星研究,但在理论和方法上都很不完善。在斯皮尔曼退休后继续指导陈立研究工作的弗卢杰尔就是O因素的研究者。但他和陈立的观点非常不同,他从疲劳入手研究O因素,在方法上存在一些漏洞。于是,陈立决定另辟蹊径。

实验设备和被试的匮乏是当时心理学研究的两大难题。那时的心理学实验室很少,更不用说现成的实验仪器了。每件实验仪器都需要定做,所以费用极高。而伦敦大学心理学系全系一年的预算只有200英镑,连购买测听器这样的仪器都难以承受。陈立想尽各种办法,克服了实验设备的匮乏,又凭借自己初到英国时曾在小学教课的经历,找到了120名学生做被试,采用心理物理学和心理测量结合的方法,对智力操作和感觉阈限的起伏现象进行了研究。

这是对O因素取材最广泛的实验室研究。这项研究对O因素的确定做出

---

① O因素(oscillation factor),是指人智力操作和感觉阈限的起伏现象。如有些人工作效率比较稳定,有些人工作效率则时高时低。

了比较详细的验证,同时也证实了 O 因素变化的周期。[①]

在这项研究中,陈立还对斯皮尔曼的单因素分析法提出了不同的看法,进行了多因素的分析,突破了导师的研究框架。1933 年,陈立的博士学位论文《感觉阈限和智力活动中的起伏》顺利通过了答辩。斯皮尔曼后来还在其《历代的心理学》一书对此加以征引。陈立博士学位论文的最后一章"O 因素起伏的周期"[②]被《英国心理学》杂志发表。

之后,陈立又针对"G 因素不变说"展开了研究。通过一系列实验和大样本采样,陈立发现了因素组成随年龄增长而简化的规律,这在智力研究领域是一个非常重大的发现。它反驳了斯皮尔曼认为至少 9—19 岁之间 G 因素没有变化的论断,至今仍在智力发展领域中占有非常重要的地位。

1948 年,这篇论文《一套测验在不同教育水平的因素分析》在美国《发展心理学》杂志上发表[③],受到了国际心理学界的高度重视。泰勒(Tyler)在其《人类差异心理学》中认为,该文是 G 因素研究领域的一个里程碑。亨特(Hunt)在《智力与经验》一书中则将陈立的结论和皮亚杰(J. Piaget)的"守恒"水平由参差到划一的理论互相印证。事实上,皮亚杰的理论类似于陈立论文中的结论,即因素模型逐渐简化的观点。陈立的这些理论研究,确立了他在国际心理学界的地位。[④]

2. 未竟的心愿——思维发展研究

冯特认为,思维过程是不能用实验法研究的。直到 1902 年屈尔佩采用颜色和形状进行抽象作用的实验研究,才在这方面开辟了新途径。但是,在儿童的颜色和形状的发展问题上一直存在一个争论。一种观点认为,颜色与形状的发展差异是不能用年龄来解释的,这种差异是由于实验条件不同或儿童自身的个体差异造成的;另一种观点则认为,颜色和形状的发展有不同的年龄阶段。20 世纪 60 年代初,陈立开始针对这个问题展开研究。

---

① 王重鸣,陈芳(2006). 在智力与测验理论上的学术成就. 浙江大学校友总会网.
② Chen Li(1935). Periodicity in oscillation, British Journal of Psychology, Vol25, Part 3, Jan.
③ Chen Li(1948). A factor study of a test battery at different educational levels. The Journal of Genetic Psychology, 73.
④ 王重鸣,陈芳(2006). 陈立在智力与测验理论上的学术成就. 浙江大学校友总会网.

1964年,陈立和助手汪安圣开展了儿童的颜色、形状抽象发展的研究。他们选取了杭州市幼儿园2—7岁的儿童以及一年级小学生共计267人,采用不同颜色和不同形状的图形为实验材料,考察儿童对颜色和形状的区分与识别。

在实验范式方面,他总结了前人研究的不足。此前屈尔佩等人在研究儿童色形发展时,都只用二者选一的模式,即使儿童随便指点也会有50%的成功率,信度很低。而陈立采用四种颜色和四个形状相组合,形成一个16个单位的方阵,儿童随机成功率就降到了1/16,大大提高了信度。

实验结果表明,儿童3岁前是形状抽象占优势(即能较好的识别出形状相同的图形,而忽略图形的颜色是否一致),3岁到5岁半是颜色抽象占优势(即由识别形状转为识别颜色,能选出颜色相同的图形,而忽略图形的形状是否一致),6岁以后同一抽象占优势(即能选出颜色和形状都相同的图形)。这表明,儿童对形状的概念发展和识别早于颜色,而3岁半以前的儿童几乎都不能识别出颜色和形状都相同的图形。实验还发现,爱好、性别和智力对儿童颜色和形状的发展均没有影响。

为了准确验证结果的可靠性,陈立在第一个横向实验后还进行了纵向实验来对比。在第一个横向实验中,他比较的是不同年龄段的儿童。次年,他又重测了部分儿童,与这些儿童在前一年实验中的成绩相比较,形成了一个纵向实验。这两个实验双重验证了儿童色、形认知随年龄发展的规律。接下来,陈立在前两个实验结果的基础上,进一步拓展研究范围,研究了情绪对智力的影响。1965年,陈立的《儿童色形抽象的发展研究》等三篇系列实验研究报告在《心理学报》上发表。然而由于姚文元以化名"葛铭人"挑起的批判以及"文革"的开始,这项系列研究被迫终止,最终未能完成,这也成为陈立心中最大的遗憾。

<<< 专栏五

未完的研究,未竟的心愿

陈立的这项研究原计划为一个系统性的研究,当时他刚刚做到第三个实验,已经计划好了第四和第五个实验。陈立准备在第四个实验中将原二维平面图形的实验材料替换成三维的物体,如圆形变成圆球,方形变为方块等;在第五个实验中则把这些立方体改成有意义的实物。这样一步步拓展研究深度，并将实验材料由抽象逐渐贴近生活中的具体事物。这样就可以通过系列实验逐步揭示思维的发展问题。但姚文元的批判以及随后的"文革"十年彻底破坏了陈立的研究计划。他关于思维发展的系列研究就此终止。

"文革"后，陈立由于种种原因也再未做过系统性的实验研究。儿童色形抽象的发展研究也就成了陈立最后一项系统性的实验研究。但正如他在《平话心理科学向何处去》中倡导的那样，他非常看重战略性的系统实验。因此，陈立对他自己后来无法再进行系统实验研究痛心不已。

陈立后来曾在回忆录中这样写道："姚文元化名葛铭人的攻击，造成我研究计划的彻底破产，对我个人来说是一个大跟头"，"按'著述年表'，1965年到1979年这段时间我全无著述。"这项未能完成的系统性研究成为陈立心中最大的遗憾。

（摘自：陈立(2001). 我从事心理学研究的回顾. 见 陈立编，陈立心理科学论著选（续编）. 杭州：浙江大学出版社，422；杨思梁(2006). 唯心与违心. 见 陈立先生纪念文集编辑小组编，陈立先生纪念文集. 杭州：浙江大学出版社，191—196.）

除了智力和思维发展的研究，陈立还广泛涉猎于实验心理学、心理测验等基础心理学研究领域。陈立曾在美国《教育心理学》杂志上发表了《配对测验的校正公式》一文，对沈有乾和祖宾(J. Zubin)两人繁复的配对测验计算公式做了改正和简化。他还发表过很多关于心理测验以及心理学研究方法的文章，如《论实验法》、《我对测验的看法》、《测验效度理论析义》等。陈立的这些文章以及他的思想对我国心理学的方法论和发展方向都起到了重要的指引作用。

<<< 专栏六

好学的陈立

陈立对科学的追求认真而执著，为了坚持学习研究甚至会不顾风险代价。"文革"后期，仍身处逆境的陈立却时常悄悄溜进原教育系资料室去查阅资料，翻阅那里仅有的几册近期的国外心理学杂志,如《心理学索引》、《心理学评论》、《美国心理学期刊》等,而这在当时是绝无第二人敢为的。陈立这种执著和认真的态度对后辈影响很大,身边的人也都深受感染。在陈立遭受批判的年代,尽管大家处境都很艰难,但杭州大学心理学系的教师没有一个人站在姚文元的立场批判陈立,没有一个人写过批判陈立的文章。这是熟悉陈立的人对陈立为人的一种肯定。

(摘自:卢盛忠(2006). 怀念吾师陈立先生. 见 陈立先生纪念文集编辑小组编,陈立先生纪念文集. 杭州:浙江大学出版社,139.)

四、科学方法论

1. 波普尔的科学方法论

陈立晚年开始关注科学的方法论问题,尤其是波普尔的科学方法论。年近九十的他阅读了《科学发现的逻辑》、《猜想与反驳》等波普尔的著作,直至101岁高龄时,他还经常在病床上阅读英文版的《波普尔文集》。陈立对波普尔的方法论十分赞同,他曾在1993年2月11日的日记中写道:"我颇醉心于Popper的哲学思想。同龄人也,经历虽隔西欧,但西风东渐,不能不同浴一种风而产生许多相似的思想。不管相同相异,总是同一根源——问题"。

陈立经常与他的小女婿杨思梁讨论波普尔,并反复提到,他和波普尔是同年同月生(波普尔比陈立小6天),又先后同在伦敦大学的政治与经济学院学习工作,颇有种相见恨晚的感觉。按照波普尔的理论,人天生具有一些固有观念,比如期望或预期,被称为天赋知识。天赋知识使人们做出假设或提出问题,然后通过观察或实践来检验假设或问题正确与否。他批判传统的归纳法方法论,认为实际中并不存在真正客观的观察,任何观察都排除不了主观的影响。

可惜的是,陈立一直没有机会公开发表文章讨论波普尔的观点。但从陈立的很多文章中,都表露出一些与波普尔相同的观点。事实上,陈立是非常认同波普尔的①。早在1942年,他就在《论实验法》中提出,实验是有目的性的行为,在实验之前,我们必定要对某些现象有一个暂时的理论,即"假设",再用实验来证实或推翻这一假设②。这一观点正与波普尔的理论不谋而合。1965年,陈立在"儿童色形抽象的发展研究"的研究报告中指出,爱好、性别或智力对抽象作用没有显著影响。这一结论本身就带有一些先天"印刻"论的味道,即儿童具有某种天赋,儿童的抽象能力会随着年龄的增长而增长,而不单纯是从实践中得来的。这种结论是当时很多政治激进分子所不能容忍的,陈立也被迫中断了系统的实验性研究③。

而现如今,心理学研究已经普遍采用"问题——假设——实验——结论"这种研究科学问题的模式。这也在一定程度上支持了陈立及波普尔的观点,表明了这种科学方法论的合理性。

《《专栏七

波普尔的方法论

波普尔是奥地利人。在维也纳大学以思维心理学的论文获得博士学位,后来他的研究方向从心理学转向了科学方法论。他提出了一个以证伪为方法的科学标准,根据这种标准,凡是能够被经验事实检查其真伪的理论是科学的理论。反之,凡是不能被经验事实检查其真伪的理论,都是非科学的。例如,爱因斯坦的理论由于有证伪的可能性,所以是科学的。弗洛伊德的理论没有证伪的可能性,所以不是科学的。

先收集大量事实,再进行观察实验,从大量材料中归纳出理论,这种归纳法是自培根时代以来所公认的自然科学方法。而波普尔认为,科学研究实际采取的是相反的过程。我们不可能漫无目的地单纯进行观察,而总是先有一个理论。也就是说,人总是先主动的设想出世界的某种规律性,并用自己发明的这种定律

---

① 杨思梁(2006). 陈立对波普尔的最终认同,南方周末,10月19日.
② 陈立(2001). 论实验法. 见 陈立编,陈立心理科学论著选(续编). 杭州:浙江大学出版社,77. 原载于《教育研究》1942年第105期.
③ 杨思梁(2006). 唯心与违心. 见 陈立先生纪念文集编辑小组编,陈立先生纪念文集. 杭州:浙江大学出版社,191—196.

来解释世界。然后再进行观察。如果发现错误,就抛弃这种解释。这种先有理论后有观察的途径实际上是一种尝试错误的理论,也就是波普尔所说的猜想和反驳。科学理论不是观察的产物而是科学家的发明——大胆的设想。

(摘自:荆其诚(1990). 现代心理学发展趋势. 北京:人民出版社,20—26.)

2. 中国心理学向何处去

一个完善的学科,必有一套严谨的研究方法。科学的方法论如何应用到心理学的具体研究中去,这是陈立更加关心的问题。

陈立一生对心理学研究方法都极为重视。他在文集中论述了各种不同的研究方法,如观察法、活动产品分析法、因素分析、实验室实验、自然实验法等。他也对一些方法,如方差分析法和滥用测验等提出过批评。八十多岁后,他又对计算机控制的实验法产生了兴趣。

1997年,正当我国心理学蓬勃发展,心理学工作者普遍认为形势大好之时,已95岁高龄的陈立却撰写了"平话心理科学向何处去"这篇文章,阐述他对心理学研究方法的意见和态度,提醒同仁们警惕心理学危机,切勿盲目乐观。

在这篇文章中,陈立首先尖锐的指出,心理学研究不能只打遭遇战,而应该开展战役性的研究。所谓"遭遇战",即研究对象都是一些无关宏旨的课题,信手拈来,目的仅在于尽快出成果,写出为职称升级或类似原因而逼迫出来的论文。从内容上讲,其中可能也有一些社会上关注较多且亟待心理学者解决的疑难或问题。但这样的研究纵使能够解决一些问题,也只是停留在常识水平。能真正解决问题的研究应该是战役性的。战役性的进攻,是深思熟虑的结果,是有战略的有确切计划的行动。这就是常识和科学的区别,"科学是有组织的常识"。心理学要成为一门科学,需要的是有组织、有确切计划和明确目标的行动,需要"一以贯之"的理论。心理学界同仁应当加强沟通,相互合作。因为战役需要集体的行动[①]。

---

① 陈立(1997). 平话心理学科学向何处去. 心理科学,(5).

接着,陈立又提出心理学研究方法论的制度化问题。他强烈地反对"方法论的制度化",因为这样会窒息许多有益的实践。"就因为方法论的制度化,只要用某种实验方法,好像结果就必然是科学的。现在许多心理学的研究,就不知不觉地进入了这个误区。"例如实验室实验法,"因为它要严格的条件控制和数量化的结果处理,所以便不能不找比较简单的问题,在非常限制的条件下进行实验""结果完全脱离实际,避实就虚,无血无肉,只剩下一些干瘪瘪的渣滓,也就是完全缺乏意义的东西""心理学的对象本身内涵复杂,如果用某种方法来限制它,结果当然会扼杀心理学的生机",心理学研究的对象——人,是最为复杂而精妙的研究对象,忽视心理研究的特殊性,将心理研究的创造性拘束在单一的方法学规定中,其结果必然使得心理学研究显得细琐而无关宏旨,理论显得深奥而远离生活。因此,心理学实验必须从制度化的实验室研究方法中解放出来。

《心理科学》在1997年第5期上发表了陈立的这篇文章。这篇文章一发表就在心理学界激起了巨大的波涛,引发了一场不小的争论。这篇文章引起了很多心理学工作者的重视,而不少做实验心理学和认知心理学研究的学者表示不能理解陈立的观点[①]。直到今天,心理学界对上述问题依然存在争议,而《平话》中提到的问题也尚未完全解决,但陈立提出的观点以及他在心理学界所做的工作对我国心理学的发展无疑起到了巨大的推动作用。

五、科普与教育

1. 把心理学融入生活

陈立不仅在学界内部促进学科发展,还用简单易懂的语言向大众宣传心理学的意义。几十年来,陈立写了数十篇科普类文章,这些文章通过报纸、科普杂志以及电台广播等传播给百姓大众,使心理学走入了平民百姓家。

陈立非常善于用科学的专业知识解释日常生活中的问题。例如,他用心理学的记忆实验分析谣言的产生,指出夸大是记忆过程所共有的现象,夸大造成失

---

① 林崇德(2006). 催人奋进的心理学泰斗. 见 陈立先生纪念文集编辑小组编, 陈立先生纪念文集. 杭州:浙江大学出版社, 25.

真,再经过文饰、繁复化便产生了"动听"的谣言。①

　　心理学专业的学生或许都遇到过这样的尴尬:当别人得知你的专业是心理学时,便会问"你知道我在想什么吗?"陈立也遇到过类似的事情,为此他在《科学的心理学不是念心术》中向大众说明,心理学是一门科学,它研究人的思维规律,而非揣测某一个人某一时的想法。陈立还在文中解释了"测谎仪"的原理,指出测谎仪是通过记录呼吸、脉搏、血流量、皮肤电反应等指标的变化来判断人是否说谎的。测量这些指标依据的是心理学以往的研究结果,即这些指标可以体现一个人的情绪变化,而一般人说谎时都伴有异常的情绪变化。② 80年代初期,测谎仪刚刚在我国开始应用,很多人对此一无所知或将信将疑,陈立的这篇文章为更多人了解心理学以及心理学仪器铺平了道路。

　　晚年的陈立依然活跃在学术界内外,鞠躬尽瘁,笔耕不辍。1993年,91岁高龄的他凭借《心中要有"数"》一文获得当年浙江省优秀科普作品征文的一等奖③。这篇文章通过若干生动的例子向读者阐明了统计概率在日常生活中的应用,如赌博、抽奖、生男生女的问题等等。这些本来复杂的数学原理通过人人都熟悉的例子讲出来,就变得十分容易理解。不过,其中的一些运算还是颇有难度的,一个九十多岁的老人能有如此清醒敏捷的头脑,不能不让人佩服!

<<< **专栏八**

心中要有"数"

　　懂一点数学规律,是可以少犯错误的。如果问一家出生 GGB(G 指女孩,B 指男孩)和 GGG 哪个概率大? 许多人会不假思索的断定是 GGB 大。这种思想在计划生育时代还是很有市场的。但其实两者发生的概率都是$(1/2)^3$。有一个同事,他的夫人一连生了七个公主,此后又怀孕了。这样就出现了 GGGGGGGX

---

① 陈立(2001). 谣言心理. 见 陈立编,陈立心理科学论著选(续编). 杭州:浙江大学出版社,358—364. 原载于《申报》1948年3月—4月,四期连载.

② 陈立(2001). 科学的心理学不是念心术. 见 陈立编,陈立心理科学论著选(续编). 杭州:浙江大学出版社,380—381. 原载于《科学24小时》1980年第1期.

③ 陈立(2001). 心中要有"数". 见 陈立编,陈立心理科学论著选(续编). 杭州:浙江大学出版社,380—381. 原载于《科学24小时》1993年第6期.

的问题,根据这个逻辑,这个 X 出现 G 的概率应该是$(1/2)^8$,即 1/256,那么生男的概率就是 255/256,即大于 99.6%,千人中失败的预期率不到 4 人。但结果第 8 胎生下的仍是一个女婴。因为性别遗传的概率总是 1/2,而且后一次的结果不会受之前经验的影响。

有个医院某个月的生育统计数字是男孩出生率是 60%,超过平均数 1/2,那么这是家大医院还是小医院?大医院的婴儿出生多,有些人认为这个数字可能来自于大医院。但读过统计学的人都知道,平均数的差误,和(取样)数的 N(总数)的平方根成反比。因此出生性别率偏离 0.5 越远,小医院的概率越大。

(摘自:陈立(1993). 心中要有"数". 科学 24 小时,第 6 期.)

2. 倡导高等教育改革

陈立对教育,尤其是高等教育的重视可以追溯到解放前。早在 1946 年,陈立就提出高等教育对国家教育发展的重要性。他指出,大学不仅是"授业讲学之所",而且是"研究中心"。大学的费用虽然远远高于中小学支出,但大学生是中小学的师资来源,是国家主要的科研机构,不能因为花费多就不办大学。而且国家的高等教育"必由中央统筹",依靠私立大学在中国是很难实现的[①]。

陈立致力于教育考试和高校招生的改革问题多年。早年,他在中山大学讲学时就提出用信度和效度来衡量一种考试的优劣,即考试是否可靠,是否能真正考出学生的实际水平。提出多人阅卷、扩大考试题范围、增加系统知识比重等提高信效度的方法[②]。解放后的几十年中,陈立一直关心着教育和教育改革的问题。2001 年,《杭州日报》的一篇文章谈到山东等省的高考分数线比北京高出很多的不合理现象。年近百旬的陈立看了这篇文章后,第二天凌晨就写信给当时的浙江省教委副主任缪进鸿,提出用序数(ordinal number)代替基数(cardinal

---

[①] 陈立(2001). 大学教育与中小学教育. 见 陈立编,陈立心理科学论著选(续编). 杭州:浙江大学出版社,216—217. 原载于《教育通讯》1946 年复刊第 1 卷第 3 期.

[②] 陈立(2001). 现代教育中的考试问题. 见 陈立编,陈立心理科学论著选(续编). 杭州:浙江大学出版社,218—223. 原载于《广州华南日报》1946 年 7 月 28 日.

number)改革高校招生办法的建议①。如今,六届高考又过去了,这一现象仍然存在。我们只能期望有更多像陈立这样认真负责的领导和教育家,使我国的教育和选拔制度能日趋完善。

陈立对很多教育问题极有远见。20世纪80年代初,当绝大多数人还不知计算机为何物,教委领导也仅将数理化等传统学科列为基础学科时,陈立就严肃的指出"计算机科学应列为基础学科,到2000年,不懂计算机将成为新时代的残疾人"。

六、百年辉煌

陈立曾在99岁高龄时对一位老友说:"我明年真满百岁了,我已声明从0做起!一切都要从头学起。"②陈立把100岁当做人生一个新的起点,打算像一无所知的孩童一样重新开始学习、生活。100岁时,他还招收了一个博士生,还坚持每年至少发表一篇文章。他每天看书,为中青年人评阅书稿、写序文、复信,常常忙到晚上十点多才肯休息。他这样坚持工作,即使在临终前重病住院时仍牵挂着心理学系的工作。

百岁寿辰酒会

资料来源:陈立先生纪念文集编辑小组(2006). 陈立先生纪念文集. 杭州:浙江大学出版社.

2001年5月28日,浙江省政协、科协、教育厅和浙江大学联合为陈立举办了百岁寿辰庆典暨从教七十周年学术研讨会③,感谢陈立为心理学发展做出的杰

---

① 缪进鸿(2006). 我所认识的陈立先生. 见 陈立先生纪念文集编辑小组编,陈立先生纪念文集. 杭州:浙江大学出版社,36—46.
② 许良英(2006). 痛悼恩师陈立先生. 见 陈立先生纪念文集编辑小组编,陈立先生纪念文集. 杭州:浙江大学出版社,64—72.
③ 2001年百岁庆典时陈立99岁,按中国传统虚岁为百岁。

出贡献。陈立的学生,海内外学者,国际心联①主席鲍利克②,美、德、港澳等地以及国际教科文组织的代表都为这位百岁老人献上了他们最真挚的祝福。其中,李铁映的贺词最为贴切地形容了陈立的百岁人生——"凌霜高枝"！一代大师陈立先生为我国的心理学和教育事业辛勤耕耘了70年！

<<< 专栏九

乐观的陈立

很多人见到这位精神抖擞、思维敏捷的百岁老人时都感到诧异,想探究其长寿的原因。陈立的夫人马逢顺女士归结为这样几点:其一是控制饮食,陈立总是控制自己吃饭留三分余地;其二是坚持锻炼,他坚持游泳锻炼直到98岁,80岁之后还坚持每个星期日步行30华里以上;最后,也是最重要的一点,就是乐观开朗的心态。

"文革"时期,造反派在陈立家抄家批斗,走后每晚都留下一地凌乱的衣服、垃圾和东倒西歪的家具。夫人马逢顺回忆说,那种场景让她感到凄凉和惶恐,久久不能入睡。尤其让她受不了的是陈立胸前挂的那块"打到反动学术权威"的牌子,以及他被迫弯着腰的样子和面无表情的脸。而令她大为惊讶的是,她很快就听到了丈夫重重的鼾声。她看到"他像孩子一样平静的脸。他没有做噩梦,而是在恢复白天折磨所造成的体力和精神上的疲劳"。

正是这种乐观的心态让陈立度过了一个又一个难关,让他拥有了双倍于常人的工作时间,为他心爱的事业奋斗了将近八十年。

(摘自:马逢顺(2005). 心香一片,泪洒一卮. 见 陈立先生纪念文集编辑小组编,陈立先生纪念文集. 杭州:浙江大学出版社,186.)

---

① International Union of Psychological Science,IUPsyS,简称"国际心联"。
② 鲍利克(Kurt Pawlik,1934—),奥地利心理学家,德国汉堡大学心理系教授。历任德国心理学会主席、国际心理科学联合会主席。1998年当选国际社会科学理事会(International Social Science Council,简称ISSC)主席。他曾被授予奥地利科学与艺术十字勋章。鲍利克独立或与人合作发表了180余篇(部)作品,编辑了多种科学杂志。

2004年3月18日上午11点5分,陈立因病在浙江医院逝世。他临终前说的最后一句话是:"马剑虹是来向我汇报心理系工作的。"①陈立的夫人说:"他去世的前两年,我没有一天不在旁边陪他,但他并没有讲到一句有关身后家中安排的话,或是给子女的遗言,而最后一句话,还是关心心理学的。"

就这样,陈立走完了他102年奇迹般的人生道路。他临别前没有留下任何遗言,是因为他把100岁看做自己生命新的起点,一切还要从头学起;他还带着博士研究生,还有一篇关于科学方法与科学关系的论文没有写完。他静静地走了,带走了他对心理科学和这片土地的热爱,留下了数十万字汇成的思想和让后人享用不尽的精神财富。

3月31日,《光明日报》刊登了陈立逝世的讣告,用最为简洁而准确的言语概括了陈立辉煌的一生:

"著名心理学家、教育家,我国工业心理学创始人、原杭州大学校长陈立教授逝世……陈立师从斯皮尔曼教授并获博士学位。他在1935年撰写出版了我国第一部工业心理学专著——《工业心理学概观》,成为我国的工业心理学乃至应用心理学理论发展的重要里程碑。他创新发展了智力与测量理论,在国内开创性地运用经典心理物理实验和现代心理测量相结合的因素分析方法,提出了"因素组成随年龄而简化"的理论,确立了他在国际心理学界的重要学术地位。他先后被授予伦敦大学院院士,中国心理学会终身成就奖和中国人类工效学学会终身成就奖。"

---

① 马剑虹时为陈立的博士研究生。

赫伯特·西蒙

赫伯特·西蒙年表图

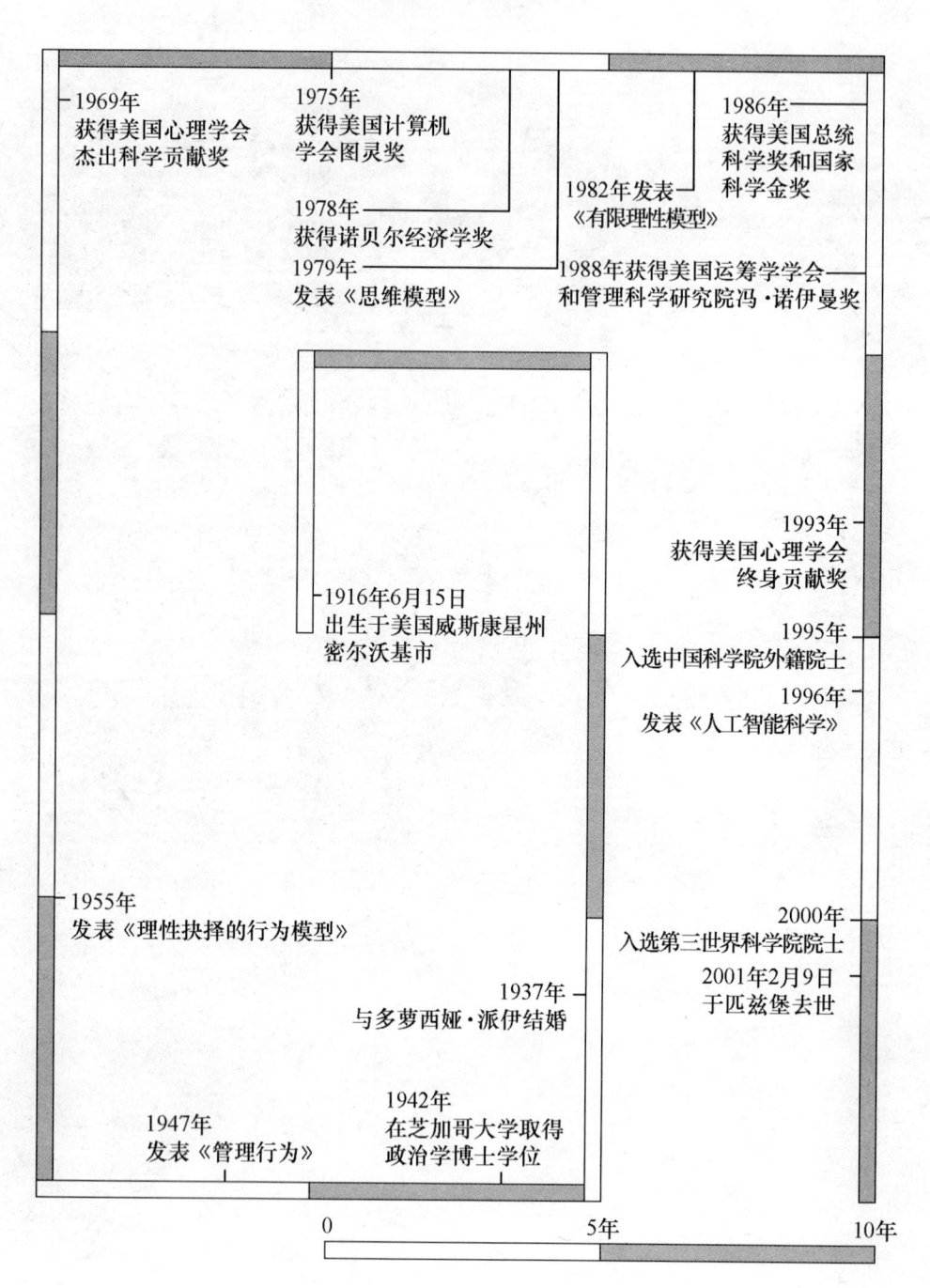

- 1969年 获得美国心理学会杰出科学贡献奖
- 1975年 获得美国计算机学会图灵奖
- 1978年 获得诺贝尔经济学奖
- 1979年 发表《思维模型》
- 1982年发表《有限理性模型》
- 1986年 获得美国总统科学奖和国家科学金奖
- 1988年获得美国运筹学学会和管理科学研究院冯·诺伊曼奖
- 1916年6月15日 出生于美国威斯康星州密尔沃基市
- 1993年 获得美国心理学会终身贡献奖
- 1995年 入选中国科学院外籍院士
- 1996年 发表《人工智能科学》
- 1955年 发表《理性抉择的行为模型》
- 2000年 入选第三世界科学院院士
- 2001年2月9日 于匹兹堡去世
- 1937年 与多萝西娅·派伊结婚
- 1942年 在芝加哥大学取得政治学博士学位
- 1947年 发表《管理行为》

0　　　　　5年　　　　　10年

赫伯特·亚历山大·西蒙(Herbert Alexander Simon, 1916—2001)，美国计算机科学家和心理学家，拥有一个优雅的中国名字"司马贺"。1943年西蒙获得芝加哥大学政治科学博士学位，之后又陆续获得国际24所知名学府的荣誉博士学位。他对经济组织内的决策程序进行了开创性研究，建立起决策理论。他是认知科学与人工智能的创始人之一，在计算机科学与心理学的结合方面做出了卓越的贡献，被誉为"人工智能之父"。他与纽厄尔(A. Newall)等提出"物理符号系统"假设，创立了信息加工心理学，还与费根鲍姆(M. Feigenbaum)等人利用启发方式设计了EPAM程序，并和纽厄尔设计了LT程序和GPS程序，使计算机模拟人的思维活动成为可能。曾任美国伊利诺伊理工学院(Illinois Institute of Technology)教授，1949年起任美国卡内基-梅隆大学计算机系和心理学系教授。1968—1972年任美国总统科学顾问委员会委员，1967年成为美国国家科学院院士，1994年当选为中国科学院外籍院士。其学术领域横跨经济学、管理科学、心理学、计算机科学，先后获得图灵奖(1975)、诺贝尔经济学奖(1978)、美国国家科学奖(1986)、计算机科学最高荣誉奖、美国总统奖，以及美国经济学会、运筹学会、心理学会等不同学科组织的最高荣誉奖。西蒙一生著作等身，在其多本著述中都用到了"模式"这个词语，如《我生活的种种模式》、《人的种种模式》、《发现的种种模式》、《思维的种种模式》和《有限理性的种种模式》等等。本文就沿用这一著述方式，讲述认知心理学和人工智能的一代大师——赫伯特·西蒙的种种人生模式。

一、西蒙的成长模式——生平之美

1. 聪慧的少年

1916年6月15日,西蒙出生于美国威斯康星州密尔沃基市(Milwaukee)。西蒙的家庭是一个典型的美国中产阶级家庭。他的父亲阿瑟·西蒙(Arthur Simon)是由德国移民美国的犹太人,是达姆施塔特理工学院(Technische Hochschule Darmstadt)电子工程专业的荣誉博士,受过严谨的德国式大学教育,做事严谨认真、一丝不苟,这对西蒙的性格有着重大影响。他的母亲埃德娜·玛格丽特·默克尔(Edna Marguerite Merkel)也是犹太人,来自一个钢琴世家,在音乐专科学校任教,传给西蒙一手出色的钢琴技艺。但对西蒙影响最大的还是他的舅舅哈洛德·默克尔(Harold Merkel)。哈洛德师从于制度经济学家康芒斯,在美国国家工业委员会工作,是他最早把西蒙引上了社会科学的探索道路①。

西蒙童年时的全家合影
资料来源:Simon, H. A. (1991). Models of My Life. New York: Basic Book.

西蒙的童年生活很温馨。虽然当时只是居住在中产阶级住宅区的一所结构简朴的木房子里,但因身边有喜爱他并经常保护他的哥哥、受孩子们欢迎的祖母、热心勤劳的女仆、平易近人的市长邻居,还有全家多次幸福的旅行和度假,西蒙的童年生活充满了快乐的欢声笑语。

童年的西蒙性格有些内向,但极其聪慧。一次在草莓地里,他发现别人总能轻而易举采摘到一桶草莓,而他却很难从与草莓如此"相近"的叶子中分辨

---

① 西蒙(1991).我生活的种种模式.曹南燕,秦裕林译.上海:东方出版中心,13.

出草莓。这次摘草莓的经历让4岁的西蒙敏锐地认识到了自己是色盲。多年后，正是基于他对"自己看到的红绿不是别人眼中的红绿"这一问题的思考，西蒙理解到真实的外部世界并不等于知觉世界，因而更易于接受认识论的相对主义，并为日后关注知觉研究和符号系统研究奠定了经验基础。

童年时，西蒙的兴趣与大多数早慧的孩子一样，他常常与书籍为伍，靠阅读、收集邮票、甲虫等自娱自乐，并乐于向大人们提出各种各样的问题，聆听其解答。西蒙的父亲是一名电气工程师，一生有几十项发明专利，常常在家里组装收音机或者做一些模型，西蒙很喜欢在旁边耐心地观看。

西蒙在自我教育上很有自己的方法。他后来很少再去向别人征求意见，也很少和大人们交流自己的想法。碰到难题时，他深信"答案在书中，必须自己将它挖掘出来"。因此，他常常去舅舅或哥哥留下的书里寻找答案，或者从百科全书的索引和公共图书馆的目录上寻求线索。10岁的西蒙就在家里的书橱里找来《大不列颠百科全书》看。不满12岁时西蒙发现了离家3英里外就有一个公共图书馆和一个博物馆，之后他便常常利用周六这个休息日在那里呆上一整天。西蒙并不仅仅只是在书中寻找解决问题的答案，而是对阅读本身有着非常广泛的兴趣。在15岁那年的夏天，他就已经阅读了但丁的《地狱》和弥尔顿的《失乐园》。

除了阅读，西蒙还对收集和鉴定昆虫非常感兴趣。夏天，他经常沿着密尔沃基河岸去探查收集标本。他的聪明才智引起了公共博物馆的昆虫学家们的重视，他们给了小小的西蒙在博物馆工作的特权。西蒙在博物馆的志愿工作一直持续了好些年。

进入学校后，西蒙的课业成绩非常优秀。他喜欢具有挑战性、创造性的学科，到高年级时物理和数学成了他最喜欢的课程。他自己坦言"数学的公式之美让我内心欣喜"。他在轻松地完成课业的同时，还在集体事务上表现出了积极的参与意识。早在小学四年级的时候，西蒙就为争取学生的权利起草了一份学校章程并忐忑不安地呈报给了校长，意外的是，他居然得到了一贯以严厉著称的校长的表扬。

尽管西蒙有些内向，一贯痴迷于书本且学业优异，但难能可贵的是，他还有善于交际的另一面：喜欢游戏、运动和交友。西蒙6岁上学，因天资过人、成绩优秀,跳级三年半,不足 17 岁就高中毕业了,这使得他的大多数朋友都比他大几岁。他非常乐于与这些大孩子们一起运动或进行辩论,他的聪明、色盲和左撇子习惯都给同学们留下了深刻印象。处于成长发育的青春期,西蒙也像每一个情窦初开的男孩子一样对异性充满好奇,但他坦言自己很容易与开朗、聪明而不是漂亮的女孩子交谈,而且这让他觉得很自在。

特别值得一提的活动就是辩论了。上高中后,西蒙非常热衷于参加辩论赛,且通常信心十足地选择比赛中那些居于劣势的、少数派的论点展开辩论,而他的对手却很少能辩得过他那充满逻辑性的言语和精心准备的论据。辩论这项活动使西蒙本人受益匪浅:一方面,为增加论据,他会更广泛地深入阅读经济学以及其他社会科学书籍,而且为了雄辩,他养成了批判性阅读的习惯,常常自己拿一本书的观点去和另一本书的观点辩论。成年后的西蒙能够挑战权威理论、敢于批判性地创新也得益于这种良好的习惯。另一方面,通过辩论和辩论之后的思考,尚在上高中的西蒙就发现了一条重要的实践真理:不能依靠逻辑击败人们并改变他们的观点,人们并不会仅仅因为一时辩论失利就觉得有义务同意或接受对方的观点。这也使得日后的西蒙在学术上多次被暂时"击败"时仍能够坚持自己的见解,忠实于自己的研究和思考。

由于父亲是一名户外活动的爱好者,西蒙也就有了许多在森林里与大自然亲密接触的经历。户外经历的教化使他产生了对荒野和自然的热爱,并且养成了勇于挑战和冒险的生活态度。从代尔斯到魔鬼湖的徒步旅行,从罗克河源头出发的长途独木舟之旅,有大量美国落叶松和冻土的罗克沼泽探密,以及内达华山脉的骑骡历险,这种几乎与世隔绝的生存体验和对孤独感的反复揣摩,使西蒙有些书卷气的生活方式中开始弥漫着人本主义的思考和对自然之神的崇敬。

西蒙的过人之处还在于他表现出的超越年龄的谦虚态度。他能够虚心地听取别人的意见,甚至在相当年轻的时候就被一些成年人视为知心朋友。他在很小的时候就具备了换位思考的共情能力和坚持原则的责任心。在偶尔的家庭冲突中,年幼的西蒙甚至充当着调解人的角色,可以从原则出发向冲突双方解释对方的观点。

尽管还是一个孩子,尽管对知识的探索不过是一些小小的开端和起步,但童年和少年时期的经历和教育已经无疑为西蒙日后的发展奠定了良好的基础：他的聪明注定了他对知识超乎常人的领悟能力；他的多看、多听、多思考使他对知识和自然本身产生了敬畏之情；他对兴趣爱好的执著决定了他在艰深的学科领域内能够不断探索和精进；他的自学方式以及去书本中寻求答案的习惯奠定了他日后跨多学科发展的可能；他对创造性的不懈追求的激情则成就了他日后在学术领域摘得王冠并最终获得诺贝尔奖的辉煌。

2. 芝加哥大学——广博的高等教育

如果说密尔沃基是西蒙童年成长的殿堂，那么，芝加哥大学无疑是西蒙成年起步的圣地，在这里，西蒙对科学从懵懂和积累开始了踏实而努力的研修过程。1933 年西蒙进入芝加哥大学政治科学系开始本科学业，通过了人文学科、社会学科、物理学科和生物学科的考试后，于 1936 年获得学士学位。

在语言学习上西蒙采用了自己独特的自学策略。在芝加哥大学他注册了法语课，但是几乎没有去听过课，用自学的方法逐渐可以流利地阅读法文。从法语开始，以相同的方法，西蒙逐渐掌握了多种语言，晚年学习日文和中文，以至于最终可以用 20 多种语言阅读专业书籍和论文，用 6 种语言阅读文学作品。

1934 年西蒙上芝加哥大学二年级时，他就修完了政治学方面的课程。西蒙花费了很多的精力研习物理学、心理学、计量经济学和逻辑学等学科。由此，奠定了西蒙运用严格的数理逻辑研究社会科学的学术方向。

芝加哥大学时期的西蒙（最后一位）
资料来源：Simon, H. A. (1991). Models of My Life. New York: Basic Book.

在本科阶段的学习中，西蒙除了很好地完成所有规定课业外，还广泛阅读了人文科学方面的书籍，加强了高中时在物理学、生物学方面的训练，并充分了解了社会学和人类学，还开始涉猎一些心理学的内容，并在经济学和政治学方面得到了一些训练。进入高年级后,西蒙开始关注一些技术性更强的问题。在随后的研究生教育阶段,西蒙遇到了三位在他的学业研究中起到重要作用的老师:尼古拉·拉什夫斯基(Nicholas Rashevsky)、亨利·舒尔茨(Henry Schultz)和鲁道夫·卡纳普。西蒙从善于在生物学系统模型中建立简单假设的数学生物物理学家尼古拉·拉什夫斯基那里学习到了如何建模;从亨利·舒尔茨的研究班以及其著作《需求的理论和测量》中透彻了解了经济学应用以及现代统计理论,在其课堂训练中逐渐摆脱了貌似合理的感觉经验,开始以理论和数据相符的目标作为经验科学的检验标准;从鲁道夫·卡尔纳普的逻辑学和科学哲学课程中汲取养分,奠定了管理科学逻辑基础的研究基石。

除了数学、逻辑学和经济学之外,西蒙在芝加哥大学涉猎的主要领域还有政治学,这也是西蒙的主修专业。芝加哥大学的政治学系是行为主义的先锋,西蒙在那里完成了本科生和研究生的学习。从大学校园中精神生活的骚动到学科发展中各种重要学说之间的斗争,政治学中不断出现的新现象和新范式给了西蒙许多颠覆性的启发,甚至成为他后来攻击经济学和心理学一些正统观点的有力武器。同时,他在人类思维和问题解决方面的研究也奠定了后来组织理论和经济学理论的基本核心。

1937年的圣诞之夜,21岁的西蒙与芝加哥大学社会学系秘书多萝西娅·派伊(Dorothea Pye)在家乡举行了婚礼,从此开始了人生路上携手前行的崭新旅程。

大学毕业前夕,西蒙结识了里德利(Clarence Ridley),后者是国际城市管理者协会主任,芝加哥大学兼职教授。1938年,西蒙在选修里德利的市政管理课程时,参加了里德利的课题,进行市政管理的计量研究,负责编辑和统计的工作,并开始在《公共管理》杂志发表文章,22岁时就成为该杂志和《地方年鉴》的助理编辑。正是这份工作,让西蒙开始接触到了计算机。虽然当时的穿孔式计算机能做的事情还非常有

西蒙与多萝西娅在婚礼上
资料来源:Simon, H. A. (1991). Models of My Life. New York: Basic Book.

限，使用起来也比较麻烦，但西蒙对此非常着迷，也开始广泛关注计算机技术的进展。

西蒙给里德利当助手做出的成就，引起了加州大学伯克利分校的注意，并邀请他设计洛克菲勒基金会资助的地方政府研究项目。这样，作为全国闻名的公益服务评估方面的权威，西蒙在加利福尼亚大学伯克利分校行政管理处主任萨姆·梅（Sam May）的支持下向洛克菲勒基金会申请资助，以进行一个为期三年的对地方政府的研究。1939年初，申请成功后，西蒙应邀成为伯克利行政管理计量研究室主任，在展开更深入的科学研究的同时，也开始学习在实践中管理一个几百人规模的组织。在三年的研究中，西蒙带领团队不断探索定量的经验主义对理解和解决市政问题的帮助，同时，完成了三项重大研究，每项都出版了一本专著和多篇论文。这三项研究分别是："加州救助管理机构的实地实验"，这项研究中所使用的装有线路插线板的计算机是西蒙第二次接触到的计算机。"分析火灾的危险和损失的研究"，该研究在40年后引起了美国火灾保险统计师的关注；"大都市整顿财务问题的研究"，这项研究报告发表在《经济学季刊》上，其论文多年来一直作为财产税领域的标准参考文献被引用。在这些研究中，西蒙开始高度重视"边界条件"。"边界条件"是指不得不做的一些假设，即假设人类行动者在做决策时会考虑哪些税收变化的间接影响，而会忽视另外哪些影响。对这些问题的研究表明，"行动"的原因在于边界条件，而不在于设法达到最优化、最理想的行动。对这一现象的认识，为西蒙日后建立人类有限理性理论和经济理论之间的桥梁提供了一条重要的线索。

就在这一阶段，西蒙形成了自己对管理学基本问题的研究思想，并以此作为他的博士论文的主题。22岁时，西蒙完成了《市政管理技巧》一书的主体部分。当时的公共行政管理领域占主导地位的是"经典组织理论"，该理论重视组织中的秩序，西蒙以此为基础来进行写作，在写作过程中查阅大量文献又得到了很多启发，深入思考了用决策来看待管理、管理理论对经验的依赖等问题。这些思考播下了《管理行为》一书的种子。西蒙决定，不再按原计划写作行政管理逻辑方面的论文，转而撰写一篇关于行政管理中的决策的理论性的博士论文。这个决定奠定了西蒙日后多年关于组织研究的核心战略。

1942年5月西蒙在芝加哥大学取得政治学博士学位。西蒙的博士学位论文《管理科学的逻辑》于 1947 年正式出版,定名为《管理行为》,标志着有限理性学说与现代管理决策理论的正式形成。

3. 卡内基-梅隆大学——创造性的学术生涯

1942 年,在朋友的推荐下,西蒙应聘到伊利诺伊理工学院任教。这样,在完成洛克菲勒基金项目以后,西蒙转至伊利诺伊理工学院政治科学系,在那里工作了 7 年,其间还担任过该系的系主任。在伊利诺伊,他广泛深入地展开了自己的研究。从他开设的课程来看,他已经成为社会科学的多面手。他讲授宪法学、城市规划、地缘政治学、合同法、统计学、劳动经济学、运筹学、美国史等等,还开设了科学哲学讨论班,并参加芝加哥大学考尔斯委员会每周一次的经济学讨论班。伊利诺伊的经历,使西蒙的管理学研究更为深入,尤其在公共管理领域形成了自己的研究特色,他不仅有了史密斯伯格、汤普森等研究伙伴,还确立了他以数理逻辑方法融合社会科学各领域的研究起点。

1949 年,西蒙应聘到位于匹兹堡的卡内基-梅隆大学(Carnegie Mellon University),担任行政学教授和工业管理系主任。西蒙深入开展组织行为的研究,并重视逻辑和理论的教学,使卡内基-梅隆大学的工业管理研究生院声名鹊起,走出了一条不同于哈佛商学院案例教学方式的管理教育道路。西蒙的管理学研究,在这里也达到了顶点。

在任卡内基-梅隆大学心理学和计算机科学教授期间,西蒙取得了他一生中最辉煌的成就。1956 年夏天,在美国新罕布什尔州汉诺威市的达特茅茨学院(Dartmouth College)召开了一次重要的学术会议,参加者是当时积极思考人工智能问题的专家,包括数十名来自数学、心理学、神经学、计算机科学与电气工程等领域的学者,其中就有曾任美国国家科学基金会主席的心理学家理查德·阿特金森(Richard Atkinson)。这次会议是多学科合作产生新思想的典范,与会者讨论了如何用计算机模拟人的智能,并根据麦卡锡的建议,正式把这一学科领域命名为"人工智能"。西蒙和纽厄尔不仅参加了这次具有历史意义的会议,而且把"逻辑理论家"(Logical Theorist,LT)带到会上,并引起了轰动。"逻辑理论家"是当时唯一可以工作的人工智能软件,这种程序在一座由真空管制造的原始大型机"埃尼阿克"(ENIAC)上运行,能够以逻辑形式证明一系列的公理。这一思维机器的创造震惊了出席会议的所有的人。这次会议在较大范围内正式宣布了人工智能的诞生。因此,西蒙、纽厄尔以及达特茅斯会议的发起人麦卡锡和明斯基被公认为人工智能的奠基人,被称为"人工智能之父"。1957年西蒙与别人合作开发了计算机语言 IPL(Information Processing Language)。在人工智能的历史上,这是最早的一种人工智能程序设计语言,其基本元素是符号,并首次引进了表处理方法。

1955年,西蒙的研究方向发生了重大转移。在这之前,他虽然涉足于多个学科领域,但基本上还是在管理学、经济学内游弋,到卡内基-梅隆大学之后,他在管理学和经济学上的造诣,使他在接触到计算机时,一眼就看出了这种机器有可能带来的奇迹。于是,他立即转向了"人类问题解决"的心理学研究,特别是人类思维过程的符号处理研究。从此,西蒙开始了他在计算机技术领域的创新。

西蒙最初的研究兴趣是了解人们是怎样做出决策的,尤其是怎样做出经济方面的决策的。他的研究有别于当时教科书里写的那些正统研究。在当了经济学家之后,西蒙的志趣仍然未改。到了晚年,西蒙在心理学上花的时间越来越多,力图更好地了解人类是如何思维的,如何解决问题的。为此目的,西蒙进行了多方面的研究,包括用电脑去模拟人类的思维、人工智能方面的研究等。

在任教近半个世纪的卡内基-梅隆大学校园内,西蒙还积极参与了一系列创新活动。例如,建立了首家旨在将理工科本科生培养成为管理人才的工业管理研究生院,并培养了首批以人工智能和认知科学为方向的博士生(例如后来成为"认知工程"著名专家的费根鲍姆);建立了迄今为止一直位居全美前三名的计算机科学系(后来成为学院),并培养了首批计算机科学博士生;发动了"认知革命",将以行为主义和工业管理为主的心理学系变成了全美认知心理学阵容最强的基地之一。在校园外,西蒙以科学家身份积极参与了科学和政治活动。无论是在兰德公司、福特基金会,还是在美国科学院的科学、工程与公共政策委员会,以及越战后期美国总统科学顾问委员会等,都有西蒙十分活跃的身影。

1960年,西蒙做了一个有趣的心理学实验,表明人类解决问题的过程是一个搜索的过程,其效率取决于"启发式函数"(heuristic function)。在这个实验的基础上,西蒙和纽厄尔又一次成功地合作开发了"通用问题解决者"(General Problem Solver,GPS)。GPS 是根据人在解题中的共同思维规律编制而成的,可以解 11 种不同类型的问题,从而使启发式程序有了更普遍的意义。1966 年,西蒙、纽厄尔和贝洛尔(Baylor)合作,开发了最早的下棋程序之一:MATER。1968 年,西蒙被任命为总统科学顾问委员会委员。1969 年,美国心理学会由于西蒙在心理学上的贡献而授予他"杰出科学贡献奖"。

20 世纪 60 年代末至 70 年代初,西蒙提出"决策模式理论"这一核心概念,为当前受到极大重视的决策支持系统(decision support system,DSS)奠定了理论基础。1970 年,在研究自然语言理解的过程中,西蒙发展完善了语义网络的概念和方法,把语义网络作为知识表示(knowledge representation)的一种通用手段,并取得很大成功。1978 年,由于对"经济组织内的决策过程进行的开创性的研究",西蒙荣获诺贝尔经济学奖。

1980 年,应中国科学院邀请,西蒙作为美国心理学家代表团[①]成员访问了中国,自此与中国心理学家结识,并展开了他与中国心理学家长达 20 余年的合作。事实上,西蒙曾于 1972 年作为美国计算机科学代表团成员访问过中国。作为中国学术界的老朋友,西蒙一向致力于中美友好和促进中美学术交流。自 1980 年起,西蒙担任美中学术交流委员会委员,并于 1983 至 1987 年担任该委员会主席,组织了多次中美学术交流和团队互访,积极推动了两国间的学术交流,尤其是心理学学术领域的交流。1985 年,中国科学院心理研究所授予西蒙教授名誉研究员称号。1994 年,中国科学院授予他中国科学院外籍院士称号。

1986 年,西蒙因其在行为科学上的出色贡献而荣获美国国家科学奖章(National Medal of Science)。1995 年,他在国际人工智能会议上被授予终身荣誉奖。2000 年,第三世界科学院选举他为第三世界科学院院士。

2001 年 2 月 9 日,西蒙在美国匹兹堡去世,享年 85 岁。

---

① 团长为著名心理学家尼尔·米勒(Neal Miller,1909—2002)。

Carnegie Mellon

Herbert A. Simon
Department of Psychology
Carnegie Mellon University
Pittsburgh, PA 15213-3890
(412) 268-2787
(412) 268-2798 FAX
has@a.gp.cs.cmu.edu

27 June 1994

Professor Zhang Kan, Director
Institute of Psychology
Academia Sinica
Beijing, CHINA

Dear Colleague,

Thank you for your kind letter regarding my election to the Chinese Academy of Sciences as a Foreign Member, and the accompanying article from Renmin Ribao.

It has been a matter of great pride to me to have been for some years an honorary research worker in the Xinli Zuo, and I an now deeply honored to become a member of the Academy. I owe a great debt to my colleagues in the Xinli Zuo who have been my associates in the interesting research in cognitive psychology and its applications to mathematics education in which I have been privileged to participate in China. Please extend my warmest regards and my thanks to them, especially to Jing Qicheng and Zhu Xinming, my lao pengyou of many years.

The election is a recognition of the importance of cognitive psychology as a basic science, and of the important role that research in this field can play in the modernization of China. Of course there have already been important examples of this in Professor Jing's basic and applied work in perception, the cognitively based mathematics curriculum that Professor Zhu has been introducing into the schools, the collaboration of the Xinli Zuo with Professor Harold Stevenson of the University of Michigan in other educational research comparing methods of instruction in various countries. These are just the particular examples in the Institute's program with which I have been most familiar, and I am sure there are many others.

I send my very best wishes for the continued success and progress of the Institute, and my hope that I may find another occasion to visit China at some time in the future.

With best regards to all,

Cordially yours,

Herbert A. Simon
University Professor of Computer
Science and Psychology

西蒙当选中国科学院外籍院士后,写给中科院心理所所长张侃的答贺信

二、科学研究的探索模式——交叉之美

从政治学研究到数学、统计学、管理学研究,再到后期从事的心理学和人工智能研究,西蒙的学术经历、研究方法和思想范围的一个突出特点就是远远超越了单一的学科。在他的研究征途上,科学的门类之别并未构成任何障碍,反而成为他不断开拓进取的新动力。例如,西蒙一生痴迷国际象棋,并将国际象棋视为人类世界的缩影,他从中既可以发现人类的思维习惯和符号解读,也可以进行程序编译和路径选择,还能够模拟决策方式和管理活动,等等。总之,如果说"一滴

水可以映射出太阳的光辉"是哲学家式的语言,那么在西蒙眼里,一副象棋几乎可以包纳所有的人类科学。

在当代科学发展史上,西蒙是为数不多的自如游走于多个领域之间、且成就非凡的大科学家,几乎把自然科学、社会科学、工程技术,甚至还有部分人文科学都融合到了一起。西蒙对经济组织内的决策程序进行了深入研究,进而提出了有关决策程序的基本理论,这些理论被公认为关于公司企业实际决策的创新见解。事实上,现代企业经济学和管理研究大部分都基于西蒙的思想。由于其杰出贡献,西蒙荣获1978年诺贝尔经济学奖。

西蒙学术生涯的另一大特点是,他始终处于研究潮流的前沿地位。在他涉足的众多研究领域,西蒙都是领军人物,不仅被人尊称为"人工智能之父"和"认知心理学的创始人",而且在其他学科领域也是领头羊[1]。自20世纪70年代开始,计量经济学迅猛发展,数学和统计学成为了研究经济学的主要手段。当时在经济学界有一个无形的"计量经济学集团",多数诺贝尔经济学奖得主都是该"集团"的成员。西蒙一贯主张将严格的自然科学计量方法应用到社会科学中去,且自认为"我是个名正言顺的计量经济学集团的成员"。

1. 荣获诺贝尔经济学奖

有限理性

提到西蒙荣获的诺贝尔经济学奖,就不得不提他在芝加哥大学完成的博士学位论文。这篇博士学位论文,就是西蒙后来赖以问鼎诺贝尔奖的大作《管理行为》的雏形。西蒙的许多经济学研究都是从心理学角度出发的,即充分考虑到了人的心理因素在经济行为中的作用。他提出了与古典经济学理论相抗衡的行为经济学。古典经济学理论认为,经济行为基本上是理性的行为,决策者基于所掌握的信息能做出最优的选择。但西蒙在《管理行为》一书中明确指出:在当今极为复杂的社会里,一个人不可能获得所有必要的信息来做出完全理性的决策;实际情况是,决策者只能做出较好的选择,所做的决定只要达到自我满意的程度就

---

[1] 选自西蒙同事史塔兹斯克(Staszewski)对西蒙写的纪念文集的书评 Wonderful, but Not Incomprehensible: Multidisciplinary Perspectives on Herbert A. Simon and His Impact. 2005. 6. 30.

可以了。西蒙提出了有关人类决策过程的这种"有限理性"理论或称"满意理论",其核心思想可以概括为两点:① 人类思维只能达到非常有限的合理性;② 由于自身认识事物的局限性,因而人们解决问题的过程是:首先努力达到子目标,再逐步逼近总目标。事实上在此时,西蒙就已经进入了管理学家行列,而他最伟大的荣誉则是获得了1978年诺贝尔经济学奖。

1978年诺贝尔周,西蒙一家去参加舞会
资料来源:Simon, H. A. (1991). Models of My Life. New York: Basic Book.

西蒙向经济学领域中的传统理论——"经济人"理论提出了挑战。"经济人"(希腊语:homo oeconomicus)理论,又称做"经济人"假设,其假定人的思考和行为都是理性的,试图获得的唯一经济好处就是物质补偿的最大化;决策者掌握了全面的信息,可以做出最优的选择。西蒙对此表示质疑,提出了"有限理性"(bounded rationality)概念,认为人是介于完全理性与非理性之间的"有限理性"状态,一个人在做出决策时不可能掌握全面的信息,而且不具备做出最优选择所要求的计算能力,因此也就不可能做出完全理性的选择。西蒙的"有限理性"假说明确指出,相对而言,人的理性是非常有限的,在复杂环境中人只能根据经验做出比较满意的选择。西蒙由此创立了行为经济学,其观点被现代商业经济和管理研究广泛采用。

"有限理性"假说指出:人在解决问题时,一般并不去寻求最优的解决,而只是找到一个满意的解决。因为即使是简单的问题,要想找到最优的解决,就要使用算法,既费时又费力,也相当困难。总的来说,寻求最优的解决是不经济的。

这可以用"草垛寻针"的比喻来说明。例如，有一个大草垛里面散布着许多针，现在为把衣服上掉下来的纽扣缝上去，需要从草垛里找出一枚针。很显然，如果我们要从草垛中找出一枚最细、最尖的针，那就要花费相当长的时间。如果草垛大一倍，那么寻找的时间又要增加很多。但是，如果我们采取满意的策略，不要求找出最细、最尖的针，而只是找到一枚足以将扣子缝上的针就可以的话，那么，搜索的时间就会大大缩短。这种解决问题的方法不依赖于问题空间的大小，不要求进行全部搜索，要比寻求最优的解决容易得多，但却能基本上满足需要。人们在实际生活中解决问题就像在草垛中寻针一样，并不需要寻求最优的解决，而是寻求一个满意的解决即可。

西蒙认为，理性并不决定行为。因此，管理理论必须研究理性的局限性，以及人在做出决策时这些局限性如何受其组织的影响。西蒙在《管理的格言》一文中，批评传统的管理理论是一些缺乏事实根据的推导出来的"格言"。西蒙否定了"经济人"理论，而代之以"管理人"理论。"管理人"选择有效途径以获得"满意"的结果。这是一种与过去经济学理论完全不同的理论，它不是从正面去考虑人的经济行为，而是从人的缺陷方面来考虑如何取得满意的结果。

西蒙从一个崭新的角度切入经济学领域，并获得最高荣誉的诺贝尔奖，这确实曾出乎很多人的意料。有人质疑西蒙的经济学理论是非正统的，是经济学界的"外来户"。殊不知，正是这种创新思想构成了现代行为经济学的理论基础。西蒙在博士学位论文中论述了"有限理性"学说与现代管理决策理论，并于1947年出版了《管理行为》一书。为此瑞典皇家科学院提到："他对经济组织内部的决策过程进行了开创性研究……现代商业经济和管理研究主要是基于西蒙的思想"。

管理决策

西蒙是管理学家和社会科学家，在管理学、经济学、组织行为学、心理学、政治学、社会学、计算机科学等方面都有较深厚的造诣。就其管理学研究而言，西蒙在《管理行为》《组织》和《管理决策的新科学》等书中对决策过程进行了深入的讨论，形成了系统的决策过程理论。

西蒙在管理学方面着重研究生产者的行为，特别是当代公司中的组织基础和心理学依据。西蒙关注大公司中复杂的内部结构，公司发展的目标和子目标的多重性。西蒙认为,组织是指一个人类群体当中的信息沟通与相互关系的复杂模式。它不仅向每个成员提供决策所需要的大量信息和决策前提、目标与态度,而且还向每个成员提供一些稳定的可以理解的预见,使他们能预料到其他成员将会做哪些事,其他人对自己的言行将会作出什么反应。

西蒙的组织设计思想认为,一个组织可分为三个层次:最下层是基本工作过程,在生产性组织中,指取得原材料、生产产品、储存和运输的过程;中间一层是程序化决策制定过程,指控制日常生产操作和分配系统;最上一层是非程序化决策制定过程,指对整个系统进行设计和再设计,为系统提供基础的目标,并监控其活动的过程。自动化通过对整个系统进行较为清晰而正规的说明,使得各层次之间的关系更为清楚明确。西蒙指出,大型组织不仅分有层次,而且其结构几乎普遍都是等级结构。

西蒙认为,绝大多数的人类决策,不管是个人的还是组织机构的,都是属于寻找和选择合乎要求的措施的过程。因为现实中的人或组织都只具有有限的理性,因此关键在于了解人的社会行为的理性与非理性之间的界线。西蒙的管理理论就是关于意向理性和有限理性的一种独特理论,是关于那些因缺乏寻求最优的行为而转向寻求满意的人类行为的理论。

作为管理决策者,一位经理的决策制定过程一般包括以下四个主要活动阶段:① 情报活动:找出制定决策的理由,即探寻环境,寻求要求决策的条件;② 设计活动:找到可能的行动方案,即创造、制定和分析可能采取的行动方案;③ 抉择活动:在各种行动方案中进行选择;④ 审查活动:对已选择的行动方案进行评价。

西蒙指出,有必要区分性质截然不同的两种决策:一种是程序化决策,即结构良好的决策;另一种是非程序化决策,即结构不良的决策。区分它们的主要依据是其决策所采用的技术是否相同:我们可以采用相同的技术方法解决所有程序化决策问题,但面对非程序化决策问题时,却无常规可循,无法采用相同的技术方法去应对。由于运筹学和电子数据处理等新的数字技术的研制开发和广泛应用,制定常规性程序化决策的传统方式发生了革命,不断推陈出新,而制定非程序化决策的传统方式(包括大量的人工判断、洞察和直觉观察)却无任何明显的变化,尽管在某些基础研究方面正在孕育着某种革命,如探索式解决问题、人类思维的模拟等。

西蒙预期,人类决策的进步和自动化的进步将会把组织中人的部分和电子的部分结合起来,进而构成一种先进的"人—机决策系统"。第二次世界大战之后,计算机和信息技术在管理决策过程中的运用使决策过程增加了科学的成分。西蒙研究了利用计算机模型来模拟人们解决问题的思维过程,并为公司决策者提供计算机"决策辅助系统"。但"决策辅助系统"只不过是决策者的决策工具,并不能取代决策者的决策过程。最重要的是,决策者必须对可供决策的方案进行评价,做出最后判断;而一旦选定方案,他们就要对其承担责任,并冒一定的风险。

西蒙曾经精辟地指出:电脑化带来的效率将推动经济增长,进而创造新的工作岗位。这个预言得到了实践验证。1969年商业周期达到顶峰时,美国的失业率为3.5%。而在1999年的商业周期顶峰,虽然失业率基本保持同一水平,但美国经济雇佣的总人数从8300万增加到1.35亿,而且出现了深刻的工作类型方面的结构性变化。蓝领和文职工作首先受到自动化的猛烈冲击,近年又因外包而大量流失;与此同时,新的工作在收入金字塔的顶端或接近底层涌现:顶端是医生、律师和电脑编程员,底层则是餐饮服务、招待服务和零售。

西蒙在管理学领域的研究工作,无论是提出的"有限理性"学说,还是进行的组织行为研究、决策程序研究和决策心理机制分析,都具有理论上的开创意义。西蒙的理论目前已经渗透到管理学的不同分支,成为了现代管理理论的基石之一。尽管西蒙后来的研究重点已经不在管理学领域,但他在组织与管理方面的研究成果却使管理学产生了划时代的变化,所提出的决策理论在当代管理学中至今仍引领着研究潮流。现代企业经济学和管理研究越来越重视他的思想,组织行为研究和决策理论已经被成功地用于解释和预测各方面的活动。由于"对经济组织内的决策程序所进行的开创性研究",西蒙在1978年获得了诺贝尔经济学奖。但这里需要指出的是,由于现代企业和现代技术的发展,组织的特征已经发生了根本性变革。因此,一方面,针对最现代的组织的更新的理论层出不穷;另一方面,非程序性工作日益成为基层工作的特征,因此决策的重心正在由高层向底层转移。

2. 人工智能

西蒙的研究兴趣十分广泛,而且往往在同一时期交叉进行多学科的研究。西蒙对于决策研究的兴趣把他引向计算机科学和心理学的交叉领域。

谈到人工智能,就必然要提到西蒙的一个重要合作伙伴——纽厄尔(A. Newall)。纽厄尔1927年生于旧金山。二战期间,他曾在海军服了两年预备役,表现十分出色。战后他进入斯坦福大学学习物理,1949年获得学士学位。之后他在普林斯顿大学研究生院攻读数学,一年后辍学到RAND公司工作,与空军合作开发早期预警系统。该系统需要模拟在雷达显示屏前工作的操作人员在各种情况下的反应,这导致纽厄尔对"人如何思维"这一问题发生兴趣。也正是从这个课题开始,纽厄尔和卡内基-梅隆大学的西蒙建立起了合作关系。在合作过程中纽厄尔表现出的才能和创新精神深得西蒙赞赏。在西蒙的竭力推荐下,纽厄尔得以在卡内基-梅隆大学注册为研究生,并在西蒙指导下完成了自己的博士学位论文,于1957年获得博士学位。

西蒙与纽厄尔于1985年合影
资料来源:Simon, H. A. (1991). Models of My Life. New York: Basic Book.

1954年,西蒙和纽厄尔发现,他们对计算机和思维以及创造一种会思维的计算机程序拥有极大的兴趣。一开始,他们只是选择了形式逻辑中求证定律这种十分规范的思维过程,它完全是一种符号加工过程,也几乎就是代数的过程。西蒙的任务是提供公理的证明过程,"不仅要尽量拆解细分,不仅是给出求证步骤,而且要找出引导我思考的那些线索。"接着,他们两个人一起试着把这些信息绘制成流程图,再将流程图编制成可运行的计算机程序。

1955年12月5日,西蒙和纽厄尔写出了计算机程序LT,该程序仅用不到5分钟就证明了著名数理逻辑学家罗素和怀特海德的《数学原理》中的一个数理逻辑定理。他们宣布发明了"思维机器"。

罗素得知此消息后写信给西蒙说:"我很高兴得知《数学原理》可以由机器来证明。我和怀特海德若早知道有这种可能性,那我们就不会耗费 10 年时间用手工去计算了。我非常愿意相信演绎逻辑的每件事以后都可以由机器来做了。"

LT 证明了数学名著《数学原理》一书第二章中 52 个定理中的 38 个(1963 年改进后可证明全部 52 个定理),从而开创了机器定理证明(mechanical theorem proving)这一新的学科领域。在开发 LT 的过程中,西蒙和纽厄尔首次提出了"链表"(list)结构,并成功地将它作为基本的数据结构,设计并实现了 IPL。IPL 是所有表处理语言的始祖,也是最早使用递归子程序的计算机语言。LT 是第一个人工智能程序,尽管其智能化程度有限,只能证明逻辑定理,必须使用代数符号,而求证的速度则与一位普通的大学生所需的时间差不多,求证每个公理的时间从不到 1 分钟至 15 分钟不等,但是,作为第一个能完成某种类似思维活动的计算机程序,LT 的确是一个伟大的创新成就。

西蒙和纽厄尔两人在人工智能领域做出的最基本贡献还在于提出了"物理符号系统假说"(physical symbol system hypothesis,简称 PSSH)。在 20 世纪 50 年代中期,他们从计算机科学角度出发研究人的智能,提出计算机和人都是物理符号系统,并试图用计算机模拟人的思维过程。1976 年,西蒙和纽厄尔明确界定了"物理符号系统",提出了"物理符号系统假说",进而成为人工智能中影响最大的符号主义学派的创始人和代表人物。

西蒙指出,一个完善的物理符号系统应具有 6 种功能:① 输入符号;② 输出符号;③ 存储符号;④ 复制符号;⑤ 建立符号结构;⑥ 条件性迁移。

西蒙进一步假定,任何系统如果具有上述 6 种功能就能表现出智能。既然计算机具有这 6 种功能,那么它就应该能表现出智能;而人脑具有智能,人脑也就是一个完善的物理符号系统,具有类似于计算机的信息加工功能;二者都是物理符号系统,那我们就能够用计算机来模拟人的思维活动。计算机是一个人造的装置,其内部的信息加工原理是已知的。当然,计算机只是在功能上模拟人的思维,并不等于实现了人脑的真实活动,因为计算机和人脑的硬件毕竟是不同的。

西蒙在研究具体事件的计算机科学和研究抽象事件的心理学之间架起了一座桥梁,创建了人工智能这一新兴学科,其学说激励着人们在人工智能领域进行深入的探索,同时也创建了认知心理学,其认知活动的信息加工理论在心理学内部引发了一场革命,即所谓的"认知革命",并产生了许多研究成果。

西蒙在人工智能方面的重要贡献还在于其创新思想,即认为计算机可以模仿人的思维而具有人工智能。1955年,西蒙和纽厄尔利用认知心理学研究得出的规律,把人在解决逻辑问题时的推理过程编制成计算机程序LT,使机器具有了人工智能,进行类似于人的思维活动。1964年,西蒙和费根鲍姆(M. Feigenbaum)发表了EPAM程序(EPAM是言语学习程序。西蒙在最早的记录该程序的大纲中受当时学习希腊文的影响,使用了Epaminondas的名称),这种程序具有图像再认、学习和记忆的功能。这些程序的设计思想和解决

研究问题解决策略
资料来源:Simon, H. A. (1991). Models of My Life. New York: Basic Book.

问题的启发策略,都直接来自心理学。1972年,纽厄尔和西蒙出版了《人类问题解决》一书,系统地介绍了物理符号系统的理论。这本书是对用计算机程序模拟人的思维和从事问题解决思想的重要总结。1975年,西蒙和纽厄尔因为在人工智能、人类心理识别和列表处理等方面进行的基础研究,荣获了计算机科学的最高奖——图灵奖。

三、认知科学的开创模式——奠基之美

1. 认知心理学

认知心理学是20世纪70年代以来心理学研究的新方向。它的主要理论是信息加工理论,因此认知心理学又被称为信息加工心理学。认知心理学受行为主义的影响,继承了行为主义的经验主义和操作主义的方法论。但是,采用行为主义的理论和方法无法探究人的内部心理过程,因而认知心理学也同时接受了格式塔心理学对内部过程的研究思路和风格。认知心理学不仅把知觉、表象、记

忆等基本内部过程作为研究的对象,而且把决策、策略、计划等高级心理活动也纳入自己的研究范围,特别是利用口语记录分析方法对问题解决过程进行了深入研究。

<<< 专栏一

西蒙对认知心理学的贡献

对认知心理学诞生起更大作用的是计算机科学。本书著者司马贺(即 Herbert A. Simon——赫伯特·A·西蒙)教授在计算机科学和心理学的结合方面作出了卓越的贡献。司马贺和 Alan Newell(纽厄尔)提出的"物理符号系统"的假设开辟了一条新思路。这一系统把人类所具有的观念、概念、能力以及脑内加工的过程看做物理符号的事件,这样就可以把人的心理事件置于物理事件的同样理论体系中来加以探讨。任何物理系统的事件、过程或操作,只要能用符号的形式表示,并能明确每时每刻的状态,就能用计算机模拟出来。同样,人类思维中的各种抽象概念和符号也可以像物理对象一样加以复制、转换、处理和相互连接。从此,符号和符号处理不再是不可捉摸的抽象的东西,而是可以客观描述和研究的具体过程了。

司马贺教授在研究具体事件的计算机科学和研究抽象事件的心理学之间架起了一座桥梁,发展了不同学科之间的类比思想,促进了科学发现。……物理符号系统的假设说明了在人工系统或人脑系统中智能和知识的存在。这一假设是信息加工心理学的理论基础,心理学家根据这一假设来建立关于心理活动或脑的机制的理论。这一假设正在经受理论和实验的检验。另一方面,心理学的研究也扩展了计算机科学的研究范围。根据信息加工心理学的研究成果,可以设计计算机程序来模拟人的心理过程,特别是思维、问题解决等高级心理活动。认知心理学和计算机科学的结合,产生了人工智能的新学科。由于司马贺在这方面的开拓性研究,因而被认为是认知心理学和人工智能的创始人之一。

(摘自:司马贺(1986). 人类的认知——思维的信息加工理论. 荆其诚,张厚粲译. 北京:科学出版社,序言.)

西蒙对认知心理学的另一项贡献是提出启发式方法（heuristics）。启发式是指那些从经验中得来的行之有效的直觉方法，也被译为"经验法"。例如，一位有经验的医生看到病人，根据一些征候就可以直觉地对病症做出诊断；专家遇到问题时可以立即分析情况做出判断。人类解决问题时并不把所有的可能性都试一遍以找到最佳解法，因为这样做要花费许多精力和时间。各行各业都有一些解决问题的经验方法或"窍门"，随时可以提取加以运用。

经验式解决问题的方法和有限合理性原则是相互联系的。它们都以有效而简捷的方法来达到目的。西蒙认为，在人工智能领域中运用人类已有的经验是最有效的，用计算机模拟人的思维应该采取经验式方法和满意原则。这一原理要求在极大的搜索空间内，即从很大的信息库中进行有限的、高度选择性的搜索。这种方法指向一定目标、逐步缩小范围、最后逼近答案。

1957年年末，纽厄尔和西蒙以及一位大学生克利弗德（Clifford）编写了一个非常聪明的程序GPS。这个程序合成了一系列宽泛的原理，与许多智力任务差不多，包括求证几何公理、解决密码算术问题和下国际象棋。GPS会先走一步，或者首先探索，开始确定"问题空间"（在开始状态与预期目标之间所含所有可能步骤的区域），察看结果，以确定这个步骤已离目标更近一些，选取后续的可能步骤并加以测试，看哪一个会使它向前更进一步接近目标，如果一系列推理偏离了方向，则退回到最后一个决定点，从另一个方向重新开始。GPS早期能够很容易地解决的简单问题如下所示（问题以GPS能够理解的数学符号进行表达）：

一位长得很胖的父亲和两个年轻的儿子必须在森林里跨过一条湍急的河。他们找到了一条废弃的船可以划过，但如果超载就会沉没。每个孩子重100磅。两个孩子加起来的重量与父亲相等，这条船最多只能载重200磅。父亲和孩子如何过河呢？

答案虽然很简单，要求退一步才能前进：两个孩子上船过河，一个上岸，另一个划回去上岸；父亲划过去下船，另一边的孩子再划回来，把这边的孩子拉上去再一起划过河。GPS在设计和测试这个解时，在做与人类思维类似的事情。通过同一类的启发过程——广泛的探索及评估——它就可以解决类似但困难得多的问题。

GPS的两个基本特征给认知心理学带来了深刻的变化。这两个基本特征是：

之一：代表，即用符号代表其他符号或者现象。在GPS中，数字可代表词汇或者一些关系，而在由GPS进行操作的硬件（即实际的计算机）中，成组的晶体管通过二进制开关的开闭代表这些数字。通过类比，认知心理学家就可以把图像、词汇和其他一些存储在思维中的符号当作外部现象的代表，把大脑神经反应看作这些图像、符号和思想的代表。换句话说，一个代表对应于它所代表的东西而不需要完全与它相似。同样的道理笛卡儿很久以前也曾发现，即代数等式可以通过图中的线条表现出来。

之二：信息处理，即通过程序进行数据的变形和操纵以达到一个目标。在GPS情形中，进入的信息——即每个步骤的反馈——是以它导向什么地方进行评价的，用来确定下个步骤，存储在记忆中，需要时再调出来等。通过类比，认知心理学家可以把思维看作一种信息处理程序，它可以将知觉和其他进入的数据变成心理代表，一步步地评估，用它们确定达到目标途中的下一个步骤，把它们添加进记忆中，再在需要时把它们重新提取出来。

自20世纪60年代开始，信息处理或者思维的"可计算"模式就成了认知心理学指导性的比喻，并使研究者及理论家们能够以前所未有的方式探索大脑的思维。这样的探索方法中的一个例子可以说明信息加工模式是如何使认知心理学家们确定思维里面发生的事情的。

在1967年的一项实验中，一个研究小组请被试尽量快地大声说出投映在屏幕上的两个字母是否有相同或者不同的名字。当受试者看到"A"、"A"时，他们几乎立即就说出"相同"，而当他们看到"A"、"a"时，他们也差不多同时就说"相同"。可是，研究者们利用高精度计时器测出了极细微的差别，发现，受试者对"A"、"A"的判断需用549毫秒，而对"A"、"a"的判断需用623毫秒。这肯定是个细微的差别，可在统计学上却是个有意义的差别。如何解释这个差别呢？

信息处理模式把任何简单的认知过程都看作一系列一步一步以数据形式采取的行动。通过分析模拟当我们看到并辨认出事物时发生事情的思考过程，我们可以解释实验中的反应时间差别。如果一个图像直接从最开始的"处理"框向"意识"框进发，它会比必须通过其他框而达到目的的过程更快些。为了辨别包含在"A"、"A"中的字母是相同的字母,受试者只需要完成视觉图像中的视模式辨别就可以了;为了辨别"A"、"a"中的字母是否是相同的字母,受试者需要把记忆中每个字母的名字定位下来,然后再看这两个字母的位置是否一样——这额外的处理需要 74 毫秒,一个很小但重要的差别,也是思维如何完成这个小任务的证据。因此,基于信息处理模式的哪怕微不足道的一个实验也可以显示出思维里面发生的事情。

确切地说,这项发现是从实验结果中得出的推论,而不是对过程的直接观察。正如地质学家根据沉积层来推断过去的事件,天体物理学家根据遥远星系古老的光来推论宇宙的形成和发育,物理学家根据瞬时原子粒子留在雾室或者乳胶上的痕迹来判断其特征,古生物学家通过化石推论生物进化的通道,心理学家根据实验结果来推断思维的内部宇宙。心理学家无法进入思维内部去进行直接观察,可是,有了西蒙的开创性研究,心理学家们可以根据精确的实验推断大脑工作的情形。

2. 计算机科学研究的发明创造

20 世纪 70 年代末到 80 年代,西蒙致力于用计算机进行科学发现的研究,开始将专家解决问题的各种经验方法、规则、窍门等应用于计算机进行发明创造,编制出 BACON、DALTON、KEKADA 等程序,来模拟开普勒定律、欧姆定律等的发明创造过程。利用从专家身上总结出来的规则,BACON 程序通过检查一系列比率,除发明了开普勒第三定律外,还发明了欧姆定律、伽利略定律等。此后西蒙等人又相继开发了 BACON2、BACON3、BACON4、BACON5 等程序。这些程序能够发明更为复杂的物理学和化学定律,如库仑定律、阿基米德位移定律和焦耳定律等。1976—1983 年间,西蒙和兰利(Pat W. Langley)、布拉德肖(Gary L. Bradshaw)合作,设计了有 6 个版本的 BACON 系统发现程序,重新发明了一系列著名的物理、化学定律,证明了西蒙曾多次强调的论点,即科学发现只是一种特殊类型的问题求解,因此也可以用计算机程序实现[①]。

而上述这些研究的铺垫工作实际上起步于 20 世纪 60 年代。那时,西蒙和

---

① 荆其诚(1990).现代心理学发展趋势.北京:人民出版社,161.

威廉·蔡斯（William Chase）开始试图通过研究专家的记忆局限性来更好地洞察专家的记忆能力。他们请不同级别的棋手重建他们曾事先看过的棋局。不过这盘棋局不是大师对弈后的残局，而是一盘乱摆的棋局。在重建这盘随机棋局时，不同级别棋手间的成绩差不多，不管是大师还是A级棋手，都记不住随便摆在棋盘上的棋子的位置。但如果让棋手用十秒钟的时间看一下正常对弈的棋盘中局或残局，结果象棋大师基本上都能正确回忆出棋局中所有棋子的位置，而低于大师一级的A级棋手的成绩则差得多。这说明，大师和A级棋手的差别并不在于短时记忆能力有所不同。西蒙的研究结论是：棋手们只是下意识地记住了许多棋局的形式，或者说积累了许多象棋的"格局词汇"。他们在对弈时只需要思考：以前我见过这个棋局吗？在什么情况下见到的？以前是怎样走的？经过研究，西蒙发现，A级棋手拥有2000个左右的象棋"格局词汇"，而象棋大师们却拥有50000个左右的象棋"格局词汇"。当进一步探讨这项研究的意义时，西蒙吃惊地发现，这种"格局词汇"的概念几乎适用于任何领域，而这些"格局词汇"是通过多年的教育和经验积累形成的。也就是说，任何领域里真正专业水平的标志就是具有丰富的"格局词汇"，无论是出色的医生、艺术家、机械师，还是有经验的工厂领班，都具有丰富的"格局词汇"——用西蒙的话说，它们就如同一群"老朋友"，随时会告诉你，在面对实际情况的时候该怎么办。

在处理正规对弈棋局时，象棋大师要处理的信息量极大，似乎已经超越了人类记忆的极限。为了解释他们这种超凡的能力，西蒙引入了模块理论。1956年，美国普林斯顿大学的心理学家乔治·米勒（George Miller）曾发表过一篇著名的论文——《魔幻的数字7±2》。米勒在论文中指出，人的记忆有一定的限度，每次只能处理5—9条信息。西蒙强调说，通过把不同层次的信息构建成一个一个模块，大师就能突破记忆的极限。通过这种方法，他们会去捕捉5—9个模块，而不是5—9个具体细节。

20世纪90年代末期，西蒙曾提出过一种竞争理论。英国伦敦布鲁内尔大学的费尔南德·戈贝特（Fernand Gobet）对它推崇备至。竞争理论实际上就是模块理论的延伸，它引入了"模板"的概念，也就是一种极其典型、包含了大约12枚棋子的布局。模板拥有许多插口，象棋大师可以插入不同的变量。以诗句"Mary had a little lamb"为例，如果某个词的韵律与诗句中的词等同，那么就可以用这个词来替换诗中的词。例如，用"Larry"替代"Mary"，用"pool"来替代"school"等。任何知道原始模块的人，都能在瞬间插入另一个词。但一个人要想在大脑中建立复杂的知识结构，就得不断努力。据此，西蒙提出了"十年规则"，他认为要掌握任何技艺，十年的艰辛历程是无法避免的。即便是数学天才高斯、音乐奇才莫扎特、象棋神童菲舍尔，也得去拼搏、去奋斗，他们所付出的努力也是常人难以想象的。

西蒙对计算机人工智能一直信心十足。但事实表明，西蒙对于计算机人工智能的研究进展显然过于乐观了。他在1957年曾预言，在10年内"数字计算机将成为象棋的世界冠军，除非象棋规则不允许机器参加比赛"，"在可见的未来，能思维、学习和创造的计算机……将会应付人类心智所承担的各种挑战。"实际上，前一事件在西蒙预言30年以后才实现，2000年IBM的"深蓝"计算机才打败了世界象棋冠军卡斯帕罗夫，而后一事件迄今尚未实现。

由于人工智能没有像西蒙所预言的那样顺利发展，因此批评家们认为计算机的智能是有局限性的，它只能模拟人的思维过程，而不能具有创造性思维。由此激发了人脑和智能技术的差别到底在哪里的长期讨论。这期间，又出现了平行分布信息加工（PDP）理论及神经网络理论，西蒙的串行信息加工理论已经不再一枝独秀。

<<< 专栏二

BACON1 程序证明开普勒第三定律的思路

开普勒第三定律是：一个行星距太阳距离的平方，与它的公转周期（即绕太阳转一圈的时间）的平方成正比，这条定律可以表示为：

$$D^3/P^2 = C$$

其中，D 指行星距离太阳的距离；P 指行星公转的周期；C 是一个常数。

这一定律的发现并没有多少理论，只是根据两组数据之间变化的规律发现的。

西蒙总结开普勒第三定律，可发现三条极为简单的启发式规则：

（1）如果某项的数值是常数，可以推论这一项永远是这个值；

(2) 如果两项的值同时增加,应考虑二者的比值;

(3) 如果一项的值增加,而另一项的值减少,应考虑二者的乘积。

西蒙利用这三条启发式规则编制了 BACON1 计算机程序。首先检查每对变量之间的关系,当发现某一对变量之间存在着共变的关系时,就检查这两个变量的乘积(或比值)是否是恒定不变的,并将这种乘积(或比值)定义为一个新的变量。

>>>

3. 表象的研究

到 20 世纪 90 年代,科学研究中尤使西蒙着迷的是,人类在做出决策的过程中,不仅仅使用文字,同时也会用图表和图画去表达。例如,在经济学中,人们会使用诸如"需求曲线"、"供应曲线"等图表去帮助表达。西蒙的团队所进行的研究表明,人们以图表进行的推理过程不同于以文字进行的推理。

西蒙团队研究的一个侧重点是:人们从图表中获求答案的"过程"是怎样的。研究的一个发现是:人们使用图表去推理比用文字去推理要有效得多。当然,要能做到前者,你不但要有良好的视力,还要了解图表是怎样构成的。就经济学科而言,你要了解"需求曲线"、"供应曲线"、"交叉点"以及"移动需求曲线"等的意义。除非你能够真正明白图表的符号表示的是什么,否则,你就无法阅读图表。当一个教师走入教室,然后开始在黑板上画"需求曲线"和"供应曲线"时——经济学教授都很喜欢这样做,他们就假设这些线条对于学生来说,其清晰明白之程度不亚于他们自己。但事实并非如此。对教师来说,之所以明白无误,是因为他已经具备了相关的知识,知道如何基于图表进行推理。

西蒙所进行的种种研究是十分有趣的。当时人们已开始关注和谈论"虚拟现实"(virtual reality),即由电脑产生出一种"现实情景",人们可以在这种"现实情景"中自由"走动"。西蒙团队的研究发现,当人们谈论一个"变化中的环境"时,想要的只是"这张图画曾经是如何的","它怎么会变了",也就是说,他们要的是"之前"和"之后"的图画,以及"之前"和"之后"发生变化之处及其原因。

西蒙在晚年的时候也对表象的研究投入了很大的心力。表象是记忆的一种形式，是真实图画在头脑中的复制，从表象的图画中可以抽取和真实图画同样的信息。例如，我们可以在头脑里画出一个矩形，它有四条边和四个直角。我们还可以在这个图上再加上两条对角线，而且还会"看到"两条对角线在图形的中央有一个交点。但是，心理的图画与画在纸上的真实图画也有不同的地方。即使最复杂的心理图画也比纸上的图画简单得多。科学史上许多发现据说都是借助表象实现的。

许多人认为，科学家和工程师不是用抽象概念进行思维，而是用表象进行思维的。西蒙对此产生了极大的兴趣。他发现，工程师在设计一架机器之前，总是先在头脑中形象地看到机器的各个部件是如何相互关联的，又是怎样具体运转的；可以想象两个相接的齿轮，一个在左边，一个在右边；如果左边的齿轮顺时针方向旋转，可以"看到"右边齿轮上的齿受到左边齿轮的推动，会按逆时针方向旋转。一个建筑师也是这样表象的。他在设计大楼之前先要在头脑里想象完成以后的楼是什么样子、什么颜色，他在纸上画的图画实际上就是脑子里的心理图画的再现。

西蒙曾经指导他的学生拉金（J. Larkin）完成过一篇文章《一图胜百言》(Why a diagram is (sometimes) worth ten thousand words)，并对此文甚为得意。不论是视觉形象的图画还是真实的画在纸上的图画，都对科学发现起着抽象概念起不到的作用。科学家从图画的表征中抽取大量的信息，有助于他用更有效的方法去解决问题。西蒙的研究发现，专家在解决问题时，总是用简单的容易理解的办法，根据生活经验，用视觉表象对具体情景进行表征来解决问题，而不是用抽象的方程式来思考问题。新手则相反，他们多用抽象的概念或复杂的方程式去思考解决问题。计算机科学已经编制了利用图画帮助解题的程序。心理表象的研究是一个极有前途的领域，西蒙的开创性研究为后来者拓展了道路。

<<< 专栏三

视觉表象

设想有一个天平，它的一侧悬了一块3两重的金子，另一侧悬了一块同样重的银子。将这两块金属分别浸入装着水的容器中，但不接触容器的底部。这时

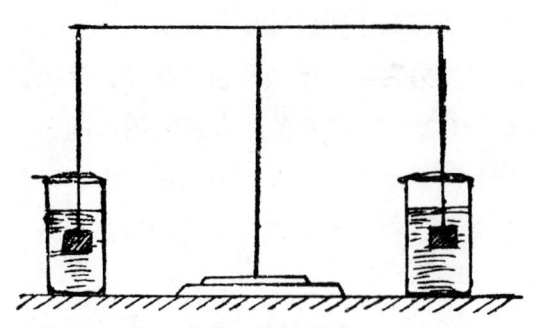

天平实验示意图

资料来源:荆其诚(1990). 现代心理学发展趋势. 北京:人民出版社,165.

天平仍然保持平衡吗?如果不平衡,哪边会下沉,是金子的一边还是银子的一边?

一个视觉表象能力强同时又具有一定物理学知识的人,在头脑里会"看到"这两块金属浸入水中的画面,同时他知道银子的密度比金子小,所以他的表象中的银子比金子的体积大,银子比金子会受到水的更大的浮力。他可以"看到"天平的银子一端上升,金子一端下降,而且当银子露出水面一部分后,其所受的浮力减小,直至它在水中的体积正好等于金子的总体积,即银子和金子所受到的浮力相等时,天平才会稳定下来。

在利用视觉表象解决这个问题时,物理学的知识也起了作用。因为实际上并没有金子和银子,"观察者"必须根据物体密度的知识建造出银块大于金块的表象。同样,他的有关浮力的视觉表象要建立在应用浮力定律的知识基础上。物体浮力大小与物体浸入水中的体积大小成正比。同样重量的物体,大的排出的水多,它受到的浮力就大;小物体受到的浮力就小。在这里,视觉表象起到了利用科学知识进行推理的作用。

四、文化交流的种种模式——交汇之美

1. 访问交流

(1) 心理学家访华

西蒙的学术交流活动遍布全球。他曾作为美国科学院应用行为和社会科学防止核战争委员会主席之一,率团访问过苏联等多个国家。值得特别指出的是西蒙对中国的热爱,他拥有一个非常有中国传统文化气息的中文名字"司马贺",并且,他亲切地称中国为"我的中国"。

1972年,西蒙第一次访华。当时,西蒙是以美国计算机专家的身份,作为紧随尼克松访华之后的美国首批科学家代表团成员访问中国。当时中国尚处在"文化大革命"期间,西蒙此行并没有见到多少中国科学家,更是没有见到任何中国心理学家。自1980年起,西蒙担任美中学术交流委员会委员,并于1983—1987年担任该委员会主席。作为中美友好的使者,西蒙在任职期间,在中国科学院副院长严东生协助下,成立了美中学术交流委员会北京办事处,组织了多次中美学术交流和团队互访,积极推动了两国间的学术交流。

　　1980年10月,西蒙第二次访华。这次访问他是正式以心理学家的身份,作为美国心理学家代表团成员来华的。中国科学院心理研究所的荆其诚先生于1979年在美国组织筹备了这次访问,当时正值西蒙荣获诺贝尔经济学奖的第二年。代表团团长由尼尔·米勒担任,团员包括西蒙、哈罗德·斯蒂文森、美国心理学会主席佛罗伦斯·登马克等共9人[1]。国务院副总理兼中国科学院院长方毅在北京人民大会堂接见了代表团。中国心理学会理事长、中国科学院心理研究所所长潘菽教授设宴欢迎美国代表团。美国驻华大使伍德科克(Leonard Woodcock)专为美国心理学家代表团访华在大使官邸举行了招待会。访问期间,西蒙在北京做了题为《认知的信息加工模型》和《信息的存储系统——记忆》的两次报告,听众有一百多人,主要来自心理学界和计算机科学界。西蒙还应邀到天津大学访问和演讲。在天津大学,他做了有关西方经济学的演讲[2],这些演讲被天津大学工业管理工程系整理成《赫伯特·A·西蒙讲演集》并出版。

　　1983年春天,西蒙应中国科学院心理研究所邀请,到北京进行讲学和科研合作。他在北京大学讲授了现代认知心理学,共30讲,历时三个月。北京和外地的心理学、哲学、计算机等专业的科学工作者和研究生聆听讲座并参与讨论。当时,在"文化大革命"中被取消的中国心理学刚恢复不久,对中国心理学家而言,认知心理学完全是一个崭新的研究领域。在这次演讲中,西蒙从理论上讲解了认知心理学的基本观点,介绍了一些实际应用的问题,阐述了科学理论的层次

---

[1] 美国心理学家代表团成员包括:团长尼尔·米勒及夫人、哈罗德·斯蒂文森(Harold Stevenson)及夫人、佛罗伦斯·登马克(Florence Denmark)及丈夫、雷蒙·福勒(Raymond Fowler)、加里·奥尔森(Gary Olson)、代表团秘书南希·麦考林(Nancy McGlothlin)。

[2] 西蒙(1980). 西蒙讲演录. 天津:天津大学工业管理工程系资料室.

和规律、物理符号系统、满意原则等理论问题,还介绍了 EPAM 程序、启发式搜索、产生式系统、手段—目的分析、口语记录分析等。除此,西蒙还讨论了语义丰富领域的高级思维过程,如表征、概念的获得、问题解决等,并特别讲解了人工智能研究中的最新成果、关于创造发明的研究以及计算机进行创造发明的可能性。西蒙讲座中的很多内容都是此前在别处没有发表过的,他率先把这些最新进展介绍给了中国的听众。这次讲课由荆其诚先生和张厚粲先生负责口译,编撰成《人类的认知——思维的信息加工理论》并出版[①]。

有趣的是,通晓多国语言的西蒙和他的夫人在这次北京之行中,还由中国科学院心理研究所的佟乐泉先生教授中文。西蒙的中文名字"司马贺"就是在这段时间经中国同行讨论定下来的。

> 五月二十三日
>
> 老荆同志:
> 你好!
> 明天我回答你的五月七日信。今天我练习写的汉字和语法,以后我对你写短的信。春天在 PITTSBURGH 很美,但是今年来了不早。
> 每天我学习一二小时中文。我的中文教科书是很好,又有中文故事。我还有中文唱片。我听唱片和尝试懂。下月我请张学生他给我制造磁带录音从我的中文书。
> 因为我的词汇少,我不能写有意思信。我希望其次的信更好的。
>
> 祝
> 健康
>
> 你的朋友
> Herb

西蒙写给荆其诚的中文信

资料来源:荆其诚私人信件。

[①] 西蒙(1986).人类的认知——思维的信息加工理论.荆其诚,张厚粲译.北京:科学出版社.

(2) 中美认知科学会议

1983年,中国科学院和美国科学院联合举办了认知科学会议。这次会议是在西蒙的支持下,由荆其诚先生与密歇根大学哈罗德·斯蒂文森筹备的,二人担任会议的联合主席。1982年8月,由西蒙亲自主持在美国匹兹堡召开了预备会议,参加会议的有荆其诚、哈罗德·斯蒂文森、埃里诺·吉布森(Eleanor Gibson)、罗谢尔·戈尔曼(Rochel Gelman)等人[①]。1983年8月28—31日年在美国威斯康星州的温斯伯德(Wingspread)召开了正式会议。由荆其诚任团长的中国代表团出席了这次会议。当时在美国的其他中国心理学家也参加了这次会议。参会的美国专家都是美国心理学界的顶尖人物,报告的题目全部是当代心理学最前沿的研究领域中的热点问题。这是一次成功的中美学术交流会议,总共60余人出席了会议,会上共有28篇报告,中国的报告有10篇,涵盖了中国科学院心理研究所改革开放以来开展的主要科研工作。

这是中国第一次组派心理学代表团到美国开会。当时中国改革开放不久,就全国学术界而言,心理学能组团赴美是很难得的机会。会后中国代表团参观了美国许多大学和科研单位。通过这次访问交流,中国的学界同仁了解到美国心理学(尤其是认知心理学)的研究情况,美国同行也了解到中国心理学在"文化大革命"之后的发展状况。1984年由美国心理学会出版了这次会议的论文集《认知合集》(Issues in Cognition)。

西蒙从1972年第一次来华访问

ISSUES IN COGNITION

Proceedings of a
Joint Conference in Psychology

National Academy of Sciences
Chinese Academy of Sciences

Co-chairmen
Harold W. Stevenson
Jing Qicheng

1984
National Academy of Sciences
American Psychological Association
Washington, DC

《认知合集》封面

[①] 预备会议参加者有:西蒙(主席)、荆其诚、哈罗德·斯蒂文、埃里诺·吉布森、罗谢尔·戈尔曼、劳伦·雷斯尼克(Lauren Resnick)(以上三位美国代表于1981年访问过中国)、张厚粲。还有美中学术交流委员会代表艾米·威尔逊(Amy Wilson)。会议讨论了正式会议的主持人人选,邀请人员名单,预算经费等。

到 2001 年逝世的近 30 年期间，先后 10 次访华，在中国讲学、开会。从 1984 年到 1990 年的 7 年间，除 1988 年外，西蒙每年都会来中国访问三周左右。除了在认知心理学方面的科研合作外，西蒙还相当频繁地被邀请作有关管理和经济以及人工智能方面的报告，报告的内容都是当代认知科学的前沿问题，如"第五代计算机与心理学"、"新技术革命与管理科学的发展"、"科学原理的发现"、"认知科学的进展"等。这些学术活动大大促进了中国相应学科的发展。西蒙为中国的经济改革提过建议，他还在天津大学讲过"组织理论"。他被聘为中国四所机构（中科院心理所、北京大学、天津大学、西南师范大学）的名誉教授。

2. 在中国的合作研究

西蒙在他的《我生活的种种模式》的中译本序中提到：

> 我在中国的一个特别宝贵的经历就是与中国科学院心理研究所的科学家的合作。

1983 年，西蒙应中国科学院的邀请，到心理研究所进行学术访问和科研合作，合作领域涉及双方共同感兴趣的人类记忆理论、人工智能，以及与学习有关的认知过程等方面的研究。西蒙在中国和多位学者有过长期的合作关系，其中应该特别提到的有以下几位。

1983 年春，西蒙访问中科院心理所

资料来源：傅小兰编（2006）. 荆其诚心理学文选. 北京：人民教育出版社.

西蒙坦言,荆其诚研究员是他在中国活动全过程中最重要的良师益友和亲密的工作伙伴。共同进行过多项合作研究。1985年喻柏林、荆其诚、西蒙发表于《心理学报》的《汉语语词的短时记忆广度》,探讨了中文单音词(汉字)的短时记忆广度是否符合英语拼音文字的组块假说,以及单音、双音和多音合成词的短时记忆广度是否相同,同时还研究了汉字的偏旁部首在形成组块中的作用和呈现刺激方式对短时记忆广度的影响。此外,在西蒙获得诺贝尔奖后,苏联科学院心理研究所长洛莫夫(B. Lomov)曾经向西蒙邀稿,西蒙因为苏联批判过认知科学,起初拒绝了邀请。后来苏美关系转好,西蒙和荆其诚在由重庆到武汉游三峡的旅程中商量此事,共同草拟提纲,撰文《再认、思维和学习的信息过程》说明认知科学与马列主义(尤其是列宁的反映论)观点并不矛盾。这篇文章先在苏联发表,后用英文发表,最后也用中文发表。西蒙许多著作的中文版工作也都交给了荆其诚全权负责。

西蒙和荆其诚共同的学术兴趣和科学精神,也体现在对学生的培养上。西蒙接受了多名中国研究生到卡内基-梅隆大学学习。西蒙参加指导荆其诚的博士生傅小兰的学位论文的写作,对她的论文研究提出了很多宝贵的意见,并亲自参加了答辩会议。

此外,以李家治研究员为组长的人工智能研究课题组也是西蒙访问期间重点指导和合作的对象之一。李家治、陈永明在该课题中进行了"计算机理解古汉语"的研究工作。在以"郑人买履"等十个古汉语小故事作为计算机理解对象的研究中,西蒙多次与李家治探讨研究基础、研究思路和不同阶段的工作。对于李家治提出的"汉语与西方语言不同,无词形变化,不能从形态上判定名词属于什么格、动词属于什么时态、词序也灵活多变,人们理解古汉语,更多的是依靠语义、知识和推理"等的观点,西蒙大加赞同。

西蒙向课题组研究人员介绍了"语义丰富"领域方面的研究,对研究的进展给出了很多具体的指导性建议。在西蒙的指导下,陈永明和西蒙的学生布拉德肖博士一起工作,研究了计算机如何通过人提供的样例来学习解二元一次方程的过程。计算机在学习过程中,根据实验者提供的解题样例,建立了一系列产生式规则。这些规则构成了解方程的知识,从而达到了学习和获得知识的目的。这与人类学习的一般形式是一致的。这项工作的成果《计算机通过样例学习解二元一次联立方程》,发表在《心理学报》1986年第3期上。人工智能课题组与西蒙合作的研究工作"人工智能研究——语言理解、思维过程及计算机学习",于1987年获得中国科学院科技进步二等奖。

西蒙与朱新明研究员也有过十几年的科研合作[①]。朱新民翻译过西蒙的《认知的信息加工模型》,并和西蒙一起组织了根据现代认知理论,为中国的学校设计一种新的、有效的中学数学和几何课程的教学项目。朱新明和西蒙曾经对这些课程的理论和实验基础进行了深入的研究,包括对自适应产生式学习的"例中学"的研究,对示例学习中"条件认知"的研究。朱新明还曾应西蒙之邀在匹兹堡大学进行过一年的访问和科研合作。十多年亲密无间的交往中,他们结下了深厚的友谊。

西蒙与中国科学院心理研究所进行过许多的科研合作。提出过"汉字的短时记忆"、"问题解决和学习"(包括人和计算机两方面)、"科学规律的再发现"等研究问题。在西蒙的专著《思维的模型》第二卷中收集的论文就有《中文字词在同时呈现条件下的短时记忆容量》(喻柏林,荆其诚,西蒙)、《在视听呈现条件下中文字词短语的短时记忆容量》(张武田,彭瑞祥,西蒙)、《通过示例和问题求解学习数学》(朱新明,西蒙)。在中国《心理学报》发表的论文有《计算机的学习》(陈永明,布来德肖)。

3. 为中国经济发展献计献策

西蒙有浓浓的中国情结,他除了对中国的心理学发展做出了重大贡献,还对中国的经济发展尽心尽力,出谋划策。1987年,国务院总理曾经邀请西蒙和一些美国学者、企业家来北京钓鱼台宾馆座谈,向他们咨询中国经济问题。席间,西蒙对中国的经济建设提出了许多独到的见解[②]。

西蒙建议对中国经济学家的培养要注意理论联系实际,培训那些能够结合中国实情的经济学家。他曾经参与了福特基金会的一个关于培训中国经济学家的计划安排。那时中美联手搞这个计划,有很多知名的学者参加,如普林斯顿大

---

① 朱新明,李亦菲(2000).架设人与计算机的桥梁.武汉:湖北教育出版社,44.
② 西蒙(1991).我生活的种种模式.曹南燕,秦裕林译,上海:东方出版中心,346—347.

学的邹至庄、哈佛大学的伯格森、拉里·卡拉因等一流的经济学家以及一些主流派新古典经济学家。当时设立这个培训计划的目的是向中国经济学家介绍西方的经济学。西蒙认为,那些课程设计里有太多太正规的与方法论有关的课程,它们都太数学化了。西蒙在参与这些正规课程的教学过程中,理论联系实际,结合了中国经济生活中出现的一些案例,例如,他曾把开滦煤矿作为案例来分析。他也发动学生积极性,鼓励学生尽量去搜集分析中国的具体经济问题,教导学生对具体的事物要做具体的分析。西蒙认为,教学的目的应该是先让学生了解一些基本的常识,诸如什么叫"需求",什么叫"供应",以及它们的关系是什么,然后就要让学生结合当地的实际提出解决问题的方法。西蒙并不认为现代新古典经济学派对解决当地问题会有多大的帮助。他始终认为,经济学家都会有一个共识,就是理论终归是理论,终究还是需要现实的案例加以充实。在教学时,尤其是当学生们都是些优秀的物理和数学高才生时,若不能结合当地的情况教学,那是极为得不偿失的。

西蒙也对加强中国体制建设提出了建议。西蒙指出,在东欧,人们正在建立市场经济,但他们对市场经济是如何运作的并不十分了解,当他们集中注意力于市场经济问题时,对具有同等重要性的组织机构问题视而不见,未能抓对组织机构进行改革。组织机构的重要性不但体现在计划经济工作中,同样体现在市场经济工作中,只有在合适的社会体制下,市场经济工作才真正切实可行的。他提醒大家,仅仅停留在"市场经济是件好事"这样的简单思维上,并不能使得一个国家的经济有起色。提高经济效益并不是引进市场经济的唯一动因,还应考虑到引进技能,以及引进可以帮助人们有效地开展组织工作的知识。西蒙认为,中国人较好地了解这方面的问题。

西蒙举了1987年和1988年他与世界银行的工作人员来到中国,探讨中国工业和公司的组织机构的例子。当时探讨了两个问题,一个问题是如何建立市场条件,从而使得单位知道自己的原料的费用是多少,成品的价值又是多少;另一个问题与单位的控制有关,也就是明确所有权(谁占有公司的利润)和管理权的问题。西蒙向中国提出了这样的问题:"你们是如何让你们的公司自负盈亏的呢?""你们又是如何分清所有权与管理权的界限的呢?"之所以提出第二个问题,是因为西蒙发现中国的地方小单位更倾向于把赚来的钱用在消费上,例如建新宿舍等等。建房子是个好事情，但却耗费了进行再投资的资金，更不用说把资金用到更有利可图、对国家经济发展更有好处的企业上去。西蒙强调，建立市场价格不等于什么事情都办好了，还要建立与这市场相适应的组织机构。在这一点上，公营与私营都是一样的。换言之，每个单位都要自负盈亏。同时，要找到一个最佳的办法去把利润放到获益最丰的地方去。中国应该分清所有权与管理权的界线；在时机成熟的时候，建立市场经济；要尽快取消对一些单位的补贴政策，使得它们能"自食其力"；要使得各企业具有赚取利润的进取心，与之同时，要把赚回来的资金用在国家经济最需要的地方，而不仅仅是为小团体的利益着想。企业能赚钱有时并非因为它们能干，而是因为市场发生了一些偶然的变化。赚回来的资金应该属于国家、省、或者市政府，然后把它投资到新的企业中，或投资到扩大再生产。总之，根据市场需要而定。

五、缅怀的模式——回顾之美

2001年2月9日，西蒙与世长辞。为了纪念这位人工智能理论创始人之一、诺贝尔奖获得者、中国科学院外籍院士、中国科学院心理研究所荣誉研究员，中国科学院心理研究所于2002年6月13日召开了西蒙教授逝世一周年纪念会暨认知科学研讨会。会议由心理研究所杨玉芳所长主持，出席会议的有中国科学院原副院长严东生院士、自动化所戴汝为院士、心理所第三世界科学院院士荆其诚研究员、中国心理学会理事长张侃研究员、北京师范大学张厚粲教授、北京大学王登峰教授，还有清华大学、中国科学院的代表，以及心理研究所的研究人员和研究生。会议回顾了西蒙教授对中国科学技术的发展，特别是对中国心理科学、认知科学、计算机科学等学科的建设、人才培养的支持和帮助，以及在推动中美两国心理学家乃至整个科学界的国际学术交流中所做的努力和贡献。

在这里值的一提的是，第三世界科学院是发展中国家的最高学术机构，每年选举第三世界科学院的院士。第三世界科学院也推选那些为发展中国家做过贡献的发达国家的科学家为院士。西蒙2000年底当选为第三世界科学院院士，他是在2001年2月他病逝前两天在医院病榻上得到通知的。他为这一消息感到兴奋和高兴。这也为他自 1972 年以来,在近 30 年时间里,对中国科学发展的关心划下了完美的句号。

至此,请让我们再一起回顾一下这位让人敬仰的大师——赫尔伯特·亚历山大·西蒙:

> 他以求真的挑战力,为我们揭开了有限理性之美;
> 他以丰富的想象力,为我们演示了启发式搜索之美;
> 他以逻辑的思考力,为我们分析了物理符号系统之美;
> 他以精准的判断力,为我们构建了认知模型之美;
> 他以无穷的创造力,为我们展示了机器智能之美!